BIBLICAL
LITERATURE
STUDIES
No. 12

河南大学文学院圣经文学研究所主办

圣经文学研究

主编 **梁 工** 副主编 **程小娟**

| 第12辑 | 2016年春 |

人民文学出版社

目　录

圣经与翻译

作为文学的圣经

圣经与世界文学

书　评

CONTENTS

NEW TESTAMENT STUDIES

BIBLE & TRANSLATION

BIBLE AS LITERATURE

BIBLE & WORLD LITERATURE

BOOK REVIEW

致读者

PREFACE

《圣经文学研究》是研究圣经文学的专业性学术集刊，主张运用各种传统和现代文论对圣经进行文学评论，亦倡导对圣经进行全方位多层面的学术透视。诚征具有原创性、前沿性、思想性的学术论文及译文（一般6000字至12000字），亦欢迎评介本领域新书及学术动态等的短文（3000字内）。论文主旨须针对某个学术问题，正文是对该问题的展开论述；请勿投寄用于解经布道的讲章性、导读性、鉴赏性、资料性文章。译文请附其原文的复印件，并提供原作者或出版者同意翻译的授权书。

本刊所载论文应致力于圣经学术研究，包括针对圣经文本的语言学、修辞学、叙事学等研究，以及针对圣经与其周边诸学科关系的交叉性、跨越性、互文性、综合性研究。本刊常设栏目包括"旧约研究""新约研究""专题论述""圣经与文学""圣经与翻译""圣经与史学""圣经与神学""圣经阐释学""圣经修辞学""后现代圣经批评""认识名家"等。对于一类可能聚焦于"基督教文化"的文章，建议其作者再度聚焦，使圣经辨析成为论文的焦点内容。

编辑部推行国际化办刊策略，以吸引更优秀的前沿性稿件，包括境内外圣经学者对重大学术问题的探索、业已发表过的堪称典范圣经论文的汉语翻译，以及基于中国人生存体验而显示出某种中国元素或中国特色的圣经研讨。在追求发表名家名作之际，亦大力扶持学术新人的创作。

来稿请遵循严谨的学术规范及体例。稿件须含中英文标题(20字以内)、内容提要(皆400字左右)、关键词(3至5个)。正文应对所选题目进行专而深的评论，在理论、方法、观点、材料等方面显示出某种新意，且材料较翔实、论证较充分。注释请用脚注，每页另行编号，列出所引文献的作者、著作或篇名、译者、出版地、出版社、出版年、卷期、页码等(可参考本刊以往篇章的格式)。按照国际惯例，本刊实行双向匿名审稿制度，请勿在正文或注释中透露作者信息。请于篇末提供作者概况(约100字，含姓名、学历、所在单位、职称、研究专长、近期代表作等)，并说明联络方式(仅供编辑部使用，包括通讯地址、邮政编码、电话、E－mail等)。来稿请用中文简体字(Word文档doc格式)排印，正文主体用5号宋体，其间的专引段落及卷首的内容提要用5号楷体。英文使用Times New Roman字体。全篇均用1.25倍(固定值20磅)行距。来稿体例有失规范者谢绝进入编辑程序。请勿一稿两投。编辑部自收到稿件时起，即获得作者赋予的首发版权。作者投稿后若遇到异常情况须撤稿，请及时信告编辑部。编辑部于收到稿件后三个月内将采用信息反馈给作者，若未采用，请作者嗣后另行处理。本刊保留对所用稿件酌情删改的权力，若拒绝删改请明示。稿件刊登后即赠样刊；中国内地作(译)者另致薄酬，境外作(译)者免付稿酬。作者对所刊载稿件自负文责，一切立论均不代表本刊见解，版权则归本刊所有。

本刊已允许中国学术期刊(光盘版)电子杂志社、万方数据电子出版社在中国知网(CNKI)、万方数据及其系列数据库产品中以数字化方式复制、汇编、发行、网络传播本刊的全部论文，该社著作权使用费与本刊稿酬一并支付(或以样刊支付)。作者向本刊投寄稿件行为本身被视为同意此项声明。

请用电子邮件投稿，投稿邮箱(E-mail)：sjwxyj2007@163.com
联系电话(Tel.)：139 3786 5639（梁工）
136 8378 1301（程小娟）
133 2378 1980（邱业祥）
网址(website)：http://sjwxyj.henu.edu.cn/
邮寄地址(Address)：中华人民共和国 475001，河南省 开封市 明伦街 85号 河南大学圣经文学研究所《圣经文学研究》编辑部

恩格斯的圣经观及其思想来源*

唐晓峰

内容提要：恩格斯出生在一个虔诚的基督徒家庭，圣经对幼年的恩格斯产生了深入而持久的影响。在以后的思想发展过程中，恩格斯始终将圣经及其中蕴含的神学思想作为其论证的重要素材和根据，并有多篇针对圣经的论文发表。本文首先分析恩格斯圣经观的几个重要内容：科学理性地认识圣经、历史批判地解读圣经、关切现实地运用圣经等；同时探讨了恩格斯上述思想的来源，包括施莱尔马赫的情感主义、施特劳斯的神话主义、布鲁诺·鲍威尔的历史分析、费尔巴哈的人本哲学等，指出恩格斯的圣经观虽受上述思想影响，但辩证唯物主义和历史唯物主义支配下的圣经理解最终构成其马克思主义宗教观的重要组成部分。

关键词：恩格斯；圣经观；思想来源

* 本文是国家社会科学基金项目"国外马克思主义圣经批评研究"（13BZJ022）的阶段性成果。

Biblical Viewpoints of Engels & their Sources

TANG Xiaofeng

Abstract: The Bible had deep and internal influences on young Engels, since he was brought up in a devout Christian family. During the development of Engel's important thoughts, he frequently quoted biblical texts to demonstrate his points of views and published several influential articles on The Bible. This article analyzes Engels' biblical viewpoints and summarizes them as the following three points: (1) Engels understood The Bible from a scientific and rational perspective, (2) Engels interpreted The Bible in a historical critical method, (3) Engels used the Scriptures with a social concern. And then, this article explores the sources of Engels' viewpoints, including Schleiermacher's theology on the absolute dependence, Strauss' theory of mythology, Bruno Bauer's historical analysis and Feuerbach's humanistic philosophy, etc.

Key words: Engels; biblical viewpoints; the sources of thoughts

国内学界多关注于马克思主义宗教观的宏观表述,少有对经典作家处理具体宗教问题的微观分析。恩格斯曾对早期基督教、圣经文本、工人阶级信仰状况等宗教专题进行深入研究及细致解读,并发表过大量文献,其中所蕴含的理论、见解构成马克思主义宗教观的重要组成部分。本文便以恩格斯的圣经理解为例,分析其圣经观的形成、架构、内容以及思想来源,进而阐述其对马克思主义宗教观的丰富与完善。

恩格斯是马克思主义经典作家中对圣经有过集中阐述且研究较为深入的一位。这种关注和研究因为其所面对的社会背景、所要解决的社会问题不断变化而时常转移视角,恩格斯本人的圣经观亦在这种转变中不断发展和完善。恩格斯出生在一个虔诚的加尔文宗基督徒家庭，阅读圣经是少年恩格斯每日必做的功课，这为其日后在各类著述中娴熟地运用圣经字句和典故奠定了很好的基础。甚至直到晚年，恩格斯还坚持阅读圣经，并从圣经中发掘诸多研究早期基督教的论据。①

恩格斯对于圣经记载所持有的立场、对圣经文本的解读，以及对具体章节的深入分析集中在他早年与格雷培兄弟的通信中，亦见于之后其各类著述所引用的圣经文本中，以及他晚年写作的《布鲁诺·鲍威尔和原始基督教》(1882)、《启示录》(1883)、《论早期基督教的历史》(1894)三篇论文中。我们探讨恩格斯的圣经观，必须拥有以下几个视域：一是恩格斯的圣经理解虽有着不同的分期，但其自身的发展是一脉相承的；二是恩格斯的圣经观虽有开创性，但亦有着不同的思想来源，应用于多样化的社会背景；三是必须将恩格斯的圣经观联系于其整个思想体系，乃至马克思宗教观的发展完善这一点上进行考察。本文将着力于以上几点加以论述。

一、恩格斯圣经观的主要内容

青年恩格斯是一位虔诚的基督徒，他当时对圣经的理解多是从信仰的立场出发。在一位信徒眼里圣经自然是其信仰的基础，字字句句都是无可指摘的，而偏偏恩格斯受到当时流行于欧洲的理性主义及自由主义思潮的影响。圣经中违背科学理性的诸多神迹，及基督教未体现于圣经中的教义，都使其内心充满了矛盾和不安，但是很快，这种不安在施莱尔马赫的情感神学中得到了抚慰。施氏的神学将信仰诉诸于个人对至高者的绝对依赖感，这便将宗教从僵化的"教义""知识"乃至条理化的道德中解放出来，使之回归到个体的情感本身，为人们从个体的理性出发理解自己的信仰、审视自己

① 恩格斯：《恩格斯致维克多·阿德勒》(1892年8月19日)，载《马克思恩格斯全集》，中文第一版，第38卷，北京：人民出版社，1972年，第427页。

的上帝开辟了全新的路径。

不久,急于寻求问题解决的恩格斯又发现情感同样不可靠,他感到,对于圣经和上帝信仰的理解应该从历史及人本身的社会处境出发来进行。这期间施特劳斯的神话主义、布鲁诺·鲍威尔的历史研究、费尔巴哈的人本哲学对他发生了巨大影响,这种影响陆续反映在恩格斯此后四十年的创作中,为其带来根本性的从量变到质变的转化,使之彻底摆脱了基督信仰的立场,强调从历史、社会、文化的角度来诠解圣经。这些对于圣经的看法、立场及理解,最终在其晚年创作的《布鲁诺·鲍威尔和原始基督教》(1882)、《启示录》(1883)、《论早期基督教的历史》(1894)这三篇文章中得到系统表述与升华。综合恩格斯一生对于圣经的运用和研究,我们可以从以下几方面梳理其圣经观:科学理性的认识、历史批判的解读、关切现实的运用。

1.科学理性地认识圣经

恩格斯无论是作为一位虔诚的基督徒,还是共产主义运动的创始人,亦或是国际工人运动的领袖,科学理性地认识圣经始终是他理解圣经的前提。青年时代在与格雷培牧师的通信中,恩格斯在肯定上帝的理性及至高性的同时,也提出上帝的理性应与人的理性保持一致,否则它便不能称为理性,人们应该用理性去理解神的话语,即圣经。① 他甚至直言:"我不明白,怎么还有人试图继续相信圣经的每一个字或者维护上帝的直接影响,要知道上帝的存在是任何地方也无法证实的。"②从这种立场出发,恩格斯对于圣经中记述的许多内容均持怀疑态度,比如对于赎罪论,他坦言,对那些还不了解的东西,不宜匆匆作为信念而接受,使之成为教义:"没有一个有思想的人会相信,我的罪恶应当靠某个第三者的功劳而获得赦免。……每个人都必须努力通过自身来实现人类的思想,即像上帝那样在精神上完美无缺。这

① 恩格斯:《致弗里德里希·格雷培》(1839年7月12—17日),载《马克思恩格斯全集》,中文第二版,第47卷,北京:人民出版社,2004年,第190页。

② 同上,第187—188页。

是一种完全主观的东西。以第三者即客观的东西为前提的正统的赎罪的教义怎样来实现这种主观的东西呢?”[①]何况,替人赎罪的基督的超自然出生本身便存在问题,其中说明超自然生育的最有力的论据,即关于基督身上的人的本性的非人格性的教义,不过是超自然生育这种神秘直觉的结论而已。[②] 与此相关,恩格斯直言基督甚至也不知道使徒教义中的许多东西,甚至亚当的故事也只能是神话,原因是:亚当既然被创造得这样无罪,他就应当像上帝一样;或者,他既然是用人力创造出来的,他就必然会犯罪。在这种情况下,人们还需要赎罪吗?而“三位一体是赎罪的条件”,这又是基督教体系中半真不假的一个结论。[③]

如果说早期作为基督徒的恩格斯因受科学理性思潮的影响,仅仅对圣经的字面内容产生质疑,仍然坚信其象征意义的话,那么恩格斯在后期思想中,则更为稳健地运用科学理性的方法分析原始基督教的来源及圣经的形成,还原其历史本来面貌,这种还原无疑是将宗教经典祛魅的过程,凸显了此时恩格斯作为一位科学无神论者的立场。在1882年撰写的《布鲁诺·鲍威尔和原始基督教》一文中,恩格斯认为,当宗教处于一种自发的阶段时,如在黑人对物神的膜拜或雅利安人共有的原始宗教中,少有欺骗的成分,但在以后的发展中,这种欺骗的成分就成为不可避免的了。基督教作为人为的宗教,充满虔诚的狂热,更是少不了欺骗和伪造的历史。布鲁诺·鲍威尔通过他的新约考证[④],认为基督教在这个方面做出了可观的成绩,他无可辩驳地证实了人人都可以任意地把福音书的记述完全当作历史的记述,从而彻

① 恩格斯:《致弗里德里希·格雷培》(1839年7月12—17日),载《马克思恩格斯全集》,中文第二版,第47卷,北京:人民出版社,2004年,第189—190页。

② 同上书,第215—216页。

③ 恩格斯:《致弗里德里希·格雷培》(1839年10月29日),第213—215页。

④ 布鲁诺·鲍威尔对《新约》进行考证的著作主要有:《约翰福音故事考证》,1840年,不来梅版;《符类福音作者的福音故事考证》,1841年,莱比锡版,第1、2卷;《符类福音作者和约翰的福音故事考证》,1842年,不伦瑞克版,第3卷;《福音书及其起源的史实考证》,1850—1852年,柏林版,第1—4卷;《使徒行传、保罗教义和犹太教在基督教会内部的调和》,1850年,柏林版,以及《保罗书信考证(分三个部分论述)》,1850—1852年,柏林版。

底揭露了这种理论的非科学性。[①] 在鲍威尔论证的基础上,恩格斯进一步做出这样的判断:福音书的全部内容中几乎没有一件事情是历史事实,以至连耶稣基督在历史上是否实有其人也可以认为是成问题的。从这种立场出发,恩格斯曾经对《约翰福音》做出如下评价:"基督教的最初形态究竟是什么样子,读一读所谓约翰启示录,就可以有一个概念。粗野的混乱的狂热,教义还处在萌芽时期,所谓基督教道德只有禁止肉欲这一条,相反地,幻想和预言却很多。"[②]

2. 历史批判地解读圣经

恩格斯虽然坚持用科学理性的方式理解圣经,否认其记述内容的真实有效性,但他同时认为,对于一种征服罗马帝国、统治文明人类中的大多数达1800年之久的宗教,简单地说它是骗子凑集而成的无稽之谈,是不能解决问题的。对于圣经的看法同样如此,更不能将它视为荒谬言论的汇集。如果是这样,那些奴隶们所宣扬的言论如何会被野心勃勃的君士坦丁所接受,甚至成为罗马世界独裁的手段呢?对此,恩格斯强调历史批判地解读圣经。早在他于1841—1842年服役于柏林期间,恩格斯就对基督教历史问题发生了兴趣。此后在布鲁诺·鲍威尔的影响下,他强调从历史、社会、文化的角度诠解圣经。比如,对于圣经中被联结成一种体系的那些观念和思想来源的分析,恩格斯便借用了鲍威尔的思路,鲍氏认为公元40年还以高龄活着的亚历山大里亚的犹太人斐洛是基督教的真正父亲,而罗马的斯多葛派哲人塞涅卡可以说是基督教的叔父[③]。斐洛的观点"实际上是讽喻体的

---

① 布鲁诺·鲍威尔在《福音书的神学解释》一文中批驳了大卫·施特劳斯的理论,那篇文章被收入《福音书及其起源的史实考证》,1852年,柏林版,第4卷。

② 恩格斯:《布鲁诺·鲍威尔和原始基督教》,见《马克思恩格斯全集》,中文第二版,第25卷,北京:人民出版社,2001年,第552—553页。

③ 恩格斯提到的这一事实,布·鲍威尔在下列著作中作了阐述:《斐洛、施特劳斯、勒南和原始基督教》,1874年,柏林版,及《基督和君主们——基督教起源于罗马的希腊文化》,1877年,柏林版。

理性主义的犹太传说和希腊哲学特别是斯多葛派哲学的混合物。这种西方观点和东方观点的调和,已经包含着本质上是基督教的全部观念——人的原罪、逻各斯、不是通过供奉牺牲而是通过把自己的心灵奉献给神来进行忏悔"[①],在斐洛的学说中,整个基督教的轮廓只缺少一块拱石,即人格化的逻各斯,就这块拱石而言,恩格斯认为多数是由"那些本身感到宗教的需要,并且懂得群众对宗教的需要的人创立的"[②]。另外,恩格斯还介绍了鲍威尔对塞涅卡哲学及其与圣经关联性的分析——例如鲍威尔认为,福音书和所谓的使徒书信不客气地利用了斯多葛派哲学,特别是塞涅卡哲学,这尤其表现在训诫方面,使徒书信常常一字不差地抄袭塞涅卡。

恩格斯肯定了鲍威尔对原始基督教的分析及考证,认为鲍威尔的观点影响了他对于基督教问题的研究。圣经的产生与原始基督教形成背后的社会因素密切相关,这种对于鲍威尔思想的超越也是我们理解恩格斯圣经观的关键。原始基督教的起源与圣经的形成和罗马帝国的侵略及其在此基础上形成的庞大帝国有关。在罗马帝国,统一的行政、赋税与罗马法荡平了原有的社会分层及结构,消灭了各民族政治和社会的独特性,并在占领区形成了地主高利贷者、自由民和奴隶三个阶级。前两个阶级在罗马统治者面前如同奴隶对待奴隶主一样没有任何权利。普遍的无权及无改变现状的可能性,带来的是被占领区普遍的意志消沉与精神颓废。同时罗马的占领虽在早期试图汇集各民族神的力量,建造万神殿,但这种缺乏实质内容的标志性建筑抵挡不了各民族宗教的消亡。"古代一切宗教都是自发的部落宗教和后来的民族宗教,它们从各民族的社会条件和政治条件中产生,并和这些条件紧紧连在一起。宗教的这种基础一旦遭到破坏,沿袭的社会形式、传统的政治设施和民族独立一旦遭到毁灭,那么从属于此的宗教自然也就崩溃

① 恩格斯:《布鲁诺·鲍威尔和原始基督教》,第551页。

② 同上,第552页。

了。"[①]物质追求的绝望与无权,加之作为原有精神追求的民族宗教的灭亡,必然导致各阶层中的一些人来寻求思想上的安慰,灵魂的得救,而这些不是作为哲学体系的伊壁鸠鲁学派或斯多葛学派所能满足的,对于普通民众而言尤其如此。这时出现了基督教,它和以前的一切宗教都发生尖锐的对立,尤其在严守礼仪及宗教戒律方面,基督教基本上没有在种族之间加以隔绝。"这样一来,由于它否定一切民族宗教及其共有仪式,毫无差别地对待一切民族,它本身就成了第一个可行的世界宗教"。[②] 这一过程体现于圣经的记述中。

这种历史批判的分析方法在恩格斯对《启示录》的深入解读中得到完美展现,那种解读主要表现在如下几个方面:首先,从思想来源说,恩格斯认为几乎构成《启示录》全部内容的神迹,多半是从《旧约》中的古代先知以及他们后来的摹仿者那里逐字逐句抄来的,其中包括早期的《但以理书》,直至后来的《以诺书》(公元开始前不久用希腊文写的一种伪经)。其次在神迹的内容方面,恩格斯以《启示录》中的一个预言加以说明:"我看见兽的七头中,有一个似乎受了死伤。那死伤却医好了……""在这里有智慧。凡有聪明的,可以算计兽的数目,因为这是人的数目,他的数目是666。"[③]恩格斯就此分析道,这一篇《启示录》是在罗马第六个皇帝统治期间写的,因为从奥古斯都开始,罗马帝国皇帝的顺序依次是:提比利乌斯,卡利古拉,克劳狄乌斯,第五是尼禄,第六位是加尔巴,加尔巴在位的时期是68年6月9日到69年1月15日。无疑受伤后即将返回的王便是尼禄。而如上所述,666也正是尼禄的代表数字,因为大约在公元前300年,犹太教的拉比们便开始把他们的字母当作表示数目的符号来使用,而一些密语用组成这个密语的各个字母的数值之和来表达。以希腊字母来书写尼禄·恺撒的名字,得出的数

① 恩格斯:《布鲁诺·鲍威尔和原始基督教》,第556页。

② 同上,第557页。

③ 恩格斯:《启示录》,见《马克思恩格斯全集》,中文第一版,第21卷,北京:人民出版社,1965年,第14页。

字总和是666。最后恩格斯认为，在这篇《启示录》中，基督教后期的教义没有一点踪迹，贯穿于其中的只有一个信条：信徒因基督的牺牲而得救。但对于怎样得救和为什么得救，则没有进行任何解释，没有原罪，亦没有三位一体，耶稣只是从属于神，甚至和摩西平起平坐，圣灵不止有一个，而是神的七灵，“这里除了犹太人和异教徒的一种旧观念，即必须用牺牲来祈求神或众神的宽宥以外，别的什么都没有。这种观念被改造成基督教所特有的观念之后，它的内容是，基督之死是伟大的献祭，是一次而永远有效的献祭”。①同时，《启示录》的内容表明，当时基督教尚未从犹太教中独立出来，它只是一个犹太教的宗派。

3. **关切现实地运用圣经**

恩格斯不但强调要理性、历史、类比地看待圣经，诠释圣经，同时更将这种理解与诠释与他所关注的社会问题及其所从事的政治运动结合起来。这种倾向始于他的青年时代，正是这种意识让他摆脱了虔信与理性之间的纠结。恩格斯很早便认为，圣经揭示了基督徒本应有的社会状况，可以成为社会革命的根源。从这种理解出发，他强调欧洲大陆社会改革的进展离不开宗教改革，而宗教改革的诱因在于回归圣经所揭示的基督徒应该有的社会状态：“按照圣经，任何一个基督徒都没有权利独自占有任何财产；财产共有是唯一适合于基督徒社会的状况；一个善良的基督徒不得向其他基督徒行使权力或发号施令，不得担任任何政府职务或享有世袭权力；相反，既然一切人在上帝面前都是平等的，那么在人间也应该是平等的。”②而欧洲社会的现实却是人们身处于邪恶和受奴役的状况，每天被搜刮，被当作牲畜看待，这些状况都是与圣经阐述的基督教教义相违背的，于是农民开始起来反

① 恩格斯：《启示录》，第12页。

② 托马斯·闵采尔：《根据路加对福音的证明来公开驳斥不忠实世界的错误信仰，使可怜的和不幸的基督教界知道它的迷途》，1524年，米尔豪森版。

对他们世俗的主,这在闵采尔和路德的思想中均有所体现。①

恩格斯关于原始基督教及圣经最为成熟的论点集中在《论早期基督教的历史》一文中,该文发表于 1894 年,即其去世前一年。该文探讨了原始基督教的形成、对圣经的批判性理解、原始基督教同国际工人运动的对比、圣经的文化社会关联性等若干问题,这些问题虽然在恩格斯之前的著述中,尤其在《布鲁诺 · 鲍威尔和原始基督教》及《启示录》中已经有所关注,却并未系统展开。该文可称为恩格斯圣经观乃至宗教观最为重要的代表作。在该文中,恩格斯明确提出,基督教是早期无权者的宗教,圣经是早期无权者的权利宣言;同时提出,原始基督教与现代工人运动有着相似之点。这种相似点在于,两者均是被压迫者的运动,且均具有改变其被压迫命运的强烈愿望,只不过原始基督教期待在天国中寻找解脱,而现代工人运动则将希望寄托于此世,在社会改造中寻求那种解脱。为了这种理想和抱负,两者都曾遭受过排挤和迫害,但都无一例外地为自己开辟了前进的道路,基督教在它产生 300 年后就成为罗马世界帝国公认的国教,而工人运动所倡导的社会主义则取得了一个可以绝对保证胜利的地位。恩格斯甚至提出,在西罗马帝国灭亡的时候,"社会主义"在其当时可能的程度上,正是以基督教的形式存在过。"只是这种基督教——由于历史的先决条件,也不可能是别个样子——希望在彼岸世界,在天国,在死后的永生里,在据说不久必将到来的'千年王国'里实现社会改造,而不是在这个世界里"。② 恩格斯认为,这种相似性可以在阅读《哥林多后书》的过程中去找寻:

> 我倒是想看看有没有一位过去国际的活动家,在比方说阅读所谓"保罗答哥林多人后书"的时候,他的旧日的创伤,至少在某一方面的创

---

① 恩格斯:《大陆上社会改革的进展》(1843 年 10 月 15 日—11 月 10 日),载《马克思恩格斯全集》,中文第二版,第 3 卷,北京:人民出版社,2002 年,第 485—486 页。

② 恩格斯:《论早期基督教的历史》,见《马克思恩格斯全集》,中文第一版,第 22 卷,北京:人民出版社,1965 年,第 525—526 页。

伤，能不绽开来。这整篇使徒书，从第八章起，发出永远不断的，可惜竟是那么熟悉的诉苦的调子：les cotisations ne rentrent pas——捐款不来！好多六十年代的最热心的宣传家会大有同感地握着这位使徒书作者——不论他是谁——的手说，“你也遇到过这样的事呀！这个题目我们也有可讲的——我们的协会里也挤满了哥林多人；这些在我们眼前捉摸不定地晃来晃去的、带来唐达鲁士之苦的拿不到手的会费，恰恰就是盛传的‘国际的百万财产’！”①

恩格斯进一步对比了原始基督教与国际工人运动的派系分裂问题，指出虽然这个早期的基督教与后来的世界性宗教有着天壤之别，没有后世的教义和伦理，但却“有正在进行一场对全世界的斗争，以及这一斗争必将胜利的感觉，有斗争的欢悦和胜利的信心，这种欢悦和信心在现代的基督徒身上已经完全丧失，在我们这个时代里，它们只存在于社会的另一极——社会主义者方面”②。与当时强大的世界做斗争的同时，革新者内部的斗争也同样激烈，这是原始基督教和社会主义的共同特征。共产国际那里有谨守1848年以前法国传统的共产主义者，有魏特林派的共产主义者和重整旗鼓的共产主义者同盟中的另一种共产主义者，有在法国和比利时占优势的蒲鲁东主义者，有布朗基主义者，有德国工人党，最后，还有一度在西班牙和意大利占上风的巴枯宁无政府主义者。而最初的基督徒中也有无数的宗派，比如以弗所和别迦摩的尼哥拉派，士每拿和非拉铁非的那些自称是犹太人其实不是犹太人而是属于撒但一会的人，别迦摩的那些信奉名叫巴兰的伪先知的教训的人，以弗所的那些自称是使徒而其实并不是使徒的人，最后还有推雅推喇的那些信奉名叫耶洗别的伪女先知的人。《启示录》的作者就像抨击整个罪恶的外部世界那样，势不两立地、激烈地抨击那些宗派。

① 恩格斯：《论早期基督教的历史》，第527页。
② 同上，第536—537页。

另外,在对待禁欲的主张上,原始基督教与社会主义也有类似的形成过程,《启示录》以作者的口吻谴责吃祭偶像之物和行奸淫的事,这是犹太人与改宗的异教徒争论不休的两点。而在现代社会主义运动中也存在类似情况。十九世纪三十年代圣西门派的《肉体复权》("réhabilitation de la chair")曾引起德国社会"令人难以置信的恐惧"。傅立叶给肉体规定的自由还要更多,随着空想主义被克服,这些放荡行为让位给较为理智的且实际上更激进得多的概念,"而且自从德国从海涅的'虔诚的育儿所'发展成为社会主义运动中心的时候起,崇尚美德的上流社会那种伪善的愤慨,就被人们置之一笑了"。除此之外,两者的共同点还在于号召同道者进行热心的宣传,在敌人面前公开承认自己的信仰,不屈不挠地与内外敌人做斗争。[①]

尽管如此,恩格斯并没有将对原始基督教的肯定上升到推崇的层面,至多他认为原始基督教的精神与共产主义运动有相似之处,顶多成为一种共产主义的注解,这在他年轻时代就认识到了。他批判法国基督徒的一个公式:基督教就是共产主义,"*le Christianisme c'est le Communisme*"。虽然在这个公式中基督徒们竭力想用圣经,用据说最早的基督徒生活于其中的公社等等来证明这个公式,但这只是那些基督徒对于圣经的误解,因为圣经里的类似段落至多是有利于共产主义的注解,他们没有看到"圣经教义的整个精神是同共产主义、同一切合乎理性的措施截然对立的"[②]。

除了以上几个方面,恩格斯还时常借用圣经典故及寓意类比观照他所诠释的社会现象和政治问题。罗兰 · 博尔在他的代表作《尘世的批判——关于马克思、恩格斯和神学》一书中,曾十分形象地将马克思、恩格斯运用的基督教神学及圣经片段比喻成"烟荷包",随时为他们的论辩提供得心应手

① 对此,恩格斯引用了《启示录》中的众多证据,比如约翰宣称:"念这书上预言的和那些听见又遵守其中所记载的都是有福的,因为日期近了。"最后一章,天使吩咐约翰说:"不可封了这书上的预言,因为日期近了。"

② 恩格斯:《大陆上社会改革的进展》(1843 年 10 月 15 日—11 月 10 日),第 483 页。

的素材。[1] 他甚至把恩格斯与“加尔文主义者”相类比,因为在加尔文主义者那里,“圣经是最好也是最后的权威,一个人必须通过发现支持一种立场或另一种立场的圣经文本,才能够让这种立场变得正当。当然,恩格斯可能已经从这个特定的动机中摆脱出来了,但他从圣经文本中拣取一两处的习惯还是一直伴随着他”[2]。这些引用集中出现在恩格斯与朋友的通信中,与马克思合作完成的《神圣家族》《德意志意识形态》中,以及攻击统治阶级特权的论辩性文章中。

二、恩格斯圣经观的思想来源

恩格斯早年对于圣经的理解,无疑来自虔信的基督徒家庭对圣经的传统看法,以及教会氛围的熏陶。恩格斯出生在德国的埃尔伯费尔德(伍伯塔尔),那里靠近荷兰,基督教加尔文主义在当地颇为流行。恩格斯本人在埃尔伯费尔德新教福音堂受洗,他的父母亲均是虔诚的加尔文宗基督徒。恩格斯曾经坦言,自己在一个极端正统和虔诚的家庭长大,并在教堂、主日学校、家庭里被灌输了圣经中最为直接的、无条件的信仰。[3] 恩格斯本人在不莱梅度过两年(1839—1941)时光,在里奥波特领事机构的贸易部门做一名办事员,其间接受了更为根深蒂固的加尔文教派观念的熏陶。[4] 从恩格斯早期的书信写作中,我们能看到那个时代的德国围绕着圣经的争论在一个拥有复杂基督教信仰的年轻人心中引发了何等激烈的斗争。

随着逐步接受施莱尔马赫、施特劳斯、布鲁诺·鲍威尔、勒南,尤其是费尔巴哈思想的影响,恩格斯对圣经的理解不断发生着转变。同时,在对上述

---

① Roland Boer, *Criticism of Earth*, *On Marx*, *Engels and Theology*, Leden/Boston, 2012, 51.

② Ibid., 243.

③ Ibid., 235.

④ Ibid., 235—236.

学者的观点进行深入反思和批判的基础上,其圣经观亦日渐成熟,这在恩格斯本人的写作中多有体现。另外,恩格斯对圣经的看法乃至对整个宗教的评判与马克思的观点也是相辅相成的,都是马克思主义宗教观的重要组成部分。青年恩格斯尤其尊敬施莱尔马赫,他引述施莱尔马赫的言论说:"宗教是心灵的事情,谁有心灵,谁就会虔诚;但是谁以知性或甚至以理性作为自己虔诚的基础,谁就根本不会是虔诚的。宗教之树生长于心灵,它荫蔽着整个人,并从理性的空气中吸取养料。而它的果实,包含着最珍贵的心血的果实,则是教义。除此以外的东西都是有害的。"[①]同时,恩格斯也推崇施特劳斯,认为在当时活着的人当中,拥有与施莱尔马赫同样才智、同样力量和同样勇气的人只有大卫·弗里德里希·施特劳斯。[②] 在其致格雷培的信中,他阐述了施特劳斯对自己的影响:"施特劳斯帮助我了解了黑格尔的思想,因而这对我来说是完全可信的。……即使他的整本《耶稣传》被证实为一堆不折不扣的诡辩,那也无关紧要,因为这部著作之所以十分重要,首先就在于作品的基础是关于基督教的神话起源的观念;即使发现上述错误,也丝毫无损于这个观念,因为它永远可以重新用来解释圣经史。但是施特劳斯更大的功绩是:他在提出这个观念的同时,还无可争辩地出色地运用了这个观念。一个好的圣经诠释家可能会发现施特劳斯的某些疏忽之处,或者指出施特劳斯走极端的情况,正像路德在细节问题上也不是无懈可击的一样;然而这无关宏旨。"[③]罗兰·博尔曾经评论过施特劳斯对于青年恩格斯的影响:"对于恩格斯,至少在他十九岁的时候,施特劳斯的神话主义就像'泛着红晕的黎明,覆盖白雪的顶峰',标志着一整个崭新的世界。在某些方面,《耶稣传》这样一本书对于恩格斯,就像使他脱离了加尔文主义者培育的解

---

① 恩格斯:《致弗里德里希·格雷培》(1839年7月12—27日),载《马克思恩格斯全集》,中文第二版,第47卷,北京:人民出版社,2004年,第194页。

② 同上,第193—194页。

③ 恩格斯:《致威廉·格雷培》(1839年11月13—20日),载《马克思恩格斯全集》,中文第二版,第47卷,北京:人民出版社,2004年,第223—225页。

压室。他可能已经摆脱了施特劳斯，但他肯定很好地运用了从圣经批判研究中所获得的洞见。"①

对于恩格斯宗教观影响最大的哲学家莫过于费尔巴哈，恩格斯关于宗教的本质有一段十分经典的表述，经常被研究者所引述，即"宗教按它的本质来说就是抽掉人和大自然的整个内容，把它转给彼岸之神的幻影，然后彼岸之神大发慈悲，又反过来使人和大自然从它的丰富宝库中得到一点东西。只要对彼岸幻影的信仰还很强烈，还起作用，人用这种迂回的办法至少可以取得一些内容……"在这段表述的最后，恩格斯不无调侃地补充道："我何必照抄费尔巴哈的话呢？"②费尔巴哈是西方宗教思想史上一位重要思想家，与西方以往以基督教哲学为代表的宗教哲学不同，他建立了人本主义的宗教观，同时开创了比较宗教学、宗教心理学的先河。他的著述中多有将信仰对象的本质转化为人的本质的表述，比如"神学就是人本学，人的神不外乎就是人的被神化了的本质。宗教的不同就是由于人的不同"③等。费尔巴哈的哲学观点直接影响到恩格斯对圣经的看法，使之始终认为：圣经中的上帝是从自然物和人的本质中被抽象出来，并最终被人格化的；原始基督教的产生与人们原有精神追求的民族宗教的灭亡，以及物质追求的绝望及无权地位导致人们心理依赖感的消失相关联，而这种依赖感不能从作为哲学体系的伊壁鸠鲁学派或斯多葛学派获得，于是这时便出现了基督教，而这一切的论据都来源于圣经。从费尔巴哈的这一观点出发，恩格斯甚至提出："由于一切宗教的内容起源于人，它们才在某些地方还可求得人的尊敬；只有意识到，即使是最疯狂的迷信，其实也包含有人类本质的永恒规定性，尽管具有的形式已经是歪曲了的和走了样的；只有意识到这一点，才能使宗教的历

① Roland Boer, *Criticism of Earth*, *On Marx*, *Engels and Theology*, 2012, 21.

② 恩格斯：《英国状况——评托马斯·卡莱尔的〈过去和现在〉》(1843 年 10 月—1844 年 1 月中)，载《马克思恩格斯全集》，中文第二版，第 3 卷，北京：人民出版社，2002 年，第 517—518 页。

③ 费尔巴哈：《费尔巴哈哲学著作选读》(下卷)，北京：商务印书馆，1984 年，第 518 页。

史,特别是中世纪宗教的历史,不致被全盘否定,被永远忘记。”[①]

如果说费尔巴哈对于恩格斯的整体宗教观有着系统的影响,那么布鲁诺·鲍威尔则影响了恩格斯对于圣经的研究,这种研究的基点在于原始基督教。恩格斯在十九世纪四十年代便同鲍威尔兄弟熟识。[②] 在《布鲁诺·鲍威尔和原始基督教》一文中,恩格斯曾简要总结了布鲁诺·鲍威尔的贡献:“在解答这个问题方面,布鲁诺·鲍威尔的贡献比任何人都大得多。维尔克单纯从语言方面考证了福音书的时间顺序和相互依存关系[③],鲍威尔又根据它们的内容无可辩驳地加以证实了,尽管1849年以后反动时代的那些半信神的神学家竭力反对这样做。按照施特劳斯含糊的神话论[④],人人都可以任意地把福音书的记述完全当作历史的记述,鲍威尔彻底揭露了这种理论的非科学性[⑤]。既然福音书的全部内容中几乎绝对没有一件事情是历史事实,以至连耶稣基督在历史上是否实有其人也可以认为是成问题的,鲍威尔就扫清了解决下述问题的基地:在基督教中被联结成了一种体系的那些观念和思想,是从哪里来的,而且是怎样取得世界统治地位的……鲍威尔毕生从事于这个问题的研究。”[⑥]恩格斯除了肯定布鲁诺·鲍威尔在研究早期基督教方面的贡献外,还客观地指出了他的唯心主义倾向,他认为:“布鲁诺当时同唯物史观,同科学社会主义完全无关;如果有某些类似东西的话,只能从布鲁诺在五十年代和六十年代所写的较后期的文章中寻找。恐怕也不能否认,在布鲁诺后来有关原始基督教的著作中,反映了马克思的某些思想

---

① 恩格斯:《英国状况——评托马斯·卡莱尔的〈过去和现在〉》(1843年10月—1844年1月中),载《马克思恩格斯全集》,中文第二版,第3卷,北京:人民出版社,2002年,第520—521页。

② 恩格斯:《英国状况——评托马斯·卡莱尔的〈过去和现在〉》(1843年10月—1844年1月中),第518页。

③ 参看维尔克:《最初的福音书编述者或对头三个福音书的亲近关系的诠释性考证研究》1830年,德累思顿-莱比锡版。

④ 参看大卫·施特劳斯:《耶稣传(校勘本)》1835—1836年,蒂宾根版,第1、2卷。

⑤ 鲍威尔在《福音书的神学解释》一文中批驳了大卫·施特劳斯的理论;这篇文章被收入《福音书及其起源的史实考证》1852年,柏林版,第4卷。

⑥ 恩格斯:《布鲁诺·鲍威尔和原始基督教》,第550—551页。

影响；但整个说来，布鲁诺对历史发展动力的理解，实质上仍然是唯心主义的。”[①]

恩格斯在他后期写作的《路德维希·费尔巴哈和德国古典哲学的终结》中，对于上述各个思想家的观点，均进行过点评，认为“施特劳斯、鲍威尔、施蒂纳、费尔巴哈，就他们没有离开哲学的立足地这一点来说，都是黑格尔哲学的支脉。施特劳斯写了《耶稣传》和《教义学》[②]以后，就只从事于写作勒南式的哲学和教会史的美文学作品；鲍威尔只是在基督教起源史方面做了一些事情，虽然他在这里所做的也是一些重要的事情；施蒂纳甚至在巴枯宁把他同蒲鲁东混合起来，并且把这个混合物命名为‘无政府主义’以后，依然是一个宝贝；唯有费尔巴哈是个杰出的哲学家。但是，哲学，这一似乎凌驾于一切专门科学之上并包括一切专门科学的科学，对他来说不仅仍然是不可逾越的屏障，是神圣不可侵犯的东西；而且，他作为一个哲学家，也停留在半路上，他下半截是唯物主义者，上半截是唯心主义者；他没有批判地克服黑格尔，而是简单地把黑格尔当作无用的东西抛在一边，同时，他本人除了矫揉造作的爱的宗教和贫乏无力的道德，拿不出什么积极的东西来与黑格尔体系的百科全书式的丰富内容相抗衡”。[③] 恩格斯的圣经理解虽多受上述思想影响，并在其著述中多有提及，但纵观恩格斯的写作，我们很容易从他宗教思想的发展脉络中，从他各个时期对于圣经的不同理解中，看到其圣经观超越了上述思想家的观点，并形成自己独到的思想体系，这种体系最终成为马克思主义宗教观的重要组成部分。

---

① 恩格斯：《恩格斯致海尔曼·布洛歇尔》（1893 年 10 月 3 日），载《马克思恩格斯全集》，中文第一版，第 39 卷，北京：人民出版社，1974 年，第 127 页。

② 指大卫·施特劳斯的《基督教教理的历史发展及其和现代科学的斗争》1840—1841 年，杜宾根和斯图加特版，第 1—2 卷；这部著作的第二部，根据它的主要内容，名为《基督教教理（教义学）的物质内容》。

③ 恩格斯：《路德维希·费尔巴哈和德国古典哲学的终结》（1886 年初），载《马克思恩格斯全集》，中文第一版，第 21 卷，北京：人民出版社，1965 年，第 335 页。

作者唐晓峰，中国社会科学院世界宗教研究所副研究员，基督教研究室副主任，主要从事中国基督教史及其现状研究。出版专著《赵紫宸神学思想研究》，编著《马克思恩格斯列宁论宗教》等。

古代以色列社会学研究*

[美]诺曼·哥特瓦尔德

内容提要：在诸多公认的圣经研究方法中，社会学批评以其能把握多变的社会发展过程而深受推崇。本文采用此种方法，从以下三方面展开对圣经记载的古代以色列社会的研究：(1)圣经社会学研究的理论与方法。(2)古代以色列社会的历史与政治经济的关系，这种关系在以色列部落时期、以色列独立君主制时期和以色列作为殖民地时期的表现有何不同。(3)标准的社会诠释学，包括社会诠释学的模式、社会诠释学与政治经济的关系。

关键词：圣经的社会学批评；古代以色列；社会诠释学

Sociology of Ancient Israel

Norman K. GOTTWALD [USA]

Trans. by LI Panpan

* 本文原载于 D. N. Freedman, ed., *The Anchor Bible Dictionary*. vol. 6, New York: Doubleday, 1992, 79—89, 经原作者授权译成汉语，发表于本刊。

Abstract: Sociological criticism was appreciated by grasping its checkered and erratic course of development among the methodologies considered legitimate in biblical studies. This article focuses on the study of ancient Israel in biblical history from social scientific insights as follows: (1) the method and theory of biblical sociology; (2) the relationships between social history and political economy of ancient Israel, which shows different characteristics during tribal Israel, independent monarchy, and colonial Israel periods; (3) the normative social hermeneutics, which include the modes of social hermeneutics, the relations between social hermeneutics and political economy.

Key words: biblical sociological criticism; ancient Israel; social hermeneutics

古代以色列社会学或“圣经社会学”,是一个不甚严谨的术语,它涵盖了以下内容:(1)圣经社会科学批评实践:它采用社会科学的方法、资料以及理论(人类学、经济学、政治学和社会学),以便厘清圣经文学与古代社会之间的关系;(2)古以色列社会组织研究:它是指对古以色列大小不一的社会组织进行的共时性或历时性研究,其有可能扩展为对一段完整的社会历史的(历时性)研究。(3)圣经所载的社会生活模式研究:该模式在某种程度上被视为当代宗教和世俗生活的规则和典范。

圣经社会学研究者对于此领域所包含的研究内容见解不一。狭义上,“社会”现象可以指区别于“经济”和“政治”现象的人与人之间的交往模式。或者,可以将社会、经济和政治现象视为一种政治经济模式下的相互关联因素,此政治经济模式决定了人类集体生活的形态和动态。诸种因素之间的“平衡”或“失衡”决定了最终形成的“社会整体”的有序和稳定或者无序和动荡。

一、方法与理论

在诸多公认的圣经研究方法中,社会科学批评最近才被赋予应有的地位。它因能把握社会多变的发展过程而深受推崇。随着高等批判(higher criticism)在 十九世纪崛起,社会科学的各种方法、理论和描述性成果被零星地应用于圣经研究。这些批评在深度和质量上差别很大。此外,圣经研究的主要方法溯源于人文科学,其困难在于要同时掌握圣经和社会科学领域的知识,这种困难限制了圣经社会科学批评传统的持续发展,以及对社会科学批评的评估与推进。

早期的社会批评学者威尔豪森(J. Wellhausen)和罗伯逊·史密斯(W. Robertson Smith)采用人类学中的宏观理论(large – scale theory),探寻圣经中游牧社会与伊斯兰教创立以前阿拉伯社会之间的密切关系,学者们认为二者的生活方式有相似之处。在圣经研究中,早期以色列游牧民族的概念被不加批判地保留下来。虽然学术先锋声称自己的方法是可靠的,但是,当学者们认识到十九世纪的人类学方法过于庞杂时,那些社会学批评的先锋所采用的比较方法就深受诟病,遭到摒弃。学者们认为需要一种合适的方法来分析古代以色列社会。

在二十世纪的第一个十年,三位学者的社会学理论被用于圣经研究,取得了卓越成就,他们是韦伯(Max Weber),涂尔干(Émile Durkheim)和马克思(Karl Marx)①。

韦伯写了一部重要的关于古代犹太教的著作②。他试图重建的是,在特定的历史处境中,在巴勒斯坦人民的经济、政治和社会组织相互作用下,宗

① K. Marx, *Grundrisse. Foundations of the Critique of Political Economy (Rough Draft)*. Baltimore: Penguin Books (Original 1857—1858), 1973.

② M. Weber, *Ancient Judaism*. Glencoe: Free Press (original 1921), 1952.

教思想、行为契约、一神教和先知是如何产生及传播的。韦伯认为,在宗教领域中,"魅力型"(charismatic)权威经由"法理型"(rationalizing)权威阶段,最后发展成宗教机构,这是普通社会生活的一种形态。韦伯的著作产生了深远的影响,鼓励学者对圣经的"理想形式"做进一步分析,但是,韦伯的模式使这个领域的发展蒙上了阴影,使学者失去了以开放姿态采纳其他社会科学方法的勇气。

涂尔干的社会学理论影响了考斯(A. Causse)对以色列从部落游牧社会过渡到农业和商业社会的研究。在很大程度上,他借鉴了涂尔干有关简单社会中"机械"团结("mechanical" solidarity)和"有机"团结("organic" solidarity)的概念,前者存在于劳动分工简单的社会,后者存在于劳动分工复杂的社会。在圣经研究中,学者以"进化论"的观点解释以色列文化渗入迦南的现象非常普遍。

虽然路瑞(M. Lurje)曾描述过以色列的社会和政治历史,但是马克思主义社会学理论很少被公开应用于圣经研究。[①] 不过,在一定程度上,马克思主义理论显然存在于幕后。韦伯和涂尔干就是在与马克思主义传统的争论中寻求对社会的理解的。基督教与马克思主义者教条化的做法,使彼此之间产生了误解和敌意,以致阻碍了马克思主义社会学圣经研究的发展,这种情况直到最近才有所改变。

十九世纪末,美国芝加哥大学在研究中引入社会学理论,再加上新教社会福音运动(Protestant Social Gospel Movement)的影响和神学建构过程中对研究者的培养,格雷汉姆(W. Graham)、麦科考恩(C. McCown)和沃利斯(L. Wallis)开始对希伯来圣经进行社会文化研究。但是,芝加哥学派(Chicago School)因方法的折中和理论的脆弱,以及自由主义的宗教倾向,随着正统神学(Neo-Orthodoxy)和圣经神学运动(Biblical Theology Movement)的

① M. Lurje, *Studien zur Geschichte der wirtschaftlichen und sozialen Verhältnisse im israelitisch – jüdischen Reiche*. Giessen: A. Toöpelmann, 1927.

发展而衰落下去。

形式批评（Form-critical）由衮克尔（H. Gunkel）发起，专注于口传的传统与民俗研究，意在探寻圣经文学体裁的“生活处境”。后来的形式批评因缺乏衮克尔理解的广度，与社会科学脱节，强调祭祀情景的分析，而缺少生活处境的分析。形式批评发生了变化，它变得过于随意，使宗教制度背景与社会结构脱节。诺斯假设前君主政体的文学体裁乃植根于宗教组织联盟（近邻同盟）（amphictyony），此假设大胆而别出心裁，但夸大和曲解了以色列社会中的宗教因素。①

圣经文学的本质决定了圣经研究不能完全忽视以色列的社会现象，尽管社会科学研究的进展和成果参差不齐。考古学、历史学和经济地理学的发展，以及比较研究方法的应用，为古代近东社会提供了大量潜在的、重要的社会信息。这些资料被视为背景或“实物教材”，我们在研究圣经时应将之牢记于心。圣经文本涉及某些特定的地方和机构，所以大量的社会信息通常有助于对圣经的研究。然而，在大多数情况下，学者既没有兴趣，也没有办法探求这些作用和结构在整个社会中相互作用和发展的情况。一些学者如奥特（A. Alt）和奥尔布赖特（W. F. Albright）试图全面综合地理解以色列社会，但他们因对社会科学方法的认识不足而致使研究无法深入下去。

圣经学者持续地将社会科学理论应用到圣经批评始于二十世纪六七十年代，原因如下：不断发掘出的古代社会的典外文献，需要一种新的参照和阐释框架；社会科学作为一种学科快速发展；以及全球性的社会动荡，社会批判神学风起云涌，如欧洲的希望神学、拉丁美洲的解放神学、北美的黑人神学及女性主义神学。这些均对圣经学者产生了影响。

在过去二十年里，希伯来圣经的社会科学批评以多样性为特征，沿着圣经文学批评、社会历史批评的方向发展。对圣经中的社会进行描述和对圣

① 参见 A. D. H. Mayes, “Amphictyony”, in The *Anchor Bible Dictionary*. D. N. Freedman, ed., vol. 1, New York: Doubleday, 1992, 212—216。

经的理论化批评,被视为当代圣经社会学研究领域的分析方法典范。

致力于研究以色列部族起源和国家形成的学者,诸如门登豪尔(G. Mendenhall)①、哥特瓦尔德(N. K. Gottwald)②、钱尼(M. Chaney)③、弗里克(F. Frick)④、弗拉纳根(J. Flanagan)⑤、霍普金斯(D. Hopkins)⑥、莱姆切(N. Lemche)⑦、怀特勒姆(K. Whitelam)、库特(R. Coote)⑧等,均运用了宏观社会学理论和人类学理论,这种方法使结构功能主义方法与冲突模式彼此结合起来。他们时而含蓄时而明确地采用马克思主义阶级利益分析的方法来研究早期以色列生产方式。以色列人早期生活的社会和宗教形式在很大程度上与迦南高地农耕生活的物质基础密切相关。因为研究的对象是以色列如何由"部落"发展成为一个"国家",研究的策略注重变化的过程,所

---

① G. E. Mendenhall, *The Tenth Generation: The Origins of the Biblical Tradition.* Baltimore: Johns Hopkins University Press, 1973.

② N. K. Gottwald, *The Tribes of Yahweh.* Maryknoll, N. Y.: Orbis Books, 1979; *The Bible and Liberation. Political and Social Hermeneutics.* Maryknoll, N. Y.: Orbis Books, 1983; *The Hebrew Bible: A Socio-Literary Introduction.* Philadelphia: Fortress Press, 1985; "The Israelite Settlement as a Social Revolutionary Movement", in *Biblical Archaeology Today* (1985): 34—46; *Proceedings of the International Congress on Biblical Archaeology. Jerusalem, April* 1984, Jerusalem; "Social Matrix and Canonical Shape", *Today* 42 (1985): 307—321; *Social Scientific Criticism of the Hebrew Bible and its Social World: The Israelite Monarchy. Semeia* 37. Decatur, GA: Scholars, 1986; "Religious Conversion and the Societal Origins of Ancient Israel", *Perspectives in Religious Studies* 15 (1989): 49—65.

③ M. L. Chaney, "Ancient Palestinian Peasant Movements and the Formation of Premonarchic Israel", in *Palestine in Transition: The Emergence of Ancient Israel*, ed., D. N. Freedman and D. F. Graf, Sheffield: Almond Press, 1983, 39—90.

④ F. S. Frick, *The Formation of the State in Ancient Israel. A Survey of Models and Theories.* Decatur, GA.: Almond Press, 1985.

⑤ J. W. Flanagan, *David's Social Drama. A Hologram of Israel's Early Iron Age.* Sheffield: Almond Press, 1988.

⑥ D. C. Hopkins, *The Highlands of Canaan. Agricultural Life in the Early Iron Age.* Decatur, GA.: Almond Press, 1985.

⑦ N. P. Lemche, *Early Israel. Anthropological and Historical Studies on the Israelite Society before the Monarchy.* Leiden: E. J. Brill, 1985.

⑧ R. B. Coote and K. W. Whitelam, *The Emergence of Early Israel in Historical Perspective.* Sheffield: Almond Press, 1987.

以学者所关注的主要是以色列的社会冲突和变革。

威尔逊(R. Wilson)[①]、卡罗尔(R. Carroll)、奥弗霍特(T. Overholt)[②]、彼得森(D. Petersen)、摩图(H. Mottu)、郎(B. Long)、兰格(B. Lang)、汉森(P. Hanson)等学者致力于希伯来圣经先知文学、启示文学的研究,主要采用人类学和社会心理学的理论,还运用了一个重要的结构—功能的方法,这种方法对先知文学和启示文学所记载的物质生活条件给予了适度关注。冲突是普遍存在的,学者倾向把冲突视为维持社会秩序的机制,认为"冲突凌驾于理念之上",而不认为冲突深植于客观社会关系之中。在这方面,摩图和库特(Robert B. Coote)属于例外,他们强调在客观的社会关系中,财富和权力存在着显著差异。

不应过于夸大研究以色列"部落—中央集权"和"预言—启示"的方法和理论的差异。那些方法和理论的确切意义已然经过学者的充分思考和讨论。也许不同的圣经题材、不同的研究方法更利于学者寻求其他的社会科学路径对圣经进行研究。例如,学者在对早期以色列部落和中央集权进行研究时,关注变化着的社会因素是十分必要的。相比之下,将先知文学和启示文学的作者视为发挥一定职能的机构或部门,视其在一定程度上置身于社会冲突之外的研究方法是可行的,但是不够缜密。

在圣经所及的范围内,值得注意的是,以色列部落、以色列国家的形成以及先知和天启者的作用,受到了社会科学研究者的极大关注。智慧文学和律法文学的功能和社会背景逐渐被纳入社会学的研究范围。然而,学者对以色列的君主时期、流放时期、王朝复辟时期、流散时期的社会结构和社会变革的研究至今仍然不足。结果,我们对以色列的社会描述和理论体系运用仅止于所罗门时期,大部分社会结构的历史尚待更深入的研究。

---

① R. R. Wilson, *Prophecy and Society in Ancient Israel*. Philadelphia: Fortress Press, 1980. R. R. Wilson, *Sociological Approaches to the Old Testament*. Philadelphia: Fortress Press, 1984.

② T. W. Overholt, *Channels of Prophecy. The Social Dynamics of Prophetic Activity*. Minneapolis, Minn.: Fortress Press, 1989.

复杂的是,新形式文学批评和社会科学批评之间的关系不确定。一些学者认为这两种方法截然相反,一种必须屈服于另一种,二者不能放在一起综合运用。如果将文本的自足性强调到极致,便会忽视圣经文本与历史和社会的关联;如果仅仅将文本视为社会信息的载体,或者只是将其作为一种社会无意识的投影,那么,文本的文学审美性和象征性便会消失。这两种极端的观点均不合理,甚至不科学,割裂了文学与社会之间的复杂关系,形式批评在原则和方法上已经暴露出这样的缺点。文学类型与文学反映社会的方式之间存在着差异——这种差异不仅体现在文学当前的处境中,而且表现在阐明社会意识和社会实践的方式中。然而,这种差异使文学批评和社会科学双方都间接地受益。[①]

结构主义以文学批评和人类学为理论基础,似乎为文学与社会的融合带来了希望。如同格雷马斯(A. Greimas)从列维·斯特劳斯(Lévi-Strauss)的作品中汲取营养,乔布林(D. Jobling)受益于利奇(E. Leach)。当涉及"社会"时,学者经常从结构上对文本进行分析,但他们很少通过圣经文本对古代以色列进行分析。文学理论沿着解构主义和阿尔都塞的(Althusserian)马克思主义路线进一步发展,强调文学会以隐晦的方式反映社会现实。文学对社会的这种表现方式,被达姆罗施(D. Damrosch)[②]、罗森堡(J. Rosenberg)[③]和最近的乔布林[④]所接受,他们的著作有力地推动了文学——社会学的发展。

"历史"与"社会"之间的关系是社会科学批评的另一个焦点。圣经中的历史经常被作为圣经政治、宗教历史批评的对象,圣经所记载的历史因古

---

① N. K. Gottwald, *The Hebrew Bible. A Socio-Literary Introduction*. Philadelphia: Fortress Press, 1985.

② D. Damrosch, *The Narrative Covenant*. New York: Joanna Cotler Books, 1987.

③ J. Rosenberg, *King and Kin. Political Allegory in the Hebrew Bible*. Bloomington: Indiana University Press, 1986.

④ D. Jobling, "Sociological and Literary Approaches to the Bible", *JSOT* 38 (1987): 85—93.

代社会其他资料的补充得以进一步完善。相应地,圣经中所描述的社会并非被视为历史,也就是说,在政治和宗教分开考虑后,圣经中的人际行为关系被当成历史的遗留物,不被学者所重视。在实践中,“社会”包括家庭和法律事务,以及日常生活的风俗习惯。除却微观社会的日常琐碎事务,便是政治权力因素、经济生产因素,乃至宗教信仰和实践因素。只有当圣经文本中存在明显的联系时,这些因素才会被考虑在内。

十九世纪下半叶,人类的生活经验被划分成“历史”“社会”“政治”“经济”“宗教”等不同的范畴。随之而来的,是人文学科的科学研究被划分成割裂的学科。在战略战术上,它过于重视学科划分,忽视了学科之间的互动交流。因此,如果我们希望更好地理解圣经中的“社会”,就必须打破社会学与人类学的学科界限,将公众领域的各个方面联系起来,因为这些学科主要以现实的权力和财富为轴心,在生产、政治和宗教领域发出自己的声音。

问题的关键在于:哪些人能够控制生产的内容?哪些人能够说服或者强迫他人遵从自己的意愿,他们通过什么方式达到其目的?公共生活以谁的意志和解释为准则?前面所述社会力量的相互作用和环境因素,对生产、政治和意识形态能造成什么样的限制?马克思主义理论将研究这些问题的学科称为“政治经济学”,它以历史唯物主义方法为基础,以社会现实生活为研究对象,并不忽视社会整体各方面特殊因素的差异。

这意味着我们需要追溯以色列的历史,包括人们生活中的风俗、政治和宗教的中心,但是,为了充分展现以色列人真实的生活情况,必须将政治、宗教与社会生产领域结合起来。这样我们就可以确定人们生活的各个层面之间存在着怎样的内在联系。这些对立统一、相互影响的层面形成一个永恒运动的系统,它不是杂乱无序或不切实际的,而是以一种稳定的可识别的形式向前发展。

下面是古代以色列社会的历史概况。以色列历史乃是世代相传的经济、政治以及意识形态的生产和再生产的历史,我们称之为古代以色列的政治经济史。谈到“政治经济”,我们强调经济中的政治因素和政治中的经济因素。我们也意识到在政治经济的戏剧中,历史的演员(宗教、神学、意识形态)具有特殊的思想和价值,历史随着政治经济的推动而发展。这并不意味着经济状况能够直接地、自然而然地影响一切公共生活。也就是说,经济生产遵循一定的权力关系,深刻地影响着人们的思想和行动。在圣经研究早期,政治经济的理论和方法还不为人知,因此,学者并未对古代以色列的政治经济进行分析。如果固守那种研究方法,将会导致关系混乱,阻碍我们对圣经进行重要的科学研究。

二、社会历史与政治经济

为了便于分析,我们可以将政治经济划分成两个相互作用的点:经济和政治。

在土壤侵蚀和降雨量不均匀的不稳定的自然环境中,古以色列经济结构发展的核心表现为以谷物、蔬菜和水果等农作物的生产为主,以畜禽养殖为辅。在丘陵地带,农业生产依赖于劳动者彼此合作,对土壤和水进行控制;劳动者将种植业和畜牧业结合起来,以降低生活的风险。在多山地区,乡村的农民将可耕土地分割成小片生态区域进行耕种。工具和家居物品大多由本地人制作。村庄之间进行流通交换的商品并没有被立即消费,也没有被储存起来用于抵抗周期性的干旱。

在以村庄周围的小块土地和牧场组成的初级生产单位中,家庭是基本的居住单位和劳动组织实体。大体上,两个或两个以上的几代人最有可能组成“扩展的”大家庭。但由于自然因素和历史因素的干扰,那些大家庭和生产单位的规模与生存能力往往会被削弱。“宗族”“保护机构”和“部落”作为劳动合作团体,主要从事梯田建设与庄稼收割,并作为“安全网”来缓解家庭和村庄在不利环境中所遭受的影响。学者认为,古代以色列社会具有最高权威的家族语言是在游牧民族出现时被顽强保留下来的;但更可能的是,保留且刻意突出的亲属关系是迦南乡村农业社群的典型特征。在以色列,这种亲属间的纽带是一种政治和宗教相结合的新兴表现形式。

对以色列政治经济起决定性作用的是在广阔的迦南社会中占主导地位的国家政体。为了公共项目建设和兵役,国家的军事机构和意识形态机构有足够的能力,以实物支付和劳动征召的方式向村民收取土地税和畜牧盈余税。其中,劳动征召是为了建设公共设施和服兵役。在这种情况下,“盈余”当然不意味着农民真正有能力缴纳赋税,而是说生产的物品尚未消费,便被国家强行征收。

面对着危及生存的残酷剥削,被课以重税的农民除了向债主求助外别无他法,但债主反过来又对那些不幸的债务人进行大肆勒索。在这种背景下,按照现代标准看,古代以色列的城市规模不大,人口较少,是主要的行政、军事和商业中心,“榨取”并“管辖”着农村。国与国之间进行交易的战略物资和奢侈品,大多数来自这些农民的辛苦劳动,但统治者却未给农民们任何利益。

然而,以色列政体表现出一个明显的背离现象,这种现象在以色列政治经济历史的形成过程中起到了十分重要的作用。从无政府时期至流亡时期,以色列人竟能在这两个时期中间建立国家。当以色列失去政治独立的地位时,它不是回到曾经的自由部落社会,而是成为受其他国家统治的殖民地,那些宗主国充其量只允许以色列人处于半自治状态。这意味着,尽管以色列出现了与本国的国家制度相对抗的情况,却最终摆脱了其他的国家结构而幸存下来,它的历史和民族精神是在与统治者的多次对话中形成的。本国和外国统治者的一致做法是,国家强行干预处于以色列中心地带的农村经济和意识形态。

至少,生产方式力图使经济层面(谁生产什么、用什么样的技术手段、劳动者以什么样的组织形式进行生产)与政治层面(在现有的经济因素中,谁决定生产的内容、哪些人从生产中受益、采用什么样的管理机制）相协调。然而，就社会形态的全貌而言，生产方式包括了社会层面（根据职业、阶级、地位等划分，生产者沦为什么样的群体，这些群体在家庭结构和司法程序中的表现如何？）和意识形态层面（各种群体的生产者对自我、对其生活的社会和对其生存的终极意义的观念、信仰、情感和判断是什么）。

从狭义上看，生产方式是指为了满足人类的基本需要和产品分配而对人力和技术进行必要的社会劳动分工的方式。从广义上看，生产方式包含在劳动过程中，是按照阶级地位、政治进程、家庭组织、司法程序划分的社会学分支。此外，它还包括了在劳动过程中所体现出来的，处于社会组织中的劳动者对其共同事业的意义所持有的理念、情感和信条的意识形态分支。

在古代以色列社会，我们可以把君主制之前的公有制生产方式（communitarian mode of production）、从君主制到希腊化时期的纳贡制生产方式（tributary mode of production）、希腊—罗马时代后期的奴隶制生产方式（slave mode of production）加以区别。纳贡制生产方式分为两个阶段：以色列政治独立时期施行的是本土纳贡（native tributary）制生产方式，以色列沦为外国列强的殖民地时期施行的是向外国纳贡（foreign tributary）制生产方式。除了占支配或主导地位的生产方式，通常还存在其他生产方式。所以，无论是作为昔日生产方式的残留还是作为未来生产方式的先驱，政治经济学的历史都必须把这些“重叠的”，经常发生冲突的生产关系考虑在内。

1. 以色列部落：公有制生产方式

圣经和圣经之外的证据表明，以色列是由公元前十三世纪至前十二世纪的迦南本土居民所组成。[①] 这并不排除以色列将先前或最近迁移至迦南

---

① 参见 William G. Dever, “Archaeology and the Israelite ‘Conquest’”, in *The Anchor Bible Dictionary*. D. N. Freedman, ed., vol. 3, New York: Doubleday, 1992, 545—558。

的人也包括在内。此外,资料表明以色列社会中的大部分农耕者也从事畜牧业。这样的社会里并不排除乡村游牧元素,其社会成员包括:工匠、雇佣兵、官僚、祭司,以及对新社会有所贡献的拥有一技之长的人们。

在经济上,新的社会建立在丘陵地带,其农业依赖于居住分散的居民对混合作物的种植和对牲畜的牧养,那些具有特别生活需求的居民散居在不连贯的地势和多样化的生态区域中。作为一种政体,新社会施行免于纳贡的农业和畜牧业生产政策。这种局面大约持续了两个世纪,以色列人得以摆脱其他国家的统治,但却没有发展成为一个国家。

就理解早期以色列免于纳贡的政治经济体制而言,有两种角度。一方面,衰落的埃及帝国和迦南城邦无暇对迦南高地进行控制,因此,以色列毫不费力地填补了这个政治真空。当统治者建立中央集权,并试图重新控制以色列时,以色列已经轻松地建立起国家。从这个角度来解读该种情况,以色列免于纳贡生产方式,暂时摆脱其他国家的统治,乃是历史的偶然事件,这种向国外纳贡的生产方式很快就随着大卫国家的兴起而湮灭。另一方面,以色列人通过艰辛努力,迫使埃及—迦南统治者丧失了统治的权力,他们通过发展和联盟,满足了本族的需求,而无需诉诸于国家结构的管理。以色列采取君主制时,提倡公有社会的力量对君主制的侵犯遏制了大部分专制方式,并削弱了君主制推翻当地风俗和自治的能力。从这个视角分析该种情况,在迦南产生并维持的这种新的以色列免于纳贡的生产方式,乃是蓄意策划的,甚至属于社会革命。

总体而言,后者似乎更有说服力,因为它更公正地解释了圣经的内容,更好地说明了以色列长达两个世纪之久的自由的平均地权论,解释了以色列王室在形成过程中,不同派系对权力的激烈争夺,阐明了在后以色列时代顽强存在的公有社会的情感、实践和社会运动。

这个免于纳贡的政治经济模式,是以强大的家庭和乡村生活模式的相互作用为基础的,在乡村生活模式中,习俗律法被用于维持社会事务。土地所有权代代相传，没有税金或债务的负担，从而确保每一个以色列人都拥有生活资料。这并不是一个假想的、“牧歌式”的、绝对完美平等公正的社会，但是，只有遵守以色列人之间的社会契约，努力建立和维护这种生活方式，才能反抗外族入侵，并防止怀有苛收纳贡和推行债务想法的上层人士在以色列内部出现。必须认识到，这不是一个单纯的怀旧的“理想”或宗教“想象”，而是一种具体的现实生活。在那种社会中，农民得到解放，可以享受自己的劳动果实，重新获得作为人的尊严和自由。

亚卫宗教(the religion of Yahweh)是公有社会的政治经济的指导思想。在没有国家对公共生活进行控制的情况下，新的宗教信仰和实践是塑造以色列文化和精神的至关重要的推动和约束力量。宗教与经济、社会利益，以及人民的目标紧密相连。虽然长期流行的观点认为以色列是类似于希腊宗教联盟的“近邻同盟”，但将早期以色列视为受宗教和世俗机构影响的部族联盟的观点无疑是正确的，因为它过于强调权力的中心化，且简单地认为宗教只是对社会产生单方面的影响。

幸运的是，历史人类学展示出了社会政治同盟的丰富内涵，在没有国家统领的情况下，“部落”中的人们相互合作，以满足彼此的基本需求。以色列联盟发展得十分缓慢，因为它受到外国政治体制的顽强抵抗，其本身也缺少活力。在所有以色列人中，那些尊亚卫为独一真神的人对信仰的坚守并不容易，也并不能阻止各种国内冲突。然而，随着以色列的发展与繁荣，社会上的各种组织充分合作，组成了一个能够自卫、组织内的成员可以相互协作，并且有着文化—宗教认同的结构系统。

2. 独立的君主制：本土纳贡制生产方式

以色列部落的公有制政治经济体制相当成功，它维护了社会成员的各种利益；在面对并解决内部纷争、外敌入侵、因生活条件艰苦而来的道德败坏、自私的权力争夺等诸多问题的关键时刻，它使成员保持团结。以色列社会的这些矛盾解决起来并不容易，它所面对的内部和外部压力在进一步加剧。

随着非利士人入侵，以色列面临一个更为顽固强大的敌人。在以色列人的队伍中，部分土地的占有者拥有大量财富，他们逐渐疏于遵守习俗惯例，甚至靠放债生活，不良习气开始渗入社会中。几乎所有以色列人都认为，需要临时集中军事力量击败非利士人。以色列财富的占有者为了进一步扩大自己的利益，希望建立一个永久的以色列国家。最终，许多统治集团的成员支持本土纳贡的政治经济体制，以色列精英开始向本族人征税放债。总之，外部和内部因素在以色列建国的进程中起到决定性作用。

通过对外掠夺和对迦南征收赋税，不属于以色列领土的迦南成为以色列统治的对象。大卫似乎减缓了原有以色列民众的纳贡负担。然而，所罗门很快使以色列进入纳贡的政治经济体制，这种以产品和劳动形式向国家纳贡的方式一直延续到以色列国家的衰落。可以肯定的是，耶罗波安可能暂时减轻了徭役负担，但无疑，从土地榨取的贡物数量在两个不同的王国有着相当大的差距。

从农民身上榨取的劳动剩余价值包括两个循环——税务循环和债务循环——这对生产者的生存能力造成灾难性的打击。第一个循环，榨取劳动力表现为以实物形式和以征召劳动力形式向国家纳税。这些措施破坏了农作物的合理布局，削弱了畜牧业，使农民的收入显著降低，尤其是在干旱和战争加剧时期，国外对以色列勒索的苛捐杂税日益沉重。农民的日益贫困直接导致了榨取剩余劳动价值的第二个循环，即：由于政府人员、地主和商人的盘剥，对剩余价值的榨取由实物形式延伸到对农民征收繁重利率的形式。这个信贷方式的结果是，大量耕种者成为永世不能翻身的债务人。

纳贡生产方式的独特性在于，私有财产很少或根本不存在，因为农民仅仅拥有居住和耕种土地的“所有权及使用权”，国家的“土地宪章”使税收成为国家的惯例和权力，税收是以长期的惯例为基础的，宗教使税收合法化，而国家通过武力强制人民交税。然而，即使没有合理的法定权力，随着债权人拥有处置土地的权力，事实上，私有财产已开始出现，债务人不能阻止这一现象的发生，因为原来提倡公有社会的法律是由法院来执行的，但法院因接受贿赂而不再将法律执行下去。

这种由国家启动和国家纵容的双重系统,使农民阶级丧失了民事行为能力,引起了先知的大力声讨。但他们“声讨”的并非一个孤立的社会或意识形态。生活于社会上各行各业的先知,即使他们中的一些人处在社会优势阶层,但在必要生活资料的生产和分配的过程中,他们的生活遭受了巨大的变化,于是这样的社会抗议经常由支持弱者的“知识分子”所发出。同样清楚的是,先知抗议的思想基础,乃牢固植根于君主政体之前的公有社会的政治经济。尽管这种公有社会的政治经济模式渐渐从属于纳贡的政治经济模式,但是,只要有可能,公有制模式就会被当地保留,因为国家缺乏技术和行政手段来完全控制农村。

在过去数十年甚至数百年里,信贷体系遭到了破坏,发展得十分缓慢。很多先知讽刺作品,以及摩西五经(Pentateuch)中的E底本(Elohist sources)和D底本(Deuteronomist sources)那语重心长的道德劝诫和警告,都是源于这个债务制度的意识形态现实,他们考虑到农民所承受的沉重税务负担,对农民伸出友好的“援助之手”。通过意识形态的谎言或披上虚构的法律外衣,对土地和个人的征税及放贷可能已经被罩上了合法的光环。债权人无疑能够以农民土地“管理者”的形象出现,并宣称自己以这种方式对农民的财产进行“保护”。

君主专制下的政治经济发展清楚地揭示出,国家税收和国家债务的双重影响,使财富集中在一部分政府部门的精英或深受那些精英青睐的人员手中。随着亚述和新巴比伦王国对以色列及犹大索取的赋税和赔偿日益加重,那些被掠夺的农民所承受的负担更为沉重,他们不得不遭受国内外统治者的双重剥削。有些学者称“从债务—债权系统中获取盈余”为“租金资本化”,①这种做法是一种误导,因为“租金资本化”意味着私有财产合法化,它忽视了税收和债务之间密切的共谋关系,在技术水平低下和对资本冒险进

① B. Lang, *Monotheism and the Prophetic Minority*. Sheffield: Almond, 1983, 114—127.

行政治限制的环境下，夸大了债权人的自由。

记载改革措施的经文，如圣约法典《出埃及记》20：22—23：19 和《申命记》第 12—26 章，试图将政府的领导阶级、富有的地主、下层祭司、先知、纳税者和负债的农民群体联合起来，共同谴责统治者的暴行，并消除剥削者和被剥削者之间日益扩大的鸿沟。正如《诗篇》和一些先知作品记载的王室神学所认为，国王秉承公平和正义。然而，事实上，在古代近东社会，为了使王国蓬勃发展，王室的法律明显与其承诺的公义背道而驰。改革的深度和持续性是有限的，它并未从根本上改变君主专政的政治经济体制。然而，先知书和智慧文学表现出坚定的公有社会的价值观念和公有社会的运动性质，并通过这种方式来维护群体团结，抵抗本土纳贡的生产方式。

3. 作为殖民地的以色列之一：向外国纳贡制生产方式

在以色列成为殖民地的时期，巴勒斯坦或流亡在外的犹太人作为被剥夺政治权利及处于劣势地位的群体，靠着公有社会的价值观和实践活动而顽强地生存下来。这些下层阶级的农民、被放逐的领导者以及前以色列国家的上层阶级，以各种方式接受着公有制政策，他们被摩西五经的材料（被编辑过）和流放时期先知作品中的宗教寓意所影响。

我们对巴勒斯坦及流亡中犹太人的阶级状况知之不多。可以想象，两个团体之间的矛盾非常尖锐。留在犹大地区的主要是农民，但事实上，他们可能已经不再受到原有犹大国的统治，这意味着他们已经成为自主的生产者。无疑，巴比伦人通过强制纳贡的生产方式来维护他们的统治（哀 5），与犹大王国的统治相比，巴比伦王国对犹太人的统治更加残酷，虽然在考察那段历史时，很少有历史学家对此问题进行研究，就像奥特（Albrecht Alt）所认为的，撒玛利亚的精英在巴比伦人许可的情况下，将其统治扩展至犹大。在某种程度上，巴比伦人忽视了犹大这一地区，以致巴勒斯坦农民有可能从繁重的纳贡中得以喘息。另一方面，在王国崩溃时期，人们的生活十分艰苦，加上作为犹太经济基础的农业遭到重创,民众在贫困线上挣扎,这段时期的民众虽然免于纳贡,他们受苦的状况与纳贡时期相比并没什么不同。

对于被放逐的犹大民众,圣经中有详细的记载,他们虽然原本是政府上层人士,是仍然持有自我形象和技能的丧失了社会地位的精英,但实际上,在生活贫困的情况下,他们采用了近乎他们从前统治着的农民所采取的公有制生存策略。似乎在新的政权下,这些流亡者中许多人最终成为巴比伦和波斯的政府人员,有希望回到巴勒斯坦。居住在犹大的巴勒斯坦犹太人与那些在异邦数十年后回归的流亡者,在后流放时期发生了激烈的冲突。这种冲突包括犹太人与撒玛利亚人之间的紧张关系,冲突表现为谁能够任命合法的祭司,而且——对"人民之书"日益重视——他们还在希伯来圣经正典化进程中为由谁决定民族遗产的最终形式而进行着斗争。

在巴勒斯坦复兴的团体和长期散居于其他地区的以色列人,实行的是向外国纳贡的生产方式。通过允许在巴勒斯坦的犹太人进行地方自治,波斯贡税的享有者授权犹大精英来执行本土纳贡的生产方式。本土纳贡的受益者,通过圣殿经济(temple economy)的方式与公有社会的力量进行顽强的斗争。在随后几个世纪,公有社会的力量组成了移动的联盟,这种情况一直持续到希腊和罗马时期。很明显,那些原来的犹大精英的继承人,因波斯的胜利得以从巴比伦回到巴勒斯坦,并在巴勒斯坦处于上层地位。但是如果没有固守在巴勒斯坦的本土犹太民众,那些犹大精英的继承人是不可能得到如此高的地位的。

尼希米改革时期再次施行税收和贷款政策,尽管尼希米进行了开明的改革,与雅典的梭伦(Solon)改革相比较,尼希米的改革较为公正,但在托勒密王朝(Ptolemies)的统治下,税收和债务不断增加,至罗马统治时期,赋税甚至达到灾难性的程度。在马加比(Maccabea)时期,一个施行公有制和纳贡制的犹太民族主义大联盟试图打破塞琉古(Seleucid)王朝的纳贡制生产方式,在那段时期,奴隶制已经开始出现。然而结果是,具备公有社会性质的马加比起义被哈斯蒙尼王朝（Hasmonean）的国王所镇压，那些王国保留了本土纳贡的政治经济体制，这与其他希腊化城邦的剥削结构和文化风格极为相似。哈斯蒙尼王朝将征服和贸易所获取的财富集中到宫廷、大商人和大地主手中，而处于塞琉古王朝统治下的犹太农民的命运，与处在波斯人和托勒密—塞琉古王朝（Ptolemaic-Seleucid）统治下的犹太农民的命运同样悲惨。

希伯来圣经作为典籍出现，是如何与无情的政治经济斗争联系在一起的？在犹太人被放逐时期，后流放时期的《妥拉》（Torah）及先知书的正典化，需要纳入到“外国纳贡制生产方式”“本土纳贡制生产方式”和“公有制生产方式”的竞争中去理解。圣经正典的形成过程，反映并强化了宗教崇拜和道德洁净的作用，通过宗教祭祀和律法洁净，犹太人形成一个统一的民族主义战线，以此反抗异邦的纳贡统治。

但是，正典化的主要推动者是与圣殿相关的本土纳贡制的支持者和受益者。这个犹太领导组织刚刚重新获得权力，而旨在恢复公有制结构或脱离波斯统治而获得独立的犹人起义，会危及到那个犹太领导组织的特权地位，所以该组织的成员不希望这样的事情发生。相比之下，公有社会制度的提倡者希望最终推翻波斯的统治，他们可能偶尔会加入到谋划叛乱但已经丧失权力的本土纳贡支持者的队伍中，那些成员还希望能够取消，或者至少大幅度削减犹太精英的特权及其对民众征收的赋税。

在这种政治经济背景下，《妥拉》是一个妥协的文本。一方面，《妥拉》被犹太领导组织所阅读，并成为肯定其社会地位的主要典籍，它完整记载了上帝过去的作为，且以光复耶路撒冷作为结束。撒玛利亚的犹太人很少积极支持公有社会的力量，所以其圣经只包括《妥拉》，并将它视为一本“封闭的书”。事实上，后来的撒都该派精英在其将要失去权力时，也将《妥拉》视为圣经。另一方面，支持公有制的犹太群体不仅希望在《申命记》律法的基础上，在正典中纳入新的有关叛教和拯救的内容，而且也成功地将《先知书》

收入其中,先知书中的警告和允诺,被认为与当时的社会及道德问题有关。《妥拉》和《先知书》一起被公有社会的成员视为未成书的“开放性”的历史。

旧约正典化中的斗争与争夺对生产的控制权(谁榨取什么、从何处榨取、榨取多少,这些榨取是否会结束)平行交织在一起。这种正典具有意识形态的“模糊性”和“渗透性”,因为它可以为不同形式的政治经济服务,这取决于作品的哪些内容被强调并被赋予优先权,旧的文本是如何被解释为规范或在新形式下如何产生振奋人心的效果。

后流放时期的犹太主义,展现了意识形态和实践的各种冲突与矛盾,包括纳贡制和公有制生产方式的冲突和矛盾,向帝国主义妥协还是主张民族解放的冲突和矛盾。这种情况不足为奇——这当然不只是文学或宗教相混淆的结果——希伯来圣经应该敏锐地反映出这些冲突和矛盾。这是因为,虽然纳贡制的生产方式在社会上占统治地位,但是只有当它与大量公有制意识形态元素相结合,并对公有制进行控制,使之不至于破坏纳贡制的整体统治地位时,纳贡制才能继续在社会上盛行。

4. 作为殖民地的以色列之二:奴隶制生产方式

在君主制时期以及以色列人处于异国统治下的流亡和王政复辟时期,榨取剩余价值的纳贡制生产方式有两种形式。这种纳贡制生产方式在罗马时期依然存在,并因罗马奴隶制生产方式的影响而更加严重。诚然,在巴勒斯坦,奴隶制生产方式并未以“传统”的形式实施。在加利利,奴隶建造了一些大庄园并为希律王建造出不朽的建筑,包括神殿。但是,在巴勒斯坦,奴隶所创造的财富在财产总额中所占的比例很小,这些财富主要由向罗马和本土精英纳贡的农民创造。

虽然罗马统治下巴勒斯坦地区的奴隶制并不像其他帝国统治下的奴隶制发展得那么充分,罗马却表现出统治犹太人的强大能力,它以势不可挡的力量成功粉碎了公元一世纪和二世纪的两次犹太起义。罗马的胜利直接归功于以奴隶制为基础的生产力。在罗马帝国,形式上自由但被捆绑在土地上的农民和雇佣劳动者从事大部分生产性的工作,罗马统治者通过奴隶在农业、工业和商业领域的密集劳动,生产了大量可征税的物资,然后利用这些物资进行侵略扩张,控制了广阔的领土。

在巴勒斯坦,罗马统治者强加给犹太民众沉重的赋税,其中一部分是农业税。在巴勒斯坦的部分地区,罗马私有财产的出现或许促使犹太债权人向犹太农民勒索更繁重的债务税。然而,主要的苛捐杂税来自撒都该人的大祭司及其助手为自己和罗马人所征收的赋税,那些赋税通过圣殿经济的手段取得。犹太人的大部分经济依赖于与圣殿有关的营生。

除了一小部分拥有权力的撒都该人,大多数犹太人憎恨罗马的统治,希望摆脱外国的奴隶制生产方式,但他们憎恨和反抗罗马的程度,随着所承受的与阶级地位相伴而来的税务和债务负担的压力而改变。法利赛人的运动似乎主要由小手工业者和小商人组成,罗马和撒都该人对他们劳动剩余价值的榨取并不严重。农民和雇佣工首当其冲是被压榨的对象,但是在公元一世纪上半叶,他们并没有向欺压者顺服,并在公元一世纪六十年代对压迫者进行了公开反抗。

因为资料的匮乏和不准确,也因为学者们对基督教起源的"属灵化"解释倾向,通过生产方式对耶稣及其追随者立场的研究受到了阻碍。然而,在政治经济领域完全有可能对耶稣及其活动进行近乎准确的定位。耶稣领导了一场由巴勒斯坦地区背负沉重赋税和债务的农民组成的运动,那场运动直接向圣殿经济发起挑战,挑战了本土纳贡制生产方式的核心。

此外,一个重要的观念错误在于,学者仅仅专注于耶稣采取暴力方式或非暴力方式这一问题,好像确定了耶稣所采取的方式,就可以解决圣殿经济中所涉及的"政治"问题。杀害耶稣的人意识到,耶稣充满活力和率真的言行并不仅仅引起一些心怀不满的加利利宗派主义者的关注,因为许多犹太人同样因圣殿经济通过宗教制裁和其他手段将赋税和债务强加给他们,而心怀不满。犹太人和罗马精英担心耶稣潜在的威胁可能引起社会动乱,这种动乱还可能涉及耶稣信徒之外的人,这种担心是可以理解的。毫无疑问,面对犹太当局,耶稣所宣讲的教义和策略,把耶稣及其信徒推向了提倡公有社会的一方。无需争论,耶稣和其他提倡公有社会的反叛者之间存在着共谋或合作关系,比如奋锐党(Zealots),从短期看,耶稣运动(Jesus movement)确实威胁到了本土纳贡制生产方式的持续发展,从长远看,耶稣运动也威胁到了罗马奴隶制生产方式的持续发展。

不能只将犹太人反抗罗马的战争解释为或主要解释为一小群心怀阴谋的奋锐党人所为。这种有组织的团体在起义之前几乎不存在,暴乱发展成为大规模的起义,而起义的领导人奋锐党最终抓住了机会。[①] 事实上,奋锐党起义与马加比起义(Maccabean uprising)类似,起义的革命力量主要包括两个派系或倾向:一部分人试图推翻罗马的统治,保留本土纳贡的生产方式,摆脱撒都该派的垄断;另一部分人试图通过恢复某种形式的公有制生产方式,来取消赋税和债务,进而彻底废除本土纳贡的政治经济体制。犹太人并未因反抗罗马暴政而完全团结一致,因为他们面临着选择纳贡制还是公有制的分歧,他们必须通过斗争的方式解决争端。

犹太人民反抗罗马统治的战争摧毁了犹太人本土纳贡制生产方式,然而,这种结果不是通过恢复公有制生产方式,而是通过罗马奴隶制生产方式取得胜利,犹太人被迫退至小型要塞,在那里孕育了拉比犹太教。

三、标准的社会诠释学

希伯来圣经是否规定了犹太人和基督徒的社会行为方式?犹太人和基督徒是否应该以自己的方式来遵循希伯来圣经的规范,并且将之推广至整

① 参 David Rhoads, “ Zealots”, in *The Anchor Bible Dictionary*. D. N. Freedman, ed. , vol. 6, New York: Doubleday, 1992, 1043—1054。

个社会？这个复杂问题涉及神学和道德，以及各种各样丰富微妙的答案；那些答案取决于传统、理性、经验和社会定位的结合；通过这些角度，圣经被阅读。我们应找出解决这一问题的重要方法[1]，并简要评论与圣经政治经济分析相符合的圣经的社会学诠释模式。

1. 社会诠释学的模式

首先，最直接的模式声称从字面上遵守圣经中的社会规范，这是某些正统教派和宗教团体的典型做法，他们试图在生活中按照圣经的规范来生活。他们持守这样的行为，如：拒绝实施高利贷或服兵役，共同享有财产，定期进行慈善救济等。这种模式认为，在某种程度上，圣经是一部规范性的书籍，其或多或少与圣经所要求的社会模式相一致。诚然，判断圣经中记载的特殊社会行为，是被作为行为事实还是行为规范，是否完全适用，关键在于社会群体对这种行为的诠释。此外，学者认为，圣经的社会规范在当代社会是可以实现的。最后，这一立场的拥护者必然是武断的，因为在他们选择特定的圣经规范来遵守的时候，忽视了其他的规范。从更广泛的社会规范和实践的角度来看，这些遵守圣经规范的人的表现，或者保守或者进步。

第二，社会诠释学中比较常见的模式，旨在体现当代结构和处境下的圣经法则，那些法则在诸多方面与圣经所记载事件的时代不同。圣经法则对于圣经中的社会而言极其重要，是值得进行特别效法的，它们包括："爱""正义""平等""自由""法律和秩序""尊重他人""财产权""隐私权""基本生存权"等等。以圣经法则为行为规范的人通常向自己的文化和社会灌输这些法则。他们认为，利用圣经这个社会遗产的最好方式，不是选择性地遵从圣经中的规范，而是将圣经所体现的重要的社会价值运用在实践中。

对标准的圣经规范和价值进行说明是一个有争议的问题，对那些规范

---

① B. C. Birch and L. L. Rasmussen, *Bible and Ethics in the Christian Life*. Minneapolis: Augsburg, 1989.

进行"解释"并将之"应用"于当今社会,有很多方法。在这个问题上,犹太人和基督徒的做法往往比较自由或者激进,但是在这个问题上,其他保守者也采取了相同的方式,他们的区别仅仅在于判定圣经的主要原则是什么。

第三,更精细的模式是历史类比法,它把圣经特殊情况的关键问题视为类似于当前社会所面临的问题。根据这种对应关系,我们如果对圣经相关处境中的结构和态度更为清楚,就可能学会如何以更为敏锐的视角解释我们的处境,并以更全面的道德准则来规范我们的行为。预言和启示作品经常以历史类比的方式被解读,对以色列人出埃及及其在旷野中流浪的解读也是如此。这种方法是指在既定规范下,对圣经特定的社会实践进行分析(参见上述讨论中的第一种和第二种模式),但是,在圣经当时的社会背景下,对它的实践和原则进行分析,与在当代社会背景下对圣经的实践和原则进行分析,有一定的相似之处。

2. 社会诠释学和政治经济

古代以色列政治经济的历史直接影响到圣经社会诠释学,因为它改变了我们对圣经中社会材料和规范进行研究的视角。在对圣经进行分析时,我们面临两种动态视野:生活必需品的生产和再生产的过程,权力分配,以及圣经世界和我们世界的主流思想。这两个层面之间的连续性和非连续性必须贯穿于整个诠释的过程中。

因为公有的和纳贡的生产方式是资本主义之前的生产模式,而我们的生产方式是资本主义的或者社会主义的,不能简单地将圣经的社会实践直接移植到我们的社会环境中。如果我们模仿圣经社会的实践,将会得出与原有圣经社会不同的社会机制和效果。如果我们试图实践圣经原则,将不得不寻找与当前主流生产方式和社会形态相适应的实质性内容和运作方式。

此外,在圣经时代,不同的生产方式之间存在冲突,这一生产模式因本国人和外国人对生产方式控制权的争夺，而变得更加复杂。在圣经中，社会模式和实践之中存在着冲突。同样，现今的生产方式依然存在着冲突，当代大部分圣经研究是在资本主义制度下进行的，这些研究本身就充满着矛盾。因此，我们在应用权威的和充满争议的圣经材料时，必须对圣经中的社会实践、准则和比喻进行筛选，因为从另一个角度看，诠释者关于社会和伦理的立场经常受到其他立场的挑战，圣经的作者也一样，他们也曾受到持有其他立场者的挑战。

问题是，在圣经时代哪些社会结构和社会行为是“正确”的，对我们而言，这永远是一个有争议的问题。在这种情况下，需要采用严格的社会道德判断。这样的判断广泛应用于构成教会和社会的各种社群的话语和实践之中，其中诸如阶级、种族、性别和宗教等因素均起作用。根本没有“中立”或“客观”的圣经社会伦理。然而来自现实的“教训”是，没有纯粹的伦理相对主义者和犬儒主义者，只有在“回应”社会时进行自我“反省”的了解情况的道德代言人。

在规范的社会诠释学中，上述种种因素通过对圣经社会中女性的角色和地位进行解读的方式得以阐明，这将有助于女权主义者的愿望。[①] 圣经和当代女权主义者都需要一种重要的社会准则。圣经中的女性在父权制社会中无权参与公共社会事务。不过，在以色列公有社会发展最好的时期——犹如在部落时期和耶稣运动时期——女性更加自由，她们与男性同样有参与公共活动的权利。有许多圣经文本，如《雅歌》和耶稣在对观福音书中的教导，表现出消除存在于异性之间的社会与文化隔阂的强大力量。

这种圣经的“混合记录”，必须依据社会历史发展的可能性和当下生产方式所呈现的新的可能性，对处在古代生产方式背景下的女性社会地位的发展情况进行解释。圣经对女性的模糊态度，也必须从诠释学的角度解释，

---

① 亦可参阅 Elisabeth Schüssler Fiorenza, “Feminist Hermeneutics”, in *The Anchor Bible Dictionary*. D. N. Freedman, ed., vol. 2, New York: Doubleday, 1992, 783—791。

以明确人类的价值和行为标准,从而加强贯彻男女平等的价值理念。这些共同的诠释学因素对社会边缘群体是有利的。

因此,政治经济学给社会诠释学带来的启示是:我们对圣经文本的评价和分析是一个复杂的批判性过程,需要将圣经的道德代言人复杂的批判性的观点考虑在内。圣经宗教与政治经济密切相关,它经常涉及政治经济的倾向与选择。对于经济、政治和社会而言,宗教是不可能"中立"的,因为圣经本身就具有政治、经济和宗教的立场。事实上,圣经宗教的拥护者在积极地改变生产方式。我们发现一个事实:圣经给我们提供了充足的犹太人和基督徒的先例。简言之,我们完全有理由,根据圣经来评估、塑造当前有利于人类和宗教的政治经济体制,同时,在当前的政治经济条件下,完全有可能实现这种目标。

诚然,圣经并没有规定任何一种政治经济;当圣经从历史斗争的社会环境剥离出来时,它的法则是多变的和抽象的。然而,圣经的确证明了政治经济在历史舞台上的中心地位,圣经中的宗教主张和人们愿望的强烈与否,在某种程度上的确与我们不断创造和改造的公共生活所呈现的重要问题密切相关。政治经济学强调,我们在自然和历史长河中的能力是极其有限的,但也清楚表明,我们在对未来进行具体的、实际的选择时,是极具创新性的。当我们构成自己主导的人类历史长河的一部分时,我们与自然相互影响,我们与其他人也相互影响。

(厉盼盼　译)

作者诺曼·哥特瓦尔德,圣经社会学研究国际领衔学者之一,在美国、英国、以色列等国的多家学术机构担任客座教授或主讲嘉宾,代表作有《亚卫的众支派》《希伯来圣经:社会学—文学方法导论》等。译者厉盼盼系河南大学比较文学专业博士候选人,发表论文《从哥特瓦尔德的马克思主义观点探讨亚卫宗教》等。

谁之危机？

——对古代西南亚历史范型的再思考*

[澳大利亚]罗兰·博尔

内容提要：本文论述了从公元前第四个千禧年到第一个千禧年与古西南亚（古代近东）相关的经济问题，重点关注危机和灭亡问题。历史记录所呈现的大都是一个王国或帝国之崛起和灭亡的故事，把中间时期描述为“混乱”。然而，我们需要提出这个问题：从谁的角度来说是危机和灭亡？对于小的统治阶级而言，这确实是危机，因为他们的权力和财富已经走到尽头；但是，对于宫廷庄园的农民和劳动者而言，这并非危机，相反，却可以让他们从剥削中得到解脱，并提供相对的稳定。旨在发展这一论点，文章提出了由乡村农民和统治阶级庄园所采纳的不同的经济方法—管理方式，即生存—存活模式和宫廷庄园模式。

关键词：古西南亚；经济学；危机；生存—存活；宫廷庄园

* 本篇论文由原作者罗兰·博尔先生授权译成汉语，发表于本刊。

Crisis for Whom?

——Reconsidering Historical Models of Ancient Southwest Asia

Roland BOER[AUS]

Trans. by HE Guijuan

Abstract: This article deals with economic questions in relation to ancient Southwest Asia (the ancient Near East) from the fourth to the first millennia BCE. It focuses on the issue of crisis and collapse. Most histories present a story of the rise and collapse of kingdoms and empires, with the intervening period described as "chaos". However, we need to ask: from whose perspective was is crisis and collapse? From the perspective of the small ruling classes, it was a crisis, since their power and wealth had come to an end. However, from the perspective of peasants and laborers on royal estates, it was a not a crisis. Instead, it was a welcome relief from exploitation and provided relative stability. In order to develop this argument, the article presents the different economic methods (regimes) followed by village - based peasants and by the ruling class estates. These are subsistence - survival and palatine estates.

Key words: ancient Southwest Asia; economics; crisis; subsistence - survival; palatine estates

自希罗多德(Herodotus)以降,研究古代西南亚的学者依据一系列荧光和黑暗以及众帝国的崛起和灭亡①来理解其历史。专制君主们一个个地曾

① 两个最近的案例有 Marc van de Mieroop, *A History of the Ancient Near East ca.* 3000—323 *BC*, 2 ed. Oxford: Blackwell, 2007; Norman Yoffee, *Myths of the Archaic State: Evolution of the Earliest Cities, States, and Civilizations.* Cambridge: Cambridge University Press, 2005. 此研究路径坚持约菲的新进化论方法,试图从普通人视角描述国家的兴起与灭亡。

经试图延伸其势力,如阴茎般渗入其邻国并射出精液以求对其形成控制,结果却发现一时的热血沸腾终究会逝去。一个帝国的灭亡与另一个帝国的崛起之间的时期因而被视为“危机”时代。略举数例:苏美尔扩张,经历了从乌鲁克革命到构思缜密且超凡绝伦的组织成就——“苏美尔—阿卡德王国”(乌尔第三王朝)——的过渡,最终由于一系列原因在公元前2000年左右解体。后来,在公元前十六世纪,一个“黑暗时代”在古西南亚降临,再后来,在公元前第二个千禧年结束之际又出现了这样一个时期——赫人的些许成就即在此时崩溃。大约在公元前十三世纪的同一时间,克里特岛的迈锡尼文明亦经历了同样的厄运。到公元前第一个千禧年为止,便轮到新亚述人、新巴比伦人,然后是波斯人,他们以极其惊人的速度盛衰沉浮。通常学者们用一个简单的时间轴来描述这些国家的更迭:

乌鲁克	阿卡德	乌尔第三王朝, 古亚述和古巴比伦	新亚述、新巴比伦、 波斯(以色列)①	
4000	3000	2000	1000	0

然而,关于此种方法,需对两个假设提出异议:稳定是常态,衰落或危机是例外;危机对于每个人来说都是灾难,无论他是君王还是农夫,统治阶级还是劳动人民。这两个假设彼此关联,第一个在逻辑上先于第二个,因此,我将依次对它们提出质疑。

① 我在此处加入以色列,原因在于它既是我以往专研的领域之一,又是我众多后续研究的重心。括号以速记法表明,在更为广阔的背景下,以色列在历史的舞台上姗姗来迟,在经济、政治和文化方面均处于南累范特(Levant)非常边缘的区域。Igor M. Diakonoff, “Main Features of the Economy in the Monarchies of Ancient Western Asia”, in *Troisième conférence internationale d' histoire economique*: *The Ancient Empires and the Economy*. Ed. Moses I. Finley. Paris: Mouton, 1969, 29; John David Hawkins, “The Neo-Hittite States in Syria and Anatolia”, in *Cambridge Ancient History*. Ed. John Boardman, et al., vol. 3: 1. Cambridge: Cambridge University Press, 1982, 425; Mario Liverani, *Israel' s History and the History of Israel*. Trans. Chiara Peri and Philip Davies. London: Equinox, 2005, 6, 9—10; Ianir Milevski, *Early Bronze Age Goods Exchange in the Southern Levant*: *A Marxist Perspective*. London: Equinox, 2011, 27。

“危机”之常态

社会有机体的产生与消亡,伟大政治实体的形成与瓦解,处于历史边缘的人们侵入历史进程的中心地带,不能视之为偏离常规或反常事物。对于古代东方的社会群体而言,所有这一切都是常态,是准则。①

危机乃是古西南亚社会经济生活中的常态,而非一种需要解释的异常现象。成为异常现象的特权乃归于稳定:经济和政治的稳定时期成为反常事物或例外。在这些时期需要坚持不懈的努力来稳定危机以获得某种连续性。由于大量可用于评估那些时期的材料都来自统治阶级,因此这一观点基本是理论上的。按照惯例,统治阶级认为他们的观点就是所有人的观点,因而其特殊的处境得以普世化。

关于危机常规状态这一观点的明确表述出自阿兰·利比茨(Alain Lipietz):

首先,我们认为社会以及社会内部的经济活动是一个社会关系的网络。换言之,我们并不是说社会个体经常相互联系、从事交换活动,而是我们认为交换本身就是一种社会关系,一种特定类型的社会关系。

第二个主要论点认为,这些社会关系彼此互相矛盾,因此,生活在这种社会关系网络中并非易事……倘若社会关系以这种方式互相对立,通常的状况应该是危机。换句话说,危机是常态、自然状态,非危机反而是一个偶发事件。②

---

① Iu. I. Semenov, “The Theory of Socioeconomic Systems and the Process of World History”, *Soviet Anthropology and Archeology* 16, no. 1 (1977): 21.

② Alain Lipietz, “The Regulation School: An Interview with Alain Lipietz” (2003), http://lipietz.net/spip.php? article 750. 利比茨是法国调节学派杰出的经济学家。我在此处的任务不是研究该学派的内部工作及其独特见解,而是考察这些优秀的研究成果:Robert Boyer and Yves Saillard, eds., *Régulation Theory: The State of the Art*. London: Routledge, 2002 [1995]; Bob Jessop and Ngai - Ling Sum, *Beyond the Regulation Approach: Putting Capitalist Economies in their Place*. Cheltenham: Edward Elgar, 2006, 13—57。

首先,社会关系是根本,更准确地说,是决定性事物。比如,人们谈论交换,但却不从社会关系的角度来描述它,这种情况是不可能的。此论争的界限(回到波兰尼[①])在于,即使在资本主义时期,纯粹以市场为导向的关系并不存在,更不用说前资本主义经济了:"所有社会关系构成了经济活动世界的框架。"[②]或者正如博伊尔(Boyer)和塞拉德(Saillard)所言,一个化约为纯粹经济理性的个体(臭名昭著的理性经济人)根本不可能行使哪怕是最简单的职能,相反,我们的经济措施"产生于对社会联系的建构和维护"[③]。也就是说,结构形式和经济实践不可避免地"嵌入"特定的机构和文化假设之中,这些机构和文化假设随着时间和地点的变化而改变,而且甚至拥有其自身的社会动态。[④]因此,诸如自主市场这类按照其自身的某种生命轨迹运行,国家政府不定期地予以"干预"的事物在资本主义是不存在的。更有甚者,正如波兰尼和马林诺夫斯基的派生辩论所指出的,在古代根本不存在某些以市场为导向的交换形式,以及某些"嵌入"的交换形式,因为纯粹的市场关系压根儿不存在。

第二点更为有趣,所有经济体制都关注危机管理吗? 就古西南亚而言,

① Karl Polanyi, Conrad M. Arensberg, and Harry W. Pearson, "The Place of Economies in Societies", in *Trade and Market in the Early Empires: Economies in History and Theory.* Ed. Karl Polanyi, Conrad M. Arensberg, and Harry W. Pearson. New York: Free Press, 1957.

② Lipietz, "The Regulation School: An Interview with Alain Lipietz". 亦参见 Jessop and Sum, *Beyond the Regulation Approach: Putting Capitalist Economies in their Place*, 6—8. 至于研究提出类似观点的圣经经济学,参见 Ronald Simkins, "Patronage and the Political Economy of Ancient Israel", *Semeia* 87(1999): 123—124. 而研究古西南亚,参见 Michael Jursa, "Debts and Indebtedness in the Neo-Babylonian Period: Evidence from Institutional Archives", in *Debt and Economic Renewal in the Ancient Near East.* Eds. Michael Hudson and Marc van de Mieroop. Bethesda: CDL, 2002, 203。

③ Robert Boyer and Yves Saillard, "A Summary of *Régulation* Theory", in *Regulation Theory: The State of the Art*, ed. Robert Boyer and Yves Saillard. London: Routledge, 2002 [1995], 44.

④ 在此值得指出的是它与制度经济学的关系。参见 Maurice Baslé, "Acknowledged and Unacknowledged Institutionalist Antecedents of Régulation Theory", in *Regulation Theory: The State of the Art.* Eds. Robert Boyer and Yves Saillard. London: Routledge, 2002 [1995]; Marie-Claire Villeval, "*Régulation* Theory Among Theories of Institutions", ibid., 291—298。

情况似乎确实如此，尤其是在其漫长的历史中，“大帝国”与“小帝国”极其频繁地瓦解与崛起。[①]而且，那些没有任何明显集中的政治与经济活动的漫长时期显然就是“危机”。研究者常常是从政治角度来对这些帝国的衰落和危机做出分析，而对于它们的经济动态却未给予相对充分的关注；或者可以归结于外部原因，如掠夺成性的山地部落、土壤盐碱化等等。我认为这些危机的原因和表现形式主要是经济因素，鉴于此，甄别四种不同类型的危机具有重要意义。这四种危机分别是：外源性危机、内源性危机、结构性危机和终极危机。[②]

第一种类型源于外部的冲击和压力。那些把经济均衡视为规范的人认为，所有危机都是外源性危机，且破坏了体制的平静与稳定。相比之下，倘若该体制重视危机管理，那么外源性危机不管其多么严重，都不会独自对占主导地位的经济制度构成威胁。仅仅是在深层结构危机（第三种类型）的情况下，外源性危机才会导致问题的产生。当一个体制自身面临严重危机的时候，气候变化（降雨及气温类型）、外来侵略（尤其是来自“游牧”民族及“部落”族群），或者那些广受欢迎的居于累范特（Levant）及其它地区的哈比鲁人则取得了成功。

第二，内源性危机或内部危机以周期循环的形式呈现。由于它们极其普遍并在应付经济体制极端条件的方面发挥了重要作用，其本身并不具有威胁性。关于这一点，最好的例子是古西南亚零星间歇地改善部分债务的实践，这些实践通常是在新君主上台时对周期性危机做出的回应，欲维持该体制，那些周期性危机必须得到控制。此类实践通常在新的专制君主统治

---

① 我追随利维拉尼使用这些术语，因为它们为古代文本本身所使用。Liverani, *Israel's History and the History of Israel*, 7。

② Boyer and Saillard, “A Summary of *Régulation* Theory”, 41—42; Frédéric Lordon, “Formalising Regulationist Dynamics and Crises”, in *Regulation Theory: The State of the Art*, ed. Robert Boyer and Yves Saillard, 174—180 (London: Routledge, 2002 [1995]); Robert Boyer, *The Regulation School: A Critical Introduction*. Trans. Craig Charney. New York: Columbia University Press, 1990, 48—60.

伊始就被推行,不是试图去废除债务,而是在一定程度上改善债务,或者把那些深陷债务之中的劳工从一种依赖类型转变到另一种。[①]

第三种为结构性危机。在这种危机中,使体制上升到统治地位并由社会决定的内部张力现在则具有使之分崩离析的威胁。由于其内部的动态变化,该体制无法再恢复原样,因此需要彻底重组。关于这种转变,最显著的例子发生于公元前第一个千禧年之交,为了对付先前那些棘手的紧张局势,新的经济体制在古西南亚兴起。公元前第二个千禧年晚期出现了历时数个世纪的经济危机,在此之前,基本经济矛盾存在于宫廷庄园与乡村公社的农业劳动力之间。[②]庄园的主要目的是为"少数派"提供"商品"[③],也就是说,为那些非领薪受雇者——牧师、君主及终身晚宴嘉宾——提供食物、酒水和纺织品。庄园因此建在寺庙附近,其次是统治中心区域,由官员或任期内的庄园主直接管理,其中的劳动者(被强迫服从劳役、缴纳战利品及债务者)要签订终身契约或临时契约。因为经常缺乏劳动力,庄园一直试图从乡村公社吸引更多的劳动者,却对后者的持续生存能力关注甚少。宫廷庄园制度长期处于危机状态的内在张力及其根源在于:乡村公社使用一种经过反复试用和检验的生存—存活(subsistence-survival)农业模式,那种模式的推广实行对土地最佳而非最大程度的使用,以及多样化经营,将小的盈余储备为

---

① 参见 Johannes M. Renger, " Royal Edicts of the Old Babylonian Period – Structural Background", in *Debt and Economic Renewal in the Ancient Near East.* Eds. Michael Hudson and Marc van de Mieroop. Bethesda: CDL, 2002, 145。倘若人们过于依赖地主—高利贷者,则他们便回到依赖宫廷的状态;倘若他们过分依赖宫廷官员,又回归到对寺庙的依赖。因此我认为,该法典通常局限于某些类型的债务,特别是跟劳动力有关的债务,那些债务或者聚焦于某个特定目标,如地主—高利贷者,抑或甚至是贪婪的宫廷官员。原因在于债务奴隶制的模式倾向于把劳动者锁定在某些契约劳工类型中,从而让他们无法获得其他类型,尤其是国家建设项目或播种与收获等时刻所需的农奴制度(corvée)。

② 我的这个观点是从那些非常重要但却遭受冷落的作品中提炼出来的:Igor M. Diakonoff, "The Structure of Near Eastern Society before the Middle of the Second Millennium B. C. ", *Oikumene* 3(1982); Igor M. Diakonoff, *The Paths of History.* Cambridge: Cambridge University Press, 1999, 21—55。

③ Diakonoff, *The Paths of History* , 36.

荒年所用,注重少量需求而非较多要求。那些乡村公社时而会受到专制君主摇摆不定的影响,时而则不会。但是,统治阶级基本上不愿意扶持那些乡村公社,不仅是因为断断续续的税收数额有限,还因为庄园极其需要那些公社的劳动力,以致宫廷庄园使出浑身解数,试图从那些公社中抽取越来越多的劳动力。显然,由于这种体制具有内在的不稳定性,宫廷体制的定期瓦解也就不足为奇了。然而,这种结构不稳定性最终还是过了头,第二个千禧年晚期的长期危机则是宫廷庄园统治结束的标志。[①]当新势力在第一个千禧年崛起的时候,他们开始推行一种截然不同的经济制度,这种经济制度的基础是纳贡和交换,我在此无法对那种形式进行详细叙述,但足以指出纳贡与交换之间关系密切,以一种相对而言更为有效的方式满足了统治阶级与其跟班以及实施那种体制所需要的较大军队日益增长的需要。这种新的经济制度可能激活了新亚述、新巴比伦及波斯等大帝国,但是其自身结构的不稳定性却通过它们的迅速灭亡而体现出来。

最后,当整个经济结构无法继续维持下去的时候,当在现有范围内没有新的形式可以建构的时候,这种类型的危机仅仅是生产模式危机的预热。生产模式危机通常旷日持久且来势凶猛,具有很强的破坏性,会导致根本性的结构重组。在古代,这种过渡到新兴生产模式的时刻,即为从宫廷庄园及纳贡—交换的经济制度(我曾在别处称之为神圣经济)转换为以奴隶制为基础的希腊—罗马模式。

谁之危机?

乡村生活的兴旺是因其与民族国家这一广阔的世界相对隔绝,实

① Mario Liverani, "The Collapse of the Near Eastern Regional System at the End of the Bronze Age: The Case of Syria", in *Centre and Periphery in the Ancient World*. Eds. Michael J. Rowlands, Mogens Trolle Larsen, and Kristian Kristiansen. Cambridge: Cambridge University Press, 1987, 66—73.

际上是与一般的城市生活隔绝。[①]

我已经特别强调了危机的规范性,并对古西南亚经济危机的类型做了概述。但是,关键的问题仍然存在:谁之危机?我将从与其相关的"灭亡"范畴的角度来找出答案。在统治阶级看来,小帝国或大帝国权力的结束实际上就是灭亡,随后的阶段即为长期的危机时代。[②]财富的来源被消除,宫殿和寺庙被毁坏,庄园制度或纳贡及交换模式被废除,权力丧失。在这种背景下,考古记录开始显示"危机建筑""终结仪式""灾难盛宴"的迹象,极度绝望的统治者们用尽他们最后的储备来安抚狂怒的诸神。[③]有时,失去产业的精英人士的确创造了杰出的作品——《希伯来圣经》所收集的文本就是一个极好的案例。

然而,从乡村公社、自给自足的庄园劳动者、具有社会决定性的部落家庭的角度来看,"灭亡"实际上意味着他们从各种各样的榨取和剥削中获得解脱,这是一种受祝福的解脱。[④]人们几乎不会指望农民、体力劳动者以及普通民众在一旁闲着,等待这种令人极其渴望的灭亡发生。从哈比鲁人一直

---

① Douglas A. Knight, *Law, Power, and Justice in Ancient Israel*, Library of Ancient Israel. Louisville: Westminster John Knox, 2011, 117.

② 与公元前1200年左右的"灭亡事件"相关的这种观点,具体案例参见 Mieroop, *A History of the Ancient Near East ca. 3000—323 BC*, 191—206; Yoffee, *Myths of the Archaic State: Evolution of the Earliest Cities, States, and Civilizations*, 131—160。

③ 例如,参见对青铜时代晚期夏琐的研究,当时恰恰在遗址被废弃及其最终被毁坏之前出现了这些特征。Nimrod Marom and Sharon Zuckerman, "Applying On - Site Analysis of Faunal Assemblages from Domestic Contexts: A Case Study from the Lower City of Hazor", in *Household Archaeology in Ancient Israel and Beyond*. Eds. Assaf Yasur - Landau, Jennie R. Ebeling, and Laura B. Mazow. Leiden: Brill, 2011, 51—53。

④ 进一步讨论参见 Gale A. Yee, "Recovering Marginalized Groups in Ancient Israel: Methodological Considerations", in *To Break Every Yoke: Essays in Honor of Marvin L. Chaney*. Eds. Robert B. Coote and Norman K. Gottwald. Sheffield: Sheffield Phoenix, 2007, 13—15。有关更普遍的农民运动,参见 Eric R. Wolf, Peasants. Englwood Cliffs: Prentice - Hall, 1965, 106—109; James C. Scott, *Weapons of the Weak: Everyday Forms of Peasant Resistance*. New Haven: Yale University Press, 1985。

到城镇内部的被剥削阶级毁坏城镇的考古信号显示，他们都是极其热衷于加速灭亡。[1]事实上，根据《阿玛尔纳书信》，哈比鲁人变得空前强大，威胁着各城，阅读此类材料让人心备感温暖。[2]正如芮哈达（Rib-Hadda）在面对叛乱时所言，“我害怕农民阶级把我打倒”[3]。半游牧的牧民也准备好加入其中，因为纵观美索不达米亚历史，“倘若集权国家的权力较为脆弱”，他们每年的通常是“和平的”迁徙“便可能转换为攻击性行动”。[4]结果令人快心遂意：年轻的男女们无须继续在宫廷庄园定期或长期劳动；那些令人厌恶的商人—税吏—高利贷者不再指使暴徒去抢夺债奴，或牲畜，或女孩子来做性奴；寺庙和宫殿不再侵吞生存—存活所需的食物。我认为圣经中有关巴别塔（创 11）以及所多玛与蛾摩拉（创 18—19）的叙事，就以其独特的方式体现了这样一种观点，还有《撒母耳记上》第 8 章、《士师记》9：8—15 有关荆棘丛的比喻、《列王纪上、下》有关以色列及犹大诸王之挫败以及最终遭到惩罚的长篇叙述，以及《以斯拉记》《尼希米记》所记载的“那地的人民”，连同

---

① 有关青铜时代晚期夏琐的这些考古材料，尤其是针对统治阶级权力的象征和现实而烧毁位于山下城市及“卫城”的纪念性建筑物，具体案例参见 Marom and Zuckerman，“Applying On-Site Analysis of Faunal Assemblages from Domestic Contexts：A Case Study from the Lower City of Hazor”，51—53。

② 参见 EA 67—138，144，148，179，185—186，189，195，197，207，215，243，246，254，271—274，286—290，298—299，305，307，313，318，366。William L. Moran，*The Amarna Letters*. Baltimore：Johns Hopkins University Press，1992，137—223，230—231，235，262，265—268，269—270，273，274—275，280，283—284，297—298，300，307—308，317—319，326—334，340—341，343，345，346—347，349，364。

③ EA 77. Moran，*The Amarna Letters*，148.

④ Nelly V. Kozyreva，"The Old Babylonian Period of Mesopotamian History"，in *Early Antiquity*. Eds. Igor M. Diakonoff and Philip L. Kohl，98—123（Chicago：University of Chicago Press，1991），99. 当然，当这些半游牧的牧民在一个地区定居下来，并且参与当地统治者的让位事件时，此事因为内部矛盾而变得复杂起来。他们偶尔会建立自己的国家，结果却变得近乎暴虐，部分复制了被粉碎的制度。因此，在第二个千禧年早期乌尔第三王朝灭亡以后，哈纳特人定居在特卡城，雅姆特把拉部落定居在拉尔萨，阿姆纳努部落定居在巴比伦。早些时候，在第三个千禧年晚期，曲提人在除去阿卡德的萨贡尼兹之后的做法与此大致相同。

无数其他群体反抗随着被流放者的回归而强制实施的掠夺性帝国政权。①这些均表明在那段时期，有关贷款、债务、与贷款绑定的义务劳动的各种记录已消失殆尽。②这并非因为某些缺乏文明的“黑暗时代”，确切地说，是因为农民的全面反抗：那些迫切盼望其君主灭亡的人民采取的第一个行动，就是撕毁（或在此语境中的破坏）贷款材料。这些时期，不仅仅是农村化及乡村扩展（如在公元前1200年到前1000年间，累范特南部乡村的数量增长了八倍）的时期，或城市及其政治权力衰退的时期，③也是革新的时期：例如，公元前十六世纪“黑暗时代”马和马车的使用，或第二个千禧年末炼铁技术的传播。

可以用两个例子来阐释这些迥然有别的阶级视角。其一来自于《伊拉史诗》（the Erra Epic）的哀歌，《伊拉史诗》是古巴比伦的经典史诗，描述了公元前1200年以来的事件。我认为，不应把它作为一首有关普通琐事及灭亡的哀歌来阅读，而应特别视之为一首有关无处藏身的统治阶级的哀歌，与圣经书卷《耶利米哀歌》十分相似：

没有死于战争的人，将死于疾病
没有死于疾病的人，将为其仇敌所掳
没有为仇敌所掳的人，将受盗匪击打

---

① 有关《以斯拉记》《尼希米记》中反抗的阶级维度，参见 Roland Boer, “No Road: On the Absence of Feminist Criticism of Ezra-Nehemiah”, in *Her Master's Tools: Feminist and Postcolonial Engagements of Historical-Critical Discourse*. Eds. Vander Stichele Caroline and Todd Penner, Atlanta: Society of Biblical Literature, 2005, 233—252。

② Marc van de Mieroop, “A History of Near Eastern Debt?”, in *Debt and Economic Renewal in the Ancient Near East*. Eds. Michael Hudson and Marc van de Mieroop. Bethesda: CDL, 2002, 81.

③ Knight, *Law, Power, and Justice in Ancient Israel*, 118—119, 159—160; Israel Finkelstein, “The Emergence of Israel: A Phase in the Cyclic History of Canaan in the Third and Second Millennia BCE”, in *From Nomadism to Monarchy: Archaeology and Historical Aspects of Early Israel*. Eds. Israel Finkelstein and Nadav Na´aman Washington: Biblical Archaeology Society, 1994, 150—178.

没有受盗匪击打的人,将被王的武器征服
没有被王的武器征服的人,将被王子击杀
没有被王子击杀的人,风暴之神将冲洗之
没有被风暴之神卷走的人,太阳之神将带走之
存留于乡间的人,将被风席卷而去
进入其屋宇的人,鬼怪将攻击之
攀爬到高处的人,将死于饥渴
下到低洼之地的人,将死于沼泽
你既毁坏了高处又摧残了低地![1]

有关对"危机"的不同看法的第二个例子,见于对这一经文的阐释,即《士师记》17章6节:那时以色列中没有王,各人任意而行。文本的背景表明其主要编辑框架是否定性的:一个叫米迦的人替他母亲找回了银子,他把其中一部分拿去请银匠铸一个"像"(pesel)。他把此像安置在自家的神堂内,又制造了以弗得和家中的神像,分派他的一个儿子作祭司。后来,他邀请一个路过的利未人作祭司,结果那个利未人却加入一大群但支派的掠夺者,他们抢走了铸成的像,以及与神堂相关的物件。如果我们以第二条诫命对于拜偶像的禁忌,以及随后各种各样所谓"不服从律法"的案例为先决条件,则这个故事似乎是消极的,借助作为统治阶级下属的经文抄写员之笔,表达了统治阶级对混乱和危机的关注。

相反,这句经文亦可解读为倡导自由。正如大卫·乔布林(David Jobling)曾经指出的,"没有王"(亦参见士18:1;19:1;21:25;王上22:17;代下18:16)以及"各人任意而行"的陈述几乎是一种乌托邦形象,宣称并希冀一个没有压迫的社会,一些小有权势的人不再试图压榨农民。我认为这句经文很适合此类人的看法,即他们都十分喜悦看到危机,与各式君主

① Mieroop, *A History of the Ancient Near East ca. 3000—323 BC*, 199. 比较 Amos 5:19。

及其下流依附者的灭亡。事实上,《士师记》的这句经文回应了一位哈比鲁领袖——阿布迪-阿瑟塔('Abdi-Aširta)——的号召:

> 让我们把市长从这个国家赶出去,使整个国家归附哈比鲁人,……那么(我们的)儿女就会永葆太平。假如有王出现,整个国家都会反对他,其奈我何?①

就此而论,在我提出危机是常态而经济"稳定"是例外的时候,我仍在使用这些人的语词,他们是:统治阶级,以及留下大多数记录并认为世界离开他们将会灭亡的人。诚然,我离这个设想尚有一步之遥,即稳定是常态而危机是例外,但是,我还不够深入。最后一个步骤要求更为实质性的逆转,其中危机实际上演变为稳定,不平衡发展为平衡,反之亦然。②

于是,长达数个世纪之久的"危机"——无论是在公元前第三个千禧年、在公元前十六世纪及十五世纪早期的"黑暗时代",还是在第一个千禧年之交——实际上是最稳定的时期,因为那时劳动力、土地及产品的分配与再分配形式占主导地位,那时优选的神圣模式脱颖而出,那时生存—存活尚未那么受到威胁,那时亲属—家庭可以重点关注自己最擅长的事情而非应对持

① EA 74. Moran, *The Amarna Letters*, 143. 亦参见 Igor M. Diakonoff, "Syria, Phoenicia, and Palestine in the Third and Second Millennia B.C.", in *Early Antiquity*. Eds. Igor M. Diakonoff and Philip L. Kohl. Chicago: University of Chicago Press, 1991, 295; Liverani, *Israel's History and the History of Israel*, 27—28。

② 这种阶级视角的矛盾也呈现于考古学家对关键时期遗留物质的诠释之中。例如,在青铜时代晚期的"衰落"时期,有人在衡量财富的指标及艺能中看到了"贫困"加剧的证据;相反,有人却发现了大量财富及艺能的迹象。当然,此处回避的问题很多,他们代表哪些阶级发言?他们表达的是谁的观点?极度富裕同极度贫困之间的张力难道不是过度剥削的标志吗?参见 Nava Panitz-Cohen, "A Tale of Two Houses: The Role of Pottery in Reconstructing Household Wealth and Composition", in *Household Archaeology in Ancient Israel and Beyond*. Eds. Assaf Yasur-Landau, Jennie R. Ebeling, and Laura B. Mazow. Leiden: Brill, 2011, 99。

续不断的外部威胁。[1]这确实是一场革命——一场伴随着公元前第一个千禧年而发生的从宫廷制度到掠夺性帝国政权的革命——但并非以通常所理解的方式。[2]相反,那场革命是基于经过检验的生存—存活的经济管理方式,一场在目前可以被称为于稳定时期内回归其自身的恰如其分的"革"命。由于寺庙、宫殿或掠夺军队不再僭用边际盈余,以及生存—存活的基本所需,它们可以用于其主要用途:在一两个歉收年补给某一社群。习惯法及亲属—家庭的种种期望无须再同雄心壮志的君王的成文法律进行竞争。最重要的是,在山上的寺庙成为一片废墟之际,因为崇拜角落的存在,小鬼、精灵、魔鬼不可避免地在场,神圣的亲密实践再次占据主导地位。换句话说,乡村公社的农村生活乃是组织反抗的主要形式,对此权力机构需要不断予以回应,尤其是使用帝国的军队。[3]

结束语:稳定之缘由

第一点是:乡村公社仍然作为经济(和政治)结构的一个基本要素而存在。[4]

---

① 这种重新估价隐含于戴蒙德对由精英统治阶级控制的经济体制"灭亡"的巨大潜力的描述之中:"一连串的好年头,有充足的降雨及足够浅的地下水,可能会导致人口的增加,反过来会让社群变得愈益复杂,互相依赖,本地无法继续自给自足。这样的社群在经历一连串的灾年之后无法继续应付且重建自我,而先前那个人口较少,互相依存程度较低,且更加自给自足的社群则可以应付自如。"Jared Diamond, *Collapse: How Societies Choose to Fail or Succeed*. New York: Viking, 2005, 143。

② Mario Liverani, "Land Tenure and Inheritance in the Ancient Near East: The Interaction between 'Palace' and 'Family' Sectors", in *Land Tenure and Social Transformation in the Middle East*. Eds. T. Khalidi. Beirut: American University of Beirut, 1984, 34.

③ Igor M. Diakonoff, "The Rural Community in the Ancient Near East", *Journal of the Economic and Social History of the Orient* 18, no. 2 (1975): 123; Knight, *Law, Power, and Justice in Ancient Israel*, 120. 旷野漂流过程中"发怨言"的故事可以表达出类似的组织反抗(《民数记》11—12, 16, 20, 等等)。

④ Mario Liverani, "Communautés de village et palais royal dans la Syrie du IIème millénaire", *Journal of the Economic and Social History of the Orient*, no. 18 (1975): 163—164.

尽管如此,在这条提议被误读为某些原初的无政府主义者对地方公社生活的倡导之前,我将更为系统地指出在这种常常被称为"危机"的时期稳定局面形成的缘由,并以此来结束这篇文章。我曾间或提到一种生存—存活的经济管理方式,每当有大或小帝国灭亡,以及过一段时间另有新的国家崛起的时候,这种经济管理方式便会回归到其优选的运行模式。但是,我将把前文提到的各种线索聚拢于一处,并大致勾勒出这种经济管理方式的模样。

生存—复兴以乡村公社为基地,采用了各种各样动物饲养(绵羊与山羊的比率为2∶1)及农作物种植的机制。[①]首先,这些方法由社会所决定,其制约者包括苏联时期的俄罗斯学者所谓的大家族公社或乡村公社,[②]以及西方学者所谓的牧沙农业(musha‘ farming)。[③]它指定了一种通往生存农业的极

① Aharon Sasson, *Animal Husbandry in Ancient Israel: A Zooarchaeological Perspective on Livestock Exploitation, Herd Management and Economic Strategies*. London: Equinox, 2010, Mette Marie Hald, *A Thousand Years of Farming: Late Chalcolithic Agriultural Practices at Tell Brak in Northern Mesopotamia*. Oxford: Archaeo Press, 2008, 44—121; Frank Hole, "Middle Khabur Settlement and Agriculture in the Ninevite 5 Period", *Bulletin of the Canadian Society for Mesopotamian Studies* 21(1991).

② Igor M. Diakonoff, "The Commune in the Ancient East as Treated in the Works of Soviet Researchers", *in Introduction to Soviet Ethnography, Volume II*. Eds. Stephen P. Dunn and Ethel Dunn. Berkeley: Highgate Road Social Science Research Station, 1974, 519—548; Diakonoff, "The Rural Community in the Ancient Near East"; Diakonoff, "The Structure of Near Eastern Society before the Middle of the Second Millennium B. C.", 35; Diakonoff, "General Outline of the First Period of the History of the Ancient World and the Problem of the Ways of Development", 34—35; Ninel B. Jankowska, "Extended Family Commune and Civil Self-Government in the Fifteenth-Fourteenth Century B. C.", in *Ancient Mesopotamia: Socio-Economic History. A Collection of Studies by Soviet Scholars*. Ed. Igor M. Diakonoff. Moscow: "Nauka" Publishing House, 1969, 235—252; Ninel B. Jankowska, "Asshur, Mitanni, and Arrapkhe", in *Early Antiquity*. Eds. Igor M. Diakonoff and Philip L. Kohl. Chicago: University of Chicago Press, 1991, 253; Roger P. Bartlett ed., *Land Commune and Peasant Community in Russia: Communal Forms in Imperial and Early Soviet Society*. London: Palgrave Macmillan, 1990.

③ Tony Wilkinson, *Archaeological Landscapes of the Near East*. Tucson: University of Arizona Press, 2003; Tony Wilkinson, "The Tell: Social Archaeology and Territorial Space", in *Development of Pre-State Communities in the Ancient Near East*. Eds. Dianne Bolger and Louise C. Maguire. Oxford: Oxbow, 2010, 55—62; Philippe Guillaume, *Land, Credit and Crisis: Agrarian Finance in the Hebrew Bible*. Sheffield: Equinox, 2012, 28—42.

其持续的途径,主要是因为它经过反复的测试和检验。通常,农民生活在村落群中,一个村落群的人口为七十五至一百五十人,相当于一个部落,尽管也有一些小的聚居地人口不到七十五人。①农民们由此处前往田地里劳动,对于这种聚居地及其道路的考古调查已经证实这一点。②但是,这些田地并非农民的永久性财产,事实上,任何家庭都没有分到整块的土地进行耕作。在圣经中,这就是《创世记》33：19—20;《路得记》4：3;《撒母耳记下》14：30—31;《历代志下》9：21,25;《耶利米书》12：10 及《阿摩司书》4：7 提到的 *the helqat haššādeh* (那块地),它们是测量结果的社会单位而非私有土地的明确界限。那些土地通常很狭长(长达一公里,或是在诸如犹太人的高地地区沿着梯田的弯弯曲曲的小径),但宽度仅有几个犁沟。在指定的时间,通常是每年或每半年一次,那些狭长土地会根据需求、肥力、劳动力等因素进行再分配。再分配的方式各不相同,要么取决于份额、要么取决于成年男子的数量、长者的公会,或许是村庄的首领。毋庸置疑,此过程牵涉到形形色色的不成文规定及大量论争,但结果是,那些狭长土地得以再分配了。

在乡村内部以及相距二至四公里的乡村之间,集体活动在所难免,因为在自然和社会灾难面前,单个的个体无能无力,为了生存,他们需要合作并相互帮助。③因此,在父权制家庭中呈现出来的高度灵活的亲属关系至关重要。无论是对小组耕地、播种还是收获而言,更深入的因素乃合作劳动的优势。最后,拥有其首领及长者公会的乡村公社作为一个关系紧密的团体,亦

① Knight, *Law*, *Power*, *and Justice in Ancient Israel*, 122—123.

② Wilkinson, "The Tell: Social Archaeology and Territorial Space", 56—57; Tony Wilkinson, "The Structure and Dynamics of Dry Farming States in Upper Mesopotamia", *Current Anthropology* 35, no. 1 (1994); J. J. Casana, "Structural Transformations in Settlement Systems of the Northern Levant", *American Journal of Archaeology* 112 (2007).

③ Igor M. Diakonoff, "Slaves, Helots and Serfs in Early Antiquity", in *Wirtschaft und Gesellschaft im alten Vorderasien*. Eds. Jάnos Harmatta and Geörgy Komoróczy. Budapest: Akadémiai Kiadó, 1976, 66; David C. Hopkins, *The Highlands of Canaan*: *Agricultural Life in the Early Highlands*. Sheffield: Almond, 1985, 256.

会起到保护和防御入侵者的优势作用。我们可以按照罗伯特的意见,把这三个因素分别描述为共识集体性、节约集体性及执行集体性。①

显然,这种以劳动力、土地和产品的分配及再分配为基础的经济制度几乎无暇顾及来自那些人的不合理要求,他们试图从中提取要么是残酷的掠夺形式要么是较为礼貌的形式(税收和纳贡)。只要有一点点机会,生存—存活的主体就会回归其首选的社会和经济生活模式。这就是古西南亚研究中被称作"危机"的核心经济制度。其实如我所言,它是曾摆脱了外部压力的高度稳定的基础。大帝国及小帝国的"灭亡"和"危机" 对那些生存—存活的乡村公社而言,显然并非危机。

(何桂娟 译)

作者罗兰·博尔,澳大利亚纽卡斯尔大学哲学与宗教学教授,中国人民大学文学院访问教授。主要研究兴趣为马克思主义、宗教学与圣经批评。译者何桂娟,西华大学外国语学院副教授,四川大学道教与宗教文化研究所博士候选人。

(邱业祥 编)

① Brian Roberts, *Landscapes of Settlement: Prehistory to the Present*. London: Routledge, 1996, 35—37.

女性主义与古代以色列"生产方式":方法论探索*

[加拿大]大卫·乔布林

内容提要:本文主要对圣经研究的综合方法进行探讨。首先根据哥特瓦尔德的观点对生产方式的概念进行说明,并对以色列前君主制时期和君主制时期的生产方式予以分析。继之依据卡罗尔·迈耶斯和内奥米·斯坦伯格的研究指出,在对以色列前君主制进行分析时,需要重视家庭的作用;而当以色列向君主制过渡时,女性丧失了原有的地位。最后对米克·巴尔的跨学科框架进行讨论。最终提出社会科学、女性主义和文学方法的综合运用,能为圣经研究的发展带来更多活力。

关键词:圣经研究方法;女性主义;社会科学批评;文学批评

---

* 本篇论文原载于 *The Bible and the Politics of Exegesis*: *Essays in Honor of Norman K. Gottwald on His Sixty-Fifth Birthday*. Edited by David Jobling, Peggy L. Day and Gerald T. Sheppard, Cleveland: Pilgrim Press, 1991, 239—251。由原作者授权译成汉语,发表于本刊。

Feminism and “Mode of Production” in Ancient Israel: Search for a Method

David JOBLING [Canada]

Trans. by XU Jun

Abstract: The aim of this essay is to discuss the methodological integration in recent biblical studies. David JOBLING demonstrates the definition of a mode of production in terms of Norman GOTTWALD' sproposal, and analyzes modes of production in premonarchic and monarchic Israel. After these, JOBLING makes reference to works of Carol MEYERS and Naomi STEINBERG, and points out that the role of the family should be stressed in the analysis of the premonarchic Israel, and women tended to lose legal status because of the coming of monarchy. JOBLING also discusses Mieke BAL's interdisciplinary framework. In sum, JOBLING argues that the integration of literary, social-scientific and feminism methods will make biblical studies having more vibrancy to continue.

Key words: methodologies of biblical studies; the feminism; the social-scientific criticism; the literary criticism

我必须创造出一套方法，否则我会被其他男性的方法所奴役。

——威廉·布莱克(William Blake)

引　言

对各种方法进行综合探索，成为圣经研究中有力的和令人兴奋的推动力。[①]虽然我们不能奢望最终能够达成一致，并解决所有问题，但是在道德准则的要求下，我们不能让我们的学科零散地进行下去；在自由的多元主义意识形态之中，实践者的方法各异，虽然他们的方法得到认可，但是对于如何综合运用这些方法，他们却没有达成一致。在这些争论中，特别值得注意的是文学方法和社会科学方法之间的联系。诺曼・哥特瓦尔德（Norman Gottwald）在开始对《希伯来圣经》进行介绍时，认为文学的方法和社会科学的方法是最重要的新兴“范式”，并对这两种方法的综合运用提出了疑问。[②]

但是，在方法综合的争论中，女性的声音并不突出。对于如何将各种方法综合运用到圣经研究中，女性主义圣经研究者并没有给出明确的答案。一方面，虽然学科界限并不是女性主义研究者造成的，但是在这个界限的限制下，女性主义圣经研究受到了阻碍。女性主义圣经研究者决心克服学科的界限，对各种方法进行综合运用；[③]另一方面，方法构想和男性统治之间存在着联系，这一联系已经被认识到，因为人们经常出于排斥他人的政治目

① W. G. Dever, “Unresolved Issues in the Early History of Israel: Toward a Synthesis of Archaeological and Textual Reconstructions”; J. W. Flanagan, “New Constructs in Social World Studies”; B. J. Malina, “Interpretation: Reading, Abduction, Metaphor”. 这两篇论文收录于 David Jobling, Peggy L. Day, Gerald T. Sheppard, *The Bible and the Politics of Exegesis*. Cleveland, Ohio: Pilgrim Press, 1991。参见 R. B. Coote, K. W. Whitelam, *The Emergence of Israel in Historical Perspective*. Sheffield: Almond, 1987; J. W. Flanagan, *David's Social Drama: A Hologram of Israel's Early Iron Age*. Sheffield: Almond, 1988; 其他著作引用于 Dever, “Unresolved Issues”的注释 2 和注释 4。

② N. K. Gottwald, *The Hebrew Bible: A Socio-Literary Introduction*. Philadelphia: Fortress, 1985, 20—34. 我对这本书的评论刊登在《旧约研究期刊》(*Journal for the Study of the Old Testament*) 1986 年第 38 期的第 85 至 93 页。

③ 见 M. Bal, *Murder and Difference: Gender, Genre and Scholarship on Sisera's Death*. Bloomington: Indiana University Press, 1988, 111—134。

的,而在学科中创造方法。据我所知,米克·巴尔(Mieke Bal)的著作是在方法综合的特别框架下研究《希伯来圣经》的唯一一部女性主义著作。巴尔的著作以言说、聚焦和表演为基本主题。她的作品非常独特,因为它属于文学研究,而不属于社会科学研究。[①] 巴尔坚信若想对压迫性的方法进行反抗,最好的办法是创造出与之对抗的方法,我们需要通过“反对一致”,来对圣经研究中排他性的“一致”作出回应。[②]

在我看来,在传统白人男性的学术领域中,对方法综合进行争论是危险的,虽然那些白人男性学者都怀有良好的意图,但是他们忽视了女性主义的要求(和其他领域类似的要求)。因此,本文会把我们所崇敬的哥特瓦尔德研究最多和最为推崇的综合性框架——马克思主义的“生产方式”概念——批判性地运用到女性主义圣经研究中,女性主义圣经批评也是跨学科的研究。并且,我将以“以色列向君主制过渡时女性生活所受的影响”作为本文的中心。

从女性主义的角度对生产方式的研究方法进行讨论后,我会对两部女性主义著作进行详细分析,这两部著作以非常特别的方式,对跨学科方法提

① 遗憾的是,巴尔观点中最精彩的论述,最近才得以用英文出版,所以即使是那些非常了解她圣经研究著作的人,对这些论述也不够清楚。见 M. Bal, *On Story-Telling*. Sonoma, CA: Polebridge, 1991, 第一章。巴尔的观点巩固了《死亡和不对称》中的论点。我将在这篇论文中对巴尔这本书的大部分内容进行讨论(M. Bal, *Death and Dissymmetry: The Politics of Coherence in the Book of Judges*. Chicago: University of Chicago Press, 1988)。但是在我看来,《死亡和不对称》的结论(第 32—38,248—249 页)不够恰当。参见我在 *Religious Studies Review*17 (1991): 1—10 的论文,特别是第 7 至第 9 页。对文学和社会科学而言,上面提到的观点全部来自社会科学方面。对于文学,我会提到自己的论文“Writing the Wrongs of the World: The Deconstruction of the Biblical Text in the Context of Liberation Theologies”, *Semeia* 51 (1990): 81—118。女性学者往往未综合运用研究方法,但有一个例外:P. McNutt, *The Forging of Israel: Iron Technology, Symbolism, and Tradition in Ancient Society*. Sheffield: Almond, 1990。虽然我认为她对文学的使用不太恰当,但她的研究设计在我看来是理想的。参见圣经文学协会(Society of Biblical Literature)、美国宗教学会(American Academy of Religion)和美国东方研究学派(American Schools of Oriental Research)的“Constructs of Ancient History and Religion”(1989)中所载述其论文。亦见 C. V. Camp, *Wisdom and the Feminine in the Book of Proverbs*. Sheffield: Almond, 1985。在我看来,跨学科女性主义方法的优秀范例是反对系统性的,参见我在 *Union Seminary Quarterly Review* 44 (1990): 171—175 中的书评论文。

② 该词来自 Bal, *Death and Dissymmetry*, 第 5 页及其他多处。

出了疑问。卡罗尔·迈耶斯(Carol Meyers)的著作《发现夏娃》(Discovering Eve)①以社会科学为基础,采用考古学和比较民族学的方法,对早期以色列社会及其女性地位进行描述,迈耶斯也对《创世记》2至3章进行了文学性阐释。巴尔在《死亡和不对称》(*Death and Dissymmetry*)中,采用社会科学特别是人类学的方法,对《士师记》进行文学性解读。但是当她从社会科学角度对古代以色列社会进行分析时,观点非常守旧,因为她过多采用了心理学方法,而较少使用考古学方法。

虽然巴尔和迈耶斯的厚重著作为方法论的讨论提供了很好的基础,但是它们都没有将"向君主制的过渡"作为讨论重点。迈耶斯的书主要以"前君主制"为中心,她只是在结尾处涉及了"向君主制的过渡"。巴尔对君主制缺少兴趣,她其实很少对该时期进行历史性定位(但是以色列向君主制的过渡肯定是历史性的),她只是认为士师在这个过渡时期产生。但我认为,在以色列向君主制的过渡中,军事组织也从一种形式转变为另一种形式,需要一种能够将军事组织的转变和君主制的过渡联系起来的解释。所以,我将引入内奥米·斯坦伯格(Naomi Steinberg)和里贾纳·施瓦兹(Regina Schwartz)的论文作为补充,其论文都涉及以色列向君主制核心的过渡,并且其各自的方法与迈耶斯、巴尔的方法也几乎一致。②

生产方式

哥特瓦尔德在《亚卫的支派》(*The Tribes of Yahweh*)和《希伯来圣经》

① C. Meyers, *Discovering Eve*: *Ancient Israelite Women in Context*. New York and Oxford: Oxford University Press, 1988.

② 见 N. Steinberg, "The Deuteronomic Law Code and the Politics of State Centralization"; R. Schwartz, "Adultery in the House of David: 'Nation' in the Bible and Biblical Scholarship", 这两篇论文将发表于 J. Rosenblatt, J. Sitterson, "Not In Heaven": *Literary Readings of Biblical Texts*. Bloomington: Indiana University Press, 和施瓦兹的书 *Can These Bones Live*? (本文引用的是作者提供的打印稿)。

（*The Hebrew Bible*）中，重点采用了“生产方式”的概念，并在书的后半部分通过一个非常重要（但不够明显）的方法论阐释得出结论。[①] 在这之后，他写了一篇经常被引用但仍未发表的论文，在那篇论文中，哥特瓦尔德通过对圣经历史的研究，对古代以色列重要的生产方式进行探讨。[②] 哥特瓦尔德对生产方式的定义是：

> 物质力量生产和社会关系生产的结合，物质力量包括人类的体力和智力，社会关系的生产表现了生产者和非生产者组织社会分工和劳动产品分配的方式。[③]

在哥特瓦尔德对生产方式的论述中，特别重要的是，他坚持将文学生产作为以色列社会生产中不可缺少的组成部分；更确切地说，哥特瓦尔德认为，文学生产是社会意识形态生产的一部分，它和物质生产、社会形式的（再）生产之间，有着可分析的关系。[④] 同样，在最近关于圣经文学方法的争论中，哥特瓦尔德从社会科学背景出发，提出应该将社会科学的方法和文学

---

① Gottwald, The Hebrew Bible, 595—609. 哥特瓦尔德对“生产方式”的拥护，在圣经学者中即使不是唯一的，也是十分少见的。德弗（W. G. Dever）在“Unresolved Issues”中抱怨，很少有学者采用“生产方式”的概念进行分析，但是他发现“比起其他学者，哥特瓦尔德以更大的决心来探讨这些概念”（Dever, “Unresolved Issues”的注释 20）。

② N. K. Gottwald, “Political Economy and Religion in Biblical Societies: Seeking the Connections”，该篇论文于 1986 年 11 月呈交给美国宗教学会（American Academy of Religion）的解放神学组（Liberation Theology Group），该机构位于佐治亚州的亚特兰大市。

③ Ibid., 1B.

④ 这种表述来自路易斯·阿尔都塞（Louis Althusser）的马克思主义模式，该表述的文学理论含义来自马歇特（P. Macherey）的论述，*A Theory of Literary Production*. London: Routledge & Kegan Paul, 1978. 虽然哥特瓦尔德引用了阿尔都塞的模式，但是他奇怪地忽视了马歇特。詹明信（F. Jameson）的一篇论文也提过类似的观点，那篇论文将自己与前现代、现代文学相联系：F. Jameson, *The Political Unconscious: Narrative as a Socially Symbolic Act*. Ithaca, NY: Cornell University Press, 1981。

的方法综合运用到圣经研究中去。①

在早期正统的马克思主义理论中,每个社会必须沿着生产方式的"线性"顺序向前发展:原始公社、古典社会、封建社会、资产阶级社会(资本主义)、社会主义社会。② 但是马克思(虽然前后不一致)通过亚细亚模式,来对各种社会类型(尤其是古代和现代大帝国)进行分析,而这些社会类型是正统的线性发展理论所无法解释的。③ 哥特瓦尔德在"纳贡制"这个更贴切的名称下对亚细亚模式进行描述:

> 早期的生产者是合法的自由耕种者,他们占有、使用土地和工具,但是他们也通过实物缴税(=租金)和服兵役方式向国家进贡。剥削阶级主要由官员和门客组成,他们主要依靠国家的庇护或资助。④

哥特瓦尔德认为以色列向君主制过渡时,生产方式发生了转变,从"公有制"变成"(本土)纳贡"模式。⑤ 因此,在接下来的讨论中,我将对"公有

---

① 尤其见 N. K. Gottwald, "Literary Criticism of the Hebrew Bible: Retrospect and Prospect", The Bucknell Review 37 (1990), 27—44, 和"Social Class and Ideology in Isaiah 40—55: An Eagletonian Reading", *Semeia*(即将出版)。哥特瓦尔德在其探讨《希伯来圣经》(*The Hebrew Bible*)的著作中,对圣经文本的文学性解读予以大量评论。他在"Political Economy and Religion"的参考书目中,收入一些文学理论家的著作:米哈伊尔·巴赫金(Mikhail Bakhtin)、乔纳森·卡勒(Jonathan Culler)、特里·伊格尔顿(Terry Eagleton)和弗雷德里克·詹明信(Fredric Jameson)。

② U. Melotti, *Marx and the Third World*. London: Macmillan, 1977, 8.

③ 线性发展理论不符合这样的发展倾向:古典社会没有发展出"亚细亚"模式。因此,一些社会需要通过"双线性"发展理论来解释;但是最近马克思主义的趋势更加倾向于较不严格的"多线性的"观点。所有这些观点,参见 Melotti, *Marx and the Third World*, 8—27。在理论上对亚细亚模式不断进行排斥,参见 B. Hindess and P. O. Hirst, *Pre-capitalist Modes of Production*. London: Routledge & Kegan Paul, 1975, 178—220。

④ Gottwald, "Political Economy and Religion", 4.

⑤ 对于以色列的国家是否大到可以采用纳贡模式,这是一个严肃问题,因为它看起来具有大型帝国的大部分特点。参见 D. Jobling, "Deconstruction and the Political Analysis of Biblical Texts: A Jamesonian Reading of Psalm 72", *Semeia*(即将出版)。但在我看来,将以色列君主制当成纳贡模式的转化形式,对我有帮助。

制"和"纳贡模式"进行分析。

一、以色列前君主制时期的生产方式

"公有制"或"原始公社"都是与以色列相关的传统生产方式,但它们都存在着重要的问题。正如恩格斯的经典阐释所言,[①]以色列的生产方式与原始人类的发展理论(原始公社)紧密联系在一起,特别是与以母权制(母系和母权的社会制度)为特点的前耕种阶段相联系。虽然原始人类的发展理论吸引了一些女性主义者,但是这种理论好像与早期以色列无关,因为早期以色列主要是耕种式的生产方式,而非"原始式的"生产方式(哥特瓦尔德认为,耕种式的生产方式通过有计划的"部落制重现",在埃及和迦南的纳贡制系统中出现)。[②] 而马歇尔·萨林斯(Marshall Sahlins)提出宗族社会具有"家族生产方式"的特点,他的这个观点使这方面的研究得到进一步发展。[③]萨林斯接受了马克思主义生产方式的观念,并对它进行全面分析。萨林斯认为按照马克思主义生产方式理论,生产以家庭为基础,家庭成员的地位及其所拥有权力属于生产关系范畴,但生产关系也能对"宗族或族长制度进行反抗"[④]。萨林斯的观点表现了马克思主义传统框架的重要改变,但是我们现在所拥有的材料远远超出了马克思和恩格斯所拥有的材料。在当代环境下,萨林斯的观点具有两方面优点。首先,其理论框架能够将"生产方式"概

---

① F. Engels, *The Origin of the Family, Private Property and the State.* Marxist Library 22; New York: International Publishers, 1942.

② N. K. Gottwald, *The Tribes of Yahweh: A Sociology of the Religion of Liberated Israel, 1250—1050 B. C. E.*. Maryknoll, NY: Orbis, 1979, 323—327,其他多页也涉及这个观点。

③ M. Sahlins, *Tribesmen: Foundations of Modern Anthropology*. Englewood Cliffs, NJ: Prentice-Hall, 1968,尤其是第75页至第81页。参见萨林的 *Stone Age Economics*. Chicago: Aldine-Atherton, 1972,在那本书中,他更喜欢"家庭模式"这个词。德弗问道:"难道这个词不是早期以色列最巧妙的描述吗?"("Unresolved Issues"的注释20)。迈耶斯(*Discovering Eve*, 142)将萨林斯的提议和她自己的"家庭生产方式"相等同(参见第245页)。也参见 L. E. Stager, "The Archaeology of the Family in Ancient Israel", *BASOR* 260 (1985), 1—35。(德弗进一步评论道,施塔格[L. E. Stager]的论文是"在更大意义下对以色列生产方式最为接近的论述,该篇论文也结合了考古学的资料"。德弗好像忽视了迈耶斯。)

④ Sahlins, *Tribesmen*, 78.

念应用到前君主制时期以色列的分析中，如果只是从“原始公社”概念来分析，是无法做到这一点的。第二，当家庭成为焦点时，学者们很难继续忽视女性研究问题；就像萨林斯所说的：“家庭主要通过两性的劳务分工来进行生产。”①

二、以色列君主制时期的生产方式

学术界有很多关于亚细亚/纳贡制生产方式的研究著作，②但是很少有学者对该生产方式中女性的整体地位进行论述，所以相关的研究便非常醒目。这在某种程度上是因为亚细亚模式具有模糊性；恩格斯虽然发展了亚细亚模式，却未将该模式运用到女性和家庭问题的研究中。③ 对于亚细亚生产方式中女性地位的研究，我所发现的重要点有以下几个，它们主要来自威特福格尔（K. Wittfogel）的著作。威特福格尔大致通过对中国早期社会进行研究，从而对从原始公社到亚细亚模式的转变进行分析，那些转变包括：一、从母权到父权（“宗族中的父权制系统”）的转变。二、从（女性统治的）粗放型农业到（男性统治的）密集型农业的转变。三、从公有制到个人所有制的转变。在强大的父权思想（儒家理想）的统治下，新国家的出现大大加速了原有家庭结构向小型家庭结构的转变。④ 此外，威特福格尔还对亚细亚生产方式中的多配偶制问题进行研究：多配偶制并非普遍存在的，它是一种阶级

① Sahlins, *Tribesmen*, 75.

② 代表性的部分包括 A. M. Bailey and J. P. Llobera eds., *The Asiatic Mode of Production: Science and Politics*. London: Routledge & Kegan Paul, 1981; Hindess and Hirst, *Pre-Capitalist Modes*; L. Krader, *The Asiatic Mode of Production: Sources, Development and Critique in the Writings of Karl Marx*. Assen: Van Gorcum, 1975; Melotti, *Marx and the Third World*; K. S. Newman, *Law and Economic Organization: A Comparative Study of Preindustrial Societies*. Cambridge: Cambridge University Press, 1983; K. A. Wittfogel, *Oriental Despotism*. New Haven: Yale University Press, 1963。

③ Engels, *The Origin of the Family*, 关于这一部分，见 Krader, *The Asiatic Mode of Production*, 271—285，尤其是第 277 页至第 280 页。

④ K. Wittfogel, "The Stages of Development in Chinese Economic and Social History", *The Asiatic Mode of Production*. Ed. Bailey and Lobera, 114—119. 特别是威特福格尔这篇论文的注释 15、注释 40、注释 42（立法反对一个家庭中具有多名成年男性）和注释 67。

现象,是地位的象征。多配偶制在某些统治性的家庭中形成极端,并导致了哈来姆(the harem)事件。多配偶制是以性和“女性的劳动”(例如纺织和预备食物)为目的的,因此多配偶制也具有系统性;以色列早期君主制时期可能也有多配偶制现象,对于这一点,威特福格尔列出图表来证明,在当时的以色列社会,有百分之五的女性聚集在统治者的个人统治下。[①]

上述问题肯定是很重要的,但是很少有女性学者对生产方式进行研究。[②] 通常来说,女性主义者很少注意这些问题,尤其很少对以色列向君主制过渡这段历史进行分析。虽然学者们往往根据男性的工作活动来对现有的社会体制进行分析,并将女性置于从属地位,但是对家庭生产方式的研究可望带来不同的结果,而纳贡模式中女性的整体地位也期待更多研究。

从社会科学到文学

在《发现夏娃》的方法论导论中,迈耶斯描述以色列前君主制时期的女性生活时,以对某些研究方法的评论为开端,那些研究方法至今还统治着学术界。迈耶斯的评论包括以下几点:首先,圣经及其研究环境大大限制了我们的研究方法。虽然圣经文本是研究中的首要材料,但是圣经的创作时期比它所描绘的世界要晚很多,作者是根据其他领域的材料来对圣经中的世界加以描绘的。在圣经研究中,当需要用到文本时,研究者们会对它进行充分的分析。圣经研究往往是在宗教背景下完成的,宗教背景不太欢迎跨学科方法。另外,学者们还没有认识到考古学对圣经研究的潜在贡献,由于地域和文本的限制,“圣经考古学”无法得到充分的发展,比较民族学的方法也无法被学者充分运用。

---

① Wittfogel, *Oriental Despotism*, 240, 参见第 80 页、第 202 页、第 249 页、第 258 页。

② Newman 的 *Law and Economic Organization* 是个例外。但是,她认为自己对“女性的地位”没有任何特别的兴趣(第 167 页)。

第二,圣经文本表现了男性的偏见。对于这个问题,我们所继承的阐释传统一般远远超出圣经文本之外。女性主义者已经开始对圣经中的男性偏见进行批评,并对它们进行反抗。但是在多数情况下,她们并没有以适当的方式采用社会科学方法对那些偏见进行分析,而是想用其他事物来代替落后的男性偏见。女性主义者随意地使用"父权制"这个术语,脱离了该词的人类学处境。女性主义者认为,在大型家庭中女性一定受到了压迫。这种观点是将二十世纪的假设和观念错误地向古代社会投射的结果。对于女性主义者的质疑,社会科学也只是以更为微妙的方法进行回应,而没有真正将女性主义方法与社会科学方法结合起来,对大型家庭中女性是否受压迫的问题做出分析。公共领域和私人领域构成了二元模式,而这个模式是权力分析的基础。学者们在对公共/私人的模式进行分析时,可能没有发现广泛而系统的、但又不明显的女性力量。"男性统治的'神话'"可能"被加在……劳作中的非统治者身上",①在男性统治的神话中,虽然女性在正式交往中处于劣势,但是在非正式交往中,她们还是占有统治地位的,此时男性和女性的经验是相互依赖的。

在以家庭为主导的社会中,情况尤其如此。在人类学的研究中,男性的统治是一个难懂的概念;怀特(M. K. Whyte)"惊讶地"发现在跨文化中并没有"通行的统治模式"——女性的地位是具有相对性的,因此必须在具体的区域和事例中,对女性的地位进行分析。② 但是我们还必须问一个问题,女性怎样遭受了看起来是压迫的事情?

在迈耶斯的大部分著作中,她都以新考古学和比较民族学的证据为基础,来对以色列前君主制及其女性的地位进行描绘。她大致接受了哥特瓦尔德"自由的以色列"的观点,并且得出结论说,在当时的社会中,女性在很

---

① Meyers, *Discovering Eve*, 43.

② Ibid. ,34—35, 参照 M. K. Whyte, *The Status of Women in Preindustrial Societies*. Princeton: Princeton University Press, 1978。

大程度上拥有自由,并真正享有平等的地位。

虽然前君主制时期的以色列是一个密集型农业社会,但是在那段时期,人们也会开拓荒地。因为农业的需求,人们需要开垦新的、贫瘠的土地。虽然比较研究往往认为密集型农业社会与女性的低下地位有关,这个观点却不符合拓荒的实际情况。[①] 劳动的分工并没有引起女性劳动的贬值,因为生产力低的社会需要每个人都参与劳作。迈耶斯认为,在古代以色列,可能只有男性才能从事开垦森林、挖掘水池和建造梯田的工作。[②] 但女性的某些工作,例如制造加工食物,或纺织等,也是非常重要的。学者往往认为家庭的规模和女性受压迫的程度有关,因为人口的迅速增长会给女性带来更多负担,但是学者的这种观点是错误的。[③]

以色列是以家庭为基本生产单位的,家庭半独立于宗族和部落,与个人活动有着最紧密的关系。[④] 迈耶斯发现,在以色列铁器时代的居住区中,[⑤] 只有家庭的建筑,而没有公共的建筑,并且很少防御工事。考古学家们在某些地区发现一些有围墙的建筑群,那些建筑群是以色列宗族的居住区,它们两三个相连接。迈耶斯认为这些建筑群乃是圣经的 bêt 'āb。[⑥] 它们能够满足人们大部分的生活需求,[⑦]因为在这些建筑群中,女性从事很多重要的劳动,例如,烹调食物(对有限的食物资源进行管理分配)并且纺织布匹,教育孩子、使之参与社交,也要根据婚姻条律,对家庭事务进行裁决,还会组织家

---

① Meyers, *Discovering Eve*, 63.

② Ibid., 56.

③ Ibid., 29. 也参考该书 64—71,在这里迈耶斯举出瘟疫的证据,来对整个城市毁灭的原因进行解释;对达到适婚年龄的女性的保护,说明对女性潜在生育价值的保护甚至比抗击灾害还重要。

④ Ibid., 第六章。

⑤ Ibid., 140.

⑥ Ibid., 135—137. 迈耶斯认为《利未记》第 18 章和第 20 章的乱伦律法是以这样的单元为基础的,在这个范围内设立律法,是为了管理宗族中与两性关系相关的事务。

⑦ Ibid., 143. 金属加工业是个例外。

庭宗教活动(参见处处可见的女性雕像),并弹奏音乐和表演舞蹈。[①]

我们需要重视家庭,因为在公共和私人领域中价值是相对的,然而对公共/私人领域的类型划分过于绝对,所以对家庭的强调能够缓和这种绝对的划分。如果以色列社会包括更多的私人领域而非公共领域,那么以色列公共领域中的男性统治将变得不太重要,而女性将以非正式的"力量",对男性"权威"进行反抗。[②]

以色列在向君主制过渡时两性的地位发生了改变,迈耶斯认为这种改变是两方面的。她在其著作的结尾处提出[③]:在以色列君主制时期,男性逐渐占据统治地位,在国家形成的过程中,女性失去了原有的地位。对于这一点,她通过跨文化的证据来说明。以色列的中央集权是以男性的统治结构为基础的。以色列国家的兴起,使农民放弃进行雇佣劳动,因而以家庭为基础的经济变得低落,旧的宗族结构也遭到破坏。在这个过程中,女性非生产者在城市出现。不过,迈耶斯又以跨文化的证据说明,这些改变对乡村女性的日常生活很少发生影响,而以色列的女性大部分都在乡村生活。[④]

迈耶斯在其早期分析中,将恩格斯视为保守的革新者,[⑤]且未使用"生产方式"这一概念。她的这种态度虽然可以理解,但她可能不分好坏地将所有东西都一起扔掉了。因为她密切关注过马克思主义的讨论,她的观点可能会在某些方面有益。但是,她的观点也有缺陷,如其认为,在君主制时期,

---

① Meyers, *Discovering Eve*, 145—164.

② 来自于 S. C. Rogers, "Female Forms of Power and the Myth of Male Dominance: A Model of Female/Male Interaction in Peasant Society", *American Ethnologist* 2 (1975), 727—756。迈耶斯认为当时的社会中是存在这种平等的,女性主要从事家务劳动;也就是说,社会可能是以家庭为导向,男性和女性是相互依赖的;早期以色列可能处于这样的环境中(*Discovering Eve*, 43—45, 尤其参见第32页至第33页)。

③ Meyers, *Discovering Eve*, 189—196. 亦参见其"The Roots of Restriction: Women in Early Israel", 收录于 N. K. Gottwald, Richard A. Horsley, *The Bible and Liberation: Political and Social Hermeneutics*. Maryknoll, NY: Orbis, 1983, 289—306。

④ Ibid., 16, 169.

⑤ Ibid., 28—29, 参见 Engels, *The Origin of the Family*。

个人的财产变得更多。但是她没有意识到,在纳贡模式中,个人财产是不重要的。[①] 大体来说,迈耶斯并未采用生产方式的理论框架进行人类学研究。而生产方式的框架往往分为两种类型:强调生产力和强调生产关系;换句话说,迈耶斯既能将女性的地位和社会政治的发展水平(被长老、族长和国王等所统治)联系起来,又能将女性的地位和生产工艺(狩猎采集、园艺、畜牧和农业)联系起来。但是她很少将女性的地位,与社会政治、生产工艺联系起来进行分析。事实上,她不但接受了萨林斯“家庭”模式中的“生产方式”概念,而且把自己类似的观点称为“家庭生产方式”。[②] 在我看来,迈耶斯采用了萨林斯的理论对以色列社会进行分析,这对于以色列的人类学研究来说,是非常重要的进步。但是另一方面,迈耶斯过于强调家庭的作用,使家庭成为以色列社会中的主要结构,这种做法弱化了以色列社会中其他因素的影响,例如公有制生产,或以色列政治组织的作用。迈耶斯观点的缺陷在于:虽然家庭是社会的中心,“家庭”和“家族”等词汇能够表现体制的某些特点,但除了家庭,以色列还有很多其他结构元素。就像萨林斯所说的:“‘家庭的生产方式’和‘家庭的生产’并不是同义的”,此外,“权力组织……是与生产组织相对抗的”。[③] 迈耶斯并未忽视这些另外的方面,但是她未能适当讨论那些方面对家庭的整体影响。[④]

斯坦伯格认为,以色列的女性因为君主制的出现而丧失了法律地位。在她看来,君主制的出现可能会对乡村女性发生影响。[⑤] 斯坦伯格在其论文

---

① Meyers, *Discovering Eve*, 194. 更多论述参见 Wittfogel, *Oriental Despotism*, 4, 78—86, 228—300。

② Ibid., 142. 萨林斯的观点参见 Sahlins, *Tribesmen*, 78。

③ Sahlins, *Tribesmen*, 75, 78.

④ Meyers, *Discovering Eve*, 60—61, 122—128. 迈耶斯对其前家庭结构的主要论述进行介绍时,只是表现出她对约翰尼斯·彼得森(Johannes Pedersen)的以色列人类学的浪漫主义观点的兴趣,至于对考察生产方式的方法,并没有进行深入说明。Meyers, *Discovering Eve*, 123—124。

⑤ Steinberg, “The Deuteronomic Law”.

中提出,虽然以色列君主制试图发展小型家庭,但这是以更大的社会单元(宗族)为代价。以色列君主制通过立法来对传统的家庭结构进行调整,其中一些立法在《申命记》第 19 章至 25 章中出现,那些经文以家庭律法为中心。斯坦伯格通过跨文化的证据,尤其是中世纪欧洲的证据,[①]来证明国家系统作为政治集权的一部分,力图使小型家庭变得兴盛,但是那些举措并未引起政治威胁,因为当更大的社会组织受到压迫时,它可能会成为另一个政治权力的中心。斯坦伯格从女性主义角度进行分析,并得出尖锐的观点:对女性有利的律法总是被质疑。[②] 与之相矛盾的是,小型家庭凭借着从"宗族首领"处获得的权力,得以振兴;因此,家庭外的司法机构(长老),获得了家长原有的权力。斯坦伯格认为国家"既保存了,也颠覆了现有的……家庭结构"[③],结果,男性和女性都处于更严格的控制下。最终,她发现这样的律法拓宽了统治者和被统治者之间的距离;事实上,被统治者更少受统治者的支配。就像最后一点所指出的,斯坦伯格虽未直接使用生产方式的概念,但是其论文的方法框架和生产方式的方法非常一致。[④]

迈耶斯对社会历史的讨论进行到一半时,转向了文本阅读。她用一个章节来讨论《创世记》第 2 至第 3 章,又用另一个章节讨论《创世记》第 3 章 16 节。就像她所描述的那样,她将那几章经文当成"高原生活特别情况的

---

① 引自 J. Goody, *The Development of the Family and Marriage in Europe*. Cambridge: Cambridge University Press, 1983。

② "因此人们会质疑,《申命记》的公义是否像某些人宣称的那样,真正地想要达到平等。在《申命记》第 19 章至第 25 章的法律中,女性可能从父亲和丈夫那里得到了合法的自主权,但是她们处于被男性保护的状态,所以其社会地位低于男性。"(Steinberg, "The Deuteronomic Law", 168)

③ Steinberg, "The Deuteronomic Law", 168.

④ "王室并不受平民的两性律法的约束——不管《申命记》第 17 章 14 节至 20 节中怎么要求……家庭的动态模式持续不断地在《申命记》律法中显现,并与大卫家族的行动形成明显的对比。"(Steinberg, "The Deuteronomic Law", 169)需要注意的是,这个观点与上文所讨论纳贡模式的观点十分相似;并且它关于圣经文学的观点,与施瓦兹的主要论点也很相似(Steinberg, "The Deuteronomic Law", 248—249)。

反映"来阅读。[①] 她接受菲利斯·特丽波(Phyllis Trible)经典论述中的很多观点,[②]如称"亚当"(’ādām)是一般性词汇,不具备性别特征;"帮手"(创2:18, 20)[③]也不意味着屈从。"在女性主义者看来,圣经的每一段经文都非常麻烦",[④]但迈耶斯对《创世记》3:16的经文进行了深入分析,认为第一个对句的翻译存在一些问题:

> 我必多多加增你怀胎的苦楚;
> 你生产儿女必多受苦楚。[⑤](创3:16)

这句经文正好反映了迈耶斯对高原女性的看法:她们不但要承担大量工作,而且要多次生育,通过这种方式来为集体效力。因此,若从历史处境的角度分析,两性是具有悲剧色彩的。(生命是艰难的!)而J对女性生活尽量怀有积极的看法。

迈耶斯的文学分析是有问题的,这一点可以从几个层面来说明。我不想讨论特别的文学技巧,[⑥]或分析文本的一般含义。[⑦] 迈耶斯的问题主要有两点。首先,她使用《创世记》的文本来证明自己的观点,但迈耶斯并非第一

---

① Meyers, *Discovering Eve*, 77.

② P. Trible, *God and the Rhetoric of Sexuality*. Philadelphia: Fortress, 1978, 70—141.

③ Meyers, *Discovering Eve*, 81, 85.

④ Ibid., 95.

⑤ Ibid., 118. 在这里我将不讨论余下的经文。

⑥ 在一些可疑的关于方法论的观点中,我将选择对《创世记》第3章16a节的论述(第99页至109页),当作明显违反阐释原则的例子。第一行经文的含义比较模糊,但这是为了使第二行经文的含义更加清楚。

⑦ 对于《创世记》第2至3章,我更喜欢女性主义的解构性方法,而非重构性方法。我之所以持这种态度,原因就不在这里重复了(参见我的著作 *The Sense of Biblical Narrative*, vol. 2. Sheffield: JSOT, 1986, 40—43)。可以这样说,迈耶斯认为圣经体现了男性的偏见(第11页至第12页),但是在对伊甸园的论述中,令人奇怪的是,她并没有提到这一点。一些女性主义者对迈耶斯的观点提出质疑,认为她成功地恢复了男性对女性的压制:迈耶斯在第116页中的论述,好像赋予男性强奸妻子的权力,"希望(强奸)能够引起怀孕"。

个提出这些观点的人,学者们已经在文本外部讨论过那些问题,这一点可以从其参考文献中看出来。第二,如果对前君主制和君主制时期的以色列进行比较,迈耶斯所用的文本(J作为一个整体)可能与君主制时期的以色列有一定联系。通常认为:从意识形态角度来看,J和耶路撒冷王室存在着关联,我也赞同这一点。伊甸园传统对王室很熟悉(结28),包括特有的乐园观念(参见波斯王室的"乐园")。①

迈耶斯将《创世记》第3章与"智慧思考模式"联系起来。学者通常认为,这个模式是在王室的庇护下兴起的。② 但是我无法使自己相信这样的故事——一个人将耶和华视为他们所拥有的第二好的存在——会出现在哥特瓦尔德对早期以色列人的论述中。根据生产方式的框架,这里缺少的是文学生产的理论。对任何文本进行阅读,都需要将其中的生产、分配和消费(包括它的保存——再生产,在这些情况下,它的步骤会有所不同)放入一个理论模式中来分析。

从文学到社会科学

初看之下,巴尔在《死亡和不对称》中的论述,与我们所讨论的主题很不相关。在此我需要说明一下,我为什么会提到她的观点。巴尔通过对《士师记》的新阐释,对当代圣经研究的整个框架进行批评。她认为,《士师记》的主要研究方法,是将历史置于人类学之前,将公共领域置于私人领域之前(这就意味着将男性事务置于女性之前),在更深的层次上,将文化置于本质之前,将改变置于持续之前。巴尔特别反对将"一致性"强加于共识之上,而"不一致"的最基本表现形式是冲突,但《士师记》的冲突并非国家、政治的

① 参见 J. P. Brown, "Prometheus, the Servant of Yahweh, Jesus: Legitimation and Repression in the Heritage of Persian Imperialism", in David Jobling, Peggy L. Day, Gerald T. Sheppard eds., *The Bible and the Politics of Exegesis*. Cleveland, Ohio: Pilgrim Press, 1991。

② Meyers, *Discovering Eve*, 91.

冲突,而是家庭内部的冲突——即“从夫居”婚姻(妻子移居至丈大家中的婚姻)和“从父居”婚姻(丈夫移居至岳父家中的婚姻,我会马上回到这些术语)的冲突。巴尔尤其对传统上称为“利未人之妾”的故事(士19)进行了分析;但是她的分析是有问题的,因为在“一致性”观念的影响下,巴尔较为重视《士师记》中“士师”的部分(士2—16),而将《士师记》第17至21章放在附录里讨论。

为了论证自己的观点,巴尔运用了多种批评方法,不仅采用了文学理论(重点采用叙事学和言语行为理论),还采用了电影理论、人类学理论、精神分析理论及其他理论。就像《谋杀和差异》(*Murder and Difference*)中的论文所言,虽然在当代学术领域中,女性研究本来就不是跨学科研究,但是女性研究在跨学科方法方面是最一致的。[①] 巴尔倡导:圣经研究不能停滞在现已确立的边界上,而要尝试从该边界的内部和外部发出声音。[②]

巴尔认为,因为《士师记》的文本是对以色列的某一段历史进行描绘,所以我们会假设,《士师记》文本也是在那段历史中产生的。在那段历史中,女性的生活处于中心地位,“社会变革影响婚姻制度,因此该变革也会对两性关系、性、生育和宗族关系发生影响”。[③]对于以色列的这个转变,传统的人类学称之为从“从父居”婚姻到“从夫居”婚姻的转变。巴尔像伟大的分析者一样,对叙事中的“聚焦”进行分析。她首先对“从父居”婚姻和“从夫居”婚姻等词汇进行重新定义,因为这些词汇并未被聚焦至适当的位置。“从父居”和“从夫居”是从婚姻中孩童的角度来说的,因为这些孩子生活在父亲或母亲的故乡。巴尔对“从夫居”和“从父居”(“从父居”恰好反转了“从夫居”的含义)的采用,使女性成为论述的中心——她是居住在父亲家,还是丈夫家?《士师记》的文学形态及其对家庭暴力的极端描写,说明了这

① Meyers, *Discovering Eve* 的注释3。

② Bal, *Death and Dissymmetry*, 3—4.

③ Ibid., 5.

样一种假设:这是历史发展的结果,而非公开“政治化”的结果,因为家庭是政治的。

然而,我为什么会将《士师记》的历史进程与以色列向君主制的过渡联系起来?巴尔很少谈到君主制,[①]但是我认为,《士师记》的文本中有各种关于君主制的迹象。《士师记》表现了对君主制的迫切盼望,在它结尾几章有关“以色列没有王”的表述,表现了以色列人对君主制的盼望,因此这几章对巴尔来说特别重要。以色列君主制的第一个阶段是不愉快的,这个时期出现了基甸和亚比米勒等人物。巴尔讨论婚姻时也多次提到那些人物。[②]另外的证据来自斯坦伯格的建议:君主制颁布的律法代表了小型家庭的利益,但那些律法会对大型家庭产生不利影响。[③]

但是,巴尔并没有清楚地解释这个问题,所以对施瓦兹的著作进行讨论是有益的。[④]施瓦兹的著作几乎可以当作《死亡和不对称》的续篇来读,他们有着相似的议题,都以《士师记》为研究对象。圣经学者认为以色列历史(包括向君主制的过渡)是被推动着向前发展的,但这个发展过程是平稳的。因为圣经研究起源于德国,巴尔乃将以色列历史平稳发展的观点视为德国的遗产,因为德国人也需要以同样的方式来思考其国家的发展。[⑤] 但是较之以色列历史是平稳发展的观点,巴尔认为圣经叙事(虽然她意识到了她所设想的论证方式)更符合福柯有关历史是“断裂”的看法。以色列在向君主制过渡时,出现了一系列的断层、切口和裂痕;以色列变得“像

---

① 但是参见 Bal, *Death and Dissymmetry*, 209。

② 举例来说,Bal, *Death and Dissymmetry*, 99—104, 217—224。也可参见乔布林的著述:*The Sense of Biblical Narrative*, vol. 2, 66—84。

③ N. Steinberg, “The Deuteronomic Law Code”, in David Jobling, Peggy L. Day, Gerald T. Sheppard eds., *The Bible and the Politics of Exegesis*. 也可参见威特福格尔所引用的材料:K. Wittfogel, “The Stages of Development in Chinese Economic and Social History”, *The Asiatic Mode of Production*. Ed. Bailey and Lobera, 114—119。

④ Schwartz, “Adultery in the House of David”.

⑤ Ibid., 4—9.

国家一样”的经文,表明以色列人对过去历史的怀念。[①] 在很大程度上,《士师记》通过性场景的描写,对以色列的历史过渡进行文学性处理。就像列维·斯特劳斯(Levi-Straus)论及交换制度时所说的那样,由于男性对女性的性权力可以给自己带来政治力量,故男性的政治力量也能在他们对女性的性权力中表现出来:押沙龙对大卫妻妾的占有,就是对自己权力的宣告。[②]

只是施瓦兹集中论述了大卫与他的三个妻子:亚比该、米甲和拔示巴。这三位女性都曾嫁给大卫之外的人,[③]所以其间既有女性受害者,也有男性受害者——拿八、帕提、乌利亚。大卫夺走了这三位男性的权力,使两人死亡,另外一人悲伤地回了家。这三个故事构成一个系列,对它们进行分析能发现其中的政治权力模式。在亚比该事件中,表面看来大卫并没有犯罪,随后他们至少有一个孩子(撒下 3:3)。米甲事件也没有强调大卫犯罪,但米甲是没有孩子的。虽然前两个故事均未强调大卫的罪,但是在拔示巴故事中,大卫的罪凸显出来,他对拔示巴的极大罪孽导致了其孩子的死亡。这三则故事构成一个关于政治与性的讽刺剧。在这个讽刺剧的开始,拿八(其名字意为“愚蠢”)拒绝大卫的权力——“大卫是谁?”(撒上 25:10)。但是在最后,文本似乎暗示,大卫自己成为了拿八(因为在拔示巴的故事之后,暗嫩在相似的一幕中恰好也表现出同样的特点[撒下 13:13])。[④] 最后的结局好像不仅仅预示了权力关系中的另一个转变,也使君主制像这样被质疑。大卫的通奸以传统方式(包括两性的习俗),抵消了乌利亚对上帝的信仰;他

① Schwartz, “Adultery in the House of David”, 11—14. 引用 M. Foucault, “Nietzsche, Genealogy, History”, in Michel Foucault, Donald F. Bouchard, *Language*, *Counter-Memory*, *Practice*: *Selected Essays and Interviews.* Ithaca, NY: Cornell University Press, 139—164, 特别是第 154 页。“像列国一样”的表述,见于《撒母耳记上》第 8 章 5 节,20 节。

② “公众和私人的领域是不分开的”,Schwartz, “Adultery in the House of David”, 18。参见押尼珥和利斯巴(撒下 3:6—11)、亚多尼雅和亚比煞(王上 2:13—25)的纪事。

③ 米甲当然是先嫁给大卫,后嫁给帕提。

④ Schwartz, “Adultery in the House of David”, 23.

玛被强奸的事件被视为“以色列中从来没有过的”，显示出对（想象的）以色列前君主制时期两性安排的怀念。[①]

如果将巴尔的论述看作对综合方法的探讨，初看之下巴尔的论述存在严重问题。巴尔希望“以它（圣经）本身的词汇”为圣经研究“做一些新的贡献”，而她对《士师记》“社会文化背景”的关注是很明显的。[②] 但是当巴尔尝试对以色列早期历史进行分析时，并没有引用考古文献，也没有采用当前的研究模式（尤其是哥特瓦尔德及其同事的研究模式）。为了说明早期以色列具有“游牧”背景的文化，为了追溯至莫根施恩特（Morgenstern）的研究，把他当作宗族关系分类的权威，[③]巴尔冒着被学术界忽视的风险，将自己远远置于现今的学术讨论之外。她不仅在这些问题上如此，在另一些她可能会做出巨大贡献的问题上也如此。

不过，一旦学者提出这个重要的不满，其间会有更多问题可说。我认为，因为巴尔的著作涉及了社会科学的方法，所以社会科学学者更不能忽视巴尔的著作。在第一个例子中，巴尔和施瓦兹是通过文学分析而得出相应结论的，但是由于文学分析对文本历史真实性的紧密关注，那种方法无法与历史学和社会科学的方法结合起来，对文本加以分析。只有一些惊人的新文学方法会经常强调历史学、社会科学与文学方法的综合运用。巴尔通过人类学的方法对毕纳（beena）婚姻或游牧生活的分析，可能会招致其他学者的批评。但是谁会想过将如此沉重的祭祀人类学方法运用于对《士师记》的分析中？[④] 虽然巴尔的方法有所创新，但在其激进的跨学科框架中，人类学

---

① Schwartz, “Adultery in the House of David”, 24—27, 涉及《撒母耳记下》13 章 12 节。对于强奸像“以色列中的荒唐剧”，参见《创世记》34 章 7 节，《士师记》20 章 6 节。统治阶级中关于性的特别事件，参见 Wittfogel, *Oriental Despotism*, 240，和 Steinberg, “The Deuteronomic Law”, 169。

② Bal, *Death and Dissymmetry*, 4, 237.

③ 举例来说，Bal, *Death and Dissymmetry*, 84—86, 118。参见哥特瓦尔德对游牧理论的著名评论（例，*The Hebrew Bible*, 277—280）。

④ 参见 Bal, *Death and Dissymmetry*, 第四章。

并未享受自主的特权；巴尔的发现遭到其他学科的审视和挑战，尤其是心理学。[①]巴尔对“从夫居”的重新定义也招致人类学家的疑问：巴尔对这些术语的定义体现了谁的观点？以一个具体问题为例，我们是否可以因为巴尔用“入赘”的术语对《士师记》的很多章节进行分析，就简单假设早期以色列的亲属关系全都是“父系”的？[②]因而巴尔对《士师记》的文学研究，需要社会科学方法对其做出进一步解释。

虽然巴尔和施瓦兹未提到“生产方式”，亦未采用特别的文学生产理论对其所阅读的文本进行分析，但他们的整个理论背景使其研究方法向文学生产的方法靠近。将圣经当作我们的意识形态斗争场所来阅读，将不可避

---

① 巴尔和迈耶斯对“男性依赖女性”观点的对比，是一个有趣的心理学分析范例（Meyers, *Discovering Eve*, 168—173, 尤见第40至第45页）。迈耶斯以积极的方式看待男性依赖女性的问题，并把它当成一个有力的社会单元。巴尔虽然也同意男性与女性是相互依赖的，但是她认为在精神分析的维度，男性憎恶他们对女性的依赖，是因为男性自认为拥有更高的地位，现实情况与他们的想象不一致。例如：Bal, *Death and Dissymmetry*, 52—59；M. Bal, *Lethal Love: Feminist Literary Readings of Biblical Love Stories*. Bloomington: Indiana University Press, 1987, 95—103。文化的复杂性与男性对女性习惯性恐惧的程度之间可能存在着联系，Whyte, *The Status of Women*, 172。

② 例如迈耶斯的论述（*Discovering Eve*, 尤其是第37至第40页）。迈耶斯声称在马丁（M. K. Martin）和伍里斯（B. Voorhies）的著作中找到了证据，能证明密集型农业社会逐渐变成父系的和地方性的社会，但是我认为，迈耶斯的这个观点有些片面。M. K. Martin, B. Voorhies, *Female of the Species*. New York: Columbia University Press, 1975. 巴尔发现“从父居婚姻”（恢复了传统的惯例）不只出现在“利未人的妾”中，而且出现在押撒、亚比米勒、耶弗他与其女儿、参孙的故事中。巴尔认为亲族关系是《创世记》和《士师记》主要的不同（*differentium*），这一点值得认真分析（Bal, *Death and Dissymmetry*, 111—113, 176, 279的注释12）。但是我认为，巴尔的贡献只是停留在“问题和提示”的程度。巴尔（有时）认为，“从父居”婚姻像一个系统运转，它和另一个“从夫居”婚姻系统存在着同等的竞争。我认为，巴尔的这个观点与其另一个观点是不连贯的（例如，她在《死亡和不对称》的第175页也提到这一点）：她认为在“从父居”婚姻中，妻子的兄弟们继承父亲的权力，但是如果“从父居”婚姻是一个整体系统，那么妻子的兄弟们应该居住在别处（和他们的岳父一起居住）。但是（对我来说）巴尔的例子已经足够说明，在《士师记》统治性的父权体系中，出现了“从父居”婚姻的现象。父权和夫权的冲突是理解《士师记》的基础，它像其他理论一样，能解释文本中的很多细节。

免地显示出圣经本身就是意识形态斗争的产物。[①]

按照马克思主义理论,旧模式中的体制矛盾(而非偶然的历史原因),会促使一种生产方式向另一种生产方式过渡。学者们总是认为,以色列向君主制过渡,首先是为了应对外部的威胁(非利士人的侵略)。虽然哥特瓦尔德很认真地对以色列人的内部冲突加以分析,[②]但就像巴尔和施瓦兹所坚持的那样,性与政治是分不开的。早期以色列婚姻习俗中的冲突,可能是其生产方式发生转变的原因之一。"实际上,政治混乱可能是社会革命的结果"。[③]而以色列拥有一个国王,是因为以色列的男性反对女性所拥有的相对平等的权利!两性冲突可能是以色列向君主制过渡的原因之一,采用社会科学模式的学者并未发现这一点,[④]而巴尔和施瓦兹采用文学方法,以更为直接的方式对这个观点进行论述。我们在本文可能讨论了这样一个问题,只有通过文学方法,才能对体制中双方的矛盾关系进行更好的分析。所以,哥特瓦尔德构想的理论与马克思主义所坚持的文学

---

① 巴尔大量引用阿尔都塞在 *On Story-Telling* 第一章(第三部分)中的观点。她选择了"政治的……非一致性",而不是"解构主义者舒适正当的位置"(*Death and Dissymmetry*, 234)。巴尔的这个观点与马克思主义者对解构的批评是一致的。施瓦兹在采用福柯的理论时,虽然看起来是在解构主义一边,但是她的论述完全是史学模式。看起来大体相似的模式,其实有着细微差别。对于这个问题的讨论,参见我的论文"Writing the Wrongs of the World",特别是第85至第90页。

② 特别见"The Participation of Free Agrarian in the Introduction of Monarchy to Ancient Israel: An Application of H. A. Landsberger's Framework for the Analysis of Peasant Movements", *Semeia* 37 (1986), 77—106。虽然迈耶斯间接提到若干内部因素,她仍然认为非利士人的威胁是首要因素(*Discovering Eve*, 189)。

③ Bal, *Death and Dissymmetry*, 5.

④ 生产方式讨论可以对该观点形成支持:F. Tokei 采用了马克思和恩格斯的观点,认为"父权制剥削"并非亚细亚生产方式的产物,而是"父权制剥削"促成了社会向亚细亚生产方式的过渡("The Asiatic Mode of Production", Anne M. Bailey, Josep R. Llobera, *The Asiatic Mode of Produciton*. London; Boston: Routledge & Kegan Paul, 1981, 257)。怀特的男女关系模式可以翻转过来,女性对男性恐惧的增加使文化变得更加复杂!参见 Whyte, *The Status of Women*, 172。

生产理论非常相似。[①]

结 论

学者提出“生产方式”的概念,是为了创造一个非常全面的理论系统,并以该系统为整体框架,来对人类的社会政治历史进行解释(当然不仅是理解历史,还要改变历史)。但是由于特殊的历史原因,生产方式的理论系统也具有排他性。它对女性问题的分析也有一定缺陷,但这种情况并不是持续的。因为生产方式理论坚持文学和艺术是人类生产的一部分,而不是生产的附带现象,故该理论能以较为简单的方式对文学艺术进行分析,不过将来对它的研究可能变得更复杂。但是如果生产方式的理论直面自己的排他性,我相信它作为一种重要的理论模式,在圣经研究中还是具有活力的。

最近,学者们对古代以色列的社会科学研究取得了很多成果,为未来的圣经研究提供了很多综合性的观点。迈耶斯和斯坦伯格的著作表现出社会科学理论具有与女性主义理论综合运用的潜能。[②] 而我认为,到现在为止,古代以色列社会科学研究的主要缺陷在于:它缺少对文学的复杂分析。除了哥特瓦尔德以外,本文中所提到的社会科学研究者——即使是那些想将圣经文学置于综合研究之内者——并没有一人谈到重要的(非圣经的)文学理论家。

从方法综合的角度看,对《希伯来圣经》的文学研究得出了似是而非的结果。在我看来,文学批评最近非常兴盛,并且它也非常全面,从理论上讲,

---

① Gottwald, The Hebrew Bible, 595—609. 在《政治无意识》中,詹姆逊主要想对生产方式和文学作品中的矛盾关系进行阐释。将文学分析应用至社会历史研究的另一例证,参见我的论文:“‘The Jordan a Boundary’: Transjordan in Israel's Ideological Geography”, *The Sense of Biblical Narrative*, vol. 2, 88—134。该论文通过文学方法,对以色列神话中最黑暗的水进行分析,并提出那水可能是虚构的 *ad hoc*。以色列人将它视为外约旦地区,这种观点有些直接(Flanagan 也发现了这一点,*David's Social Drama*, 233. 参见 Gottwald, *The Hebrew Bible*, 256—257)。

② 参见本书中所载迈耶斯和菲利斯·伯德(Phyllis Bird)的论文。

在人类和社会的科学研究中,文学批评和女性主义批评具有同等的影响力。但是"把圣经当成文学"的表述经常被视为"审慎的逃避"①,而非对圣经研究的方法进行讨论;虽然很多女性主义研究者致力于普及女性主义文学批评方法,这个过程却经历了很长时间。并且,很少有学者在圣经研究中将女性主义与社会科学方法结合起来。

总之,由于早期的"综合方法"具有排他性,学者们需要对它进行批评,并且重新思考运用综合方法的途径,以致我们现在可以看到,圣经研究的不同分支逐渐被学者结合起来。这个趋势会使今日的圣经研究异常令人兴奋。但很少有学者像哥特瓦尔德一样,在综合研究方法这方面做出如此杰出的贡献。②

(徐俊　译)

作者大卫·乔布林,执教于加拿大圣安德鲁学院(St. Andrew's College),主要从事圣经研究,代表作《〈撒母耳记上〉剖析》、《圣经的叙事观念》等。译者徐俊,河南新乡人,香港中文大学博士候选人,主要研究圣经文学。

(邱业祥　编)

---

① 我指的是米克·巴尔的书评:"The Bible as Literature: A Critical Escape", *Diacritics* 16 (1986): 71—79,现在这篇文章是 *On Story-Telling* 的第三章。

② 在我写作这篇论文时,Margrét Kristjansson 向我提供过帮助,在此向她表示感谢。

古代以色列政治经济视域中的寡妇和孤儿*

[以色列] 罗兰·A. 希姆金斯

内容提要:对圣经批评理论的使用犹如一柄双刃剑。一方面,它可以揭示问题;另一方面,它也可能挑战圣经的文本。那些关于古代以色列政治经济视域中的寡妇和孤儿之文本,正好面临着这柄双刃剑。如何用好它,批评理论的选择至关重要。圣经传统中的寡妇和孤儿是一个在经济上被剥夺了权利的群体。关于这一群体,载于申命法典中的律法提供了三种见解。古代以色列的政治经济状况构成了相关律法文本的语境,它可以通过马克思主义关于生产关系的理论来分析。农业生产方式在古代以色列占主导地位,而其社会关系则是保护人—受护人的关系。这种关系类似于丈夫—妻子的关系,于是性别之意识形态便凸显出来了,主仆关系也凸显出来了。家庭中男性家长的死亡造成了寡妇和孤儿问题。在政治经济视域中考察寡妇和孤儿带来一个神学问题:农业生产关系中的寡妇和孤儿究竟是由谁供养的?答案很明确,他们为亚卫所供养。这是因为,人类生产劳动是建立在亚卫生产劳动

* 本篇论文原载于 *Journal of Religion and Society*, Supplement 10(2014):20—33,由原作者授权译成汉语,发表于本刊。

之上的，唯有亚卫才具有生产产品的权柄。全面而深入地研究古代以色列的政治经济语境，乃是正确使用那些关于寡妇和孤儿的律法文本的前提。

关键词：古代以色列；政治和经济；寡妇和孤儿；律法文本；批评理论

The Widow & Orphan in the Political Economy of Ancient Israel

Roland A. SIMKINS [Isr]

Trans. by ZHANG Siqi

Abstract: The use of critical theory on The Bible is like a double-edged sword. On the one hand, it may disclose some problems. On the other hand, it may challenge the biblical texts. The texts concerning widows and orphans in the political and economical context of the Israelite society face nothing but such a double-edged sword, and critical theories mean a great deal in using it well. Widows and orphans in the biblical tradition is an economically disenfranchised group, about which there are three observations in the laws contained in the Deutronomic Code. The political and economical status quo of the ancient Israel forms up the context of the relevant legal texts, as may be analyzed through the Marxist theory of productive relationships. In the ancient Israel, the agrarian productive mode is dominant, and it is characterized by the social relationship between patron and client. The patron-client relationship is similar to the husband-wife relationship. Thus the gender ideology stands out, and so is the case with the master-servant relationship. The death of a patriarch in a household creates a widow-orphan problem. The examination of widows and orphans in the political economy brings us a theological problem as follows: who feeds widows and orphans in the agrarian productive relationship? The answer is very clear; it is YHWH who feeds them. This is because the productivity of man builds on that of YHWH. It is YHWH who has productive powers. A comprehensive and deep study of the context in which the political economy exists in the ancient Israel is a prerequisite to the correct use of those legal texts concerning widows and orphans.

Key words: ancient Israel; political economy; widow and orphan; legal texts; critical theory

一、引言

圣经的批评理论犹如一柄具有讽刺意义的双刃剑。一方面,批评理论通过揭示圣经中许多具有冒犯性和有问题的部分,并将之做相对化处理,救赎了许多圣经传统。性别理论就是其中一例。性别理论已被用于揭示无数圣经文本中的宗法制偏见及其社会结构,找回那些沉默的以及被边缘化了的女性的声音。性别理论有助于在当代性别敏感性的语境下定位古旧的文本。另一方面,对那些在现代语境中的使用或与现代语境的关联都被认为毫无问题的圣经文本而言,批评理论也可能是一种挑战和破坏。圣经中关于寡妇和孤儿的那些训令正是这一类文本。

几十年来,得益于批评理论,圣经学者们已认识到,圣经文本是古代犹太精英和上层阶级的产物,因此代表着他们的利益和思潮。相比之下,律法代表着弱势群体和先知对压迫和不公的谴责,似乎是在挑战精英阶层的利益。律法常被阐释为一种更具有社群性和平等主义的思潮之残余,这种价值观被认为持续存在于古代以色列社会的下层阶级之中。然而,1999年马克·斯尼德(Mark Sneed)以批判理论争论道,圣经文本表现的是下层阶级的价值观,最特别的是,他论证说保护寡妇、孤儿和寄居者的律法或许不过是服务于上层阶级的利益。虽然他并不否认利他主义的可能性,且其论点本身只是假设性的,但是他却成功地表明,律法与圣经作者们所从属的上层阶级之利益至少是兼容的。[①]

最近,道格拉斯·奈特(Douglas Knight)将这一争论推进了一步。奈特通过批判的律法研究证明,圣经的律法起源于都市的精英阶层,而那些精英们曾设法确保在财产和权力方面的种种特权。那些保护弱者并有利于弱者的律法,其实并不像斯尼德所说的那样,简单地兼容于都市精英阶层的利益。那是一种手段,都市精英阶层试图以此"使民众坚信,一旦他们陷入困境,安慰就会降临"。在为民众提供一定数量的从未实现过的希望时,律法考虑的是对他们进行持续的压迫。"在这种操作中,王室和非王室的精英们串通在一起了,因为双方都从不间断的剥削和压迫中获取了好处"。按照奈特的说法,"这是一种嘲讽的、狡诈的做法……"[②]虽然奈特并没有将那些保护寡妇和孤儿的律法单独挑出来加以论述(尽管他提到其学生哈罗德·贝内特[Harold Bennett]关于这方面的作品[③]),但它们还是与那些关于释放仆婢和免除债务的律法,以及别的呈现出人道主义姿态的律法一起得到了讨论。

那些涉及寡妇和孤儿的律法当然兼容于生产了圣经文本的上层阶级——都市精英阶层——的利益;它们并非简单的利他主义的表达。那

① Mark Sneed, "Israelite Concern for the Alien, Orphan, and Widow: Altruism or Ideology?" *Zeitschriftfür die alttestamentliche Wissenschaft* 111 (1999): 498—507.

② Douglas A. Knight, *Law, Power, and Justice in Ancient Israel.* Louisville: Westminster John Knox, 2011, 222.

③ Harold V. Bennett, *Injustice Made Legal: Deuteronomic Law and the Plight of Widows, Strangers, and Orphans in Ancient Israel.* Grand Rapids: Eerdmans, 2002.

么,它们具有可操作性吗?它们代表了一种愤世嫉俗而迂回的做法吗?如果是这样的话,那么这些古代以色列的压迫工具能用作今天的解放工具吗?我并不这么认为。但是,我也不认为那种剥削和压迫当真就像奈特的阐释所表明的那样赤裸裸。事实上,就寡妇和孤儿(或他所考虑的其他弱势群体)的情形而论,我对奈特的批判如下:他的分析是草率的,换言之,即使最乐观的估计,其也是不完整的。他的阐释大部分基于这样一种假定:那样的律法既不曾被实施过,也不曾被执行过。这样一来,他的分析便主要是观念性的,而他的结论,由于缺乏证据[①],也只是推测性的。而且,尽管他的分析适用于那些寻求解放和免除债务的弱势群体,却并不适用于寡妇和孤儿的情形,因为律法禁止压迫他们。从奈特的分析看,下面这一点也是不清楚的,即对寡妇和孤儿的压迫怎么会服务于都市精英阶层的利益。

奈特未能考虑的有两点。第一,寡妇和孤儿在宏大的政治经济中的角色是什么?第二,有关寡妇和孤儿的律法,在关涉多重社会生产关系时,是怎样发挥其功能的?这篇论文将借助马克思主义的分析方法,考察寡妇和孤儿在政治经济中的角色。这种路径能够对古代以色列社会中的寡妇和孤儿之地位,以及有关他们的律法之作用,提供一种更加全面的分析。

二、圣经传统中的寡妇和孤儿

如近东的其他传统一样,圣经传统对寡妇和孤儿也有同样的关切。然而,圣经关切之表述方式却与前者有着显著的不同。例如,在美索不达米亚

---

① 的确,在是否实行过代表易受伤害者的利益之律法方面,历史的证据是沉默的(唯一例外是西底家的释放婢女和奴仆,但很快就被取消了,见《耶利米书》34:8—11),但是这种沉默产生两种结果。缺少实行过这些律法的证据,并不构成它们未被实行过的证据。

的法典中,照顾寡妇和孤儿乃是国王的责任和美德。[1] 然而,圣经传统涉及寡妇和孤儿时,国王一般是缺席的。毋宁说,上帝才是"孤儿的父和寡妇的保护者"(诗 68: 5)[2],而在分配赡养他们的责任的地方,负担压在人民而不是其领导人的身上。

在圣经传统中,寡妇和孤儿是作为一个社会群体一起出现的,在古代以色列,他们均被定义为弱势群体。在他们成对出现的情况中,一半以上是与寄居者(或外来者)一起出现。在《申命记》的几个段落中,他们更与利未人联系在一起。在两种先知文本中,他们与穷人联系在一起。不过,这似乎并不意味着,贫穷本身是对他们进行分类的基础。虽然寡妇和孤儿显然分别是指没有丈夫[3]和没有父亲的人,但是,究竟还有什么东西,有可能构成这一社会群体的特征呢? 对此,学者们仍然未能达成一致的意见。在这方面,拿俄米 · 斯坦因伯格(Naomi Steinberg)的分析尤有帮助。她注意到,对于寡妇,圣经使用了三种不同的表述,而每一种表述都表明了一种独特的社会地位。*'iššâ – 'almāna* 指寡妻(widow-wife),即一位寡妇,"她通过其儿子而对丈夫的祖业行使赎回权"。国王耶罗波安的母亲就是如此(王上 11: 26),她就是一位拥有这种身份的寡妇。*'ēšet-hammēt* 指死者之妻(wife of the dead),即一位寡妇"在生出一名能够行使祖先所有物的赎回权的嗣子之前,她的丈夫就已经死了"。譬如,寡妇与亡夫兄弟结婚的律法(申 25: 5—10)就适用于这类寡妇,路得也是以这种方式被描述的(得 4: 5)。最后,*'almāna*指贫穷的寡妇,其已逝的丈夫没有祖传的土地。与孤儿相连的正

① F. Charles Fensham, "Widow, Orphan, and the Poor in Ancient Near Eastern Legal and Wisdom Literature", *Journal of Near Eastern Studies* 21, 2(1962): 129—139.

② 这里的圣经引文为译者自译。

③ 鲍拉 · 西贝特(Paula Hiebert)比较了圣经的 *'almāna* 和美索不达米亚的 *almattu* 而得出结论说,两者都代表一位没有负责供养她的男子(丈夫、公爹、儿子)的妇女。对于寡妇拥有动产和不动产一事,西贝特则不那么确定。这很可能是因为缺少有关古代以色列的嫁妆方面的证据。无论如何,她并不相信这样的财产足以维持一个寡妇的生计。

是'*almāna*这类寡妇，圣经中针对寡妇的律法关心的也正是这类寡妇。①同理，孤儿也并非只是没有父亲的人，而是一个不会继承祖先留下来的土地的人。'*almāna*也与寄居者和利未人相连，而这两者均无祖先留下来的土地。这就进一步证实了这样的阐释：在古代以色列，寡妇和孤儿都是没有土地的社会群体的贫穷成员。②

有关寡妇和孤儿的圣经律法，固然是相当明了的，但是，它们也随着承载它们的那些法典之不同而有所不同。最早的法典，即约书，在一系列有关贫穷人和弱势者律法的开头处就谈到了寡妇和孤儿(出22：21—23：9)，还把他们与寄居者相提并论。

> 不可苦待寡妇和孤儿。若是苦待他们一点，他们向我一哀求，我总要听他们的哀声，并要发烈怒，用刀杀你们，使你们的妻子为寡妇，儿女为孤儿。(出22：22—24)

---

① 卡雷尔·范·德尔·托恩(Karel van der Toorn)认为，'*almāna*并不一定就贫穷，并不一定就没有谋生的手段。而且，他从有关提亚哥的寡妇之记载(撒下14：4—7)中，找出了反面的例子。此寡妇有两个成年的儿子来供养她(撒下14：5—6)。(参"Torn Between Vice and Virtue：Stereotypes of the Widow in Israel and Mesopotamia", in *Female Stereotypes in Religious Traditions*. Edited by R. Kloppenborg and W. J. Hanegraaff. Leiden：E. J. Brill, 1995, 1—13。)但是，提亚哥的寡妇并不简单地是一个'*almāna*，而是一个'*iššâ-' almāna*，人们不应该将这两种社会地位混为一谈。弗兰克·弗里克(Frank Frick)指出，人种学的记录表明，寡妇们可以掌控物质资源。而且在经济上，寡妇也经常能独立自主。(参"Widows in the Hebrew Bible：A Tranactional Approach", in A *Feminist Companion to Exodus to Deuteronomy*. Edited by Athalya Brenner. Sheffield：Sheffield Academic Press, 1994, 140—141。)然而，这种见解只是圣经如何再现'*almāna*的状况之提示罢了，它可以在意识形态上起作用，而不能作为一种证据来理解古代以色列的寡妇。

② Naomi Steinberg, "Romancing the Widow：The Economic Distinctions between the '*almāna*, the '*iššâ-' almānaand the 'ēšet-hammēt*", Paper presented at "Women and Property in Ancient Near Eastern and Mediterranean Societies", a conference at the Center for Hellenic Studies, Harvard University, 2003. Available at http：//chs. harvard. edu/wb/1/wo/GRCKb7UnEp4wBqtRLYwa0M/0.1.安德森(Cheryl B. Anderson)认为，有关寡妇和孤儿的律法，可用来建构一个在古代以色列被边际化了的阶级。参 *Women, Ideology, and Violence：Critical Theory and the Construction of Gender in the Book of the Covenant and the Deuteronomic Law*. London：T. & T. Clark, 2004, 54。

根据这条律法，上帝是寡妇和孤儿的保护者，他们要么没有丈夫，要么没有父亲，容易沦为受人虐待的牺牲品。然而，律法却没有给寡妇和孤儿们以供给。事实上，这条律法并没有要求以色列人做些什么；甚至，就连这条律法的实施，也还停留在上帝那里。人们可能会暗自假定，上帝会供应寡妇和孤儿。但是，律法对此既无陈述，亦未期许。

在申命法典前部的一次告白中，约书中可能有所暗示的内容变得更加明确了。《申命记》的一次训诫颂扬亚卫"为孤儿寡妇伸冤，又怜爱寄居的，赐给他衣食"（申 10：18）。亚卫的两个作用，以诗的偶句体形式表达出来：他既是保护者，又是提供者。这两种作用分散于孤儿、寡妇和寄居者三者当中。然而，在申命法典中，表面上看，并不是亚卫而是民众在供给寡妇和孤儿。每三年的末一年，民众就将该年度土产的十分之一取出来供给寡妇孤儿、寄居者和利未人（申 14：29；26：12—13）。寡妇、孤儿和寄居者还可在收获谷物、橄榄和葡萄的时候，去拾取遗落物（申 24：19—21）。而且，在朝圣的七七节和住棚节期间，寡妇、孤儿、寄居者和利未人还可以和民众一起，在耶路撒冷进行庆祝活动（申 16：11，14）。

在申命法典中有三种关于寡妇和孤儿的观察值得注意：

第一，供给寡妇和孤儿的要求很可能是申命派为了使耶路撒冷成为亚卫崇拜中心的结果。在美索不达米亚各城市中，寡妇和孤儿可以在圣殿中找到避难所，他们可以在磨坊打工，还可以从仓库中得到食物[1]。圣殿起到了一种社会安全网的作用。但是，在这种情况下，人们就会相信，是圣殿诸神供给了那些在经济上被剥夺了权利的人们。也许，在以色列亦是如此。在全国各地的圣坛和高处，人们可以发现一些慈善捐赠，亚卫就是以此供给

① Karel van der Toorn, "Torn Between Vice and Virtue: Stereotypes of the Widow in Israel and Mesopotamia", in *Female Stereotypes in Religious Traditions*. Edited by R. Kloppenborg and W. J. Hanegraaff. Leiden: E. J. Brill, 1995, 3—4.

寡妇和孤儿的。然而,由于申命改革,这些圣坛被取消了。这样一来,就摧毁了那些依靠圣坛上的施舍物活命的人们。申命派律法并不希望在耶路撒冷重新安置寡妇和孤儿,于是设立了一些应对的举措。通过这些举措,他们可以继续在故乡和村子里获得供给。

第二,寡妇、孤儿和其他人每三年就可得到第三年全部土产的十分之一,这也就没什么可大惊小怪的了。这十分之一的土产是属于上帝的,上帝给了寡妇孤儿,这是上帝给他们供给的具体表现。而且,载于律法前面部分的申命训诫承认,“天和天上的天,地和地上所有的,都属耶和华你的神”(申 10:14)。这样,甚至连以色列农夫的谷物、橄榄和葡萄都属于亚卫。所以允许寡妇和孤儿们拾取其遗落物,只是亚卫供给他们的另一种方式罢了,正如他命令民众去做的。

第三,寡妇和孤儿虽然常与寄居者和利未人列在一起,但从未与穷人和贫困者列在一起。诺贝特·洛芬克(Norbert Lohfink)曾认为,申命法典区分了两类在经济上被剥夺了权利的群体:一类是没有地产的,寡妇、孤儿、寄居者和利未人属于此类;另一类是穷人和贫困者('ebyôn, 'ānî),他们处于重复的周而复始的负债和沦为债奴的过程之中。后一类群体可能是因为多种社会的、经济的,抑或环境的原因而陷入贫穷。因此,申命改革便致力于将贫穷期限制于七年,并致力于保护沦入贫困的人(申 15:1—18; 24:10—15)。然而,寡妇、孤儿及其群体中的其他人所遭受的贫穷是其社会—经济地位的一种条件:他们是不能依靠自己的土地过活的人。因此,申命法典要求那些有地者供给他们。寡妇和孤儿要靠别人的劳动和生产而维持生存。①

寡妇和孤儿作为在经济上被剥夺了权利的一对,在圣经的第三部法典亦即圣洁法典(利 17—26)中,并未被提及。替代的做法是,律法禁止农夫将谷物或葡萄收割净尽,而要将遗落的留给穷人('ānî)和寄居者(利 19:9;

---

① S. J., Norbert Lohfink, "Poverty in the Laws of the Ancient Near East and of the Bible", *Theological Studies* 52 (1991): 34—50.

23:22)。寡妇和孤儿可能并未被视作需要在律法中提及的社会问题,或许,他们可能是被包含在"穷人"中了。如果是后一种情形,那么申命法典中无地的穷人和因债致贫的人之间的区分就不存在了。无论是哪种情况,寡妇和孤儿都没有被当作一个独特的社会—经济群体来对待。

在先知书的一些经卷、《诗篇》和《约伯记》中,也可以找到论及寡妇和孤儿的材料(《箴言》的个别地方也讲到寡妇和孤儿)。这些材料进一步强调,上帝保护寡妇和孤儿,他们非常容易受到压迫。不过,这些材料并未增添法典中没有的信息。

三、古代以色列的政治经济

圣经文本是有关古代以色列的主要信息源,但其所保存的信息是有局限的,这并不仅仅是因为文本的选择性问题,还因为它固有的偏见。要揭示和澄清那些隐藏在背后的或者为文本的外部表象所遮蔽的种种内部联系,就需要一种批评理论。这篇论文采用的是马克思主义的生产方式(或曰社会形态)概念,并且还采用了兼及政治经济的跨学科方法。这样做的目的在于,将有关寡妇和孤儿的圣经律法置于一种对古代以色列社会更加全面的处理之中。

作为一个分析概念,生产方式既可以指抽象的时代结构,也可以指历史上特定的关系,不平等和权力等。前者为理解后者的具体特征提供了社会语境。[①] 根据前者,古代以色列社会一般来说带有几分农业生产方式的性质。这种生产方式在近东地区发展了数千年。[②] 然而,依据后者的内涵看,古代以色列的生产方式所反映的,是它自身那独特的历史、社会、地理和环

---

① 理论上的系统表述请参 Donald L. Donham, *History*, *Power*, *Ideology*: *Central Issues in Marxism and Anthropology*. Berkeley: University of California Press, 1999。

② 关于农业社会请参 Gerhard E. Lenski, *Power and Privilege*: *A Theory of Social Stratification*. Chapel Hill: University of North Carolina Press, 1984, 189—296。

境等条件。

一种主导的生产方式，会在其自身的功能系统之内，将所有的生产和社会关系整合起来。在当代工业化社会中，资本主义相当有效地做到了这一点。然而，在前资本主义社会中，这种整合是不完全的，残留下来的种种生产方式还会继续起作用，而且常常与占主导地位的生产方式相对立。[①] 因此，毫不奇怪的是，古代以色列的生产方式中包含了好几套社会关系（或曰生产的不平等），其中有一些抗拒这种整合，而与残存的生产方式相结合。

在古代以色列，占主导地位的生产关系由生产关系的等级制度所构成。而其基础是神（或诸神）和人之间的关系，所有其他种种生产的不平等，也都建立在这一基础之上。[②] 这是一种古代以色列人和其他近东民族曾经共同有过的生产的不平等，也许起源于旧石器时期。那时，人类完全仰赖大自然维持生存。虽然古代以色列人的生产已不再像其前辈一样受神明的限制了，但是人类的所有生产仍须继续依赖亚卫的工作：是他拥有土地，是他带来雨水和肥力，是他打开人和动物的子宫，而且还是他赐福于人类的生产。亚卫和人之间的这种生产关系，通过崇拜而得到了物质的表述——包括家庭的神龛，区域的圣所，或国家的圣殿——人们献上供物、祭品、十分之一的收获，还在那里过节日。的确，这种生产的不平等是古代以色列宗教的基础。

在古代以色列，家庭是原始的生产单位，无论就主导的生产关系而论，还是就残留的生产关系而论，都是如此。围绕一对已婚夫妇建构起各不相同的家庭：从小的核心家庭到多代人的大家庭，包括仆人和其他非家庭成员。家庭的生产关系之不平等，对应于劳动的性别分工。尽管男人主要从

---

① Raymond Williams, *Marxism and Literature*. Oxford: Oxford University Press, 1977, 121—127.

② Roland Boer, "The Sacred Economy of Ancient 'Israel'", *Scandinavian Journal of the Old Testament* 21, 1(2007): 39—41.

事农业劳动而妇女生育和照顾孩子①,但是对类似的农业社会的人种学研究成果表明,丈夫和妻子还把他们的劳力投入到许多共同的活动中②。然而,主流生产方式的意识形态却通过将生殖过程(而因此,生殖也是每一方的劳动)与农业进行比较,将性别化的家庭分工合法化和自然化。③ 丈夫是种子的所有者。无论是耕种土地,还是使其妻子受孕,丈夫都掌控着生产。妻子,就像一块土地,为了有所生产,她必须被人劳作于其上。在家庭生产方面,妻子依赖于其丈夫。而且,妻子依赖于丈夫一事,在结构上颇类似于亚卫与人之间在生产上的不平等。家庭正是建立在这种关系之上的,而且又被纳入它自己的生产之中。这样一来,劳动的性别分工俨然已被置于一种神圣的秩序之中了。

至于这种性别意识形态是何时出现的,这一点却无法确定。也许,它像新石器革命一样古老。在那时,人类学会了培育谷物和蔬菜,并从事简单的农业生产。就在那时,在近东地区具有明显的性别劳动分工的家庭也出现了,农业和生育之间的隐喻关系也在整个古代近东地区的早期文献中得到了表述。尽管如此,这种意识形态却并不一定与古老的家庭生产关系有关。这是因为,家庭关系在古代以色列,以及其他地方,并不独立地起作用。它只是有助于,并被表述于农业生产方式那起主导作用的生产不平等之中。④就此而论,注意下面的事实是很重要的,即,性别意识形态不仅用于遮蔽妇

① Michael L. Burton, Lilyan A. Brudner and Douglas R. White, "A Model of the Sexual Division of Labor", *American Ethnologist* 4, 2 (1977): 227—251; Michael L. Burton and Douglas R. White, "Sexual Division of Labor in Agriculture", *American Anthropologist* 86 (1984): 568—583.

② George P. Murdock, "Factors in the Division of Labor by Sex: A Cross-Cultural Analysis", Ethnology 12 , 2(1973): 203—225.

③ Ronald A. Simkins, "Gender Construction in the Yahwist Creation Myth", in *Genesis: A Feminist Companion to the Bible* (Second Series). Edited by Athalya Brenner. Sheffield: Sheffield Academic Press, 1998, 32—51.

④ 关于独立的家庭生产方式,参 William Roseberry, "The Ideology of Domestic Production", *LABOUR, Capital and Society* 19, 1(1986): 70—93; "Issues and Agendas: Domestic Modes, Domesticated Models", *Journal of Historical Sociology* 1, 4 (1988): 423—430。

女的劳动及参与家庭生产的其他方式，而且还用于遮蔽那些男人有可能依赖于妇女的种种方式。换言之，性别意识形态所强调的是存在于古代以色列社会等级制度中的依赖关系。[①]

古代以色列农业生产方式下主导的社会关系是保护人—受护人的关系。这种关系可以朝着官僚关系或朝贡关系变化。[②] 保护人—受护人关系是一种财产和服务互利交换基础上的人际关系，它蕴含着各方相互间的义务。当这种关系被制度化和非人化的时候，它就变成官僚主义的了。当这种关系不再是相互的而只是单向的财产和服务的流动时——通常是在强迫之下——它就变成进贡性质的了。

保护人—受护人关系，既是相互的，又是不平等的。保护人能够接近财产、资源，还有权力的中心，而受护人却不能。保护人保护其受护人，并且供养他们。与此同时，受护人则用服务、荣誉和忠诚来回报。虽然这样的无形之物的价值不应该被低估，但是保护人也通过债息、租金，以及分享劳动成果等方式从其受护人那里受益。这种关系可能是剥削性的，但是对这一关系共同的个人性的承诺限制了剥削；结果是保护人和受护人双方都从这种关系的继续存在中获得利益。因而，个人关系通过家庭术语来表述。保护人对其受护人来说是“父”，受护人像“子”或忠实的“仆”一样崇敬保护人。

保护人和受护人之间的关系，可以被描述为某种物质的依赖：受护人自己的生产有赖于保护人所提供的有形的材料和资源。这样一来，从结构上看，保护人和受护人之间的生产不平等便类似于丈夫与妻子之间性别化的生产不平等了。通过将家庭劳动的性别分工整合到它自己的生产中，保护

① Tikva Frymer-Kensky, *Reading the Women of the Bible: A New Interpretation of Their Stories.* New York: Schocken, 2002, xiii-xvii.

② 如欲进一步了解这一点，参 Ronald A. Simkins, “Patronage and the Political Economy of Monarchic Israel”, *Semeia* 87 (1999): 123—144; S. N. Eisenstadt, and L. Roniger, *Patrons, Clients and Friends: Interpersonal Relations and the Structure of Trust in Society.* Cambridge: Cambridge University Press, 1984。

人—受护人关系中的生产不平等,就变成性别化的了。[①]因为保护人和受护人之间的关系类似于丈夫和妻子之间的关系,所以性别意识形态可用于将每一种关系的不平等合法化和自然化。[②]

最后,还必须指出,除了主导的生产方式之外,古代以色列的政治经济还包括那些从前残留下来的种种生产方式,以及那些当时正在出现的种种生产方式。[③] 一种由扩展的亲缘关系所构成的残留的生产方式,从未被完全整合到占主导地位的生产方式之中。由于老幼亲属之间生产的不平等,这种方式寻求剥削家庭的生产来满足家族和全体部落的利益。老幼亲属之间的这种生产关系的运行颇类似于保护人—受护人之间的关系,尽管它受到一种不同的、更具局限性的意识形态的引导。于是我们看到,保护人—受护人这一生产关系不断寻求将更多的家庭整合到其社会生产中去,[④]而家族的生产关系则抵抗这种整合,更愿意在亲属群体的范围内运作。这种残留的

① 按照豪格(Frigga Haug)的看法,性别关系不应该被简约为男人和女人之间的关系,而应该反映出许多不同的关系,它们可以解释社会行动素的构成,以及社会整体的再生产。换句话说,"性别关系是生产关系"。参看 Frigga Haug, "Towards a Theory of Gender Relations", *Socialism and Democracy* 16, 1(2002): 33—46. Available online at http://sdonline.org/31/towards-a-theory-of- gender-relations; Haug, "Gender Relations", *Historical Materialism* 13, 2 (2005): 279—302; Tikva Frymer-Kensky, *Reading the Women of the Bible: A New Interpretation of Their Stories*, xx-xxii。

② 关于古代以色列的保护人—受护人关系,参 Niels Peter Lemche, "Kings and Clients: On Loyalty between the Ruler and the Ruled in Ancient 'Israel'", *Semeia* 66 (1994): 119—132; Lemche, "Justice in Western Asia in Antiquity, or: Why No Laws were Needed!" *Chicago-Kent Law Review* 70 (1995): 1695—1716; Lemche, "From Patronage Society to Patronage Society", in *The Origins of the Ancient Israelite States.* Edited by W. Fritz and P. R. Davies. JSOT Supplement 228. Sheffield: Sheffield Academic Press, 1996, 106—120; Lemche, "The Relevance of Working with the Concept of Class in the Study of Israelite Society in the Iron Age", in *Concepts of Class in Ancient Israel.* South Florida Studies in the History of Judaism 201. Edited by M. R. Sneed. Atlanta: Scholars, 1999, 89—98; T. R. Hobbs, "Reflections on Honor, Shame, and Covenant Relations", *Journal of Biblical Literature* 116 (1997): 501—503。

③ Raymond Williams, *Marxism and Literature*, 121—127.

④ Ronald A. Simkins, "Family in the Political Economy of Monarchic Judah", *The Bible and Critical Theory* 1, 1. Available online at http://www.bibleandcriticaltheory.org/index.php/bct/article/viewFile/19/6.

生产方式并不局限于古代的以色列，它主要见于村庄和农村地区，既寄生于占主导地位的生产方式，又与之形成竞争。在政治分裂和国家崩溃的时期，它便会作为主导的生产方式出现。

古代以色列也浮现出了一种具有商业关系特征的生产方式。它包括两个方面：一方面是国家对过境贸易进行控制，这些过境贸易大都从阿拉伯出发到西部海港及以外的地方；另一方面是许多社会关系在商品贸易商和当地生产者构成的国际贸易网的节点上建立起来。在北方的腓尼基城市国家中，确实有过这样的商品方式，而且大都与主导方式一道起作用。尽管如此，商品方式却从来不曾主导过古代以色列的政治经济。不过，越来越多的证据表明，在以色列和犹大历史上的少数几个有限时期（比如，公元前八世纪后半叶）内，商品方式在自身运行中包含了主导方式之若干重要的部分。换句话说，一些地方的保护人不顾其受护人自身的死活，尽可能多地榨取受护人群体的剩余产品，卖到国际市场上去。这种基于相互义务的占主导地位的保护人—受护人关系被转化成为了服务于新兴的商品关系而由债务控制的剥削性的朝贡关系。以色列和犹大的王室以及一些精英地主似乎都曾从事过这种剥削。但是，关于整个社会的剥削的深广度问题还正在讨论中。

四、政治经济视域中的寡妇和孤儿

回到寡妇和孤儿。关于他们在古代以色列政治经济中的作用，以及那些涉及他们的律法之功能，我们可以得到几个观察结果。首先，寡妇和孤儿作为一个在经济上被剥夺了权利的群体的地位是占主导地位的生产方式之产物。保护人身份所带来的生产之不平等性力图为了其自身的生产而剥削家庭。与亲缘关系的忠诚相悖，保护人—受护人关系将一个个家庭逼入获取资源的竞争之中，并因此而倾向于削弱乃至切断业已扩展了的亲缘纽带。[①] 结果，由于男性家长的悲剧性死亡而造成的寡妇和孤儿将无法得到广

① Ronald A. Simkins, "Family in the Political Economy of Monarchic Judah", 7—12.

泛的亲属网的支持。此外,由于寡妇('almānâ 类的)和孤儿们也没有办法得到祖上的土地,那位已死的男性家长之家庭便可能沦落为保护人的佃户以求谋生,或许,他们会陷入债务、其他困境,或不以自己的土地为生的其他情况。男性家长的死亡就这样留下了寡妇和孤儿,他们全然没有仰之而谋生的经济基础。伴有保护人生产不平等的农耕生产方式为寡妇和孤儿的穷困创造了条件。与此同时,这一生产方式也试图通过关注被剥夺权利的弱势群体的律法进行补救。

约书和申命法典中的那些律法,或许可以放在这种语境中来理解。虽然那些律法企图保护寡妇和孤儿并供给他们,但是那些律法并没有言及是什么样的情况造成了对寡妇和孤儿的这种权利的剥夺。[①]律法并没有为寡妇和孤儿提供任何可以依赖的家族或社会网络。相比之下,圣洁法典没有提及寡妇和孤儿,也许是因为它不需要这么做。如果圣洁法典,还有其他的祭司文本,是流散时期或犹大国家崩溃后的产物,那么残留下来的以亲缘为基础的生产方式,也许早已重获其主导地位了。可能没有必要单独对寡妇和孤儿加以特别论述,因为,毫无疑问,他们已经被整合进更大的亲缘网络之中了。因此,圣洁法典所关注的对象只是那些贫穷的人们。

第二个观察是,有关寡妇和孤儿的圣经律法把他们当作古代以色列社会中非生产性的个体来处理。这是一种性别意识形态的结果。这种意识形态下,妻子,广而言之还有她的那些未成年的孩子们,就都依赖丈夫的劳动为生。因此,寡妇和孤儿被认为既不能形成自己的家庭,又不能加入保护人—受护人的关系。寡妇和孤儿不能够靠自己的劳动谋生,因而对仁慈保护人的资源是一种经济消耗。遗憾的是,我们无法确定由寡妇和孤儿引起经济问题的程度。比如,在公元前八世纪末的亚述战争之后,寡妇和孤儿有没有成为犹大经济过度的负担?无论如何,律法把负担寡妇和孤儿一事交给了亚卫。正是亚卫在保护和供给他们。诚然,民众为寡妇和孤儿提供其

① 安德森认为,律法主张消灭阶级差别。参 Anderson, *Women, Ideology, and Violence*, 56。

土地产出的十分之一，并且还允许他们在其田野里拾取遗落物。从表面上看，这种负担被置于那些民众身上了。但是，这些物产是亚卫生产出来的，属于亚卫，土地所有者们不得使用它们；律法并未要求土地所有者供应粮食或剩余物。这样看来，就是亚卫在供养寡妇和孤儿了。也许，一开始是通过神坛来供养他们，但是，他也通过寡妇和孤儿可以分享的农业方面的慷慨来供养他们。虽然律法试图限制对寡妇和孤儿的虐待，而且还提供了一个起码的安全网来提供食品，不过这样一来律法也就起到了某种限制作用，使这一群体无法整合进以色列的社会。于是，寡妇和孤儿就永远停留在社会的边缘，依靠亚卫为他们提供保护和粮食。

最后一种观察是，那些涉及寡妇和孤儿的律法的功能是解决存在于占主导地位的生产方式中的某种基本矛盾。古代以色列的农业生产方式由于性别意识形态之故，强调男性劳动力的生产能力，无论是家庭中的家长，还是保护人—受护人关系中的男性成员。不过，这种劳动是建立在亚卫的生产能力上的，因此它是以上帝的工作为条件的。没有亚卫的劳动，那么人类的所有劳动，包括男性的生产劳动在内，都是徒劳的（请参看《诗篇》127：1—2）。因此，亚卫和民众之间的社会生产关系同时既是古代的生产方式——由于新技术的采用，以及由于社会组织的演变，它被超越和取代了——又是所有涵括其中的生产方式的主导性关系。有关寡妇和孤儿的那些律法通过将非生产性的寡妇和孤儿的负担直接加在亚卫的身上来解决这种矛盾。正是亚卫让庄稼生长，来供应十分之一的出产和遗落物给寡妇和孤儿，同时，家庭的男性家长和保护人被解放出来，得以基本上无负担地将其生产继续下去。通过供给无法自给的人，亚卫彰显了他的生产力。

五、结论

虽然圣经关于寡妇和孤儿的律法并未表现“一种嘲讽的、狡诈的做法”，但是这些律法也并非毫无问题。面对寡妇和孤儿带来的社会和经济挑战，那些律法在古代以色列的政治经济中所起的作用就是维持那种占主要地位的生产方式。与此同时，它们也减少了这一生产方式潜在的虐待的可能。那些律法未能处理寡妇和孤儿被剥夺的状况产生的条件。如果这样做，那么就势必破坏那种占主导地位的生产方式。那些律法也未能设法将寡妇和孤儿们整合到社会中去，以便他们能够凭自己的劳动来谋生。如果这样做，那么势必破坏全社会那性别化的等级制度。那些律法将寡妇和孤儿们挑出来作为一个特殊的群体，由亚卫去保护他们，但是并不具有足够的救赎性。那些律法仅致力于维持现存的社会经济秩序，而并不是去改造它们。

虽然圣经关于寡妇和孤儿的那些律法，已经被普遍地阐释为对神所认可的利他主义的一种表现，和上帝优先关注穷人、受压迫者以及被蹂躏者的一个典范，但在其历史语境中，那些律法只是重现了古代以色列社会中性别化的社会等级制度。它们是古代以色列社会政治经济的产物，就此而论，它们恰恰再现了它们试图缓和的那些状况。

律法的历史语境清楚地表明它们不是利他主义的。那么，在当代语境中言及上帝对穷人的关爱时，律法的历史语境会破坏其自身的价值吗？答案是复杂的。一方面，有关寡妇和孤儿的律法的历史语境警示我们，应该避免对那些律法做简单的阅读和挪用。那些律法已经将历史上对性别和阶级的特定理解嵌入自身之中了，其功能是去高扬而不是去挑战那些理解。因此，对这些律法的任何回溯都必须批判地进行。另一方面，关于寡妇和孤儿的那些律法，在以色列的政治经济中不再起作用；今天，它们是在一种新的不同的语境中被人们阅读。这些文本不再作为律法起作用，而是作为经文，作为共同接受的，上帝对其子民的愿望和价值标准的预言式的宣告而起作用，它们可能以此宣告了上帝对穷人、受压迫者以及被蹂躏者的优先关注。

圣经律法特别确认了上帝对寡妇和孤儿的关心和眷顾，而他们只是那些不能自给者的一个特殊的代表。而且，圣经律法还强调，那些能够自给的人们，应该与那些不能够自给的人们一道分享自己的丰盈。因为，是上帝，作为这个世界的创造者和维持者，供应了每一个人。

必有某些条件致使寡妇和孤儿变成一个在经济上被剥夺了权利的群体，可是律法却不曾言及这些。相反，律法其实支撑了那些条件。那些关于寡妇和孤儿的律法支持否定女性生产力的性别意识形态；它们没有为寡妇和孤儿设想经济角色。此外，那些律法具体表现了寡妇和孤儿的困境，提供了若干缓解的措施，但是并没有提供任何能够改变其处境的方法。在古代以色列的政治经济语境中，律法的作用是禁止虐待寡妇和孤儿，同时维持社会现状。导致寡妇和孤儿丧失经济权的条件是无关紧要的，而且，在任何情况下都不受挑战。然而，在经文的预言性语境中，这些条件是受到批判的。如果上帝的确“为孤儿寡妇伸冤”（申 10：18），那么导致他们丧失经济权这一状况的那些条件也就必须加以补救。在古代以色列的政治经济中理解关于寡妇和孤儿的圣经律法的功能，不是要去破坏其价值，而是要去揭示律法所提出来的历史上的特殊问题，从而在新的背景下，批判性地借鉴其价值。

（张思齐　译）

作者罗兰·A. 希姆金斯系以色列圣经研究学者，现任教于美国内布拉斯加州的克莱顿大学。译者张思齐系武汉大学教授、博士生导师、中外文学比较研究中心主任，出版译著多部。

（程小娟　编）

保罗新观的新视角*

[英]邓雅各

内容提要:本文围绕“来源于对犹太教的新观的‘保罗新观’如何形成”这一论点展开,突出强调了保罗宣教对他关于犹太教的教导的意义,阐明了如下问题:为什么保罗的称义是因信耶稣基督,而非靠律法之工?本文最后呼吁,必须认真对待保罗的整个福音观点,包括他对待律法的态度,根据行为审判,以及他对“在基督里”的领会。

关键词:犹太教;称义;义;信;律法;律法之工;审判

A New Perspective on the New Perspective on Paul

J. D. G. DUNN [UK]

Trans. by WANG Xuesheng

Abstract: Der Aufsatz entfaltet, wie die "New Perspective" auf Paulus aus einer neuen Perspektive auf das Judentum erwächst, stellt die Bedeutung der

* 本文原载于 *Early Christianity* 2.4 (2013), 157—182, 经原作者授权译成汉语,发表于本刊。

Heidenmission des Paulus für seine Lehre über das Judentum heraus, klärt die Frage, warum Rechtfertigung für Paulus aus Glauben an Christus Jesus und nicht aus Werken des Gesetzes folgt, und appelliert schlieβlich daran, das ganze Evangelium des Paulus ernst zu nehmen, einschlieβlich seiner Haltung zum Gesetz, zum Gericht nach den Werken und seines Verständnisses des Seins "in Christus".

Key words: Judaism; justification; righteousness; faith; law; works of the law; judgment

关于保罗因信称义的“新观”其实并不“新”。正如我们将要看到的,这是保罗自己为之辩护的观点,也是他对这个问题看法的一个部分。“新观”所强调的是保罗教导的一个层面,即他视之为他自己所理解的称义的核心部分。之所以被称之为“新观”,并不是它所强调的方面和重点以前从未被人注意过;它被称之为“新观”,是因为它所强调的保罗所教导的层面在当时的阐述中,在很大程度上被忽视了,尽管它在保罗教义的形成中十分重要。它被称之为“新观”,是因为重新强调了历史处境的方面。这个历史处境方面对保罗教义的形成非常关键,也导致了保罗教义的形成,它也应该成为我们今天理解保罗所传福音的关键。所以,关于“保罗新观”的新视角就是,“保罗新观”毕竟不怎么新。

此外,新观不能被解释为或者被视为“旧观”的一个替代品。“新观”无意于取代“旧观”里的一切元素。“新观”并不敌视或者对立于“旧观”。新观要问的一个简单问题是,传统对称义问题的阐释方式有没有全面顾及保罗神学中关于称义的问题?新观不必怀疑保罗神学传统上所关注的重点。说新观是“正确的”,或者说是合理的,我们也无需说旧观是“错误的”。新观只是想问,在传统教义的再形成过程中,组成保罗教义的所有元素是否都得到了充分的重视和清楚的表达?

如果得到恰当的理解,也就是说,如果保罗关于称义的教导得到全面的理解的话,新观有四个方面:

1. 关于保罗的新观来源于对犹太教的新观。

2. 保罗宣教作为他关于称义教导的处境的重要性。

3. 为什么是因信耶稣基督,而非靠律法之工而称义?

4. 保罗所传福音的全部内容。

这些观点的形成都包括在我对新观各种批评的回应之中,我就本课题的论文集的第一章对此问题有比较全面的处理。[①]对我来说,一个特别可喜的事情是德语界对新观的争论,由最初的负面回应——偶尔有人将新观与"旧观"(即路德的观点)相对照,[②]转向现在比较正面的,或者说是批判性的正面回应。[③]那些熟悉我们争论的人或许已经注意到,这四个观点的形成建基于过去的批评之上,也希望能回应那些在我看来没有抓住重点的,或者错误的批评。[④]

---

① J. D. G. Dunn, *The New Perspective on Paul* (WUNT 185; Tübingen 2005; rev. ed. Grand Rapids 2008).

② P. Stuhlmacher, "Christus Jesus ist hier, der gestorben ist, ja vielmehr, der auch auferweckt ist, der zur Rechten Gottes ist und uns vertritt", in F. Avemarie and H. Lichtenberger ed., *Auferstehung-Resurrection* (WUNT 135; Tübingen, 2001), 351—361; 也参 P. Stuhlmacher, *Revisiting Paul's Doctrine of Justification: A Challenge to the New Perspective* (Downers Grove, IL, 2001)。

③ M. Bachmanned., *Lutherische und Neue Perspektive* (WUNT 182; Tübingen 2005); 近期的如 C. Gerber, "Blicke auf Paulus. Die New Perspective on Paul in der jüngeren Diskussion", VF 54/2 (2010) 45—60; M. Wolter, *Paulus: Ein Grundriss seiner Theologie* (Neukirchener Theologie, 2011), 340f; J.-C. Maschmeier, *Rechtfertigung bei Paulus: Eine Kritik alter und neuer Paulusperspektiven* (BWANT 189; Stuttgart 2010)。其前言部分已经纠正了早期将新观与"旧观"相对立的看法。

④ J. Frey, "Das Judentum des Paulus", in O. Wischmeyer ed., *Paulus: Leben-Umwelt-Werke-Briefe* (Tübingen 2006) 5—43, 他扼要地总结了这些批评性的问题。

一、关于犹太教的新观点

首先，新观要求人们重新审视传统上基督徒对犹太教的观点和态度。这个根源可以追溯到保罗自己。是保罗自己说起他从前“在犹太教里”的生活方式(加 1：13)。[①]这里的含义很清楚，自从他归信——相信耶稣为弥赛亚之后，他不再践行以前的生活方式，的确，他也不再把自己算在总体意义上的“犹太教”之内。[②]这一点从保罗的负面态度上得到了证实：他以前看重以色列人、法利赛人身份(腓 3：5—6)；在他认耶稣基督为主之后，却视之为“粪土”(腓 3：7—8)。[③]一般认为，对于保罗来说，基督已经取代妥拉(Torah)，成为他生命的中心焦点和动力元素。[④]这一点在《加拉太书》2：19—20得到了最深刻的表达：

> 我因律法，就向律法死了，叫我可以向神活着。我已经与基督同钉十字架，现在活着的不再是我，乃是基督在我里面活着；并且我如今在肉身活着，是因信[⑤]神的儿子而活；他是爱我，为我舍己。

随后保罗在《哥林多后书》第 3 章非常鲜明地对比了新、旧约。在那里，他使新约与旧约相对立：前者被赋予的特色是圣灵与生命，是“义的执事”，而后者被赋予的特色是(律法的)字句，是“定罪的执事”和死亡，属于过去

---

① 参《加拉太书》1：13—14，两次提到“犹太教”。

② 参 J. D. G. Dunn，“Who Did Paul Think He Was? A Study of Jewish Christian Identity”，*NTS* 45 (1999)，174—193。

③ 我对《腓立比书》第 3 章有详细的讨论，参“Philippians 3：2—14 and the New Perspective on Paul”，in *The New Perspective on Paul*，第 22 章。

④ 如 T. L. Donaldson，*Paul and the Gentiles：Remapping the Apostle's Convictional World* (Minneapolis，1997)。

⑤ 参本文第四部分第一点。

（林后 3：6—11）。

这个以新代旧的意识，成为基督教自我理解的关键。“基督教”这个词第一次出现于第二世纪早期伊格纳丢（Ignatius）的作品中。在这些例子中，“基督教”被放在对立于“犹太教”的位置上，似乎与“犹太教”有显著的区别。[①]这里的顺序很有意思。因为“犹太教”（*Ioudaismos*）首先被引介，用以对立于希腊主义（*hellênismos*）。[②]讽刺的是，即使在这种可以理解的情况下，“基督教”的名称最初也是以相似的方式产生出来的，被用来对立于“犹太教”。正如马加比起义实际上将“犹太教”定义为“非希腊主义”，伊格纳丢实际上也将“基督教”定义为“非犹太教”。[③]

这是基督教反对犹太教现象的开始，也是后来给基督教欧洲历史抹黑的基督教反犹主义之起点。这不仅仅是一个“取代论”的问题。取代论认为，基督教已经取代犹太教，取代以色列作为“上帝选民”的地位，汲取了全部内容，只留下“犹太教”的外壳。[④]更为严重的是，犹太教的继续存在实际上被视为不正常，而且是对基督教的一种威胁。[⑤]这就是为什么即使到了二

---

① “宣讲耶稣基督而进行犹太化，是不合适的。因为基督教并不相信犹太教，而犹太教相信基督教”（伊格纳丢，《达马内夏人书》，10：3）。“若有人向你解释犹太教，不要听他；因为听一个受割礼的人讲基督教，强于听一个未受割礼的人讲犹太教”（伊格纳丢，《达腓立比人书》，6：1）。

② 在希腊文中，犹太教（*Ioudaismos*）这个词首先出现在《马加比二书》中，在 2：21；8：1 和 14：38，三处都将“犹太教”定义为宗教身份和生活方式。马加比人也是为此而反抗叙利亚人的霸权统治。在《马加比二书》中，这个词被创造出来是为了对立于“希腊主义”（*hellênismos*，《马加比下》4：13）和“外国特性”（*allophulismos*，《马加比下》4：13；6：25）。换句话说，对《马加比二书》的作者来说，“犹太教”这个词是对应一个体系的宗教，被赋予民族身份和宗教身份，马加比人以此作为号召力，去暴力反抗叙利亚试图废除其独特习惯（尤其是割礼和食物洁净法），从而达到同化他们的企图（《马加比一书》1：60—63；也参《马加比四书》4：26）。

③ 详参 K. -W. Niebuhr, “‘Judentum’ und ‘Christentum’ bei Paulus und Ignatius von Antiochien”, *ZNW* 85 (1994), 218—233，尤其是第 224—233 页。

④ 公元二世纪已有这种思想，参《巴拿巴书》4. 6—8；游斯丁：《对话录》11. 5；135. 3，6；Melito of Sardis, *Peri Pascha*, 39—45。

⑤ 参 A. L. Williams, *Adversus Judaeos* (Cambridge, 1935); H. Maccoby, *Judas Iscariot and the Myth of Jewish Evil* (London, 1992)。

十世纪后期，耶稣、保罗时期的犹太教经常被称为“晚期犹太教”（*Spätjudentum*）；其逻辑是，随着基督教的到来，犹太教已经没有继续存在的空间和必要了。第一世纪的犹太教之所以被称为“晚期犹太教”，是因为在基督教看来，随着基督教的到来，犹太教在上帝计划之中的功能已经完成。那是“晚期犹太教”，因为它已经到了末期。因此，在历史耶稣探究中也表现出令人厌烦的特点：不断贬低犹太教，试图让耶稣远离犹太教。正如苏珊娜·赫舍尔（Susannah Heschel）所观察到的，十九世纪自由神学家把第一世纪犹太教描绘得尽可能地负面，以突出耶稣在犹太人背景中独特的宗教形象。[①]

在这种基督教反对犹太教的传统之下，难怪犹太人和基督徒视保罗为反对犹太教的始作俑者，因为他曾经支持反犹，敌视犹太教。也难怪人们所持的假定差不多为一种定论了，就是保罗反对犹太教，是因为犹太教对基督教有负面态度、反对基督教的特性。这种观点成为基督新教的默认立场，主要是因为马丁·路德。他反对中世纪的天主教，据此，他认为保罗也反对犹太教。天主教的堕落是因为出售赎罪券，马丁·路德将之映射到犹太教身上，就是犹太教主张因行为称义。[②]根据路德教义，保罗区分了福音与律法，反映的正是基督教与犹太教的对立。[③]如果“福音”被解释成恩典，那么“律法”就是恩典的反义词。根据犹太人的理解（误解），“律法”是他们所能达到的一个巅峰。[④]至于“律法之工”，那不过是“人的自我努力以巩固其自我存在，而忘记了他是被创造的存在”。[⑤]

---

① S. Heschel, *Abraham Geiger and the Jewish Jesus* (Chicago, 1998), 9, 21；“作为犹太特性，犹太教表现出来的一些特征及其所关联的一切，都是基督教神学家所反对、所拒绝的：假虔诚、不道德、律法主义、伪善……”（第 75 页）。

② 参 E. Lohse, *Paulus* (*München*, 1996), 285；也参 Stuhlmacher, *Revisiting*, 35；引自 Dunn, *New Perspective on Paul*, 第 20 页注释 89 (2005)，第 22 页注释 89 (2008)。

③ 参 James Dunn, *The New Perspective on Paul*, 第 22 页注释 88。

④ E. Käsemann, *Commentary on Romans* (1973；英译版 Grand Rapids, 1980), 93.

⑤ R. Bultmann, *Theology of the New Testament*, vol. 1 (英译版 London, 1952), 139.

基督教对保罗的阐释几乎成了一种直觉的反射,那就是,只有把当时的犹太教视为反面的一极,人们才能正确理解保罗。这正是新观要提出的问题。犹太学者抗议说,如此描述的犹太教与他们所理解的犹太教相去甚远。然而,这个抗议在很大程度上被忽视了。蒙特福尔(C. G. Montefiore)称之为"想象出来的拉比犹太教,是基督徒学者为圣保罗的书信提供一个合适的鲜明背景而创造出来的犹太教。"[①]直到桑德斯(E. P. Sanders)以直率的争论,挑战基督教的这个传统之后,犹太学者以及其他人的抗议之声才为人所闻。[②]桑德斯在回应的时候,指出了犹太教及其救赎论中一个根本的维度,而这个维度在很大程度上被忽视了,在基督教的新约研究中完全被忽视了。其关键的认识是,犹太教建基于上帝当初与亚伯拉罕、与列祖所立的约。这是上帝主动的,是上帝所发出的一个誓言、一个应许,而以色列人的上帝选民身份和意识也是建立在这个基础之上的。[③]从埃及为奴的地位被救赎出来是进一步的恩典行动,而进入应许之地是上帝给列祖应许的兑现。西奈之约一方面承认了上帝的主动,另一方面也详细说明了以色列人应该如何回应,作为上帝的子民应该怎么生活。桑德斯总结说,其平衡及其相互影响体现在西奈之约上,后来更为常用的一个术语是"约法主义"。[④]这个术语强调的重点,是以色列宗教(犹太教)中上帝主动与人的回应两者之间的相互作用和共栖关系。

以色列与上帝的关系开始于上帝的主动以及应许的实现;约的另一方——以色列人的责任是遵守律法以维护这个约。没有任何一卷书比《申命记》更能表达"约法主义"的双重特点:不断强调上帝立约时所发出应许

---

① C. G. Montefiore, *Judaism and St Paul* (1914; New York, 1973), 65. 我们还应该注意到,赫舍尔以自由主义方式探索历史耶稣时,对历史耶稣的性格塑造。

② E. P. Sanders, *Paul and Palestinian Judaism* (London, 1977)。也参 G. F. Moore, *Judaism in the First Centuries of the Christian Era: The Age of the Tannaim* (Cambridge, 1927—1930), II, 第94页及其后部分,载于 Dunn, *The New Perspective on Paul*, 第6页注释22。

③ 参《创世记》12:2—3。

④ 参 Sanders, *Paul and Palestinian Judaism*, 75, 236, 420, 544。

的信实,也强调以色列人必须遵守西奈山发出的诫命。[①]桑德斯还正确地指出了以色列宗教仪式中为罪和赎罪而进行的献祭方式。[②]犹太人没有指望以积功德的方式去弥补他们的罪。犹太人与上帝的约为他们提供了除罪的方法。他们的宗教不仅仅是肤浅的常规仪式那么简单,他们也需要悔改。[③]

同时,保罗所传福音的中心概念——"义"(罗 1：16—17)得到了重视。保罗以犹太人独特的方式去理解"义"。在希伯来人的思想中,"义"是一个表示关系的词,表示个人作为关系中的一部分,他(她)应该履行自己的义务。[④]所以,以色列人的义不是透过自我努力获取某种东西,而应该以遵守约的立法、忠于约的条款来理解、来衡量。上帝的义也与此类似,就是上帝履行他与以色列人立约时所承担的义务。这与上帝的信实是一个概念,他遵守约里所立定的应许。尽管以色列人不信实,上帝仍然维护他的约,去拯救、维护他的子民,上帝的义就得到了体现。[⑤]这就是现代英语将《诗篇》《以赛亚书》中的"义"译作"解救""维护"的原因。[⑥]它是拯救意义上的"义",而不是判断意义上的"义"。[⑦]这正是马丁·路德让自己认识到的启示(或者说是新观),而这个新观导致了宗教改革的兴起。[⑧]但是对第二圣殿时期的犹太教主体来说,这不是什么新的洞见,而是犹太教本身的一个基本原则。

---

① 《申命记》4：32—40；6：20—25；7：6—11；8：17—20 等。

② Sanders, *Paul and Palestinian Judaism*, 157—180。进一步的主题索引参见该书 617 页的"保罗"词条。

③ 《诗篇》第 51 篇是一个经典的例子。也参 Sanders, *Paul and Palestinian Judaism*, 625 页之索引。这是保罗教导的一个特点,这个特点难倒了很多犹太学者:虽然保罗在犹太教中有突出的地位,他却为什么很少提到悔改呢?

④ 参 James Dunn, *The Theology of Paul the Apostle* (Grand Rapids and Edinburgh, 1998), 341—344,以及书目部分。

⑤ 保罗在《罗马书》3：3—7 简洁地表达了这一点的吊诡性。

⑥ 如《诗篇》51：14；65：5；71：15;《以赛亚书》46：13；51：5—8；62:1—2;《弥迦书》6：5；7：9。

⑦ 这在《罗马书》1：16—17 得到明确的表达:"这福音本是神的大能,要救一切相信的……因为上帝的义正在这福音上显明出来……"

⑧ 参 *Luther's Works* (St. Louis, 1960), 34, 336,引自 Dunn, *The New Perspective on Paul*, 第七章开头部分。

二十世纪中叶发现的死海古卷清楚地显示了这一点,其中包括《库姆兰社群守则》末尾的赞美诗(1QS 11.11—15):

> 至于我,如果我绊倒了,上帝的慈爱将成为我永恒的救赎。如果我因肉体的罪而跌倒,上帝会借着他的公义使我称为义,他的公义永远长存。他将以他的恩典吸引我,他要藉他的怜悯使我称为义。他必按他公义的真理审判我,必按他的大慈爱饶恕我的罪孽。他要藉他的公义将我的罪孽洗除净尽,并洁除我里面的罪(英译 Vermes)。

这个文本来自犹太教中一个热切遵守律法的教派,它充满感情地说,上帝的恩典、慈爱和公义是希望的基础、赦罪的保证。这个文本与保罗的特点很相似,与保罗所强调的是一致的。这里所表达的犹太教怎么会被视为与保罗所传的福音相反呢?答案可能是,传统上基督徒对犹太教的憎恶导致了他们对犹太教的误解和扭曲,而那种误解和扭曲的犹太教形象正是保罗所反对的。

我们当然有理由证明,对于基督徒描述的拉比犹太教形象,桑德斯在他的争论中反应过度了。在主张约与法(约法主义)之间的动态关系时,他可能更注重约的层面,而淡化了法的层面。①第二圣殿时期的拉比文献也许根本就不如桑德斯所论证的那么一致。②然而,重点是,透过强调约的层面,桑德斯为这个课题带来了一个平衡(约法主义),或者说,纠正了以前的失衡(律法主义)。我们不应该反驳他而退到旧的犹太教(即展现律法)。约和法两个元素都必须得到重视,保罗是按照以色列人的思维去理解上帝的义。

---

① D. A. Carson et al. eds., *Justification and Variegated Nomism. Vol.* 1: *The Complexities of Second Temple Judaism* (WUNT II/140; Tübingen, 2001); S. J. Gathercole, *Where is Boasting? Early Jewish Soteriology and Paul's Response in Romans* 1—5 (Grand Rapids, 2002).

② 参 F. Avemarie, Tora und Leben: *Untersuchungen zur Heilsbedeutung der Tora in der frühen rabbinischen Literatur* (Tübingen, 1996)。他的批评相当特别。

两者之间的相互作用方式是不同的，正如犹太文献所表现出来的不同基督教的文献也一样有差别。但是两者之间的相互作用是无可争议的。[①]

这就是保罗新观的第一个方面：我们认为保罗所传福音所重视和强调的，也是犹太教所继承的，特别是关于上帝义的概念，所以说，保罗关于称义的教导这个层面没有得到足够重视。

二、凡相信的，犹太人和希腊人

基督教传统上反对犹太教，这其中的一个后果就是把好几个方面弄得模糊起来：早期基督教的特点、保罗所强调内容的重要性、福音既是为犹太人的也是为外邦人的。对于一个不断宣称自己反对犹太教的基督徒来说，一个令他尴尬的事实是，不但耶稣是犹太人，而且最早期的使徒们，即第一批基督徒都是犹太人。包尔（F. C. Baur）所写的第一部重要的基督教历史面临挑战，但也把这议题重新提了出来。在包尔看来，基督教在民族宗教犹太教范围内提出了一个全人类都要去实现的宗教“计划”，却又不同于“犹太教所有的民族特质”。[②]是保罗首先“明确、清楚地宣称基督教的普世性原则，在根本上不同于犹太教的特殊恩宠论”。[③]包尔随后分析认为，早期基督教是外邦基督徒（保罗）与犹太基督徒（彼得）长时间的冲突过程。这本身（涉及保罗、福音、宗教改革、犹太教、律法、彼得、天主教）反映了路德式福音

① Avemarie 对桑德斯的评价是正面的，参 Avemarie, Tora und Leben, 引自 Dunn, *The New Perspective on Paul*, 第 58 页注释 243，第 63 页注释 252；也参 D. A. Carson et al. eds., *Justification and Variegated Nomism. Vol. 1: The Complexities of Second Temple Judaism*，见 Dunn, The New Perspective on Paul，第 57 页注释 234，第 61 页注释 242；也参 S. J. Gathercole, *Where is Boasting? Early Jewish Soteriology and Paul's Response in Romans* 1-5，参 B. W. Longenecker, "On Critiquing the 'New Perspective' on Paul: A Case Study", *ZNW* 96 (2005), 263—271。

② F. C. Baur, *Paul: the Apostle of Jesus Christ*（英译本：London, vol. 1, 1873), 3.

③ F. C. Baur, *The Church History of the First Three Centuries* (2 vols.; 英译本 London, 1878—1879), 47.

与律法对立的观点,这样的分析不公正地贬低了犹太教和天主教,应该受到批评。包尔认为,基督教来源于犹太教这个母体,这是他在不断发展的基督教起源研究历史方面迈出的重要一步。他也认识到,保罗视犹太教的民族性为福音的限制[①],这也是正确的。我们稍后会看到这一点。但是,如果视普世性为特殊恩宠论的对立面,就认识不到犹太教所表现的、所宣称的普世性一面,也认识不到基督教也有其独特性。[②]包尔有倾向地只接受四封书信为保罗所作,而他后期的新约论著并没有产生什么长久性的影响。[③]然而他持续的影响是他将保罗的对手塑造为"犹太人",意思是犹太基督徒,他们坚持外邦人必须行割礼,虽然"犹太化基督徒"已经表示外邦人要像犹太人那样生活(加2:14)。[④]

包尔将保罗所传的福音归结为"普世主义",却忽视了种族、民族、国家等因素。在十九世纪自由主义和二十世纪存在主义的个人主义背景之下,保罗的"所有人"可能被误解为受到罪咎感、良知、焦虑困扰的个人主义,而没有考虑到种族和民族。福音很容易被描述成为有罪的个体提供从上帝而来的平安。[⑤]在这一切的里面,无论曾经有多少真理,现有的情况是,曾经被忽略的,即保罗所传福音的社会或种族的层面,也是重要的。

---

① 在希腊文中,犹太教(*Ioudaismos*)这个词首先出现在《马加比二书》2:21;8:1和14:38,这三处都将"犹太教"定义为宗教身份和生活方式,马加比人也是为此而反抗叙利亚人的霸权统治(详参本书第113页注2)。

② 参 James Dunn, "Was Judaism Particularist or Universalist?", in J. Neusner and A. J. Avery-Peck (eds.), *Judaism in Late Antiquity, Part III: Where We Stand: Issues and Debates in Ancient Judaism*, Vol. 2 (Handbuch der Orientalisk; Leiden, 1999), 57—73。

③ 比如 S. J. Hafemann, "Baur, F. C.", in *Historical Handbook of Major Biblical Interpreters* (ed. by D. K. McKim; Downers Grove, 1998), 第285页及其后部分。

④ 相关讨论参 James Dunn, *Beginning from Jerusalem* (Grand Rapids, 2009),第473页及其后部分。

⑤ 在新约研究领域,尤其是布特曼;在福音派聚会中,尤其是葛培理(Billy Graham)。正如戴尔(N. Dahl)敏锐地指出的:"帘子在收窄……教义的焦点变成了个人与上帝的关系。"参 N. Dahl, "The Doctrine of Justification: Its Social Function and Implications" (1964), in id., *Studies in Paul* (Minneapolis, 1977), 95—120。

今天我们视保罗那"外邦人使徒"(罗 11: 13)的头衔为理所当然。正如我们所知道的,从人的角度来说,首先我们要将"基督教"向外邦人开放这件事归功于保罗。但是我们很容易忘记,这个重大的一步是有争议的,也是史无前例的。从犹太人的角度说,犹太人—外邦人的区分是人类社会的重大分野,与地中海世界的其他主要分野相类似;从希腊的角度说,是希腊人与未开化之人的区别。[①]我们不要忘记,"外邦人"的另一种翻译就是"列国"。从犹太人内部来说,世界分为以色列和其余的人,即列国、外邦。当然了,以色列本身就是一个国家,但是他们还是将自己与"列国"区分开来。不只是以色列一个国家将列国(ethnê)这个词等同于"外国人"。[②]在希伯来人的用法中,以色列人更乐于认为自己是"民"('am)而不是"国"(goy)。"列国"(goyim)这个表示复数的词本身带有一种贬义味道,跟英语中的"异教徒"(heathens)意思差不多。列国被认为是远离上帝的,在圣约之外的,敌视上帝、敌视上帝的子民。[③]

这种对待"列国/外邦人"不正确的态度持续到第一世纪,在第一批基督徒中广为流传。这个本质上为犹太人的观点在《以弗所书》中得到最充分反映:

> 所以,你们要记得:从前你们按肉体是外邦人,是"没受割礼的";这名字是那些凭人手在肉身上"受割礼的人"所取的。要记得那时候,你们与基督无关,与以色列选民团体隔绝,在所应许的约上是局外人,而且在世上没有指望,没有上帝(弗 2: 11—12,译文录自《和合本修订版》,下同)。

---

① 参《希腊文—英文辞典》(*LSJ*),306。

② 参 *BDAG*,276。

③ 如《申命记》7: 1—6;《诗篇》2: 1—3;《列王纪下》17: 8—15;《以西结书》20: 32。参 R. E. Clements, "goy", *TDOT*, 2: 431—433。也参 N. Walter, "*ethnos*", *EDNT*, 1: 382。

从这个角度来说,外邦人不仅仅是弱势,简直就是违法、不顺从者的代名词了。由于他们在上帝之约以外,他们没有律法,按字面上的表达就是"无法""律法之外";他们甚至被指为"罪人"。[1]外邦人等同于罪人的用法作为一个特定的表达出现在新约经文中,这是一个令人难受的事实。[2]甚至保罗也这样用,《加拉太书》2:15 那个轻蔑性质的注释"外邦罪人"很难逃过读者的眼睛。

这就使我们明白,当第一批基督徒(犹太人)把福音传给外邦人(非犹太人)的时候,这是多么惊人的一步! 回到这一点,我们不要淡化以色列对住在他们之中的非以色列人的关心;[3]也不要忘了第二圣殿时期犹太教对外邦敬畏上帝、喜爱犹太教的人(已经犹太化的外邦人)非常开放,欢迎那些希望归化成为犹太教徒的外邦人。[4]我们也不要忘了,在犹太人中有普遍的盼望和期待,当散布在列国中的各支派回复光荣的时候,在末后的日子,众多归顺为犹太教信徒的外邦人将来到锡安山朝见上帝。[5]然而这些并没有使得犹太人急于去宣教而努力使那些非犹太人归顺犹太教。犹太教并没有宣教的意识。[6]为什么会是如此? 因为犹太教主要是一个民族性的宗教,是犹太地居民,即犹太人(Judean)的宗教。[7]所以对于第二圣殿时期的犹太人来说,信仰犹太教的很自然地就是犹太人,以及归化成为犹太人的非犹太人。[8]

---

① 如《诗篇》9:17;《多比传》13:6;《禧年书》23:23—24;《所罗门诗篇》1:1; 2:1—2。

② 《马太福音》5:47;《路加福音》6:33;《马可福音》14:41;《加拉太书》2:15。

③ 比如,《出埃及记》12:48—49;《民数记》9:14;《申命记》31:12。

④ James Dunn, *Beginning from Jerusalem*, 560—563.

⑤ 参 James Dunn, *Jesus Remembered* (Grand Rapids, 2003),第 395 页注释 71。

⑥ 参见相关参考书目,如 James Dunn, *Beginning from Jerusalem*,第 299 页注释 247。

⑦ *BDAG* 的确是有选择性地将 *Ioudaios* 译作"Judean",而不是 Jew,参见第 478 页。

⑧ 在提及犹太人特殊恩宠论的问题上,包尔是对的,虽然他在讨论这个问题的时候离题了。是批评犹太教"律法主义"更合理呢,还是批评犹太教"民族中心主义"更有道理? 事实上,保罗是以基督论取代了民族中心论。参 James Dunn, "Was Judaism Particularist or Universalist?", in J. Neusner and A. J. Avery-Peck (eds.), *Judaism in Late Antiquity*, *Part III*: *Where We Stand*: *Issues and Debates in Ancient Judaism*, Vol. 2 (Handbuch der Orientalisk; Leiden, 1999), 57—73。

这就是基督教——起初是犹太教的一个支派——打破窠臼的地方。它成了一个传福音的宗派，一个有点失控的宣教运动，从犹太教范围来说，这是闻所未闻的。我们仍然能感受到这在当时引起的震撼。比如《马太福音》坚持认为耶稣的事工对象只是“以色列家迷失的羊”（太 10：5—6；15：24）。犹太信徒为自己的经历感到震惊，他们意识到外邦人无需成为犹太人，上帝也赐圣灵给他们，“那些奉割礼的信徒和彼得同来，见圣灵的恩赐也浇在外邦人身上，就都惊奇”（徒 10：45）。保罗也将福音的突破性进展归功于圣灵自由地赐给外邦人，他也记录了耶路撒冷领袖完全认可他在外邦人中宣教所彰显出来的上帝恩典（加 2：7—9；3：2—5）。如此巨大的转变一定得到神圣的认可、明显的启示，犹太人对上帝旨意的认识达到一定的程度，以至于在早期基督教内被接受了。

然而，如此打破窠臼并没有得到广泛认同，不仅不承认耶稣为弥赛亚的犹太人不接受，甚至连信仰耶稣的犹太人也不接受。考虑到以色列人多少世纪以来都坚信他们是被上帝特别拣选的民族，他们这种反应是容易理解的。是保罗提出例证说，上帝正在做一件事，全新的事，圣灵已经行在前头，人们应该全心全意地跟随其后。保罗事工的重要意义再一次在《以弗所书》里得到了表达：

> 想你们必曾听见上帝赐恩给我，把关切你们的职分托付我，用启示让我知道福音的奥秘，正如我以前略略写过的。你们读了，就会知道我深深了解基督的奥秘；这奥秘在以前的世代没有让人知道，像如今藉着圣灵向他的圣使徒和先知启示一样，就是外邦人在基督耶稣里，藉着福音，得以同为后嗣，同为一体，同为蒙应许的人。（弗 3：2—6）

这就是保罗在《罗马书》11：25 所揭示的奥秘。他苦思冥想为什么这么多外邦人已经接受了福音，而以色列人对之却充耳不闻，现在这奥秘已经向他们展现出来。这奥秘恰恰是上帝的意图,要把救恩带给外邦人,以此把救恩带给以色列人,也就是说,把救恩带给所有人(罗 11:11—14;11:25—26;11:32)。

问题在于,保罗所说的"所有人"并非每一个人或者任何人。他的"所有人"明确地是指外邦人和犹太人,犹太人和外邦人。这就是保罗在《罗马书》里反复强调的,福音及其后果要考虑到"犹太人和希腊人"、"犹太人和外邦人"、[①]"受割礼的和未受割礼的"的原因。[②]更确切地说,对保罗而言,福音所揭示的奥秘就是,上帝计划把犹太人和外邦人带到一起,共同敬拜独一上帝。《罗马书》的高潮常被忽略。在《罗马书》15:8—12,保罗引用三部分经文,[③]对前几章所概述的完整福音进行总结,由此断言,他向外邦宣教,使得颁布律法者、诗人和先知的盼望都得到应验:外邦人都来颂赞以色列的上帝。

《以弗所书》对此再次做了明确的表达:

> 从前你们是远离上帝的人,如今却在基督耶稣里,靠着他的血,已经得以亲近了。因为他自己是我们的和平,使双方合而为一,拆毁了中间隔绝的墙,而且以自己的身体终止了冤仇,废掉那记在律法上的规条,为要使两方藉着自己造成一个新人,促成了和平;既在十字架上消灭了冤仇,就藉这十字架使双方归为一体,与上帝和好。(弗 2:13—16)

---

① 《罗马书》1:16;2:9—10;3:9,29;9:24;10:12;也参考《哥林多前书》1:23—24;10:32;12:13;《加拉太书》3:28;《歌罗西书》3:11。

② 《罗马书》2:25—27;3:30;4:10—12;也参考《哥林多前书》7:18—19;《加拉太书》2:7;5:6;6:15;《歌罗西书》3:11。

③ 《罗马书》15:9—《诗篇》18:49;《罗马书》15:10—《申命记》32:43;《罗马书》15:11—《诗篇》117:1;《罗马书》15:12—《以赛亚书》11:10。

没有比这更直白的了。《以弗所书》中的保罗,就像《罗马书》中的保罗一样,看到了福音的意义:不仅在纵的方面连接了个体的人与上帝的关系,也在横的方面连接了国家与民族,在这里是犹太人和外邦人。很明显,对保罗来说,那阻止外邦人自由地来到上帝面前的"隔绝的墙"已经被拆毁了。[①]犹太人与外邦人之间的"冤仇"——实际上是由以色列人的选民身份导致的——已经完结了,被消灭了。这也是上帝计划的奥秘,从前一直是隐藏的,但是现在因着保罗的宣教而彰显、成为现实。

这是保罗的重要性和教导的第二个特点。这个特点以前被太过忽视,保罗新观就是要使之成为焦点。与此密切相关的原因是,保罗关于称义的教导来自这样的事奉背景,来自保罗对他自己宣教的理解。[②]这就难怪保罗在《罗马书》和《加拉太书》里关于因信称义的教义得到太多的强调,也没有引起惊奇。也就是在这两封书信里,保罗阐述了福音是为了一切相信的人,希腊人和犹太人,外邦人和以色列人。是福音打破了原先横亘在犹太人与外邦人之间的障碍,最终使外邦人与犹太人在一起敬拜得以成为现实。

关于称义的教义,它的社会维度与起初的构想是一样完整的。它并不是保罗后期从他所强调的教导里得出的一个推论。作为一个使徒,他仅仅是外邦人的使徒。他所强调的是他所传福音的要点,所以他觉得自己委身于它,而且坚决地捍卫。一个因信称义的教义,如果不能突出保罗让外邦人和犹太人和解的关怀,就不是保罗的教义。

---

① "隔绝的墙"可能是指耶路撒冷圣殿中分割外邦人院与内院之间的栏杆,非犹太人越过此栏杆必被处死。有人怀疑,这样的暗指是否为让小亚细亚读者能明白,虽然《以弗所书》2:11—12 表达出强烈的犹太人观点,暗示读者熟悉犹太人的这个独特性。另一种解释,正如后面的一个分句所显示的,也许是指律法本身,因为律法本身就像一个围在以色列周围的篱笆。相关讨论参 A. T. Lincoln, *Ephesians* (WBC42; Dallas, 1990), 141;E. Best, *Ephesians* (ICC; Edinburgh, 1998), 253—257。

② 在二十世纪,不只一个人阐述过这个要点,然而,是 K. Stendahl 使之新生,重新被人重视,参"The Apostle Paul and the Introspective Conscience of the West", *HTR* 56 (1963),199—215 = *Paul Among Jews and Gentiles* (London, 1977), 78—96;其汉语译文详见本书第 139—156 页。

三、因信称义而非律法之工(行律法)

认识保罗关于称义教导的背景和处境是“新观”的起点。首先,保罗时期的犹太教被赋予律法主义的特点,认为上帝的义是惩罚性的,唯有透过功德方能被上帝接纳,这是对历史现实的严重扭曲,也完全忽视了上帝的主动性以及他与以色列所立的约,而这个约对犹太教来说仍然很重要。其次,保罗关于称义的教导必定反映了他的信仰,这个信仰支配了他一生作为外邦人使徒的事奉,这个信仰使他从犹太基督徒中脱颖而出,坚称耶稣就是弥赛亚的福音是为一切相信的人,不仅是为犹太人,外邦人无需成为犹太人也可以相信。

因此,我越来越强烈地要问我自己一个简单的问题。为什么保罗在表达他所理解的关键术语的时候,用了一个辩论形式——“因信耶稣基督,而不是靠律法之工”呢?如果他不是反对,而是鼓励以色列人去明白上帝拯救的义,那么当他说“律法之工”的时候,他是在反对什么呢?当我反省这些问题时,四个相关联的方面在脑海里逐渐呈现出一幅完整的图画。在以往的论述中,我已经多次对这些要点进行过详细的论述,所以在此只是扼要阐述一下。

(1)在讨论保罗对律法的态度时,我们在很大程度上忽略了律法(妥拉)的功用。这是另一个被遗漏的层面,如果你愿意这么理解的话。律法的功用是把以色列从列国中区分出来,作为一个律法之民。[①]正如我们从上面所看到的,这就是宣称外邦人实质上在律法之外,是“罪人”的理由。在这种情况下,律法是保护以色列神圣地位的一道壁垒、一堵墙。也就是说,为上

① 我第一次阐述这个要点是在我对《罗马书》的注释里,参 WBC 38; Dallas, 1988, lxiv-lxxii, 重印在 K. P. Donfried ed., *The Romans Debate*(Peabody, 1991), 299—308, 也参 *The New Perspective on Paul* 之第四章,尤其是第146—149页。

帝而分别出来，与堕落、污秽隔离开，否则，其后果就是他们与其他国民没有距离。律法作为保护以色列的一个墙或栅栏，在成书于公元前二世纪的《亚里斯提亚书信》(Letter of Aristeas)中得到最清晰的表达，这本书实际上试图解释犹太人与非犹太人的关系。

> 制定律法者(即摩西)用他的智慧……给我们围上牢不可破的栅栏和铁墙，以防止我们与其他任何民族在任何问题上混杂，以便我们的身体和灵魂都保持纯洁……为了防止我们与其他民族接触，或者受其影响而导致我们行为败坏，他在我们四周安上严格的法例，让我们在饮食、触摸、听闻、视觉上都遵守律法的规定(《亚里斯提亚书信》，139—142节，Charlesworth 英译)。[①]

为上帝而分别出来，意味着"圣洁"是一个关键词。[②]重点是，为上帝而分别出来，也就意味着与其他民族隔离开来，免得沾染污秽，导致不洁。

(2)各种各样的界限标记和宗教仪式清楚地表达了以色列的分别为圣。[③]其中之一就是割礼。虽然很多地方都有割礼，但是一般认为这是犹太男子的显著特征。如罗马史学家塔西佗所言，"他们采用割礼表明他们自己与其他民族不同"(《历史》5.5.2)。所以保罗在表达犹太人/外邦人的区别时，不是用"受割礼的/未受割礼的"，而是用"割礼/没有割礼"。[④]

---

① 因为亚里斯提亚并没有表现出对律法的极端热情，所以想象就显得重要了。

② 例如，《出埃及记》19：6；《利未记》11：44—45；19：2；20：7；20：26。

③ 我让大家注意律法的社会功能和"边际界限"，参 J. D. G. Dunn，"Works of the Law and the Curse of the Law (Gal 3：10—14)"，*NTS* 31 (1985)，523—542，重印于 James Dunn，*Jesus, Paul and the Law: Studies in Mark and Galatians* (London，1990)，215—241，也见于 James Dunn，*The New Perspective on Paul*，第三章，尤其是第 122—125 页。

④ 《罗马书》2：26；3：30；《加拉太书》2：7；《歌罗西书》3：11。进一步讨论参 James Dunn，*Beginning from Jerusalem*，439—442，在那里我思考了外邦信徒割礼的问题为什么在早些时候发生，参 442—446。

第二个界限标记是洁净和不洁净的律法。洁净动物与不洁动物的根本区别反映了,也强化了以色列与列国的分别,这在《利未记》20:22—26得到最清楚的表达:

> ……你们不可随从他们的风俗。因为他们行了这一切的事,所以我厌恶他们……我是耶和华——你们的上帝,是把你们从万民中分别出来的。你们要分辨洁净和不洁净的飞禽走兽;不可因我定为不洁净的飞禽走兽,或爬行在土地上的任何生物,使自己成为可憎恶的。你们要归我为圣,因为——我耶和华是神圣的;我把你们从万民中分别出来,作我的子民。

第三个界限标记是以色列人必须守安息日,一个固定的休息和敬拜的日子。安息日,连同其他节日把犹太教与其他宗教分别开来。罗马讽刺作家尤维纳利斯(Juvenal)陈述了犹太化的外邦人如何靠近犹太教,却越过了某些界限标记:

> 一些人,他们的父亲遵守安息日,他们却只敬拜云朵和天空的神圣,而区分不出吃猪肉(他们的父亲是戒绝的)和吃人肉有什么分别;他们适时地行割礼。他们习惯于嘲笑罗马法律,却学着遵守、尊重犹太法律,以及摩西密传的大部头的书里所记载的(《讽刺剧》14.96—102)。[①]

我们要强调的是,这些未必是律法中最重要的诫命,但它们是引起破裂、界定性的问题,因为那些是犹太教的独特性。所以保罗书信就反映了这

① 参 *GLAJJ*(*Greek and Latin Authors on Jews and Judaism*),2.102—107。

些敏感性的问题。[①]

(3)扫罗/保罗为什么迫害教会？可能涉及很多因素，但是保罗自己给出的原因是“热心”。他迫害教会表达了也证明了他的热心(腓3：6)。虽然这是保罗为他以前行为给出的唯一原因，但是这个因素常常被忽略。代替的是认为他“为律法热心”，或者“为祖宗的遗传热心”(加1：14)，这激发了他真正的原因，即否认耶稣是弥赛亚，恼怒早期信奉耶稣者宣称耶稣是弥赛亚。在这里，几乎总是被遗漏掉的，是热心于以色列传统和分别为圣之间的联系。然而，这里需要留意的是，保罗所说的热心，在扫罗看来是上帝自己的“热心”。是亚卫自己的“热心”或“嫉妒”(和合本译作忌邪)，强调以色列不可拜别神，应该专一地忠实于他，“因为我上主——你的上帝是忌邪的上帝”。[②]以色列历史上热心的模范是非尼哈，当一个以色列人带一个米甸女子到他帐篷的时候，非尼哈杀了他们两个。“因为他为上帝热心”，这种热心反映的是上帝的嫉妒/热心(民25：6—13)。以色列历史中其他热心英雄表现出相同的决心，维持以色列与列国分离的状态，通常不吝对以色列/犹太同胞使用暴力。保罗为迫害其犹太同胞给出的理由是“热心”，他也乐于界定这样的保罗(“我竭力压迫残害上帝的教会”，加1：13)，这个事实强烈暗示他的热心来源于上帝的强烈坚持，以色列必须从列国及其神灵中分别出来。[③]

① 割礼——《加拉太书》，《罗马书》；洁净与不洁的律法——《罗马书》14：1—15：6；《加拉太书》2：11—14；《歌罗西书》2：16；安息日——《罗马书》14：5—6；《加拉太书》4：10；《歌罗西书》2：16。在研究律法的边际功能在《加拉太书》第2章中的作用是否合适这个问题时，D. A. Campbell完全忽视了《利未记》20：22—26和《亚里斯提亚书信》139—142节的内容，参D. A. Campbell, *The Deliverance of God: An Apocalyptic Rereading of Justification in Paul* (Grand Rapids, 2009)，第449页起。

② 《出埃及记》20：5；34：14；《申命记》4：23—24；5：9；6：14—15；32：21；《死海古卷》11Q Temple (11Q圣殿篇), 1.12—13。

③ 我对这个课题有过详细的讨论，参J. D. G. Dunn, "Paul's Conversion —— A Light to Twentieth Century Disputes", in *Evangelium-Schriftauslegung-Kirche. FSP. Stuhlmacher* (ed. by J. Ådna et al.; Göttingen, 1997), 77—93，重印在James Dunn, *The New Perspective on Paul*，第15章。简略论述参见James Dunn, *Beginning from Jerusalem*, 341—346。

(4)在所有这些背景之下,保罗所说的"律法之工"以及他将"律法之工"与信靠耶稣基督相对照(加 2：16)就有了新的亮光。说到"律法之工",他的意思当然是律法的要求。[①]从《加拉太书》2：1—16 看,很明显,保罗在写这些话的时候(加 2：16),他心里想到了那些导致他说出这个关键话语的事件,这个关键话语对保罗来说是基本的福音真理。他所想到的"律法之工"当然包括割礼。那些"假弟兄"试图迫使外邦信徒提多施行割礼,保罗在耶路撒冷领袖的支持下予以抵制(加 2：3—6)。"律法之工"当然还集中在洁净与不洁净的律法上。事实上彼得在安提阿还试图"强迫"外邦信徒遵守这个律法(加 2：14)。事实上是彼得坚持要外邦信徒除了信耶稣基督之外,还要遵守特定的"律法之工"。[②]我们可以有把握地推论,彼得是基于《利未记》20：23—26 的神学:虽然他们同为信徒,但是为了维护以色列的圣洁,他从外邦人中"退去"了(加 2：12)。正如保罗所指出的,彼得事实上坚持外邦人"按照犹太人的样子生活",也就是"勉强他们犹太化"(加 2：14)。保罗在这里所反对的"律法之工"(属于信仰耶稣基督之外的要求)是界限标记,表明犹太的特殊性,使人从外邦人中分别出来。[③]在这种情况下,"律

---

① 我再次强调这一点,因为我早期形成的这个观点引起了一些误解和混乱,参 J. D. G. Dunn, "The New Perspective on Paul", *BJRL* 65 (1983), 95—122,重印在 *Jesus*, *Paul and the Law*, 183—214, 以及 James Dunn, *The New Perspective on Paul*, 第二章。

② 在《加拉太书》2：15—16 保罗继续责备了彼得(2：14)。虽然有这样的事实,而 2：16 就是保罗所言的,在 2：5 和 2：14 所捍卫的"福音真理"这样明显的推理。但是坎贝尔(Campbell)似乎还是非常不愿意承认一个明显的思路,就是耶路撒冷和安提阿的问题(加 2：1—14)与《加拉太书》2：16 有关系,参 D. A. Campbell, *The Deliverance of God*: *An Apocalyptic Rereading of Justification in Paul* (Grand Rapids, 2009), 第 449 页及其后部分。在《罗马书》14—15 章,为什么保罗的"界限"问题如此具有"伸缩性"(D. A. Campbell, *The Deliverance of God*: *An Apocalyptic Rereading of Justification in Paul*, 453)? 可能是因为,在后一种情况下,外邦人占大多数,威胁了犹太人的自由,而在《加拉太书》12：1—14,犹太人占多数,威胁了外邦人的自由。

③ 正如 Frey 正确指出的,在死海古卷(4QMMT)的平行相似经文中,"律法之工"(halakhic rulings)的功能是内部犹太人的"界限标记",因为他们所理解的称义就是要求昆兰群体与其他以色列人分离,参 J. Frey, "Das Judentum des Paulus", in *Paulus*: *Leben-Umwelt-Werke-Briefe* (ed. by O. Wischmeyer; Tübingen, 2006), 41。

法之工”与“按照犹太人的样子生活”意思重叠，几乎是同义词。

“律法之工”是一个较为笼统的短语，意思是遵守律法的一切要求。但是，当这个短语被放在保罗向外邦人传福音这样的处境中时，特别是一些犹太信徒强迫外邦信徒像犹太人那样生活的时候，明显是指律法作为一堵墙，能把外邦人与犹太人隔开；作为一个界限标记，界定谁是“内部人”，谁是“外人”，也就是说，谁是律法之民/立约之民，谁是律法之外的人/约外之民。当然了，《加拉太书》2:16是在重申保罗援引《诗篇》143：2（又比如《罗马书》3：20）时所表达的基本原则。[①]当然了，这是在重述以色列神学的基本原则，以色列被上帝拣选的身份以及上帝与他们立约，其间完全是上帝主动，没有任何假定以色列功绩作为先决条件的意思。引发这个重述的，是耶路撒冷和安提阿试图“强迫”外邦信徒接受特定的律法之工，要求他们必须照犹太人的样子生活，或者成为犹太人。在这两种情形之下（加2：5，14），保罗坚持的“福音真理”是，福音对所有人都是自由的，他们无需承担进一步的义务作为福音的要求。作为外邦人，任何“律法之工”都意味着福音对外邦人是不自由的。

如果这四点可以被视为对“新观”的表达，或者至少说是我的看法，那么，新观本身所呈现的理由就是清楚的。它证实了保罗所教导、所捍卫的唯独因信称义的原则，因为他看到了福音的基本原则受到犹太信徒的威胁。他们坚持认为，作为相信耶稣基督的信徒，他们有义务继续为上帝而分别出来——一种基于他们与列国不同的圣洁。换言之，这种义务就是坚持与非犹太人分开的律法要求。这个“福音真理”与以色列被拣选属于同一个篇

① 虽然Frey有过讨论（Frey，“Das Judentum des Paulus”，3），但是《罗马书》3：20与《加拉太书》2：16却没有什么明显不同，两者都是对《诗篇》143：2的回响：在《加拉太书》2：16，保罗援引《诗篇》143：2概括性地驳斥对手，主张这是界限标记；在《罗马书》3：19—20，他明确地对“律法内部”之人说话；援引《诗篇》143：2，同样是在驳斥犹太人表现的特殊地夸口，不是他们的功德，而是以色列人优于列国的特殊地位（2：17—20；3：27—30）。在《罗马书》4：3—5，他重申了同样（基本是犹太人）的原则，再次强调了他的论点：亚伯拉罕是所有信者之父，包括受割礼的和未受割礼的。

章,即上帝的拯救目的自始至终都是一个恩典的行动,上帝接纳个人或一个民族都不是以他们多么好、多么伟大为前提。但是在基督教历史中,这个原则,这个福音真理甫一实施就遇到对抗。犹太信徒认为,必须要求外邦信徒,除了必要的相信耶稣基督之外——透过相信他们已经领受了上帝恩典和圣灵,还要加上更多一点东西。他们坚持(保罗的措辞是"强迫")外邦人必须归信犹太教或者按照犹太人的样子生活。对保罗来说,界限标记的消除,阻隔犹太人与外邦人之间那堵墙的拆毁,已经证明了这个福音真理。他深信这是他宣教的核心部分,因为这是福音的根本体现,对福音来说也是一个先例。这就是保罗关于称义的教义被遗漏掉的维度,而新观就是要把它带回到舞台中心,保罗自己所放置的中心位置。

四、保罗的整全福音

"新观"重新强调了保罗神学以及他所传福音的几个特点,同时也表明,如果保罗所传福音的更多层面被正确地视为其救赎论的一个部分,则还有更多的方面有待研究。

1. 因信耶稣基督称义

保罗理所当然地认为,亚伯拉罕被算为义的那个信(创 15:6),现在表达出来就是信耶稣基督。亚伯拉罕相信上帝应许他一个儿子,相信上帝是"那叫死人复活、使无变为有的上帝"(罗 4:17),这是预表我们基督徒相信上帝使我们的主耶稣从死人中复活(罗 4:24)。同样,上帝给亚伯拉罕"地上的万族都必因你得福"(创 12:3;18:18)的应许就是福音(加 3:8),因为这是要使亚伯拉罕的福,因着基督耶稣临到外邦人,使我们能因信得着所应许的圣灵(3:14)。因为透过相信耶稣基督就能完全地经历福音,所以保罗能够坚持,也的确这么坚持认为,透过相信耶稣基督而接受福音的外邦人是上帝教会的完整部分。这就是任何把行律法作为被上帝接纳的先决条件,对保罗来说都违背了福音真理而完全不能接受的原因。

对保罗而言,由于上面所引用的"信耶稣"(*pistis Christou*)这个短语的再次流行,福音的基本方面近年来被弄得有点模糊,事实上,保罗的意思是"耶稣的信"。其间的论点是,这个短语扼要地论及耶稣,尤其是指他死在十字架上的信实。保罗并不是把"律法之工"与人的行为或态度(信实)相对照,而是与基督的信、信实相对照。[①]这个问题并不是新观不可或缺的一个部分,在某种程度上是一个外围问题。但是因为它与"因信称义"这个关键的短语相关,也因为它被放在"律法之工"的对立面,所以我们应该作一些简短的讨论。

在我看来,将 *pistis Christou* 解释为"耶稣的信",其价值在于,它把隐含的叙述元素带到了一个显要位置。这些元素强化了保罗的思想——耶稣的生与死更加明确地指向《加拉太书》2：20；4：4；《罗马书》15：3，8 这些段落。既然保罗曾经提到基督的死是"顺服"(罗 5：19;腓 2：8),保罗同样自然地提到基督的"信",也是言之成理的,虽然他从来没有提到耶稣的相信、信任。正如我们马上就会谈到的,把 *pistis Christou* 这个短语的意思集中在相信耶稣所做的,也突出了保罗救赎论的另一个层面,那个层面也遭到一定程度的忽视。

对"*pistis Christou*"解释的主要问题在于一些有欠缺的甚至是低劣的解经,削弱了或者降低了保罗突出"因信耶稣基督称义"的重要性。至于保罗

---

① 此论深受 R. B. Hays 的影响,参 *The Faith of Jesus Christ*: *The Narrative Substructure of Galatians* 3:1—4:11 (Grand Rapids, 2002)。这样的解释得到强有力的支持,如 M. D. Hooker, "PISTIS KRISTOU", *NTS* 35 (1989), 321—342; J. L. Martyn, Galatians (AB 33A; New York, 1997), 276; L. E. Keck, *Romans* (ANTC; Nashville, 2005), 104f. 现在参看 M. F. Bird and P. M. Sprinkle eds., *The Faith of Jesus Christ*: *Exegetical*, *Biblical and Theological Studies* (Milton Keynes, 2009)。根据 S. Chester, "Paul and the Galatian Believers", in S. Westerholm ed., *The Blackwell Companion to Paul* (Chichester, 2011), 63—78,"大多数'新观'学者主张主体属格",但我是个例外(参第 70 页)。

在 *pistis Christou* 这个短语中所要表达的，在我看来，线索在于他更为常用的“*ek pisteōs*”(以信为本)这个短语中。[①]他早期比较集中地使用在《加拉太书》3：7—12，22，24，总共七次。在这个段落中，该短语的使用清楚地显示了他头脑中所想的。关键是，《加拉太书》3：7—9 是保罗对《创世记》15：6 引起的问题进行阐述和论证，在那里保罗显然是在解释加拉太人接受福音和领受圣灵的重要性(加 3：2—5)：“正如亚伯拉罕信上帝，这就算为他的义”(创 15：6)，所以，你们要知道：那些以信为本(*ek pisteōs*)的人，就是亚伯拉罕的子孙(创 3：6—7)。那些以信为本的人，分享了亚伯拉罕的信心。《加拉太书》3：7 中的 *pistis* 应该被理解为“信心、相信”，犹如亚伯拉罕一样地相信。在没有明确表示他现在是在论及基督的信实而不再谈论亚伯拉罕的相信的情况下，保罗似乎没什么可能在这一章的其余部分(出现了十三次)改变 *pistis* 这个词的意思。出于同样的逻辑，保罗在这封信的其他地方(特别是 2：16)使用 *pistis* 这个词的时候，不大可能指向别的含义。同样的考虑也适用于《罗马书》。在《罗马书》中，保罗论证说，亚伯拉罕的信(创 15：6)是基督徒信心的样板(尤其参见罗 4：16)。[②]

另一个问题是，考虑到 *pistis* 的这些意思，甚至是其全部意思的一致性，从因信称义的根源上说，指基督的信实比通常所理解的更为贴切。保罗所传福音寻求引发的那个信心，就是对上帝完全的信赖，亚伯拉罕为我们做了完美的榜样(罗 4：17—22)。[③]基于人类不能充满信任地依靠上帝，保罗描述人类的基本堕落(罗 1：21)，不是出于信心就是出于罪(罗 14：23)，唯独使人生发仁爱的信心才有功效(加 5：6)。相比之下，保罗为基督徒生活赋

---

① 这个词保罗使用了二十一次，全部在《罗马书》和《加拉太书》中。*pistis Christou*(连同其变化形式)在《罗马书》和《加拉太书》中出现了七次，也在《腓立比书》3：6 出现一次。

② 我对这个问题有详细的讨论，参见 J. D. G. Dunn, “ἐκ πίστεως: A Key to the Meaning of πίστις Χριστοῦ”, in J. R. Wagner et al. ed., *The Word Leaps the Gap: Essays on Scripture and Theology in Honor of Richard B. Hays* (Grand Rapids, 2008), 351—366。

③ 建议以人的信心取代律法之工，实际上认为信心是人可以谋划、可以做到的，这是一个严重的错误，甚至是一种诽谤。

予"因信上帝的儿子而活"（加 2:20）的特色，这可能是什么意思，就不那么清晰了。当然了，因相信（动词）基督而称义仍然清晰地植根于保罗书信中，[1]但并非真的因为信（名词）而称义。

2. 保罗对律法的态度

新观的一个重要推论就是削弱了福音与律法的强烈对立，即路德式引用保罗思想所赋予它的特色。当然了，有时候保罗对犹太律法的评价的确很负面。早些时候，我曾提到过这类段落。[2]事实是，保罗认为，律法作为以色列人保护者的角色已经终结（加 3：19—4：7）。如上所述，我们可以有把握地说，保罗认为基督已经取代律法作为日常生活基准点的地位。然而，同样清楚的是，把福音与律法截然对立起来，就无法认识到保罗对待律法的微妙态度，以及在一定程度上他仍然把律法视为上帝对人类要求的一个尺度。

比如在《加拉太书》第 3 章，保罗论及上帝赐下律法的原因（加 3：19），所以他在《罗马书》第 7 章回应他提出的挑战时，以贬抑的口吻问道："律法是罪吗？"（罗 7：7）接下来的要点则是为律法辩护，该受责备的是罪和人肉体的软弱。所以在随后一章，保罗断言基督到来之目的是"使律法的义成就在我们这不随从肉体、只随从圣灵的人身上"（罗 8：3—4），就不足为奇了。另外，很少有人注意到保罗为什么说"受割礼算不了什么，不受割礼也算不了什么，只要谨守上帝的诫命就是了"（林前 7：19）。当然了，保罗可能很清楚地意识到割礼是诫命之一（创 7：9—14）。问题在于，只有对诫命（律法之工）做出区别的人才能做出这样的断言。这显然可以解释保罗如何能够不理会、贬低割礼和洁净法的诫命，同时又强调戒绝偶像和淫乱的诫命。而且，保罗之所以能够跟随耶稣，不在于他拒绝律法，而在于将之总结为爱

---

① 虽然保罗只是在很少情况下才说相信基督（《罗马书》9：33；10：11，14；《加拉太书》2：16）。

② 《加拉太书》2：19；《哥林多后书》第 3 章；《罗马书》7：5。

的诫命(罗 13：8—10；加 5：14)，这表明保罗同样能看穿律法的表面(字句)而直达与上帝关系(信)这个基本原则，与上帝的关系决定了人的行为(比较罗 2：28—29;腓 3：3)。

3. 根据行为的审判

对很多人来说，新观最烦人的特点就是提请人重新注意保罗关于最后审判的教导。[①]将保罗的因信而非因行为称义的教导与其根据行为审判的教导相调和，一直是一件很困难的事。人类，包括基督徒的行为，将成为他们受审判的基础。“因为我们众人必须站在基督审判台前受审，为使各人按着本身所行的，或善或恶受报”(林后 5：10)。[②]这里我们看见，对保罗来说，律法最重要的一个持续性功能是，它将成为上帝审判的尺度。另一方面，这不仅仅是律法表面意思的问题，当上帝将来藉耶稣基督审判人(犹太人和外邦人)隐秘事(罗 2：9—16)的时候，保罗观察到的是更为深刻的行上帝旨意、根据其福音行审判的问题。

新观与旧观关于称义问题的张力点在于，保罗对此问题的思考似乎太像犹太教的观点，以便安慰那些认为基督教对立于犹太教的人。实际上，保罗似乎提出了一个变体的约法主义。[③]因为以色列的地位已经植根于上帝立约的主动性上，所以，保罗所言的基督徒在上帝面前的地位也是植根于在基督里、透过基督所彰显的恩典之中。正如以色列维持在约里的关系取决于以色列顺服约的律法，所以对保罗来说，基督徒能否持续到底，取决于他们

① 参 J. D. G. Dunn, *The New Perspective on Paul* (Grand Rapids, 2008), 71—89。

② 也参《罗马书》2：5—11；14：10;《哥林多前书》3：10—15;《哥林多后书》11：15;《歌罗西书》3：25。

③ 正如胡蒙娜(M. D. Hooker)评论桑德斯(E. P. Sanders)所论述的保罗时所说的，“从诸多方面来讲，桑德斯所坚持的类型是巴勒斯坦犹太教的基础，也正好适合于基督徒经验的保罗类型:上帝的拯救恩典唤起了人顺服的回应”。参 M. D. Hooker, “Paul and ‘Covenantal Nomism’” (1982), in ed., *From Adam to Christ: Essays on Paul* (Cambridge, 1990), 155—164，此处第 157 页。

持续的信心,以及他们透过仁爱而活出的信心。在表达上和关联上当然可以修正,但是基本点是无可争议的:保罗希望归信者有"好的行为"(林后 9:8;西 1:10),他为这些好行为提供了形象化的回报。①对保罗来说,最后的救恩在一定程度上取决于信实,②相应地,保罗也一再警告归信者失德的危险性。③

新观并没有为这些吊诡的、有张力的问题提供整齐的答案。它所呼吁的是,在阐述保罗教导的时候,应该忠于他的全部教导,原本怎样就怎样,"不加掩饰"。将福音简化为"赐给的义"(新教)而忽视了"转化"(天主教)的重要方面,正如《罗马书》12:2 所反映的,还是不够的。④在救恩过程中不谈人的责任,斥之为"神人协作论",也是不够的。把焦点只放在《罗马书》第 8 章的高潮上,⑤或者想当然地认为"好行为"是罪人称义生活的必然结果,而忽视保罗的其他言论,正如上文所提及的,也还是不够的。也许我们不得不接受这样的事实:保罗对此问题的全部教导并不适合于某个统一的论述或信仰告白。也许我们不得不接受这样的事实,我们永远无法消除张力,如果消除了那些张力,就必然失去保罗神学中一些重要的东西。然而,我们不应该做的是,把保罗关于称义教导中令人不舒服的部分掩藏起来,让人看不见。新观的部分研究范围,就是确保这样的事情不要发生,确保我们

---

① 《哥林多前书》3:14;9:24—25;腓 3:14;《歌罗西书》3:24。

② 《罗马书》8:13;《哥林多前书》15:2;6:8;《歌罗西书》1:23。

③ 《哥林多前书》3:1;10:12;11:27—29;《哥林多后书》12:21;13:5;《加拉太书》5:4;6:7—8;《歌罗西书》1:22—23。

④ Chester 似乎是朝这个方向推进,他不断提请人们注意宗教改革的重点是"与基督的义联合",而忽视了保罗也乐意提到信徒自己的义(林后 9:9—10)。参 S. Chester, "Paul and the Galatian Believers", in S. Westerholm ed., *The Blackwell Companion to Paul* (Chichester, 2011), 第 68 页及以下。

⑤ 参 P. Stuhlmacher, "Christus Jesus ist hier, der gestorben ist, ja vielmehr, der auch auferwecktist, der zur Rechten Gottes ist und uns vertritt", in F. Avemarie and H. Lichtenberger ed., *Auferstehung - Resurrection* (WUNT 135; Tübingen, 2001), 351—361; P. Stuhlmacher, *Revisiting Paul's Doctrine of Justification: A Challenge to the New Perspective* (Downers Grove, IL, 2001)。也参 Frey, "Das Judentum des Paulus", 第 39 页及以下。

研究一个完整的保罗。

4. 参与在基督里(得着基督)

保罗神学中一个令人烦恼、令人沮丧的老调是,其神学的不同层面很容易被视为不一致。这个张力,正如我们刚提到的,会将保罗的神学撕裂开来。其中之一就是称义的法律意象和参与在基督里(在基督里、在主里)的关系意象之间存在张力。有些人,对传统宗教改革强调称义反应过度,转而强调参与在基督里。[1]

毫无疑问的事实是,在保罗书信中,他理解个体信徒"在基督里"比称义的意象要多得多。[2]教会作为基督的身体是相同观点的共同表达(尤其是罗 12: 4—8; 林前 12 章)。救恩很容易被理解为成为基督的样式,与他在死上一致,希望在他复活上有份,[3]共同身体里的信徒"长大成人,满有基督长成的身量"(弗 4: 13)。然而,在大多数情况下,我们避而不谈这样的事实,即保罗将这两种概念化的救恩过程结合在一起。"如今,那些在基督耶稣里的人就不被定罪了"(罗 8: 1),"上帝使那无罪的,替我们成为罪,好使我们在他里面成为上帝的义"(林后 5: 21)。保罗的希望是"赢得基督,并且得以在他里面,不是有自己因律法而得的义,而是有藉基督的信而来的义,就是基于信,从上帝而来的义"(腓 3: 9)。

我们所需要的,还是要把保罗视为一个整体。我们也许并不能明白他是怎么做的,但是不要认为,透过降低或者摒弃保罗思想中那些作为他神学

---

① 尤其是 A. Schweitzer, *The Mysticism of Paul the Apostle* (London, 1931); E. P. Sanders, *Paul and Palestinian Judaism* (London, 1977), 502—508。坎贝尔坚持认为,《罗马书》第 1—4 章及第 5—8 章论及"两种完全不同的救赎论",所以他要致力于"剔除"他所谓的"称义理论",参 Campbell, *Deliverance of God*, 94, 217。

② 全部资料汇集参见 James Dunn, *The Theology of Paul the Apostle*, 15。注意,我们同样强调关于保罗论述圣灵恩赐的方面(第 16 页)。

③ 《罗马书》6: 5; 8: 29; 13: 14;《哥林多前书》15: 49;《哥林多后书》3: 18;《腓立比书》3: 21;《歌罗西书》3: 10。

某些组成部分的方面,我们会做得更好。如果新观能引起人们的新尝试,公正地对待一个完整的保罗,那么在聆听保罗为今天福音讲话的过程中,这将是一个有价值的重述。

(王学晟 译)

作者邓雅各,英国德伦大学教授,新约研究国际领衔学者之一,本刊学术顾问委员(参见本刊第三辑专文)。译者王学晟,香港中文大学哲学博士,主要研究共观福音、历史耶稣。

使徒保罗与西方的内省良心*

[瑞典]克里斯特·斯腾达尔

内容提要：从奥古斯丁开始，特别在路德那里，西方教会把使徒保罗看作内省良心的范例，认为保罗皈依前后都深受律法和罪的捆绑，其"受折磨的良心"发出了"我真是苦啊"（罗 7：25）的感叹，由此而提出因信称义学说，以解决这一超越时间的普遍的人类困境。然而，只要仔细考察保罗书信和一世纪的宣教处境就会知道，保罗从来不认为自己不能谨守律法，其良心乃是"强健的良心"，并未受到律法和罪的搅扰。

---

* 本文作为特邀演讲稿宣读于 1961 年 9 月 3 日召开的美国心理学会（American Psychological Association）年会上，脱胎于原作者以瑞典语发表的论文"Paulus och Samvetet"，*Svensk Exegetisk Årsbok* 25（1960）：62—77。原文刊载于《哈佛神学评论》（*The Harvard Theological Review*）第 56 卷第 3 期（1963 年 7 月）第 199—215 页，题词称"谨将本文献给耄耋同仁亨利·J. 卡德伯里（Henry J. Cadbury）教授"。作者克里斯特·斯腾达尔（1921—2008）曾任哈佛大学神学院院长兼新约教授、斯德哥尔摩路德宗主教。1963 年发表著名论文《使徒保罗与西方的内省良心》，该文像"巴掌大的云彩"（赖特语）引发所谓的"保罗新观"（New Perspective of Paul，该术语由邓雅各［James. D. G. Dunn］首创于 1982 年）释经运动，导致激烈的论争，一直持续至今。

本篇译文得到 2013 年度教育部人文社科研究青年基金项目（13YJC720016）、2014 年度国家社科基金青年项目（14CZJ002）资助。文中所用圣经经文引自新标点和合本（神版），若干译法采纳了同事常旭旻博士的建议，特此感谢。本文已按照相关规定支付版权使用费，得到剑桥大学出版社的书面许可而译成汉语，发表于本刊。——译者注他提出因信称义学说不是要解决后世人类的困境，而是要在上帝的救赎计划中为外邦基督徒找到位置。简言之，保罗的良心是“强健的”而非“受折磨的”；其因信称义学说从属于教会论而非救赎论。

关键词：使徒保罗；路德；奥古斯丁；内省良心

The Apostle Paul & the Introspective Conscience of the West

Krister STENDAHL [Sweden]

Trans. by HUA Wei

Abstract: Since Augustine, the Western church, particularly in the thought of Luther, has regarded the Apostle Paul as an example of introspective conscience. According to this view, Paul was bound by the law and his sin both before and after his conversion, and with his "plagued conscience" sighing "wretched man that I am" (Romans 7:25), he put forward the doctrine of justification by faith to solve this general and timeless human dilemma. However, a closer examination of the Epistles of Paul in the 1st century missionary context shows that Paul never thought he was incapable of observing the law, but that he had a "robust conscience" which was not disturbed by the law or sin. Rather, the purpose of his doctrine of justification by faith was to find a theological solution for including Gentile Christians in God's salvation. In summary, Paul's conscience was "robust", not "plagued", and his doctrine of justification by faith concerned primarily ecclesiology, not soteriology.

Key words: the Apostle Paul; Luther; Augustine; the introspective conscience

在西方基督教历史上——因此，在很大程度上，亦即在西方文化史上——使徒保罗被称颂为一位具有内省良心的英雄。正是这个人与如下问题拼命角力："我所愿意的善，我反不做。我所不愿意的恶，我倒去做……"（罗 7：19）。作为这一困境的解决方法，他的洞见最近被或多或少地等同于例如荣格（Jung）所讨论的个体化进程（the Individuation Process）；[①]然而，西方传统把保罗书信扭曲地解读为有关人类意识的文本，以上不过是其在当代的表现。

二十五年前，卡德伯里（Henry J. Cadbury）出版了一部发人深省的著作《耶稣现代化的危险》（*The Peril of Modernizing Jesus*, 1937）。该著作及其标题很好地总结了二十世纪圣经研究最重要的洞见之一，其影响远远超出神学和圣经诠释的范畴。书中质疑了通常心照不宣的预设，即人类在世代变迁中基本上保持不变。笼统地肯定或否定这一预设没有多少意义——它更多地取决于"基本上"（basically）这个含义模糊的词到底意指什么。但历史学家、神学家、心理学家和普通圣经读者最好掂量一下，这一同时代性（contemporaneity）的假设如何影响着自己的思考和自己对古代文本的解释。

当尝试勾画出内省在使徒保罗生平和书信中的功能与表征时，这一问题变得尖锐起来。而更为尖锐的是，恰恰在这一点上，西方解释者在保罗与人类经验之间发现了共同特征，因为保罗提出的"因信称义"被视为可以解

① D. Cox, *Jung and St. Paul*: *A Study of the Doctrine of Justification by Faith and Its Relation to the Concept of Individuation*. 1959. ——我们也应该注意 *The American Psychologist* (1960)：301—304, 713—716 的讨论，这一讨论由莫勒（O. H. Mowrer）的论文"'罪'：两种恶中的较轻者"（'Sin,' the Lesser of Two Evils）所引发；亦参阅克拉克（W. H. Clark）、莫勒（O. H. Mowrer）、艾莉丝（A. Ellis）、柯伦（Ch. Curran）和肖本（E. J. Shoben, Jr.）关于"罪的概念在心理治疗中的作用"（The Role of the Concept of Sin in Psychotherapy）的讨论，后者发表于 *Journal of Counseling Psychology* 7 (1960)：185—201。——对于从心理分析的角度且以不同寻常的洞察力和细心来处理历史材料，参见 Erik H. Erikson, *Young Man Luther*. 1958。鉴于有关路德的材料的丰富性和"西方"性，这一尝试要比将之应用于保罗更为合理，就像艾瑞克森（Erik H. Erikson）所说，保罗还停留在"圣经心理学的晨曦中"（第 94 页）。

决无比诚实的人在其内省实践中所面临的难题。特别是在改革宗的基督教中——但在这一点上,其根源是在奥古斯丁那里,也在中世纪的敬虔中,保罗对罪的觉察已经被依据马丁·路德与其良心的斗争来解释。但恰恰在这一点上,我们可以发现,在路德与保罗、十六世纪与一世纪,或许东方基督教与西方基督教之间,存在着最为显著的差异。

重新审视保罗书信就会显明,保罗所具有的良心——在我们看来——肯定能被称为一颗相当"强健的"良心(robust conscience)①。在《腓立比书》第3章中,保罗最为充分地谈及他在被呼召为基督徒之前的生活,没有迹象表明,那时他在履行全部律法方面遇到过任何困难。相反地,他能够说,在律法所要求的义上,他曾经是"无可指摘的"(腓3:6)。他——依据《使徒行传》9:1—9,是在大马士革——遇到耶稣基督,并没有改变这一事实。对于他来说,这不是一颗受折磨的良心(a plagued conscience)得到了康复;当他说自己现在"忘记背后"(腓3:13)时,他所想到的,不是自己在遵守律法上的亏缺,而是他作为公义的犹太人所完成的荣耀事工。但在相信耶稣是弥赛亚之后,他把这些荣耀看作了"废弃物"。

行全律法的不可能性是保罗在《罗马书》2:17—3:20(参阅罗2:1以下)中论证的关键点;在《加拉太书》3:10—12中,这一不可能性也被用作背景,使保罗借此来论证,救赎是向着在基督里的犹太人和外邦人敞开的。保罗的这些以及类似的说法使得许多解释者指控,他误解或故意扭曲了犹

① 古希腊词 *syneidesis* 通常被译为良心(conscience),但要探究其实际意思,却是复杂的语言学问题,参见 C. A. Pierce, *Conscience in the New Testament*. 1955。——这个讲座所处理的更为一般的问题更接近于阿尔特豪斯(P. Althaus)在其《保罗与路德论人》(*Paulus und Luther uber den Menschen*)中所关注的问题,批评参阅 F. Büchsel, *Theologische Blätter* 17 (1938): 306—311。——赖克(B. Reicke)把《彼得一书》3:21 的 *syneideseos* 译成"忠心"(loyalty),参见 B. Reicke, *The Disobedient Spirits and Christian Baptism*. 1946, 174—182;参阅 B. Reicke, "Syneidesis in Röm. 2:15", *Theologische Zeitschrift* 12 (1956): 157—161。——亦参见 C. Spicy, *Revue Biblique* 47(1938): 50—80; J. Dupont, *Studia Hellenistica* 5 (1948): 119—153。

太人的律法观和救赎观。[1] 有学者指出，在犹太人看来，律法并不要求达到静态的或迂腐的完美主义，反而假设了一种盟约关系，其中预留有饶恕和悔罪的空间，上帝也会施予恩典。因此，如果基于以色列不能实现律法所要求的完美遵守，而将律法排除出去，保罗就肯定犯了错误。这样来批评保罗，其前提是受律法之要求所困扰的后世的西方良心问题，但它忘记了，有关不可能行全律法的经文与刚才提到的经文并列存在："就律法上的义说，我是无可指摘的。"（腓3：6）由此，在论及其主观良心时，保罗完全依照了他在犹太教中的受教。然而，《罗马书》第2—3章是在处理完全不同的主题。以色列——作为民族而非个人或每个个体——的实际过犯表明，犹太人并不比外邦人良善，尽管他们受了割礼，自豪拥有律法。犹太人所得的"益处"是，神的圣言已经被交托给他们，这一益处不因他们的不顺服而废掉（罗3：1以下）；但除此之外，他们在救赎上并没有任何优势，律法也帮不上忙。在神面前，他们和外邦人一样有罪，甚至罪过更重（罗2：9）。这一切都是按照新的救赎道路来说的，后者已经在基督里敞开了，且是对犹太人和外邦人平等敞开的；它不是基于律法，虽然律法是二者之间的重大差别。在这一处境下，保罗说，原来的盟约甚至与其所提供的饶恕和恩典，都不再是有效的可选项了。唯一的悔罪/皈依（*metanoia*）和唯一有效的恩典现在只存在于弥赛亚耶稣那里。一旦看到这一点，保罗所论及的行全律法的不可能性，就是在神学和理论上论证犹太人与外邦人关系的组成部分了。从保罗书信来看，没有迹象显示，他作为法利赛人时"在自己的良心中经历过这一点"。还要特别注意的是，保罗从未要求犹太人在基督里寻找答案，以缓解由其受折磨的良心所带来的痛苦。

如果这是法利赛人保罗（Paul the Pharisee）的情况，那么更重要的是应

[1] 特别参见 G. F. M, *Judaism*, vol. 3. 1930, 151。——H. J. Schoeps, *Paul*. 1961, 213—218，从现代旧约解释的时代倒错提出了同样的批评，就像布伯（M. Buber）或其他人所做的。参阅 M. Buber, *Two Types of Faith*. 1951, 46—50。

看到,就像我们会看到的,要寻找任何证据来表明,基督徒保罗(Paul the Christian)因他称为"罪"的个人亏缺而遭受到良心的拖累,都是徒劳的。用以描述基督徒之状态的著名口号"同时是义人和罪人"(*simul justus et peccator*),可能在保罗书信中有某些基础,但不能被证明是保罗有关其个人之罪的自觉态度的核心。很明显,保罗没有这一口号所预设的那种内省良心。[①]这可能是作为救赎词汇的"饶恕"极少出现在保罗书信中的原因之一。[②]

最有帮助的是,把有关保罗的这些考察与被称为"保罗基督教"的伟大英雄即路德相比较。在路德身上,我们发现了中世纪晚期的敬虔与神学问题。路德的内心挣扎预设了业已发展成熟的告解和赎罪券体系;重要的是,他那著名的九十五条论纲就起始于罪的饶恕问题,正如在告解体系中所看到的:"当我们的主耶稣基督说:'你们应当悔改(penitentiam agite)……',他是想让信众的整个人生都变成一次悔罪(或告解)。"

当欧洲的宣教时代结束时,告解的神学和实践中心从一生一次的洗礼转变为永远重复的弥撒;而在基督徒生活中,这一细微的变化促发了更为敏锐的内省。[③] 流行于爱尔兰僧侣与宣教士中的自我省察指南成为广大西方基督教圈子里的宝贵财富。黑死病的蔓延营造了更为严峻的信仰和生活氛

① 有关这一口号在路德神学中的原初含义及其与保罗书信的关系,参见 W. Joest,"Paulus und das lutherische Simul Justus et Peccator", *Kerygma und Dogma* 1 (1956): 270—321。——亦参见 R. Bring,"Die paulinische Begründung der lutherischen Theologie", *Luthertum* 17 (1955): 18—43; R. Bring, *Commentary on Galatians*. 1961; H. Pohlmann,"Hat Luther Paulus entdeckt ?" *Studien der Luther-Akademie* N. F. 7 (1949)。有关从认知视角来理解路德的良心的作用,参见 A. Siirala, *Gottes Gebot bei Martin Luther*. 1956, 282ff。

② 它的确没有出现在无争议的保罗书信中;在《以弗所书》1:7 和《歌罗西书》1:14 中,它被用作同位语;参阅《罗马书》4:7 所引用的旧约经文,从语境中可以清楚看到,保罗自己倾向于使用"称义"(justification),而在《罗马书》3:25 中使用了类似的词汇"宽容"(remission)。——参阅 Krister Stendahl,"Sünde und Schuld","Sündenvergebung", Die Religion in *Geschichte und Gegenwart* 6 (1962): 484—489, 511—513,其间讨论了这里为何未出现表示"罪感"(guilt)的常用词。

③ 有关这一变化及其对基督论的影响,参见 G. H. Williams,"The Sacramental Presuppositions of Anselm's *Cur dues homo*", *Church History* 26 (1957): 245—274。

围。这些都使得不断深入的自我省察达到了难以想象的强度。对于那些严肃看待这一实践的人——其人数远多于许多改革宗基督徒所习惯于认为的——来说,压力是非常巨大的。作为其中的一员,并为了他们,路德担负起自己的使命,成为了伟大的开拓者。在回答他们的问题"我怎么才能找到仁慈的上帝"时,保罗所论述的在基督里因信称义而无需行律法的事工,似乎就是可以解放和拯救他们的答案。路德有着毫不妥协的诚实,甚至直面地狱之门时(特别参阅其《意志的捆绑》[①])也如此,他拒绝接受其灵性导师的明智而合理的劝慰,这使他得以成为信仰世界中的哥伦布(Christopher Columbus),在被认为是深渊的那一边发现了新的美善之地。

在这些问题上,路德是一位名副其实的奥古斯丁修会的修士,因为奥古斯丁恰恰是论述内省良心之困境的第一人。一直令人困惑的是,在教会史中,保罗对最初三百五十年的基督教会的影响相对很小。当然,他的书信受到尊重和援引,但从西方神学视角来看,似乎保罗所洞察到的因信称义被遗忘了。[②] 然而,在奥古斯丁那里,我们发现了他对保罗的解释,利用了——对于我们来说——这位伟大使徒思想的更深一层。出现这一情况的决定性原因可能是,到了奥古斯丁时代,教会大体上有着如下印象,即保罗处理过奥古斯丁当下实际处理的问题:一,当弥赛亚降临时,律法(托拉,摩西颁布的律法,不是律法主义的原则)将会怎么样呢?[③] 二,弥赛亚的降临对犹太人

---

① *De servo arbitrio.*

② 有关早期的保罗解释,参见 K. Staab, *Pauluskommentare aus der griechischen Kirche*. 1933; V. E. Hasler, *Gesetz und Evangelium in der alten Kirche bis Origenes*. 1953; E. Aleith, *Paulusverständnis in der alten Kirche*. 1937; P. G. Verweijs, *Evangelium und Gesetz in der ältesten Christenheit bis auf Marcion*. 1960;最近有 U. Wickert, "Die Persönlichkeit des Paulus in den Paulus kommentaren Theodors von Mopsuestia", *Zeitschrift für die neutestamentliche Wissenschaft* 53 (1962): 51—66。有关保罗和良心与灵知主义的关系,参见 F. F. Sagnard, *Clément d'Alexandrie, Extraits de Théodote*. 1948, 247—249; R. M. Grand, *Journal of Theological Studies* 7 (1956): 301f。

③ 这个问题与保罗相关,至于其犹太背景,参见 W. D. Davies, *Torah in the Messianic Age and/or the Age to Come*. 1952;此外,H. J. Schoeps, Paul. 174 提到了《塔木德・犹太公会》98a。

与外邦人的关系有着怎样的影响呢？然而，保罗并没有通过试探和思考律法对其良心的作用来形成其律法观；他要努力解决的问题是，外邦人在教会中、在上帝的计划中占有怎样的位置，即犹太人与外邦人或犹太基督徒与外邦基督徒的问题，[①]这驱使他以独特的方式来解释律法。[②]以上观察恰好符合某种情形：保罗自己和《使徒行传》都把他的"皈依"描述为被上帝呼召去向外邦人且为外邦人作使徒。这一任务使得——像古代先知们所说的——上帝把他从母腹里分别出来（加 1：15；徒 9：15）。[③] 并不是像我们通常认为的那样，先有皈依，之后才被呼召作使徒；唯有的呼召就是去到外邦人中做工。因此，非常自然地，在保罗思想中，至少有一个重心应该是如何按照上帝的计划来界定外邦人在教会中的位置。《罗马书》第 9—11 章不是第 1—8 章的附属品，而是整封书信的高潮。

然而，在一世纪之后，这个问题不再是当时还面临的问题，因为基督教实际上已经有了非犹太的选民。直到奥古斯丁那里，保罗的律法和称义学说才被以连贯而宏大的方式应用于一个更为普遍的、超越时间的人类问题。在此方面，我们记得，奥古斯丁经常被称为"第一个现代人"（the first modern man）。尽管这是明显泛化的说法，却颇有几分道理。他的《忏悔录》是内省良心史上的第一部伟大著作。奥古斯丁的思路延续到中世纪，在路德这位

---

① 重要的是，保罗书信中的对比是犹太人与外邦人或犹太基督徒与外邦基督徒，但从来不是犹太人与外邦基督徒；参见 G. Bornkamm，"Gesetz und Natur：*Röm.* 2：14—16"，*Studien zu Antike und Urchristentum*（1959）：93—118；参阅 J. N. Sevenster，*Paul and Seneca*. 1961，96。

② 施韦泽（A. Schweitzer）正确地认识到，保罗的因信称义学说在保罗神学中只有非常有限的功用，不宜被看作其全部观点的核心。"因此，因信称义学说是一个辅助性的火山口……"，参见 A. Schweitzer，*The Mysticism of Paul the Apostle*. 1931，225。

③ J. Munck，*Paul and the Salvation of Mankind*. 1959，第 1 章；亦参见 H. G. Wood，"The Conversion of St. Paul：Its Nature，Antecedents and Consequences"，*New Testament Studies* 1（1954/55）：276—282；U. Wilckens，"Die Bekehrung des Paulus als religionsgeschichtliches Problem"，*Zeitschrift für Theologie und Kirche* 56（1959）：273—293。

奥古斯丁修会的修士的悔罪斗争中、在其对保罗书信的解释中达到了顶点。[①]

至少从表面上考察一下东方教会从古代到现今的教导,就可以明显看到,他们的布道传统或是赞美诗,或是沉思性的神秘主义,或是劝勉,但没有像西方教会那样处理过受折磨的良心的问题。

用解释学术语来说,我们试图离析出的问题大致是:宗教改革家对保罗的解释建基于类比之上,即在晚期中世纪的敬虔体系中解读保罗有关信仰与事工、律法与福音、犹太人与外邦人的论述。律法(即托拉)及其特定要求,如割礼和饮食禁忌,成为宗教事务中的"律法主义"的一般原则。保罗关切于外邦人是否可能被纳入到弥赛亚群体中,而他的相关论述现在被解读为,如何保证人获得救赎以脱离人类的共同困境。

参照系的这一转换在很多方面影响了解释。很好的例证是路德所称的律法的第二功用,即它作为引人到基督那里的导师(Tutor)或训蒙的师傅(Schoolmaster)。这样来理解律法所依据的关键经文是《加拉太书》3:24,英王钦定本圣经(KJV)——无意识地契合于西方传统——将之译为:"这样,律法是我们训蒙的师傅(修订本圣经[②]和美国标准本圣经[③]:导师),引我们到基督那里",但修订标准本圣经(RSV)译得更为充分:"这样,律法是我们的监护人(custodian),直到基督降临。"在不断论证外邦人无需受割礼等

---

① 有关奥古斯丁的解释,参见 A. F. W. Lekkerkerker, *Römer 7 und Römer 9 bei Augustin*. 1942;参阅 Ph. Platz, "Der Römerbrief in der Gnadenlehre Augustins", *Cassiciacum* 5 (1938); J. Stelzenberger, *Conscientia bei Augustin*. 1959; J. Stelzenberger, "Conscientia in der ost-westlichen Spannung der patristischen Theologie", *Tübinger Theologische Quartalschrift* 141 (1961): 174—205。——有关其希腊背景,参见 O. Seel, "Zur Vorgeschichte des Gewissens-begriffes im altgriechischen Denken", *Festschrift F. Dornseiff* (1953): 291—319。相关的宽泛而有启发性的考察,在许多方面能证实我们的观点——但对圣经经文有着不同解读——参见 H. Jaeger, "L'examen de conscience dans les religions non-chrétiennes et avant le christian-isme", *Numen* 6 (1959): 175—233。

② RV.

③ ASV.

就可以成为基督徒时，保罗说，律法是在亚伯拉罕得了应许之后四百三十年才赐下的，它的有效性只持续到弥赛亚降临为止（加 3：15—22）。因此，律法作为犹太人的监护人，其功用到那时就结束了。一旦弥赛亚降临，一旦信仰他——不是作为一般宗教态度的“信仰”——成为了救赎的决定性基础，律法就完成了自己的使命，不管是作为犹太人的监护人，还是作为被看守的等候者（加 3：22 以下）。因此，很清楚的是，保罗的问题是怎样解释为何没有理由把律法强加给外邦人；在上帝所开启的美善的弥赛亚时代，他们现在已经成为应许给亚伯拉罕产业的共有者（加 3：29）。

在西方基督教的普遍解释中，情况却大不一样。甚至能够说，保罗的论证已经被扭曲到了他原本意图的反面。现在，律法是引人到耶稣那里的导师。没有人能达到对基督的真正信仰，除非他的自义已经被律法所摧毁。律法的第二功用是，使人看到自己绝望地需要一位救赎者。在这一解释中，我们注意到，保罗对犹太人与外邦人的区分已经消失了。“我们导师/监护人”的说法现在被应用于普遍的人类，而不再是“我，保罗和我骨肉之亲”意义上的“我们”。进而，律法不再是要求受割礼等的摩西律法，即当信仰弥赛亚成为可选项——这是以上帝旨意的形式表现出的道德命令——时，后者就被废弃了。最后，保罗论证说，外邦人不必且不应该借由律法即借由割礼等来到基督那里；但这一论证被转换为新的说法，依据之，所有到基督那里的人都必然带着被律法及其对义的无法满足的要求所恰当证明的有罪的良心。一旦离开了原有的“犹太人与外邦人”框架，新的解释就变得如此激进，以致西方的良心问题成为其没有异议的且自明的替代品了。

由此，保罗与路德在这一点上的巨大差异实质性地影响了对实际经文的解读，而路德的思路看起来是理所当然的。对于那些发现自己或多或少在教义上被宗教改革的忏悔所束缚的人来说，这是千真万确的；对于在大学课堂上阅读“所有名著”的普通学生或总体上持不可知论的西方人来说，这同样是千真万确的；在严肃的新约释经中，这也是千真万确的。由此，尽管非常熟悉早期基督教时期的宗教史，布尔特曼（R. Bultmann）在“夸口”问题中发现了保罗思想的核心①，即人需要被彻底宣告其良心上有罪②。保罗在这里的理解是存在主义的，并由此成为其神学的当然中心。比起在宗教改革家那里所发现的，这一解释是对保罗书信原本经文的更为剧烈的转换和影响更为深远的普遍化。但值得注意的是，以上不过是原有解释思路的延伸，只是表现得更为理所当然。因为布尔特曼诚实且公开地宣称，他的存在主义解释学建基于以下预设，即人类在世代变迁中基本上保持不变，而人类自我意识中的这一连续性是《新约》与任何时代的人类历史之间的共同特征。该预设被认为有着先验真理的力量。③

然而，在布尔特曼那里建基于清晰明确的解释学原则之上的东西，却在历史学家那里起到了狡猾的扭曲作用，因为后者没有说明其预设，就在这个自认当然的西方框架中从事研究。在对犹太末世论的全面研究中，福尔茨（P. Volz）把人类对其个体救赎与受折磨的良心之关系的认识，用作“渠道”之一来重建《新约》的犹太背景。④ 但在涉及关键问题时，他想找一段文献来证明，这在犹太教那些世代中只是一个意识问题；而在所有拉比文献中，他只找到一个例子，也许能展现对受折磨良心的看法（《巴比伦塔木德 · 祝福篇》⑤ 28b）。⑥

当然，没有人会否认，“罪”（*hamartia*）是保罗书信中的关键术语，特别

---

① R. Bultmann, *Theology of the New Testament*, vol. 1. 1951, 242f.

② 多德（C. H. Dodd）察觉到这一解释中的困难，但只是把保罗克服其夸口置于其宣教生涯的后期，参见 C. H. Dodd, “The Mind of Paul”, *New Testament Studies* (1953): 67—128。

③ R. Bultmann, *Theology of the New Testament*, vol. 2. 1955, 251；参阅 R. Bultmann, “The Problem of Hermeneutics”, *Essays Philosophical and Theological*. 1955, 234—261。

④ P. Volz, *Die Eschatologie der jüdischen Gemeinde im neutestamentlichen Zeitalter*. 1934, 111ff.

⑤ *bBer.*

⑥ 比克泽（F. Büchsel）以极具偏见的话重复了这一观点，但承认自己缺乏证据来证明：法利赛人“摇摆于以下两种情况之间：1）傲慢地自信于自己的善工，使他看不到自己的罪性（sinfulness）；2）绝望地担忧神的忿怒会临到自己，但后者很少显明自身”。参见 G. Kittel ed., *Theologisches Wörterbuch z. N. T.*, vol. 3. 1938, 935。经常从《以斯拉四书》（4 Ezra）第 3—4 章和第 7—8 章中援引的例子主要在处理历史神义论，而非个体良心。

在《罗马书》中。《罗马书》第1—3章开始展现,所有人——包括犹太人和外邦人——都犯了罪,亏缺了神的荣耀(罗3:19;参阅罗3:23);《罗马书》3:21—8:39则展现了弥赛亚的降临如何且在何种意义上改变了这一悲惨事实。

难以估测的是,保罗如何在主观上体验到罪在其生命中的权能;更具体地说,他如何且在何种意义上意识到实际的罪。有一点是清晰的,即在保罗的过去,大写的"罪"(Sin)是指他曾经逼迫神的教会。这一令人羞耻的行径是保罗极力顺服其犹太信仰的顶点(加1:13;腓3:6),使他只会成为使徒中最小的(林前15:9)。《使徒行传》的作者戏剧性地展现了这一主题(徒9;22;26),却恰恰以保罗自己的书信为基础。相似地,当《提摩太前书》陈述保罗的话说,"基督耶稣降世,为要拯救罪人。……在罪人中我是个罪魁"(提前1:15),这不是现在时态的悔罪,而是指,保罗过去怎样出于无知而成为亵渎神的且残暴的逼迫者,但后来,上帝以其仁慈和恩典向他显明真正的弥赛亚,使他成为了使徒和罪人得救赎的榜样(提前1:12—16)。[①]

不过,保罗知道,他已经弥补了那逼迫教会的大罪,就像在《哥林多前书》15:10中不厌其烦地说的:"……并且他所赐我的恩不是徒然的。我比众使徒格外劳苦,这原不是我,乃是神的恩与我同在。"

把保罗呼召为使徒与更为主题性的论断有着同样的模式,这一论断即基督在我们还做罪人的时候就为我们死(罗5:6—11)。可以注意到,这一论断仅仅是举重明轻(*e majore ad minus*)论证中的附属条件句:如果上帝是良善的和有权柄的,以至能够使软弱的、有罪的和悖逆的人称义,那么他在所定的日期把最终的救赎赐给那些他已经称为义的人,不是更容易吗?由此,在论及有罪的、软弱的和悖逆的人时,其中没有现在时态的意思,而是指过去,即已经被上帝的荣耀和恩典所清除的,就像保罗曾经与耶稣基督及其

① 这一主题在《巴拿巴书信》(*the Epistle of Barnabas*)5:9中得到进一步解释,即所有使徒都被称为"那些犯过大罪的人",与《马可福音》2:17有所关联。

教会为敌。

保罗在皈依之后对罪的意识是怎么样的？他的书信非常清楚地表明，他并不认可人在洗礼之后就脱离了罪。保罗的教牧劝勉表明，他曾经多多忍耐基督徒的罪与软弱。但保罗是否暗示，他意识到自己的某些罪在搅扰其良心？实际上，我们更容易发现相反的论述。《使徒行传》23：1 说："弟兄们，我在神面前行事为人都是凭着良心，直到今日。"（参阅徒 24：16）这一声调也贯穿于他的书信中。即使适当注意到保罗书信的主体包含着对其使徒职分的辩护——由此，在形式上，这与奥古斯丁的《忏悔录》正好相反——但令人惊讶的是，其中显然没有提及他实际地意识到自己是个罪人。当然，保罗意识到与自己"身体"（林前 9：27）的斗争，但我们注意到，其声调是出于信心，而不是出于受折磨的良心。

在《罗马书》9：1 和《哥林多后书》1：12 中，他为自己的善好良心作见证。这一声调在《哥林多后书》5：10—11 达到其顶点："因为我们众人必要在基督台前显露出来，叫各人按着本身所行的，或善或恶受报。我们既知道主是可畏的，所以劝人。但我们在神面前是显明的，盼望在你们的良心里也是显明的。"在这里，审判的日子在他眼前，保罗说自己已经得了主的喜悦，希望哥林多信众也对他和他得了主的喜悦有同样正面的印象（林后 5：9）。这一强健的良心没有因他意识到最后审判即将临到而动摇，反而得了坚固。在写到自己与亚波罗和其他使徒有些关系紧张时，他说"我虽不觉得自己有错"（林前 4：4；新英文本圣经[①]译为"我不知道自己有什么"；其动词与良心有相同的词根）；当然，他补充道，这不能就此完结，因为"判断我的乃是主"（林前 4：4），但从这一语境中可以看出，保罗毫不怀疑神对自己的最终判决。他警告不要过早判断，这一请求不是出于谦卑或害怕，而是要哥林多信众不必急于对自己做出否定评价。

由此，要找到保罗在某处说，自己是实在的罪人，只会是徒劳的。在论

---

① NEB.

及他的良心时，保罗总是为其在人和神面前的善好良心作见证。另一方面，保罗时常论及他的软弱，不仅是出于反讽，如《哥林多后书》11：21以下。在《哥林多后书》12：9—10中，我们发现了充满自豪的谦卑话语，“他对我说：‘我的恩典够你用的，因为我的能力是在人的软弱上显得完全。’所以，我更喜欢夸自己的软弱，好叫基督的能力覆庇我。我为基督的缘故，就以软弱、凌辱、急难、逼迫、困苦为可喜乐的，因我什么时候软弱，什么时候就刚强了。”保罗在这里所说的软弱显然不涉及他的罪或他的良心。“有一根刺加在我肉体上”（林后12：7），这可能是指某种身体缺陷——有些学者猜测是癫痫，不仅妨碍到他的宣教果效，更重要的是，也妨碍到他的使徒权柄，就像在《加拉太书》4：13所看到的，可以参阅《哥林多前书》11：30。疾病被看作是灵性上不充足的标记。但没有迹象表明，保罗将这个或其他“软弱”看作自己要承担责任的罪。这些软弱是由仇敌（the Enemy）或仇敌们（the enemies）造成的。对于保罗来说，他的软弱是把自己等同于基督事工的重要方面，因为基督“因软弱被钉在十字架上”（林后13：4；参阅林后4：10；西1：24）。上文提到，在《罗马书》第5章中，我们发现“软弱”仅有一次被用作“罪”的同义词，但这些词有助于从根本上描述作为过往行为的称义的权能（新英文本圣经由此将之译为“无力”①）。这就更为清楚了，因为第三个同义词是“仇敌”（罗5：10），指保罗的过去，那时他还是基督的仇敌。

然而，保罗书信中有处经文肯定让读者好奇，为何我们不加考虑，特别是因为，我们在本文开头就提到，并将之作为保罗深刻洞察到人类困境的证据：“我所愿意的善，我反不做。我所不愿意的恶，我倒去做……”（罗7：19）。还有什么比这更为直接地见证了一颗深刻而敏锐的内省良心呢？尽管人们更关注，保罗这里是在谈他成为基督徒之前的经历，还是之后的经历，或在谈普遍的人类，但几乎没有人注意到如下事实，即保罗在这里其实

① powerless.

是在讨论律法,他从根本上不是在关心人类或他自己的分裂自我或困境。[①]本章的反问风格有助于我们看到,保罗在做什么。在《罗马书》7：7—12 中,他在回答半修辞性问题,“律法是罪吗?”答案是:“这样看来,律法是圣洁、公义、良善的。”这引出了同样的修辞性问题:“既然如此,那良善的是叫我死吗?”而答案在 7:25b 中被总结为:“这样看来,我以内心顺服神的律,我的肉体却顺服罪的律了。”(即律法“因罪软弱”[②]就导致了死,就像有良好功效的药物能够导致病人死亡,因为他的器官[③]难以承受)。

上述对《罗马书》第 7 章形式结构的分析表明,保罗此处是在解释律法,为律法的神圣与良善辩护。在 7：13—25 中,他推进这一辩护,区分了律法本身与罪(和肉体),后者不得不为致死的结局承担全部责任。最为显著的是,“我”(ego)不能被简单等同于罪和肉体。体验到“我所愿意的善,我反不做。我所不愿意的恶,我倒去做”,并不直接指向保罗的感叹:“我真是苦啊……”;而相反,是指向如下宣称,“若我去做所不愿意做的,就不是我做的,乃是住在我里头的罪做的。”以上论证是对自我的一次脱罪,而不是全然的悔罪。如果保罗的意图是描述人类的困境,就不会出现这样的论证思路。在《罗马书》第 1—3 章中,人类所遭遇到的死胡同已经被讨论过,而在这里,每个可能的借口都被小心地排除掉了。在《罗马书》第 7 章中,保罗旨在说明,为何在某种意义上,“按着我里面的意思,我是喜欢神的律”(罗 7：22);或就像在 7：25 中,“我顺服神的律”。

只有当《罗马书》第 7 章中的人类学表述被看作手段,来特别论证律法的神圣与良善时,所有这一切才说得通。区分良善律法与邪恶之罪的可能

① 有关由心理学解释所引发的困惑,和律法在《罗马书》第 7 章中的核心地位,参见 W. G. Kümmel, *Römer 7 und die Bekehrung des Paulus*. 1929;参阅 C. L. Mitton, *Expository Times* 65 (1953/54):78—81, 99—103, 132—135; E. Ellwein, *Kerygma und Dogma* 1 (1955):247—268。

② 出自《罗马书》8：3。

③ 指肉体。

性建基于相当琐细的考察之上，即每个人都知道，在他应当去做的和他实际正在做的之间存在着差异。这一区分使得保罗能够去谴责罪和肉体，并论证律法是上帝的良善恩赐。“若我所做的，是我所不愿意的，我就应承律法是善的”（罗 7：16）。就是这些，也正是应该被证明的。

不幸的或所幸的是，保罗碰巧如此充分地给出了这一支撑性论证，以至对于他及其同代人来说是常识性的东西，对于后世解释者来说，却是对人的本性和罪的本性的最具穿透性的洞察。而一旦上帝所赐律法的本质与意图这一问题不再与保罗与之拼命角力的问题关联起来，上述情况就很容易发生。律法问题沦为环绕在保罗人类学之黄金真理周围的附属体系。只要带着西方的内省良心问题来阅读保罗书信，我们就只会看到如此结局。当甚至或特别是人的意志成为堕落的核心时，这一西方解释就达到了顶点。然而，在《罗马书》第 7 章中，保罗所说的意志是，“立志（为善）由得我”（罗 7：18）。

我们所称的西方解释甚至在《罗马书》第 7 章的文本重建中留下了印记。在莫法特（Moffatt）的新约圣经译本中，有关律法的整个论证的高潮（罗 7：25b，参见上文）被安放在“我真是苦啊……”之前。这一重新编排——在抄本上没有任何根据[①]——试图使这句感叹成为整章的戏剧高潮，以至于读者会清楚看到，保罗在这里回答了有关人类生存的宏大问题。但这样的编排使得保罗的论证结构被摧毁了，原本是枝节的经文现在被提升为主要内容。不应否认，保罗深切觉察到人类在这一世界中所处的危险境地，甚至上帝的神圣律法也帮不上忙——它实际上导致了死亡。因此，这成为他的突破口。但没有迹象表明，这一深切觉察关涉到主观的良心冲突。如果是这样，他就会说“有罪的身体”，但他实际上说“取死的身体”（罗 7：25；参阅林前 15：56）。主导本章的是，在神学上关注和觉察到，这里存在一个触手可

① 《新约》的标准希腊语本（Nestle 版）甚至以类似方式表明，《罗马书》第 7 章应该止于 25a 节的感叹，而第 8 章始于 25b 节。但新英文本圣经还是把 25b 节作为第 7 章的结尾。

及的、积极的解决方案,即由第8章中所论述的圣灵来解决。我们不应该把一颗颤抖着的内省良心读进《罗马书》中,保罗在小心地责难罪,以至使得律法与人类的意志和心灵都被称为良善的,被看作站在上帝的一边。

我们花费了太多时间,去尝试阐明在人类历史上——特别是宗教史上——广为人知的事实:一句话原本意指某个东西,后来却被解释为意指别的东西,因为这个别的东西被认为与后世的人类处境更为密切相关。

然而,如果我们的分析大体上正确,这就指明了人类历史中的一个重大问题。我们应该冒险提议:多个世纪以来,西方都错误地认为,圣经作者正在与我们自己的问题拼命角力,但其实,这些问题从未进入他们的视野。

对于历史学家来说,这是非常重要的。当然总可以争辩道,这些古代人无意识地在应对我们同样面临的问题——人类在世代变迁中保持不变。但历史学家迫切地想强调,只有获取了整全的图景,才能知道这些人实际上如何理解自己所说的话。对于任何"现代化"(modernizing)的做法,他将总是保持怀疑,不管前者是出于护教的、教义的或心理学的目的。

神学家会非常乐意接受和肯定:在西方思想中,人类的宗教洞见发生了有目共睹的深化,且在路德那里达到其神学顶点,在弗洛伊德那里达到其世俗顶点。他也许会论证说,西方对保罗思想的如此解释和转换是一个有效的且充满荣耀的神学发展过程。他甚至会宣称,这一发展得到了暗含于《新约》——特别是保罗书信——中的诸多要素的支持。

我们已经发现保罗神学的"隐秘历史"(参阅上文对加3:24的评注),这为系统神学和实践神学打开了新的视角。保罗的"只有一次"(*ephapax*,罗6:10)不能被完全和仅仅译为,某种在每个个体信众的生命中不断重复的东西。对于外邦人来说,律法不是引他们到基督那里的训蒙的师傅;或仅仅借助类比和第二功用才是。我们发现,自己处于新的境遇中,即信仰弥赛亚耶稣使我们可以被称为神的儿女(约一3:1)。借助类比,当然能说,在某种意义上，每个人都在内心中有一个“律法主义的犹太人”。但这只是一个类比，不应该被偷偷塞进经文中，当作保罗书信的主要或明确的含义。如果那样做的话，将会有损于外邦基督教所带来的喜悦和谦卑。

由此，神学家要注意到，保罗的原义不应该被等同于这些解释。他要努力发现某些路径，使教会——也是在西方——能够更公正地对待保罗原义中的其他要素，而非以之来迎合由内省所引发的各种问题。有些教导和布道假称，进入教会的唯一之门是始终内省到自己的罪和罪感；神学家对此要保持怀疑。因为看起来，使徒保罗是相当好的基督徒，但他似乎从没有过这样的内省。我们看到，圣经的原义如何能够批判延承已久的各种预设，并激发出新的思想。[①] 比起清楚地区分任何——包括我们的——时代的“原义”和“转义”，在现代神学中很少有什么是更具解放性和创造性的了。

（花威　译）

作者克里斯特·斯腾达尔（1921—2008）是路德宗瑞典神学家和新约学者，1963年发表名文《使徒保罗与西方的内省良心》，曾出版文集《犹太人和外邦人中的保罗与其他论文》等。本文译者花威系北京大学哲学博士，华侨大学哲学与社会发展学院副教授，主要研究古希腊罗马哲学、奥古斯丁思想和基督教思想史。

① 有关这些主题的更充分论述，参见 Krister Stendahl, “Biblical Theology”, *The Interpreter's Dictionary of the Bible* 1 (1962): 418—432。

为何研究《新约》?*

[美]韦恩·A. 米克斯

内容提要:正如我们之中多数人所了解的那样,"《新约》研究"这一学科依赖于一些基本的假设:严谨的历史引导我们客观而稳妥地认识过去;谨慎的方法能够开启一个固定文本的真实含义;有一群读者真正在意我们所说的。这些预设中的每一个都已经成问题了。从今以后,我们不能放弃历史研究,但我们必须迅速地重新思考:书写好历史意味着什么?作为基督徒群体的教师,我们需要检视运用文本的方式,重新发现其"形式化运用",以取代一种由"圣经神学"所强调的、几乎是排他性的"标准化运用"。最后,承认了"基督教世界"的终结,我们就必须试图吸纳一个更大的对话伙伴圈,试图克服我们在学术界以及一个迅速变得多样化的世界上被孤立的状况,这也正是一个已经出人意料地变小的世界。

---

* 这是发表在"《新约》研究学会"(Society of New Testament Studies,简称"SNTS",一个致力于《新约》研究的国际化学术组织)巴塞罗那年会上的主席就职论文,原载于 *SNTS* (2004. 8):3—7。本译文所据文本出自 *New Testament Studies* 51:155—170,英文摘要引自原文,译者据其译出中文摘要。已按照相关规定支付版权使用费,得到剑桥大学出版社书面许可而译成汉语,发表于本刊。

关键词:《新约》研究;历史批评;圣经神学;社会科学;读者群;释经

Why Study The New Testament?

Wayne A. MEEKS [USA]

Trans. by HONG Xiaochun

Abstract: "New Testament studies", as most of us learned the discipline, depends on some fundamental assumptions: that scientific history leads us toward objective and secure knowledge of the past; that careful method can unlock the real meaning of a stable text; that we have an audience who genuinely care what we say. Every one of these assumptions has become problematic. For the future, we must not give up on historical research, but we must think more urgently about what it means to write history well. In our role as teachers of Christian communities, we need to examine ways in which texts are used, rediscovering the formative uses in place of an almost exclusive stress by "biblical theology" on the normative. Finally, acknowledging the demise of Christendom, we must seek to engage an ever larger circle of discussion partners, seeking to overcome our isolation within the academy and within a world that has grown rapidly more diverse even as it has become astonishingly smaller.

Key words: New Testament studies; historical criticism; biblical theology; social science; audience; exegesis

今天,作为你们的主席站在这里,我深感荣幸,喜出望外。回忆自1947年以来担任这一职位的一批杰出学者,是令人自惭形秽的。那一年,乔纳斯·德·斯旺(Johannes de Zwaan)[1]被选拔出来,他的远见卓识和不懈努力使这个协会得以成立,他也因此受到尊重。在他之后的五十六位学者中,多数(尽管不是全部)参与塑造了我们所从事的学科。正因为我清楚地意识到自己是站在那些巨人肩上的矮子,所以冒着损害其名声并令你们厌烦的危险来提问:这究竟是怎么一回事?为什么必须研究《新约》?

在这个协会的章程中,我们获知"其目的是推进《新约》研究"。这种说法理所当然地表明,我们知道"《新约》研究"是什么。对于其创立者而言,"为什么必须推进《新约》研究"这个问题大概显得很无聊,尽管我显然已经问到了它,但他们应该觉得这是比较容易回答的。确切地说,这个问题并不简单,只是容易打发。那时(半个多世纪之前),要处理的是"如何"的难题,而不是"为何",更不是"是否"。今天的情形已经相当不同了。"为何研究《新约》"这一问题是不容易回答的,并且,任何我们可能给出的正面回答都将变得比1947年时更加复杂。我相信,对于我们当中那些已经将自己的职业生涯确定在这种研究上的人而言,尽可能坦率地提出问题,并尽我们所能,清晰而诚实地作答,是很迫切的。

学科都不是从天而降的。"《新约》研究"有一段历史。在这个协会中,我们对这一术语的理解方式从属于一段颇为独特的文化乃至政治历史。1937年,斯旺在爱丁堡的一个餐馆里与一小群朋友以及学者会面,并谈论成立这样一个组织的可能性。那些人一定曾敏锐地意识到他们生活在现代世界历史上一个不祥的时刻。他们的远见,使得他们能够超越那个时刻的危机,看到这样一种共同研究事业的可能性,这种事业跨越敌对的政治边界,在一个充满政治宣传、绝望和死亡的时代里寻求真理、希望和生命。我认为,那种远见从一开始就为这个协会打上标识。那也说明了为什么仍健

① 乔纳斯·德·斯旺(Johannes de Zwaan,1883—1957),荷兰政治家、神学家、《新约》学者。关于其生平,参见 J. W. Doeve, "In Memoriam: Johannes de Zwaan. June 26th, 1883—December 23rd, 1957", *Novum Testamentum* (1958): 164—173。——译者注

在的创始人会决定于1947年3月为第一次全体人会而聚集在一起,那是一次因战争而推迟七年的、百折不挠的大会。[①]

修订过的章程在巴塞罗那的会议上被批准了,一个意味深长的词被添加了到这一协会的目标陈述之中:那个词就是"国际化地"(internationally)。自那以后,我们的"目标将是以国际化的方式推进《新约》研究"。我希望,这一副词将成为一个无声的提醒:在一个国际化的景象看上去的确很暗淡的时刻,那些创始人仍然坚持他们的远见。在这个单词中,我听到一种信念的微弱回响:一种异乎寻常的努力,一种被视为理所当然却未被定义的"《新约》研究",可能在学术界之外的"现实"世界中产生影响。我们将这个副词添加到协会历史中的这一特定时刻,这一事实发人深省。它温和地提醒我们,我们所理解的,并想要在其中"推进"《新约》研究的世界,其边界在过去几十年间已经大大地扩宽了。我们成员的增多和多样化,就是鲜明的例证。然而,关于这些历史性的变化可能对我们的事业(即《新约》研究)所给出的暗示,我们过去谈论得并不多。

这里,我想要做的是,在一个不大的范围内开启那场对话。我会从略述几件事情开始——自"《新约》研究协会"成立以后的半个世纪中,很多时候我们都将这些事情视为当然。之后,我会简短地提出,那些假设在我们的时代是如何变得不确定的。最后,我会就未来的方向提出几个建议。

理所当然的假设

那些我们习以为常而不加检视的假设可以说有很多,但在我看来,有三项似乎是《新约》研究实践中最基本的,我们之中的大多数人在学生时代就

① 参见 G. H. Boobyer, "The Early History of Studiorum Novi Testamenti Societas",原本发表于 *Bulletin of the Studiorum Novi Testamenti Societas* 1 (1950): 7—10;也载于"《新约》研究协会"的网站: http://www. ncl. ac. uk/snts/history. html。

受其引导。首先,我们将《新约》研究视为一个历史学科,将我们自己视为历史学家。其次,我们认识到,无论我们可能会运用多少辅助性方法,我们所致力的主要是释经(exegesis)。我们是文本的读者,这先于其他的一切。第三,我们已经为自己的工作预设了一个读者群,那是一些在意我们说了什么的人。

现代《新约》研究是紧随历史主义而出场的——一次暂时性的胜利,却是光辉夺目。在这种更畏怯或更充满怀疑的时代,让我们不要忘记那一场巨大的成功所隐含着的每一次微小胜利给人带来的愉悦。让我们铭记,对于我们之中的大多数而言,历史学是解放的武器,正如对于我们的学术前辈们一样。这是由那些为宗教改革运动、启蒙运动以及现代主义与基要主义之争而努力奋斗的人们所遗赠给我们的。然而,当我们设法公正而诚实地书写历史之时,也确实亲身经验到那种解放。我们目睹自己、我们的学生,甚或我们的教会,从懒惰的轻信、教条化的空想、恶毒的偏见和独裁主义的架构(我们仅仅告诉别人,我们所认知的是关于过去,特别是关于"起初"的真理,因而引起了这一切)之中被释放出来。诚然,正如我描绘的这些政治化的、充满斗争的形象所试图传达的,我们所从事的对历史的书写从来就不是无涉利害的。它是实现权力的途径。作为真理的认识者和供应者,即"如实地说明历史"(wie es eigentlich gewesen)[1],我们要求掌握职位,尤其是在以理论方式建构神学的机构中。历史是我们职业身份的基础,包括学术界和教会中的身份。

这一切都是有可能的,因为历史在启蒙时期以及经验科学一再获胜的时期已经有了新的转折。现在,历史不是科学,而是学问(Wissenschaft)[2]。

---

① 语出自十九世纪德国历史学家、客观主义史学创始人利奥波德·冯·兰克(Leopold von Ranke)。——译者注

② 德语"Wissenschaft"一词由动词"wissen"(知道,明白)和表示抽象或集合的名词后缀"-schaft"组成,意思更接近于"学问"(knowledge)。德语词汇中有"Naturwissenschaft"(科学)和"Geisteswissenschaft"(人文),都包括在"Wissenschaft"之中。——译者注

客观性是我们的理想。如果说自然科学不是我们模仿的对象,那至少是我们艳羡的对象。我们用比较来代替室内实验。[①]

然而,我们不仅仅是历史学家。甚至,我们从根本上就不是历史学家。我们主要将自己视为释经者(exegetes)。我们是想成为历史学家的释经者,还是想成为释经者的历史学家,这一直是个问题。这个问题将我们划分开来,并使我们中的许多人感到相当矛盾。我们被命名为"《新约》研究协会",而不是比如说"古代基督宗教研究协会",这一事实并不太能解决问题。这一命名确认了我们的释经所关注的主要是教会正典中的27卷书[②]。但我们从未设想过,我们需要了解的仅仅是那些文本,甚至,也不能脱离许多其他文本而理解那些正典文本。近年来的发现增添了许多其他文本,这只会使得问题更加明显可见。许多其他文本,特别是一些新近发现的,曾经也是某些早期基督徒的"圣经",这一事实对历史学家说来构成了问题。这也使我们想起所有人太经常会遗忘的那个奇怪的悖论:在基督教运动的初期(我们试图专攻这一时期的研究),还没有《新约》。我们都会同意,我们是释经者。我们也都同意,构成《新约》(稍晚于我们专攻的时期)的那些文本是我们主要的解释对象。但"为什么"的问题依然存在。或者,更好的是问"为了谁"。

我们的假设之中最为根本的,最没有经过检验的,或者说最为不堪一击的,就是认为我们所说的话对于某个读者群来说是重要的。那一读者群中的某些成员厌恶我们的工作,另外一些人则热爱它,但他们对此都是在意的。很明显且务必谨记于心的,是那一读者群不仅仅是一种自然的存在。

---

① 这是依据韦伯对社会科学和自然科学的经典区分,参见 Max Weber, *The Theory of Social and Economic Organization*, trans. & ed. A. M. Henderson and Talcott Parsons. New York: Free Press, 1964, 97。

② 指组成《新约》正典的27卷书,今天大部分基督宗教的教会都承认这一点。关于《新约》正典的形成,可参见 Bruce Metzger, *The Canon of the New Testament: Its Origins, Development, and Significance*. Oxford: Clarendon, 1987。——译者注

读者也有其自身的历史;它从属于特定的时间和地点。我们所从事的这种研究植根于特定的文化处境,即西方的“基督教世界”(Christendom)[①],正如它曾介入高度现代化的时期,主要影响北欧、英国及其在美国的散居者。这一隐含的读者群就是新教徒。那种情况很快就发生变化了,特别体现在《圣灵默感通谕》(*Divino afflante Spiritu*)和第二次梵蒂冈会议(the Second Vatican Council)之后天主教圣经研究的公共化。[②] “《新约》研究协会”中天主教成员数目的快速增长就是这种变化的证据之一。变化较不显著但增速正在加快的是来自东正教的学者。然而,有的人可能会说,即使有了这些变化,我们中的多数人所从事的工作,都隐含着来自新教的读者情感。我正谈论的这种新教的偏向,最明显的体现,是布道在释经中所占据的核心地位。换言之,我们希望我们的研究产物,即我们行动的指向,最终能够以布道的形式传递给普通人。如果说我们是为了我们小圈子之外的某些人而书写的话,那么,那些人就是神学家,而神学家就是传道者的教师。多数人通过“释经”这种文体清晰地宣称我们是谁。而且,我们销售释经书,并希望它们能够帮助传道者在每个星期天对其牧养的对象宣讲上帝的道,不管那种希望在实践中可能多么微弱。我肯定是这一读者群中为数不多的、从没有写过也不曾想去写经文注释(commentary)的人。但凭着我们学科的一般预设,我知道,我由此展现了一个《新约》学者面对严肃问题时的可靠性。我们之中自然会有些人,他们通常用更为开阔的视野看待《新约》在教会中可能起

① 基督教世界(Christendom),严格地讲,这一概念指的仅仅是中世纪的欧洲,教会在信仰和实践上具有普遍的控制力。“基督教世界”的解体始于中世纪晚期,伴随着国家主义的兴起,以及文艺复兴之后的宗教改革和社会整体上的世俗化。参见 Alan Richardson & John Bowden eds., *The Westminster Dictionary of Christian Theology*. Philadelphia: The Westminster Press, 1983, 94。——译者注

② 《圣灵默感通谕》(*Divino afflante Spiritu*),即教皇庇护十二世(Pope Pius XII)于1943年9月30日发布的通谕,呼吁将圣经由原文重新翻译过来,而不是沿用拉丁文的《武加大译本》(*The Bible Latin Vulgate*)。关于天主教释经自此之后的变化,参见 Robert Bruce Robinson, *Roman Catholic Exegesis Since Divino Afflante Spiritu: Hermeneutical Implications*. Atlanta, Ga.: Scholars Press, 1988。——译者注

何作用的问题。甚或,有些人努力寻找对教会之外读者进行言说的方式。然而,我认为,我们这类《新约》研究架构所隐含的读者群,是为一个特别具有新教情感的西方"基督教世界"而设的,这种说法才是公允的。

摇摇欲坠的支柱

我不需要告诉你们之中的任何一个(当然不是指我们团队中较为年轻的),这种特定的《新约》研究中的这些基础,没有任何一个能够再被视为理所当然的了。缺乏历史的可靠性,缺乏文本的稳定性,缺乏一个善于接受的读者群。支撑我们自信的这三根支柱已经摇摇欲坠。要分析这些导致我们当下处境的历史变化,需要写一大本书。我希望我们的学生可以承担起来。很明显,我甚至不能开始勾勒这个计划,我仅仅能提及一些要点。

第一,是历史的问题。当然,我们所说的"历史批评方法"(historical-critical method)[①](根本不是一个方法而是一系列进路和习惯,简而言之,一种惯例[②])已经或多或少地遭到持续的攻击,从两个或一个半世纪之前,即当前的框架开始形成的时候。但是,大部分攻击都来自那些我们可以不予理会的、刻板的保守主义者,他们简直被现代历史探究的结果所击垮,直到最近才有所改变。使这些人愤怒的是,我们这类释经多半不能支持他们的传统信仰。对于我们之中那些以"教会永远在改革中"或"使人的精神获得自由"为行动纲领的人来说,这标志着我们的实践是符合设想的。新近出现

---

① 历史批评(historical criticism),又称"历史鉴别学",圣经研究学科,以历史研究的方法探究和解释圣经经文的人物与事件,包括使用历史文献及考古学的发现。历史鉴别学运用乌加列、巴比伦、亚述、埃及、波斯的考古资料追溯希伯来人的历史,也运用犹太、希罗文献,以及早期基督徒的作品研究《新约》的历史。参见卢龙光主编:《基督教圣经与神学词典》,香港:汉语圣经协会,2004 年,第 258 页。——译者注

② 参见 Pierre Bourdieu, *Outline of a Theory of Practice. Cambridge Studies in Social Anthropology* 16, trans. Richard Nice. London: Cambridge University, 1977;以及 Pierre Bourdieu, *The Logic of Practice*, trans. Richard Price. Cambridge: Polity, 1990。

的情况是,越来越多的人对我们的实践不抱幻想,因为人们觉察到我们不能达到预期的效果。我们所断言的远景,其客观性何在?我们期望无涉利害的科学观察和分析能给予信心,但这种信心又在何处?我们并不是孤立的,但我暂时搁置这个事实。我们与今日学术界中的许多其他领域共享着这种不信任,但这样一种安慰显得很冷漠。需要反思我们特定的惯例被弃置的几个原因,即使它们对于我们自己而言是自明无误的。

首先,我们的"历史批评方法"已经与某些历史哲学和宏大叙事联系在一起(人们可能会说,这几乎是由于其自身的历史而偶然形成的):十九世纪晚期新教自由主义[①]的那种天真的进步论、后康德主义的唯心论,以及最为彻底的,始于笛卡尔的空洞理性自我作为真理的裁判的那种观念。[②] 由于那些宏大叙事已经失去了说服力,人们的怀疑也已经落到了与之相连的实践上去。

有一种相关联的变化,很笼统地讲,可以称之为对我们做法的意识形态维度的揭示。这一类型中最强烈的冲击,随着欧洲在德意志第三帝国时期所发生的大屠杀的余波而来。我们尝试去揭开那种恐怖的根源,不得不承认,我们在释经上的努力不仅没有能够压制对《新约》的反犹主义阅读(anti-Semitic readings of the NT)这一历经几个世纪的传统,而且时常隐含着对排犹政策(anti-Jewish policies)的支持。[③] 我相信大家都会同意,这种震惊所带

① 新教自由主义,又称"自由神学"(liberal theology),指十九世纪末至二十世纪初欧美的神学思潮,企图对历史上的新教思想和近代科学及世俗化主义作出调适,并以自由主义的理念研究神学思想与社会问题,对人性与社会抱乐观心态,在二十世纪初以后渐被新正统神学挑战和取代。参见卢龙光主编:《基督教圣经与神学词典》,同上,第328页。——译者注

② 特别参见 Charles Taylor, *Sources of the Self: The Making of the Modern Identity*. Cambridge, MA: Harvard University, 1989。

③ 1938年曾参加"《新约》研究协会"在伯明翰召开的筹建委员会的格哈德·基特尔(Gerhard Kittel),就是一个明显而有启发性的例子;参见 Wayne A. Meeks, "A Nazi New Testament Professor Reads His Bible: The Strange Case of Gerhard Kittel", *The Idea of Biblical Interpretation: Essays in Honor of James L. Kugel*, ed. Hindy Najman and Judith H. Newman. Leiden/Boston: Brill, 2004, 513—544。

来的结果是有益的。认识到我们的历史观中所存在的这个巨大盲点,我们受到了挑战,并学习怎样更好地研究历史。同时期的考古学家、图像学家等的重大新发现,催生了新一轮对历史的修正,并带来了对古代犹太群体和撒玛利亚人群体,以及随之而来的基督教运动起源的更好理解。

但是,我们从那次震惊中重获平静之后,很快就受到女性主义、自由主义、后殖民主义诠释者的攻击(只罗列了最为显著的)。他们指出,我们之中的大部分是欧裔的男性白种人。(他们是正确的,看看"《新约》研究协会"过往的主席名单就知道。芭芭拉·阿兰[①] 2005 年在哈雷[②]入职,使得执掌这个位置的女性数目正好增加两倍。)更重要的是,他们向我们展示了我们在早期基督教文献中所没有见到的,而那些盲点显示了我们所标榜的客观性存在严重疏漏。那些过失表明:兴趣可能在不知不觉中将维护特权当成了目的。

在最近几年,我们已经看到对这些挑战的两种反应。第一种实际上是仁慈的犬儒主义。那就是,人们可能会提出,如果阶级、性别或群体利益隐含在每一个历史学家的著作中,那么,我们应该自觉地选择将被边缘化的或处于弱势的群体利益置于优先。这包含着某一种道德召唤。问题是,如果我们的主张所持的理由明显是意识形态的,那么,不管这种意识形态有多么好,强化那些理由的方式仅仅是运用权力,而不是有说服力的论证。这样一来,努力控制研究和交流的途径就取代了对真理的探寻。承认我们对真理的探寻常常受到政治(包括学术界的政治)影响是一回事,屈服于"人都是为他人代言"这种犬儒主义的观念,又是另一回事。

幸运的是,那种程度的犬儒主义尚未占据上风。更为普遍而且更有盼望的回应,是一种要更好地研究历史的决心。女性主义者教导我们要以他

---

① 芭芭拉·阿兰(Barbara Aland,1937—),德国《新约》学者,因与其丈夫库尔特·阿兰(Kurt Aland,1915—1994)共同从事《新约》文本研究,并主编《希腊文版〈新约〉》(*Novum Testamentum Graece*)而著名。——译者注

② 哈雷(Halle),一德国东部城市,隶属萨克森-安哈尔特州。——译者注

们的方式来阅读;后殖民主义者帮助我们对历史的压迫性建构和运用保持警惕;马克思主义者促使我们去揭露由伪装成事实的诠释所包裹的权力架构;社会历史学家教会我们去探究书写古代文本的精英作家们的言辞,寻找那些未被记录的人(即第一批基督徒以及他们的邻近者)的特定生活世界。所有这些对修正我们研究历史的方式来说都是重要的,但都各有缺陷;而且,它们共同的作用,使得我们在今天偶尔感到晕头转向,就像我们的学科永远在我们脚下变化一般。由于我已经明确地参与这种转向并求助于社会历史,我将挑选出一个案例,来说明伴随社会科学的吸引力而来的陷阱。

在二十世纪七十年代,研习基督教起源的学生开始跟随我们研究其他分支历史(包括罗马帝国的历史)的同时,去尝试描绘我们所说的早期基督教群体的"社会环境"(the social world)。我相信,我们是比较成功的。然而,我们很快就受限于资源中可供运用的数据,以及考古学所呈现给我们的材料。对假设进行推论式验证是科学的标志,但在那时,这显得最为困难,有些人受到引诱而使用社会学或人类学理论作为替代品。人们试图重获十九世纪历史主义曾一度宣称的那种客观性的胜利,并求助于社会行为的假定性规律。从那些规律之中,社会组织及行为的模型被建构出来;并且,从那些模型之中,甚至从资料的缺乏之处,我们可以推断出早期基督徒很可能的样子。现代欧洲历史学家约翰 · 加迪斯(John Gaddis)在社会科学家身上经常发现"物理羡妒"(physics envy),而在这里我们也看到了一个清晰的例子。[①] 讽刺的是,他们所羡妒的物理学并不是今天所研究的物理学。更为讽刺的是,从普遍推论至特殊的做法,这种探究暗示着回到前现代的科学。前现代的科学,就是不受限于传统,而与"实证"和"确定性"相关联的科学,笛

① John Lewis Gaddis, *The Language of History: How Historians Map the Past.* New York: Oxford University, 2002, 89. "物理羡妒"指的是人文科学与社会科学领域的研究者试图效仿自然科学(尤其是物理学),运用数学来表达其基本概念。——译者注

卡尔努力通过奠定那些"内在说服力"(inner persuasion)的基础来挽救"实证"与"确定性",而现在,这种"内在说服力"已在后现代哲学的攻击之下瓦解了。[1]

支撑我们立场的第二根柱子,就是释经。当其他预设都破产时,我们就依赖于我们是文本的专业读者这一想法。而它们是多么美妙的文本啊!斯坦利·费什(Stanley Fish)那个著名的标题所提出的问题"这课堂上存在着一个文本吗?"并没有使我们感到恐惧。当然存在!但他的副标题引起了我们的注意——"诠释群体的权威"。即使是文本批评(textual criticism)[2]——我们所从事的学科中技术性和基础性最强的,我们也慢慢地从对"原始文本"(Urtext)的追寻中摆脱出来,并提出疑问:我们的前辈视之为"错误"而不予理会的文本差异中,有多少代表了吉姆·库格尔(Jim Kugel)所称的"圣经的原貌"(The Bible as It Was,即文本被特定时间和地点之下的"诠释群体"所阅读和理解的方式)?的确,考虑到我们所了解的正典的史前史,"原始文本"这个单一的观念有意义吗?[3]

如果重建"原始文本"已被证明超出了我们的能力范围,甚或,这本身就是一个虚假的概念,那么,文本的"原初意义"这一概念就更有问题了。在我们这一时代,哲学家、批评理论家和批评实践者的百家争鸣已经对寻找某些

① Jeffrey Stout, *The Flight from Authority: Religion, Morality, and the Quest for Autonomy*. Notre Dame, IN/London: University of Notre Dame, 1981, 6f., 37—61.

② 文本批评(textual criticism),又称"经文鉴别学""经文校勘学"。系一圣经研究学科,专门校勘文献、抄本及经文语句,从不同版本(包括原文抄本、译文与古代作者的引用语句)的异文推断最接近原稿的文句,目的是尽可能重建经过重复传抄之经文的原貌,是圣经研究中的重要科目之一。也被称为低等鉴别学,以别于考究文献材料的高等鉴别学。参见卢龙光主编:《基督教圣经与神学词典》,第508页。——译者注

③ Stanley Fish, *Is There a Text in This Class? The Authority of Interpretative Communities*. Cambridge, MA: Harvard University, 1980; James L. Kugel, *The Bible as It Was*. Cambridge, MA: Harvard University, 1997. 关于处境在文本批评中的介入以及"原始文本"的问题,参见 Bart D. Ehrman, "Text and Tradition: The Role of New Testament Manuscripts in Early Christian Studies. The Kenneth W. Clark Lectures, Duke Divinity School, 1997", *TC: A Journal of Biblical Textual Criticism* [*http://purl.org/TC*] 5 (2000)。

不变的意义这一目标提出了挑战,不管这一意义是寄居于作者的意图之中,还是存在于文本自身的某处。他们强调,意义常常是变动的,一个陈述句的力量取决于处境,所有的文本都有可塑性,其功能在时间中都是可变的。引用两个例子就够了。第一,巴赫金(Bakhtin)。他提出"语义学的生态模型"(ecological model of semantics),正如他的两个主要诠释者所总结的:"没有'文本自身'这一事物,这是俄国形式主义者和美国新批评派成员所幻想出来的、自带目的的对象。只有或多或少被处境所牵连的文本……"[①]第二,沃尔夫冈·伊瑟尔(Wolfgang Iser)。他观察到,在我们的时代,经典的诠释范式已被取代:"不同于柏拉图式的理念与现象的对应,当前的焦点是文本与其处境中的社会、历史规范,以及读者可能的秉性之间的互动。"[②]如果几个世纪的时间间隔和文化隔膜仍使得读者与文本原初的处境之间存在裂口,如果"潜在的读者秉性"因为文本被赋予了"圣经"的地位而被复杂化,那么,诠释者的处境便更为复杂。

巴赫金和伊瑟尔的观察将我们直接带到那摇摇欲坠的第三根支柱的问题,即读者。谁是我们的"隐含读者"(implied readers)[③]?前面我已经说过,我们的第一读者是神学家;我们产品(就范式而论,是由通行的经文注释所代表的)的主要消费者是传道者;我们尽可能地考虑其他学科和教外民众中的学术同行,我们未曾说出却经常无意识地预设:他们要么在文化上是基督

---

① Katerina Clark and Michael Holquist, *Mikhail Bakhtin*. Cambridge, MA: Harvard University, 1984, 210.

② Wolfgang Iser, *The Act of Reading: A Theory of Aesthetic Response*. Baltimore, MD: Johns Hopkins University, 1978, 13—14.

③ 隐含读者(implied readers)是由伊瑟尔提出的概念,不是指实际进行阅读的读者,而是指文本的一种特殊构造,它由文本预先构造的三个因素是:"在文本中表现出来的不同透视角度;读者将这些透视角度从中勾连起来的优势点;各透视角度汇聚在一起的交接处。""隐含读者"这一概念有一个极为重要的功能,就是"提供了一种存在于所有读者对文本的历史实现和个别实现之间的联系,使我们有可能对它们进行分析。"参见 Wolfgang Iser, *The Act of Reading: A Theory of Aesthetic Response*. Baltimore and London: The Johns Hopkins University Press, 1978, 27—38。——译者注

徒,要么可以被忽略。这些预设的社会和文化偏见已经全部转变了。结果就是,我们发现,我们今天已经趋近一种完全边缘化的状态:在大学中孤独地从事古怪的过时技艺;在更大的世界中,我们发出的是信仰群体中很少听到的遥远的声音;在喧闹的公众领域借由全球的企业媒体来发布信息,但并不被注意,除非我们说出了某些实在令人吃惊的话。

世界正在我们足下变动不息。尽管"基督教世界"的文化在我们的学科成形之时是零散而微弱的,但仍可被视为理所当然,然而今日已经衰落不堪,几乎是虚无缥缈了。这个过程比"世俗化"(secularization)还要复杂,虽然那个词是描述欧洲现状的方便之说。这里,如果统计学家、社会学家以及访客对一个周日的随意观察是可以被相信的,那么,由那些积极参与教会生活的人们所组成的读者正变得越来越少。传统的宗教信仰也是如此。准确地说,认为《新约》对其有重要宗教意义的人,在人口中只占了一小部分。[①]

在北美,相反,民意调查不断显示:有出乎意料之高比例的人"信仰上帝"并认为宗教在其生活中是重要的,他们甚至有规律地参与一些有组织的宗教活动。有所变化的似乎是,那些真正受到历史批判性圣经研究影响的宗派,在总人数中所占的比例已经相对小了。换句话说,在美国的宗教图景中,那些看似成长最迅速的基督教群体,认为圣经对他们来说是最重要的,也正是那些忽视或谴责我们所从事学术的人。另外,大众传媒的本质导致了普遍的宗教怀疑论(skepticism)与宗教基要主义(fundamentalism)之间的两极分化。中间地带变得不可见。几乎没有机会在公共场合听到关于宗教问题的合乎逻辑的话语。

---

① 关于承认这种"后基督教"(post-Christian)文化之于我们的诠释任务的重要性,可参见 Heikki Räisänen, *Beyond New Testament Theology: A Story and A Programme*, 2nd edn. London: SCM, 2000, 152—159;以及 Ulrich Luz, "Mythos und Christologie", 这是没有公开出版的论文,曾在"Seminar: Inhalte und Probleme einer neutestamentlichen Theologie, SNTS 58th General Meeting, Bonn (2003)"这一会议上被宣读。

我们在欧洲和北美的读者已经减少,而且有了变化。同时,我们意识到欧洲和北美再也不能混充世界中心这一事实。我们已经进入了一个更为多样的世界,而这个多样化的世界已经进入我们的各个团体。在二战、冷战和不同的地区战争,以及近几十年来全球经济的持续变化之后,人们自愿或非自愿地移民,正带来规模空前的文化混融。在那些"《新约》研究"起源的国家,这意味着在实践上消解国家身份和宗教身份之间的一致性。我们今天听到的关于"基督教的欧洲"以及"基督教的美洲"所代表的只是一种乡愁而非现实,这样的谈论也见证了近期关于《欧盟宪法条约》的争论。

另一方面,那些从未与我们分享"基督教世界"神话的人(我们所努力传教的对象除外)已经成为了我们的近邻。当我打电话向德克萨斯州的一个公司求助,而接电话的是孟买的工程师时,我就知道这不是我成长于斯的那个世界。"全球化"是一个事实。无论它代表的是旧式帝国主义的变种还是一些新事物,它都带来了我们所不能忽视的、新的意识形式和生活方式。在这个世界,仍然有读者认为学科化、批判性的《新约》诠释很重要吗?有的。但他们似乎与我们以往所了解的《新约》学术研究机构所关涉的读者相当不同。

未来发展的方向

我既不是先知,也不是先知的儿子,我没有神谕般的洞察力可以看到《新约》研究的未来。我确实有一些确信,来自我这四十余年所致力的古代资料收集和研究。我给出其中的几条,不是附带的说明,而是会被争议的命题。

首先,就历史而论,让我们继续做下去。美国幽默作家马克·吐温(Mark Twain)曾谈到一份报纸对他死讯的报道,与之类似,对历史批评消亡的报告也是被严重夸大的。许多先前的研究"所保证的结果"现在遭到了怀疑,但这一事实并不意味着历史研究的任务已经终结;更确切地说,是相反的。重构一幅更为公允而可靠的历史图景的任务从来没有完结。常常会有新的发现要被吸收,未曾被考虑过的因素要被评估,新的比较要被权衡,新颖的视角会挑战我们的假设;只要有新的眼光介入研究,我们视野中的盲点就会被凸显。所有的历史编撰学都具有未完成的、甚至是临时的性质,这一切构成了要保持谦卑的另一个原因。这甚至引起了我们当中部分人的某种倦意,他们现在指望着新一代接过这旷日持久的任务。但这肯定不是绝望的原因,也不是卸下任务的理由。如果你想要清楚地知道历史学家的工作是未完成的,并非毫不相关的,只要考虑流行文化中不断出现的宗教和圣经主题(总的说从愚昧的到高阶的都有),还有政治话语中对于这些主题的不恰当运用(尤其是在美国)。我们比以往任何时候都需要关于基督教运动和基督教文本的具有批判性的历史。

但这是怎样的一种历史?从与主题相关的简单问题开始,我们所写的多数都集中于观念的历史,甚至非常狭隘地,只是教义的历史;以群体历史为目标的太少了。那对于接受神学训练的人们来说,是自然不过的事;如果我们认为我们的读者基本上是共事的神学家,那么情况几乎不可能有变化。大学可以为我们(或者,更重要的是为我们未来几代的学生)提供的主要服务,就是提供更多具有批评性的读者,他们会挑战"教义是生命的基石"这样的预设。"宗教"甚至"圣经"正成为大学之中专业研究的一部分,并独立于我们的学科传统上所归属的神学机构之外,其变革的方式在几年前是难以预料的。由哲学家、文化分析家、文学批评家和社会科学家所进行的研究,大部分都与我们所建构的历史叙事无涉,但可以进行严肃的对话。在这场对话中我们应该坚持的是,各方都关注社会规范和对宗教的运用,避免隐含于狭隘的观念偏执中的唯心主义还原论。

其次,"诠释史"(the history of interpretation)应该成为我们新的重点。从实际上说,我们已经在文本的史前史方面做得相当好了,而对文本后来的接受史和影响史的研究则相当欠缺。《新约》的"效果历史"(Wirkungsgeschichte)[①],以及那些经常被忽略的,但我们近年来已经了解更多的非正典文献(non-canonical texts),仍然是一大片亟待深入研究的领域。我们之中那些冒险涉入的人将需要从许多其他相邻学科的同事那里获得帮助。[②] 我们非常需要关于现代《新约》研究的社会历史的专著,一部关于现代大学和现代智力文化的社会历史,它必将对其有所贡献。

在这些以及其他隐现于我们面前的操作性任务的背后,是核心的诠释问题:历史是什么,以及,历史的作用是什么?受后现代处境的考验,我们必须重新回到历史是艺术还是科学的问题。当然两者都是,而且,从某些方面讲,这一点在今天更容易被认识到。新近的批评理论和科学哲学的部分趋同使得我们看到:在某种意义上,诗歌与天体物理学都依赖于一个单一的人为建构的谱系,都试图以一种有序的,我们视之为真的形式来展现。难题只在于说明历史的书写应该位于这个谱系的何处:与诗歌的距离有多远?与科学的距离又有多近?我们需要考虑这一点。让我们承认所有的历史都是虚构的,但不是所有关于过去的虚构都是历史。历史是关于过去的虚拟,也是可被矫正的。可以这样说,没有事实是不带有诠释的,但也存在事实本身。

那么,我们的第二支柱,即文本,又如何?我是相当守旧的,因此,我相信对历史的书写是我们职业的重心,此外,释经也是我们的首要技艺。鉴于我们被不同的变化趋势所袭击,让我们牢记我们所知晓的:忠实而公允地阅读一个文本要求下苦功,需要尽我们所能地掌握技巧和知识。无论我们教

① "效果历史"(Wirkungsgeschichte),是汉斯-格奥尔格·伽达默尔(Hans-Georg Gadamer)提出的概念,他认为:"一种正当的解释学必须在理解本身中显示出历史的有效性来,因此,我就把所需要的这样一种历史叫做'效果历史'。理解本质上是一种效果史的关系。"参见[德]汉斯-格奥尔格·伽达默尔:《真理与方法:哲学诠释学的基本特征》(上卷),上海译文出版社,1999年,第385页。——译者注

② John Riches, "Text, Church and World: In Search of a Theological Hermeneutic", *Biblical Interpretation* 6 (1998): 205—234. 关于接受史之于神学诠释学的重要性,参见 Francis Schüssler Fiorenza, "The Crisis of Scriptural Authority: Interpretation and Reception", *Interpretation* 44 (2001): 353—368。

给学生其他的什么,让我们教会他们这一点。此外,在一个解构主义者任由读者(最经常的也就是学术批评者)处置文本的年代,作为文本整体性的捍卫者正是释经者的职分。我所说的"整体性"并不是形式主义意义上的,虽然对文本形式的尊重诚然是基本的。确切地说,我的意思是,我们应该以说出文本原初的意思为目标,即当文本被一个有能力的读者所阅读并展现的时候,其表达效果在其历史处境中原本应该是怎样的。进一步地说,因为我只提倡对文本的应用和滥用的历史、其被接受并产生效应的历史给予更多的关注,所以我并不是将"历史处境"与"原初处境"等同起来,虽然我通常会看重对文本的早期运用与后期运用之间的区别。

是的,对文本的运用应该成为我们诠释学思想的前沿。摆脱那主要从西方教会的论战而来的古怪偏见(即文本的运用从根本上说是为了建立正确的教义)需要自觉的努力。由于集中于文本的规范化运用,我们已经忽视其形式化的运用。我希望,不仅是宗教史学家,还有我们来自东正教的同事,可以帮忙提醒我们:形式化的运用(即在礼仪、赞美诗和冥想性的科目中,在思潮和良知的形成之中,在话语和艺术创作之中的运用)从逻辑上和演化上看,都是先于规范化运用的。[1]

---

[1] 关于经文运用(以及经文诠释)在"形式化"(formative)与"规范化"(normative)上的不同,参见 John K. Riches, "Theological Interpretation of the New Testament and the History of Religions: Some Reflections in the Light of Galatians 5:17", *Antiquity and Humanity: Essays on Ancient Religion and Philosophy Presented to Hans Dieter Betz on His 70th Birthday*, ed. Adela Yarbro Collins and Margaret M. Mitchell. Tübingen: Mohr Siebeck, 2001, 245—262, 261—262. Cf. Luke Timothy Johnson, "Fragments of an Untidy Conversation: Theology and the Literary Diversity of the New Testament", *Biblical Theology: Problems and Perspectives*, ed. Steven J. Kraftchick, Charles D. Myers, Jr, and Ben C. Ollenburger. Nashville, TN: Abingdon, 1995, 279—289。关于"权威"(authority)的几重含义,毛里斯·威尔斯(Maurice Wiles)给予了审慎的评论,这或许适用于教会对圣经的恰当运用。其中,他认为圣经作为"有约束力的权威""对圣经的直接验证式运用"这些概念,"需要被取消,我们应该感激将我们从负担中解脱出来的批判性研究",并且,"不要被奴仆的轭挟制"(加 5:1)。参见 Maurice Wiles, "Scriptural Authority and Theological Construction: The Limitations of Narrative Interpretation", *Scriptural Authority and Narrative Interpretation*, ed. Garrett Green. Philadelphia, PN: Fortress, 1987, 42—58, 50。

再者,在“基督教世界”之后的环境中,我们有机会,也确实有责任来认真地思考公共领域中对文本的运用与滥用;而且,那个公共领域现在属于一个同时迅速变得多样并且变小的世界。它将我们带回第三方面的关切:我们应该对什么样的读者说话?

整个难以驾驭的、未加以区分的信仰群体将继续成为主要的读者,对他们来说,我们所感兴趣的文本被作为宗教经典的一部分来解释。没有理由因为这些群体向我们宣称专有权而感到尴尬,甚至在我们这个或多或少是后基督教的时代里,在学术领域中(即任何实在的宗教确信都可能被视为对价值中立原则在思维场域中运用的威胁)。毕竟,是这些文本在宗教上被运用而成为一种文化的力量,而不是反过来。如果历史上的情况不是如此,那么,我们对这少量的文本投注的精力将是过度的。不,我们首先应该对所有的信仰者说话,这是相当准确的。令人尴尬的是,我们所说和所写的很少能直接被他们使用。这是令人尴尬的,因为在迟于高布乐(Gabler)的两个多世纪、迟于赖德(Wrede)的一个世纪之后①,我们仍然不能断言,如果一个人在历史处境之下阅读《新约》文献,并更多地了解最早的基督徒可能的面貌,这对于基督信仰的实践有何影响。关于这个话题我们可以说很多。我认为,我们受到限制而不去说这些,部分原因在于我们因过多地论断过去而感到心虚。而且,我们受到限制,也是由于我们对那些想完全丢弃历史批评的人的防御。在需要做什么来更好地澄清诠释处境这个问题上取得一致意见是不容易的,但让我们开始争论。

为此,我提出了以下的挑衅:需要从我们的词汇中抹去“圣经神学”

① 约翰·菲利普·高布乐(Johann Philipp Gabler,1753—1826),德国新教神学家,因其对“圣经神学”与“教义神学”的区分而被誉为“现代圣经神学之父”。威廉·赖德(William Wrede,1859—1906),德国《新约》学者、路德宗神学家,因对“历史耶稣”(historical Jesus)的研究,尤其是《马可福音》中“弥赛亚秘密”(Messianic secret)的研究而著名。参见王学晟:“弥赛亚秘密新解”,《圣经文学研究》2013年第七辑。——译者注

(biblical theology)[1]开始,甚至更激进一点,抹去"《新约》神学"。不论这些概念曾经对高布乐之后的对话做出什么正面的贡献,我们已经到了一个它们只会混淆我们的理解的时代。首先,"圣经神学"这个概念,尽管我们学着对它做出限定,但在实际中,它常常被移至宗教的认识论范式(运用乔治·林贝克[2]那很有帮助的分类法)[3],以生命为代价而赋予教义以特权。其次,"圣经神学"隐约地宣称能够在文本层面和历史层面上为命题授权,这些命题实际上仅仅起源于文本与读者之间在许多时间和地点上的持续互动,并且,它吸引我们与历史学家合伙,来遮蔽权威的来源。不论何时,当我们在当代的争论中听到"圣经清楚地教导"这样一种表达时,我们或许可以清楚确定的是,这种授权正以一种隐蔽的方式重新介入。第三,"圣经神学"正作为意识形态而发生作用,并试图确保我们在神学科层制中的地位,即作为教会教师的教师。过去,我们在这个角色之中做得并不好,我们应该放弃它。

我们对之负有责任的第二读者群,是知识群体,出于方便而由大学来代表。近年来,我们已经目睹,我们领域之中的科际整合工作正以一种引人注目的方式增长,如此这般,以至于只要看一眼"圣经文学协会"(Society of Biblical Studies)的年会项目,就会觉得势不可挡。当然,人们可能还会认为,这项工作多数还处在试验阶段,必定能够延续下去的极少,但不必担心。我们需要更多的试验,而不是更少。更令人担忧的是,沟通主要是单向的。我们渴望试验文学批评、社会学、民族学及其他类似学科中最新的动向——好吧,不见得是最新的;我们常常落后一个世纪左右。但另一方面,很少有

---

① 圣经神学(biblical theology),泛指研究圣经中隐含的神学思想的学科。参见 James K. Mead, *Biblical Theology: Issues, Methods, and Themes*. Louisville, Ky.: Westminster John Knox Press, 2007。——译者注

② George Lindbeck.

③ George A. Lindbeck, *The Nature of Doctrine: Religion and Theology in a Post-Liberal Age*. Philadelphia, PN: Westminster, 1984, 16—18.

人有足够的兴趣在关于限制与规范的关键问题上帮助我们,这是我们不得不说的。[①] 无论如何,我们需要继续我们的试验,但首先我们需要发现与其他领域的学者进行对话的有效方式,使得这些学者可以从我们这里获益,正如我们能从他们那里获益一样。如果我们成功了,那么这种对话或许还有助于我们吸引第三拨和最后一拨读者。[②]

最大的读者群(不要说得太隆重了),就是世界。我特别指出的是世界上作为非基督徒的大多数人,他们突然以各种方式成为我们的近邻,这在早前的几个世纪中是不可想象的。学会聆听并与这一读者群对话,将是我们在本世纪中面临的最令人兴奋,当然也是最重要的挑战。显然,这一群读者各不相同,到了令人生畏的地步。从传统宗教中好斗的代表者(按照现代西方社会的定义,这些人的传统从来就不是"宗教的"),到那些已经从"宗教的"一代跳跃至"世俗的"一代的人,更不用说所有那些不能轻易在头脑中将现实冲突整合为一的人(就像我们之中的大多数一样)。我们的心态必定与十九世纪、二十世纪早期浩大的西方传教运动发起者的心态大不相同。然而,我们能够从那些传教运动的成功之处获益。我们中的部分人是在传教士资助的教会中被抚养成人的;所以,传教士为我们的对话带来了经验,是在"基督教世界"的神话所不适用的环境中生活的经验。他们对我们之中的其他人颇有教益。[③]

---

① 文化理论家们(比如德里达[Derrida])对某些圣经和宗教问题的"重新发现"是令人惊讶的,并且,很不幸的是,这进一步证明了我们打通学科边界的努力是失败多于成功的。

② 这种对话与《新约》学者通常所理解的"科际整合工作"有多大的距离?汉斯·胡布纳(Hans Hübner)夸口说他的"科际整合"工作已经包括了教会史、系统神学、路德研究和《旧约》释经,便可以作为这一问题的例证。详参 Hans Hübner, *Biblische Theologie des Neuen Testaments*. Göttingen: Vandenhoeck & Ruprecht, 1990—1995, 1: 7。

③ 越来越多的文章反思圣经诠释者在后殖民主义世界中的责任,可参见 Heikki Räisänen *et al.*, *Reading the Bible in the Global Village*. Atlanta, GA: Society of Biblical Literature, 2000。1999 年哈曼斯克拉尔(Hammanskraal,南非共和国一北部小镇——译者注)会议之后,"《新约》研究协会"与在非洲进行的工作建立了联系;参与非洲处境的诠释学策略是丰富多样的,范例可参见 Gerald O. West and Musa W. Dube, eds, *The Bible in Africa: Transactions, Trajectories, and Trend. Leiden*: Brill, 2000。

我们可以学会的一点,就是上帝不一定希望全世界都像我们一样。这是圣保罗(St. Paul)凭着直觉所把握到的,而且他认为彼得没有明白这一点(加 2:11—16),他们的后继者多数也没有做到。我认为,我们圣经学者担当着一个重要角色,就是在基督徒与非基督徒之间开展新的对话,这是迫切需要的。我认为,我们之中的大多数已经渐渐明白,皈信与否并不是衡量这种对话成功与否的标准,就像传教士中的杰出者所理解的那样。的确,为了进行真正的对话,我们需要放弃唯信论诠释学(fideist hermeneutics)①的傲慢,这样一种诠释学强调,为了真正理解文本,你首先必须皈信。但是,理解了之后说"不信",这是完全有可能的。② 这些《新约》文本可以颇有成效地对某个不曾做基督徒的人说话,那些人可能教给我们那些与他们相关的、但我们未曾关注过的事,这是很有可能的。只要想想甘地!那些来自不同文化的文本有许多值得我们学习的地方,不管那些与我们不同的文化是"宗教的"还是"世俗的"。而且,确切地讲,作为具有批判性的学者,我们言之有物,并可能会帮助他们以一种不同的方式理解自己的传统和文化,参与到关于"现代化"和"全球化"的持续争论之中。这对参与对话的各方都是有益的。

现在,我回到一开始提出的问题:为何研究《新约》?只要考虑不同的读者,就有很好的理由。必须研究《新约》,因为这是所有基督教群体的部分根基。必须研究《新约》,因为这已经普遍渗透到艺术、文学以及大部分人文思想之中,其影响绝不会终结,也不局限于西方。必须以一种批判性的方式来研究《新约》,因为过去它常常被运用,也常常被滥用,滥用者包括其拥护者

---

① 唯信论(fideism),又称"信心主义",神学用语,神学家对这个字的用法仍有分歧,大致是指那些认为人类理性达不到形而上的、伦理的和宗教的真理,只能藉信心把握这类真理的理论。参见卢龙光主编:《基督教圣经与神学词典》,第 207 页。——译者注

② 参考查尔斯·伍德(Charles Wood)对神学诠释学充满智慧的评论:"虽然将理解与运用联系起来是重要的,但关键的是不要这样去界定它们之间的联系:认为理解一个文本就是同意一个文本……"详参 Charles M. Wood, *The Formation of Christian Understanding: An Essay in Theological Hermeneutics*. Philadelphia, PN: Westminster, 1981。

和反对者。《新约》必须以一种历史性的方式被研究，因为我们无法摆脱历史的洪流，而当我们假装能够这样的时候，我们自作自受，并连累他人。必须以一种朝向未来的视角来研究《新约》，公开地并且谦卑地（如果我可以使用这个词的话），因为我们并没有掌握最终的道。汉斯 · 弗雷（Hans Frei）所言甚是："'对圣经的正确诠释'这种观念并不是毫无意义的，但其意义是终末论层面的。"[①]模仿一位更为著名的先行者所说的话："我如今仿佛镜中看花，模糊不清，到那时，就要面对面了。我如今所知道的有限，到时就知道了，如同主知道我一样。"（林前 13：12）[②]

（洪晓纯　译）

作者韦恩 · A. 米克斯，美国著名《新约》学者，现任教于耶鲁大学，主要研究"保罗书信"、《约翰福音》及早期基督教历史，代表作包括《最早的城市基督徒：使徒保罗的社会环境》《基督教道德的起源：公元一、二世纪》。曾担任"圣经文学学会"（Society of Biblical Literature）及"《新约》研究学会"（Society of New Testament Studies）主席。译者洪晓纯，香港中文大学文化与宗教研究系博士生，主修《新约》，研究方向为《约翰福音》。

---

① Hans W. Frei, *Types of Christian Theology*, ed. George Hunsinger and William C. Placher. New Haven, CT/London: Yale University, 1992, 56, 90.

② 原文此处括弧注为"1 Cor 13:1"，有误。作者模仿的应该是《哥林多前书》13：12："我们如今仿佛对着镜子观看，模糊不清，到那时，就要面对面了。我如今所知道的有限，到时就全知道，如同主知道我一样。"（中文和合本）——译者注

耶稣传道的艰难旅程：医治瞎子事件(太9：27—31)分析

黄根春　周柬妮

内容提要：本文以编修考据学及叙事考据学方法，探讨马太如何透过叙事片断帮助读者对故事的人脉情节有更深的了解。本文认为马太加添一次耶稣医治瞎子的事件(太9：27—31；比较太20：29—34；可10：46—52；路18：35—43)，交代了耶稣的传道旅程是困难重重的，亦解释了耶稣为何倾向于采取低调模式。

关键词：《马太福音》；编修考据学；叙事考据学；医治瞎子事件；低调模式

Jesus' Hurdle in His Journey: On the Narrative of Two Blind Men (Mt 9：27—31)

WONG Kun Chun Eric & CHOU Kanny

Abstract: The present study aims at investigating how Matthew crafts the image of Jesus in the Gospel of Matthew. By using redaction criticism and narrative criticism, we show that Matthew has specialize purpose by inserting one more "two blind men" story (Mt 9: 27—31; compare with Mt 20: 29—34; Mk 10: 46—52; Lk18: 35—43). Focusing on such a plot of the Matthean narrative, we will also see how the journey of Jesus is full of hurdles. Furthermore, the plot provides some clues to explain why Jesus intends to be low-key in his ministry.

Key words: Matthew; redaction criticism; narrative criticism; narrative of two blind men; Jesus's low-key mode

一、导论:两个瞎子使耶稣的传道生涯难上加难

圣经学者一般都认同《马太福音》作者是跟随《马可福音》的叙事框架,将其主角耶稣的传道生涯重新演绎。[①] 他们采纳由霍尔茨曼(Heinrich J. Holtzmann)于 1863 年提倡的"二源论"(Two Source Theory),认为《马可福音》最先成书,而《马太福音》及《路加福音》均以《马可福音》为蓝本,并加上一份学者称为"Q 本"的语录而编写成书。[②]因此,透过比较《马可福音》与《马太福音》或《路加福音》的差异,有可能发现马太或路加的写

① 学者对谁是福音书的作者有许多讨论,一般的共识是作者的资料不详。但为了文章流畅,我们称《马太福音》的作者为马太,《马可福音》的作者为马可,如此类推,以兹识别。本文假设福音书作者是男性,故采用"他"作为代名词。虽然马太是以耶稣是基督的信念撰写《马太福音》,然而由于本文采用叙事角度探讨故事人物,为了将耶稣的神性分开,而刻意避免采用"耶稣基督"的称号,亦尽量不以耶稣的神性来探讨他对不同处境的回应。行文中所论及的耶稣,除非有特别标明,均指《马太福音》作者笔下所描述的故事主角,他是一位故事人物,生活在马太所建构的故事世界中。

② Udo Schnelle, *Einleitung in das Neue Testament.* UTB 1830; Göttingen: Vandenhoeck & Ruprecht, 1999 (= *The History and Theology of the New Testament Writings.* London: SCM, 1998), 222, 243, 166—172。当然马太与路加亦有自己独特的资料来源。

作目的,学者们称这种研究方法为编修考据学(Redaction Criticism)。[①] 编修考据学主要探讨福音书作者进行编修时的神学目的。然而本文认为,除了呈现作者各自的神学的目的以外,身为文章作者,亦有必要透过叙事片断,帮助读者对故事人脉情节达成更深的了解。本文正是采用这个角度,去探讨马太为何加添一次耶稣医治瞎子的事件(太9:27—31;20:29—34;参阅可10:46—52;路18:35—43),[②]令耶稣的传道旅程显得困难(hurdle)重重,亦解释耶稣为何倾向于采取低调模式。[③]本文虽然较为贴近叙事考据学(Narrative Criticism)的研究方法,与其仍有一些分别:叙事考据学聚焦于叙述本身的内容,[④]而我们的聚焦点则是马太在文学上的写作效果。

选择耶稣医治瞎子的叙事为本文的研究对象,主要是因为:在《马可福音》中,此事件出现在耶稣传道生涯的尾声——进入耶路撒冷之前;而马太所加插的一件类近事件,则是放置在耶稣传道较早的阶段,[⑤]这种故事调动颇大,值得我们去深入探讨。[⑥]耶稣医治瞎子的叙事在三卷共观福音——《马太福音》《马可福音》及《路加福音》——中均曾出现:[⑦]

---

① 编修考据学聚焦于探讨共观福音的编修过程。Norman Perrin, *What is Redaction Criticism?* Philadelphia: Fortress, 1969, 6—10。

② 本文所使用的中文圣经是和合本,英文圣经为New International Version,希腊文圣经为BibleWorks 5.0。

③ 例如三度吩咐别人不要为他传名(太8:4;9:30;12:16)。

④ 叙事考据学(Narrative Criticism)的聚焦点在于叙述故事本身的内容。Mark Allan Powell, *What is Narrative Criticism?* Minneapolis: Fortress, 1990, 2。

⑤ 由于马太没有显示耶稣首次医治瞎子事件时有太大的行程转移,我们相信这事发生在他自己的城附近。

⑥ 《马太福音》中尚有不少叙事是马太刻意重复的,我们希望将来有机会逐一探讨。探讨医治瞎子事件是一试金石。

⑦ 共观福音经文的对照乃根据:Kurt Aland ed., *Synopsis of the Four Gospels: Greek-English Edition of the Synopsis Quattuor Evangeliorum, on the Basis of the Greek Text of Nestle-Aland 27th Edition and Greek New Testament 4th Revised Edition, the English Text is the 2nd Edition of the Revised Standard Version.* Stuttgart: German Bible Society, 2001。

《马太福音》9：27—31；20：29—34	《马可福音》10：46—52	《路加福音》18：35—43
医治地点： 1. 在那里往前走 2. 耶利哥	无此记录 耶利哥	无此记录 近耶利哥

医治瞎子的叙事只在《马太福音》中出现了两次。当然，学者很早之前就已经指出，马太喜爱将《马可福音》中的不少记录两次重复而放置在其故事内。德布舒尔滋（Ernst von Dobschütz）在 1928 年就对此现象做出讨论，认为马太用重复排比（parallelism）是为了强调一些重要的信息。然而，由于他视马太为拉比及教诲者（Rabbi and Catechist），而比较着重于分析耶稣在《马太福音》中有关教训的重复，重在探讨马太的写作目的或意图。例如：施洗约翰与耶稣均以"天国近了，你们应当悔改"（太 3：2 及 4：17）为其宣讲的内容，显示出马太的写作特色：重复排比。①然而，德布舒尔滋并没有太多注意其他不属于教训的文本内容。

其实在叙事的铺排上，我们注意到《马太福音》的故事内容中有相当多的重复，例如：

故事	《马太福音》	《马可福音》
婴孩耶稣逃亡	2：13—15 2：19—22	–
听到于施洗约翰不利的消息而逃亡	4：12 14：13	1：14a （但无明显因果关系）
医治两个瞎子	9：27—31 20：29—34	10：46—52
被指责靠鬼王赶鬼	9：32—34（医治事件后） 12：22—24（医治事件后）	3：32 （并非医治事件后）

① Ernst von Dobschütz, "Matthaüs als Rabbi und Katechet", *ZNW* 27 (1928), 338—348 (="Matthew as Rabbi and Catechist" in *The Interpretation of Matthew*, Graham Stanton edited, Philadelphia: Fortress, 1983, 19—29).

不要传名	8:2—4(对象:长大麻风者) 9:28—31(对象:两个瞎子) 12:14—15(对象:病人)	1:40—45 3:11—12(对象:污鬼)
拒绝显神迹	12:38—42 16:1—4	8:11—13
预言人子来临	10:23 16:28	9:1
鱼饼神迹	14:13—21 15:29—38	6:32—44 8:1—10

学者对于马太的重复叙事尚未有一致的共识。我们相信,若依据故事叙述的向度,可提供多一个理解的方向,马太的重复叙事可以令耶稣的传道生涯更加绘影绘声。本文集中分析耶稣在《马太福音》中第一次医治两个瞎子的报道(太 9:27—31),相信马太加插此一事件,或许是要有意突显耶稣传道生涯的重重困难。根据《马太福音》的叙事次序,未发生此事件之前,耶稣已经饱受多方面的质疑,包括:

1. 经历了在加大拉被合城人要求离开的事件(太 8:28—34);

2. 在自己的城医治瘫子时首次被犹太教高层指控(太 9:1—8);

3. 召马太时又被法利赛人质问为何与罪人同席(太 9:9—13);

4. 被施洗约翰门徒询问禁食之事(太 9:14—17);[①]

5. 在医治死了的女孩(太 9:18—19,23—26)时,被众人嗤笑(κατεγέλων);[②]含有被公开羞辱的意味。

在这短短的数十节经文中,耶稣经历了多次挫折(太 8:28—9:26)。由于《马太福音》是以《马可福音》为写作蓝本,故将这些挫折事件与马可所

① 《马太福音》9:14 经文如下:"我们和法利赛人常常禁食,你的门徒倒不禁食,这是为什么呢?"即使施洗约翰门徒不是怀有恶意,但在其提问内容中,也或多或少涉及质疑耶稣对其门徒有关禁食的教导方式。

② κατεγέλων (καταγελάω)的意思是戏弄;讥笑;取笑——藉嘲笑或戏弄的方式来揶揄某人。在《新约》中只出现了三次,全部都是述说这一宗事件(太 9:24;可 5:40;路 8:53)。参黄根春编:《新约希腊文词典》,该希腊文条目。笔者认为,嗤笑与公开羞辱的分别不大。

记录的耶稣事工作出比较：

挫折事件	《马太福音》	《马可福音》
1)加大拉被拒事件	太8:28—34	尚未发生(可5:1—20)
2)医瘫子首次被质疑僭妄	太9:1—8	可2:1—12
3)召马太又被质问与罪人同席	太9:9—13	可2:13—17
4)被施洗约翰门徒提问禁食之事	太9:14—17	可2:18—22
5)医治死了的女孩时被众人嗤笑	太9:24	尚未发生(可5:40)

上表显示《马太福音》中的耶稣相继经历五次挫折事件,而《马可福音》中的耶稣只面对三次挫折。我们不能肯定各项挫折事件究竟对耶稣的打击有多大,亦不能判断每项挫折对于《马太福音》中的耶稣与《马可福音》中的耶稣是否有不同程度的打击。然而仅就数量而言,可以估计五次挫折对耶稣的打击总比三次为多。

马太此刻加插了一件医治瞎子的报道(太9:27—31)。瞎子被医治后,竟然不听从耶稣切切的(ἐνεβριμήθη)嘱咐,而将他的名声传遍那地方(参太9:31)。此事最终亦引致宗教高层指责他是靠鬼王赶鬼(太9:34)。①《马可福音》中未见此项记录,类似的指责是来自耶路撒冷文士,且不是在医治事件后发生的(参可3:22)。看来马太加插医治瞎子事件,是令耶稣的传道生涯更加困难重重。

① 为行文的方便,笔者称在福音书中出现的法利赛人、文士、撒都该人等为"犹太教高层"。这并不表示他们所持的宗教理念雷同,而是为了凸显其社会地位比一般平民高,属于精英(elite)的一群。

二、经文分析（太9：27—31；20：29—34；可10：46—52）

马太报道耶稣医治瞎子事件（太9：27—31）时，就文字细节的初步检索，他并未对马可原有的报道（可10：46—52）作出明显修改，只是增加了瞎子的人数，由《马可福音》的一名改为《马太福音》的两名，这与对加大拉事件的改动如出一辙（参太8：28—34；可5：1—20）。然而，马太最大的改动，莫过于将事件发生的次数由《马可福音》的一次改为两次。马太既保留了《马可福音》的原有记录——耶稣即将进入耶路撒冷之前亦医治过瞎子（太20：29—34；可10：46—52），又加插一个非常类似的事件于耶稣传道的较早时期（太9：27—31）。

我们不排除耶稣总共医治了四个瞎子的可能性，亦不排除马太为了强调"瞎子能睁开眼"的神学意义，而将事件两度重复。[①]由于《马可福音》10：46—52与《马太福音》9：27—31的报道相当类似，学者一般视这两段文字为平行经文。[②]即使海尔德（Heinz Joachim Held）以专文来研究《马太福音》中的神迹记录，也不例外。[③]然而，除了文字细节外，不难发现，这几段经文其实是南辕北辙的，据此我们对此一平行论调有所保留。如果以表列的方法将《马太福音》的两段经文（太9：27—31及20：29—34）与《马可福音》中的记录（可10：46—52）予以情节上的比较，能发现马太的叙事与《马可福音》

---

① 卢茨（Ulrich Luz）认为，马太使用"瞎子"或瞎眼（blindness）隐含着相当的喻意（metaphorically），乃是指当时的人不明白耶稣是救主的心盲；Ulrich Luz, *Das Evangelium nach Matthäus* 8—20. EKK; Düsseldorf, Zürich & Neukirchen-Vluyn: Benziger & Neukirchener, 1985—2002（= *Matthew* 8—20: *A Commentary*. James E. Crouch translated. Minneapolis: Fortress, 2007）, 47。

② 例如：Luz, *Matthew* 8—20: *A Commentary*, 49；Aland, *Synopsis of the Four Gospels*, 87。

③ Heinz Joachim Held, "Matthew as Interpreter of the Miracle" in Günther Bornkamm, Gerhard Barth & Heinz Joachim Held, *Tradition and Interpretation in Matthew*. Percy Scott translated, Philadelphia: Westminster, 1963, 165—299, 219—223.

的相应段落有很多差异，若把这两段报道当作平行经文来处理，似乎不够严谨：

事件细节	《马太福音》9：27—31①	《马可福音》10：46—52②	《马太福音》20：29—34③
地点	从那里往前走 （可能是从自己的城附近）	耶利哥	耶利哥
瞎子数目	两位（无名氏）	一位（底买的儿子巴底买）	两位（无名氏）
医治场地	房子	可能在公开场地	可能在公开场地
耶稣问瞎子	“你们信我能做这事吗？”	“要我为你做什么？”	“要我为你们做什么？”
医治方法	摸他们的眼睛	无	摸他们的眼睛
耶稣的回答	“照着你们的信 给你们成全了吧！”	“你去吧，你的信救了你了。”	无（但动了慈心）
耶稣的嘱咐	你们要小心，不可叫人知道	无	无
瞎子的回应	竟把他的名声传遍了那地方	就在路上跟随耶稣	就跟从了耶稣

① 《马太福音》9：27—31：耶稣从那里往前走，有两个瞎子跟着他，喊叫说：“大卫的子孙，可怜我们吧！”耶稣进了房子，瞎子就来到他跟前。耶稣说：“你们信我能做这事吗？”他们说：“主啊，我们信！”耶稣就摸他们的眼睛，说：“照着你们的信给你们成全了吧！”他们的眼睛就开了。耶稣切切地嘱咐他们说：“你们要小心，不可叫人知道。”他们出去，竟把他的名声传遍了那地方。

② 《马可福音》10：46—52：到了耶利哥，耶稣同门徒并许多人出耶利哥的时候，有一个讨饭的瞎子，是底买的儿子巴底买，坐在路旁。他听见是拿撒勒的耶稣，就喊着说：“大卫的子孙耶稣啊，可怜我吧！”有许多人责备他，不许他做声。他却越发大声喊着说：“大卫的子孙哪，可怜我吧！”耶稣就站住，说：“叫过他来。”他们就叫那瞎子，对他说：“放心！起来，他叫你啦。”瞎子就丢下衣服，跳起来，走到耶稣那里。耶稣说：“要我为你做什么？”瞎子说：“拉波尼，我要能看见！”耶稣说：“你去吧，你的信救了你了。”瞎子立刻看见了，就在路上跟随耶稣。

③ 《马太福音》20：29—34：他们出耶利哥的时候，有极多的人跟随他。有两个瞎子坐在路旁，听说是耶稣经过，就喊着说：“主啊，大卫的子孙，可怜我们吧！”众人责备他们，不许他们做声。他们却越发喊着说：“主啊，大卫的子孙，可怜我们吧！”耶稣就站住，叫他们来，说：“要我为你们做什么？”他们说：“主啊，要我们的眼睛能看见！”耶稣就动了慈心，把他们的眼睛一摸，他们立刻看见，就跟从了耶稣。

透过上表对三段经文(太 9:27—31;20:29—34;可 10:46—52)的异同比较,笔者认为《马太福音》9:27—31 不能被简单地当作与《马可福音》10:46—52 相平行的经文。两段经文的差异包括地点、人数、场景、耶稣的提问、医治方法、耶稣的对话及被治者的回应。虽然海尔德对《马太福音》两次记录的医治瞎子(太 9:27—31 及 20:29—34)及《马可福音》10:46—52 做出非常详细的分析,却没有处理《马太福音》中的耶稣在 9:30 中曾切切地(ἐνεβριμήθη)嘱咐被治者不可叫人知道,及随后被治者不听耶稣命令的事件。[①]或许海尔德的讨论重点在于马太在"信"(faith)的课题上如何对马可的写作蓝本进行编修,又或是想整理《马太福音》所记录的神迹出现的"形式"(form),而忽略了耶稣那项独特的嘱咐。以海尔德对经文的处理方法为例,笔者发现学者往往过于重视马太在神学思想上的写作目的,以致有些不涉及神学的经文被遗漏了。

在《马可福音》中,耶稣医治了那位名叫底买儿子巴底买的瞎子(可 10:46—52)以后,下一个场景便是进入耶路撒冷(可 11:1)。值得注意的是,《马可福音》中所呈现的"弥赛亚秘密"(Messianic Secret)并没有在那次医治事迹中出现。[②]相反,那位瞎子被医治后就跟随了耶稣(可 10:52)。换句话说,在将要进入耶路撒冷之前,《马可福音》中的耶稣是带着一个活生生的医治神迹证据穿街过市。弗雷德(William Wrede, 1901)以《马可福音》10:48 为例,认为因着有许多人责备底买儿子巴底买,不许他做声,恰好合乎弥赛亚秘密的解释框架。[③]然而,弗雷德似乎忽略了,那位刚被医治的瞎子随即跟

① 详参 Held, "Matthew as Interpreter of the Miracle", 165—299, 219—241。

② 弗雷德(William Wrede, 1901)指出,马可的写作铺排是有计划地将耶稣的秘密身份——弥赛亚——逐步向读者揭示,弗雷德称之为"弥赛亚秘密"。这秘密的终极揭示见于百夫长在耶稣死后的回应:这人真是神的儿子(可 15:39b),目的是要表达透过耶稣的死亡,连外邦人也能知晓耶稣基督的身份。参 William Wrede, *Das Messiasgeheimnis in den Evangelien*, Göttingen 1901 (= *The Messianic Secret*, J. C. G. Greig translated, Cambridge: J. Clarke, 1971)。

③ Wrede, *The Messianic Secret*, 36.

随了耶稣(可10:52),能成为一个相当显眼的医治证据。看来每个解释框架都只能找到某些经文来支持,但亦有一些经文是不能被该框架处理的。如果只是为了支持弗雷德的推论,或许可以这样想:弥赛亚的秘密到耶利哥时已将近尾声,马可已经无需再"欲盖弥彰"了。

至于《马太福音》20:29—34与《马可福音》10:46—52,二者的差异不算太大,表面上或许可以视为平行经文。然而,《马太福音》在20:29—34却做了一件相当特殊的修改:耶稣未提及在《马可福音》中所说的"信"。耶稣那次医治的原因是"动了慈心"(参太20:34)。马太删减了"信"这个议题,似乎令一些学者以为,马太为了教导其信众有关"信"的课题而重述《马可福音》故事的解释框架,出现了尴尬的情况。

令人感到稀奇的是,海尔德对于"信"在《马太福音》中的作用相当重视,然而他对马太在第20章中删减了信的教导并未多作解释,只是指出"动了慈心"亦是马太所描述的耶稣的一个特质(Matthaean trait)。[1]经过查考,"动了慈心"(σπλαγχνίζομαι)一词在共观福音中出现了十二次,其分布也尚算平均(太9:36;14:14;15:32;18:27;20:34[2];可1:41;6:34;8:2;9:22[3];路7:13;10:33;15:20[4])。[5]在σπλαγχνίζομαι一词出现次数差异无几的情况下,笔者很难认同海尔德将"动了慈心"的特质当作《马太福音》中的耶稣所特有。[6]

---

① Held, "Matthew as Interpreter of the Miracle", 165—299, 221.

② 在《马太福音》中出现5次。

③ 在《马可福音》中出现4次。

④ 在《路加福音》中出现3次。

⑤ 黄根春编:《新约希腊文词典》,该希腊文条目。

⑥ 在阅读学者对《马太福音》的分析时,笔者发现若经文出现不一致时,部分学者会"急转弯",避重就轻地顾左右而言他,以避免自己所提出的解释框架陷入尴尬局面。例如弗雷德所建构的解释框架,并不能处理瞎子跟随耶稣穿街过市的记录,最简单的方法便是将此经文视而不见。又或像海尔德一样,换另一个解释框架但却不做深入剖析。严谨的学者尚且出现这种情况,看来,笔者必须面对现实,承认似乎没有一个解释框架能全面处理整卷《马太福音》。

通过上述三段经文的比较，笔者想指出，即使 9：27—31 的报道是马太根据《马可福音》10：46—52 的记载而加插的，他在“二次创作”的编修过程中亦有相当刻意的铺排，所要表达的信息与马可的仍极不一样。这样看来，笔者有必要对 9：27—31 做进一步的探讨，尤其是耶稣对两个瞎子的嘱咐。

三、耶稣嘱咐不可叫人知道的原因：避开犹太教高层

医治两个瞎子（太 9：27—31；可 10：46—52）时，耶稣切切地（ἐνεβριμήθη）嘱咐他们说：“你们要小心，不可叫人知道。”对此，学者一般都认同马太是跟随《马可福音》的故事框架来重新演绎。然而，马太却没有跟随《马可福音》中所呈现的弥赛亚秘密。[①]我们经过与《马可福音》的差异作出对比，及追踪《马太福音》的故事脉络后，发现耶稣之所以叫瞎子不可叫外人知道，似乎是为了避开犹太教高层的质疑，而不是为了保守什么秘密。

前文已经交代过，就连海尔德的专文也忽略了《马太福音》中的耶稣在 9：30 中曾切切地嘱咐被医治者，不可叫外人知道；以及后来被医治者未听从命令。[②]值得注意的是，马太在无需保守耶稣是弥赛亚这个秘密的大前提下，却以切切地嘱咐来强调耶稣的吩咐（太 9:30）。《马可福音》中并没有这样的嘱咐（参可 10：46—52）。ἐμβριμάομαι (ἐνεβριμήθη)是严厉命令的意思，在《马太福音》中只出现过这一次。[③]耶稣为何如斯严厉地命令被医治者呢？卢茨（Ulrich Luz）指出，《马太福音》9：30b—31 相当令人费解。[④]笔者认为，这两节之所以成为难解的经文，可能是因为释经者乃是以探讨马太如

① 卢茨指出，虽然马太依循马可留下来的不少教导，但弥赛亚秘密却没有成为马太的故事主线；Ulrich Luz, *Das Evangelium nach Matthäus* 1—7. EKK; Düsseldorf, Zürich & Neukirchen-Vluyn: Benziger & Neukirchener, 1985—2002 (= *Matthew* 1—7: *A Commentary*, James E. Crouch translated, Minneapolis: Fortress, 2007), 42。

② 详参 Held, “Matthew as Interpreter of the Miracle”, 165—299。

③ 黄根春编：《新约希腊文词典》，该希腊文条目。

④ Luz, *Matthew* 8—20: *A Commentary*, 49.

何为着自己的神学概念来编写耶稣事迹,而忽略了故事本身的情节脉络。如果从故事的铺排来观察,耶稣的吩咐是相当合理的:他要避开犹太教高层人士的耳目。

耶稣医治两个瞎子之前,已经被犹太教高层质疑(太 9: 1—8, 9—12),群众亦不是一味善意对待他(参太 8: 28—34; 9: 18—19; 23—26),甚至连自己师傅的门徒也来质疑他(太 9: 14—17)。《马可福音》却没有上述故事铺排。在医治瞎子(可 10: 46—52)之前,马可所描述的耶稣并未连番遭到抨击。然而有趣的是,在《马可福音》中,ἐμβριμάομαι 亦出现了一次。[①] 耶稣严严地(ἐμβριμησάμενος)向长大麻风的病人嘱咐,叫他谨慎,什么话都不可告诉人(参可 1: 40—45; 太 8: 2—4)。而耶稣所得的结果与马太的相类似:被耶稣所医治的人在《马可福音》中竟然不听耶稣的吩咐。那个长大麻风的人倒说许多的话,把这件事传扬开了,叫耶稣以后不得再明明地进城,只好在外边旷野地方(可 1: 45)活动。马可并没有清楚交代,为何把这件医治事件传扬出去,会引致耶稣不得再明明地进城,而马可描述的耶稣确是较喜欢暗暗地(可 6: 31, 32; 9: 2)离开群众。或许这是因为耶稣不能或不愿过分扬名。由于《马可福音》并未清楚显明原因,所以弥赛亚的秘密提供了一个很好的解释框架。[②]

卢茨认为,马太将《马可福音》1: 43 及 45——即医治长大麻风的病人——的报道所忽略(omitted)了的经文放回到医治瞎子事件(太 9: 27—31)中,是为了尽量保存《马可福音》的原有记录。[③]卢茨的解释,很容易令人联想到马太一时大意,将《马可福音》1: 43 及 45 的经文漏掉了,于是乎在转载两个瞎子的报道时予以补回。然而如果情况真是这样,卢茨又没有解释

---

① ἐμβριμάομαι作为"严厉地命令"之意在《新约》中只出现了这两次。ἐμβριμάομαι当然还有其他意思,包括:苛刻地谴责;责骂(可 14:5)及强烈的感受;忿忿不平(约 11: 33, 38)。参见黄根春编:《新约希腊文词典》,该希腊文条目。

② Wrede, *The Messianic Secret*, 50—52.

③ Luz, *Matthew 8—20: A Commentary*, 46.

为何马太进行修补工程时，却又再一次漏掉《马可福音》1：45 的后半节："叫耶稣以后不得再明明地进城，只好在外边旷野地方。人从各处都就了他来。"笔者认为，马太将《马可福音》中的ἐμβριμάομαι一词作出调动是刻意的。

马太将马可记录的长大麻风病人求医治的事件放在耶稣刚讲完长篇的山上宝训之后（参太 8：2—4；可 1：40—45）。从《马太福音》的故事脉络看，这一刻耶稣的传道工作相当顺利，有许多人从加利利、低加坡里、耶路撒冷、犹太、约旦河外来跟随他（太 4：25）。耶稣在山上讲道又获得相当程度的认同。众人都稀奇他的教训，因为耶稣教训他们，正像有权柄的人，不像他们的文士（太 7：28—29）。虽然耶稣医治长大麻风病人时同样吩咐被治者不可告诉外人（太 8：4），马太却删除了《马可福音》中耶稣"严严地"嘱咐。从故事的铺排可以看出，耶稣此刻既能医治又能讲道，还受到众人的拥戴，甚至连犹太教高层——文士也被比下去，我们可以想象在故事发展的此刻，他的传道生涯颇为惬意。马太将长大麻风病人求医治事件放在这种场景中，删除了马可所用的严严地（ἐμβριμησάμενος）一词，是合情合理的。即使《马太福音》中的耶稣在此刻有可能意识到扬名或许会带来不便，故仍吩咐长大麻风病人不要告诉外人（太 8：4），但故事发展至此，耶稣尚未受到拒绝或质疑，不需要过分"隐姓埋名"。

然而，自加大拉遭群众拒绝（太 8：28—34）之后，耶稣的传道事业就开始变得不再顺畅了。耶稣连续经历了被拒绝、被质疑、被嗤笑等重重打击，我们可以想象其内心是何等难受。或许由于耶稣刚承受了这几重打击，所以他在医治死了的女孩（太 9：23—26）时，竟将众人撵出去（参太 9：24）。换言之，耶稣是在不公开的情况下使死了的女孩复活。然而，马太报道了即使复活事件是在私下发生，风声已经传遍那地方（太 9：25—26）。事实上，叫死人复活的消息是很难令众人三缄其口的，风声不传出去才是怪事。

我们虽然不知道这风声的内容是什么，不过无论是褒是贬，从耶稣随后切切地要求被医治者不可叫人知道的吩咐(太 9:30)来看,故事中的耶稣本身并不希望其名声传遍那地。我们不难想象,当一个人出来传道时,被合城的人拒绝、被犹太教高层质疑、被众人嗤笑时所承受的压力。群众对耶稣并非一味善意,犹太教高层对耶稣的行动已经开始做出反击,耶稣其后更是一次又一次被犹太教高层质疑。犹太教高层当时究竟有多大权力,不同学者有不同的见解。[①]从耶稣的回应中,我们认为犹太教高层的影响力已经足以对耶稣构成一定程度的干扰,于是耶稣作出一些适当的调节:严厉地命令他人不可叫外人知道。

在弥漫着一片紧张的气氛下,耶稣面对两个求医治的瞎子,又一次在不公开的情况下进入房子(太 9:28a),其后才施行医治,并且千叮万嘱叫他们要小心,不可叫外人知道(太 9:30)。然而,两个瞎子出去后,竟然不听从恩人的吩咐,将耶稣的名声传遍那地方(太 9:31)。可以想象,连接受了自己恩惠的瞎子,也不听从耶稣的嘱咐,引致其后被法利赛人指责他是靠着鬼王赶鬼(太 9:34),这对耶稣内心的打击是何等之大。耶稣除了感受到被拒绝(太 8:28—34)、被质疑(太 9:1—8, 9—13)、被嗤笑(太 9:24)外,还有被医治者不听命(太 9:27—31)。马太所塑造的耶稣,其遭遇看来相当惨痛。

事实上,即使两个被医治了的瞎子对此事噤若寒蝉,耶稣"能医百病"的风声亦极可能不胫而走。因此无论耶稣进行医治的场地是公开或是隐蔽,都已经不再重要,无论耶稣如何严厉地千叮万嘱,或许都无补于事。论到耶稣所能治好的个案,就算是在今天医学昌明时代也仍是奇迹——瞎子开眼、哑巴开口、死人复活,何况是在当时医学落后的环境中呢!然而这并不代表

---

① 弗格森(Everett Ferguson)指出,即使法利赛人有一定程度的政治力量,然而在罗马人的政治权力下,其真正的政治权力仍是有限的。Everett Ferguson, *Backgrounds of Early Christianity* (Grand Rapids: Win. B. Eerdmans, 2003), 515。崔重华(Junghwa Choi)亦认为,即使约瑟夫强调法利赛人有相当的权力,在罗马政权眼中,其政治影响力仍是微乎其微。Junghwa Choi, *Jewish Leadership in Roman Palestine from 70 C. E. to 135 C. E.* Leiden: Brill, 2013, 89—90。

那两个被医治了的瞎子可以不理会耶稣的嘱咐,随意将他的名声传开。笔者认为,两人的行径一方面伤害了耶稣的内心,另一方面加重了耶稣所面对的紧张局势,惹来犹太教高层对他更严厉的打击。

如果上述分析正确的话,便可以认为,马太刻意将耶稣切切地嘱咐(ἐνεβριμήθη)及被医治者不听命的故事情节放在医治两个瞎子(太 9:27—31)而非医治长大麻风病人的报道(太 8:2—4;可 1:40—45)中,便不是偶然亦不是随机,而是有其叙事铺排的目的。马太这样做,一方面营造了耶稣连环受挫的气氛——被合城人拒绝(太 8:28—34)、被文士质疑(太 9:1—8)、被法利赛人指责(太 9:9—13)、被施洗约翰的门徒提问(太 9:14—17)、被众人嗤笑(太 9:24),以及被他医治痊愈者不听命(太 9:27—31)。另一方面是要交代耶稣之所以倾向于低调——包括叫人不要传他的名(太 9:30b;12:16b),及其后的退而又退(太 12:15;15:21)——均是与避开犹太教高层有关。

透过分析这短短的叙事片断(太 9:27—31),笔者对马太之所以加插此事件提供了另一向度的解释,同时亦加深了我们对耶稣传道生涯所遇困难的理解。看来马太重复叙事的写作倾向,除了要达到其神学目的外,在叙事方面亦有其希望发挥的功用。

作者黄根春,在德国海德堡大学师从戴歌德(Gerd Theissen)教授获得神学博士学位,现为香港中文大学崇基学院神学院新约教授,著有《〈马太福音〉中的跨文化神学和多元文化群体》(原著德语)、《新约希腊文词典》等。周柬妮,香港中文大学宗教研究博士,主要从心理学进路研究历史耶稣及《新约》中的其他人物。

(邱业祥　编)

路加对罗马社会捐献文化的回应

——以《路加福音》21：1—4 为例①

杨　砚

内容提要：在希罗文化中，将钱财慷慨地给予人群（通常为穷人）或组织是被提倡的行为，只是捐献的数量通常只占捐献者财富的很小部分。然而，在《路加福音》21：1—4 中，路加透过对比穷寡妇与财主的捐献行为，以及耶稣对穷寡妇奉献的评价，积极地回应了希罗社会的捐献模式，耶稣以相对比例而非绝对数量作为判断的依据，这无疑挑战了人们惯常的思维，向希罗捐赠文化下的富人提出了更高的要求。

关键词：穷寡妇；《路加福音》；罗马社会；捐献

---

① 本文系 2014 年度高校基本科研业务费中山大学青年教师培育项目（文科，经费号 1409002）的阶段性成果。

Luke's Response to the Benefaction Culture in Roman Society
——A Case Study of the Gospel of Luke 21: 1—4

YANG Yan

Abstract: In Greco-Roman culture, it is promoted to give benefaction generously to people, usually the poor, and organizations; and the amount of benefaction accounts for only a small part of benefactor's possessions. However, in the Gospel of Luke 21:1—4, Luke, with the contrast between the poor widow and the rich's contribution, and Jesus' comments on the contribution of the poor widow, responses actively to such benefaction culture. Jesus's comments, concerning thc rclativc instead of the absolute amount, challenge people's normal understanding, and propose higher criteria to the rich in Roman society.

Key words: the poor widow; Gospel of Luke; Roman society; benefaction

本文以《路加福音》21：1—4为分析文本，透过对其的细读以及上下文分析，指出传统的两种诠释向度都忽略了《路加福音》的编修及其在《路加福音》整个叙事框架中(耶稣对富人的教导)的意义。《路加福音》21：1—4突出穷寡妇和财主两种捐献行动的对比，路加笔下的耶稣以相对比例而非绝对数量作为捐献多少的判断依据，这不仅挑战富人更多地奉献自己的财产，更是对希罗社会的捐献模式的回应。

一、诠释历史回顾

这段经文虽然比较短小,却引发学者两种对立的诠释向度,[①]传统诠释视这段经文颂赞了寡妇的奉献并带出奉献的原则,近现代、当代一些学者对此提出反驳,认为这段经文并不是颂赞寡妇的奉献,而是哀叹寡妇的奉献,并批判提倡这种奉献的宗教系统。下面分别讨论这两种诠释向度,并指出其不足之处和本文的补足方向。

1. 赞扬寡妇的奉献并提出奉献原则

传统上,学者们将这段经文诠释为寡妇是慷慨奉献的范例,这个范例的对立面是文士和财主的虚伪。寡妇的范例性体现在两个方面:物质层面和精神层面。马歇尔(I. H. Marshall)等学者指出,这个故事表明真正的奉献不在乎捐出了多少,而是还有多少被捐出者留下,寡妇奉献了自己的所有,对上帝全然信靠。[②]泰勒(V. Taylor)等学者认为,这段经文体现出奉献的金

① 除了以下所提及的两大向度外,还有一些零散的诠释,但因为并未构成诠释主流,故不在正文中讨论。哈格瑞文斯(John Hargreaves)从第一向度引申出基督徒应该慷慨奉献给教会,用于教会的维护运转。斯特格曼(Wolfgang Stegemann)从第一向度引申出北半球富有的基督徒、教会应该扶助南半球贫乏的基督徒、教会,以此作为消除贫穷的开始。博克指出寡妇的行动衬托出文士的负面形象,并带出新的价值判断标准,博克(D. L. Bock)认为路加以此来教导读者,不要被外在表征所迷惑,上帝的标准与人的标准不同。约翰逊(Luke Timothy Johnson)认为,寡妇的故事与其上文一道表明何为天国,寡妇虽然贫穷,却能用自己所有的去供应别人,寡妇本是天国的象征。富勒(R. H. Fuller)认为这段经文提出了救济的责任,然而,经文并未明显表现出救济这一主题。J. Hargreaves, *A Guide to St. Mark's Gospel*. London: SPCK, 1975, 214; Wolfgang Stegemann, *the Gospel and the Poor*, trans. Dietlinde Elliott. Philadelphia: Fortress, 1984, 63—64; Darrell. L. Bock, *Luke* (BECNT). Grand Rapids: Baker, 1994, 1647—1649; Luke Timothy Johnson, *The Gospel of Luke*. Collegeville: Liturgical, 1991, 317—319; R. H. Fuller, *Preaching the New Lectionary*. Collegeville: Liturgical, 1974, 446。

② I. H. Marshall, *The Gospel of Luke: A Commentary on the Greek Text* (NIGTC). Grand Rapids: Wm. B. Eerdmans, 1978, 750—752.

额占一个人所有财产的比例很重要，每个人应该根据自己的收入状况捐出奉献。[①]宁哈姆(D. E. Nineham)认为这段经文倡导对财产的完全舍弃。[②]海斯(Christopher M. Hays)称这段经文体现了《路加福音》的一贯主题——对财富的全然舍弃，认为寡妇做到了耶稣对门徒的要求(参见 12：22—30)，其奉献表明她全然信靠上帝的供应，这是属神的价值系统的体现。[③]传统诠释正确地指出了耶稣评论中对寡妇奉献的推崇，然而，在奉献原则上，因为 21：4 只是作为 21：3 的解释出现，并非准备提出教导或命令，所以在 21：3—4 中耶稣只是强调“更多”(πλεῖον)，而无意提出具体的奉献比率。除此之外，以上的诠释忽略了《路加福音》的编修及其用意，例如《路加福音》21：1—4 有意形成寡妇和财主的对比。

此外，其他一些学者进一步将寡妇所代表的奉献原则指向一个人的内心或态度，吉登胡思(Noval Geldenhuys)指出，真正的奉献是全然忘我和克己，丹克(Danker)强调真正的奉献是全然的委身。[④]正如赖特(Addison G. Wright)和菲茨迈尔(Joseph A. Fitzmyer)所指出的，寡妇内在的心理状态不为人知，对于她扔进两个小钱的原因，经文并没有透露。[⑤]

2. 批评宗教领袖及圣殿系统

赖特(Addison G. Wright)对传统诠释提出挑战，认为这段经文的主题是抨击宗教领袖的贪婪而非赞美寡妇的奉献。结合其上文 20：45—47(寡

---

① V. Taylor, *The Gospel according to St Mark.* London: Macmillan, 1953, 496.

② D. E. Nineham, *Saint Mark.* Penguin, 1963, 334f.

③ Christopher M. Hays, *Luke's Wealth Ethics.* Tübingen: Mohr Siebeck, 2010, 182—184.

④ 拉格兰奇、德根哈特等都强调奉献人的心理状态。M.-J. Lagrange, *évangile selon Saint Luc.* Paris: Gabalda; 1948, 498; Hans-Joachim Degenhardt, *Lukas, Evangelist der Armen: Besitz und Besitzverzicht in den lukanischen Schriften.* Stuttgart: Katholisches Bibelwerk, 1965, 96—97。

⑤ Addison G. Wright, S. S., “The Widow's Mites: Praise or Lament? ——A Matter of Context”, *CBQ* 44 (1982): 258; J. A. Fitzmyer, *The Gospel according to Luke.* New York: Doubleday, 1982, 1320.

妇“χήραν”一词再次出现），赖特指出这段经文中没有任何证据表明耶稣提倡效法寡妇的行动（参见路 10：37；约 13：15），反而是批评宗教领袖的贪婪，以及宗教规条凌驾于人的基本需要之上。同时，这段经文体现出耶稣是一个宗教改革者。[①]相似地，里森纳（Andre Resner）通过历史、文学、神学和先知言论的场景研究，指出寡妇的故事发生在耶稣行近耶路撒冷时，此时耶稣与宗教领袖的矛盾日益加剧，寡妇故事的上下文分别是耶稣对文士的批评和预言圣殿被毁，而且，希伯来圣经中提及寡妇时都将其作为被圣殿奉献所帮助的人，但这里的寡妇却成为圣殿奉献的捐助者。基于以上几方面的原因，里森纳指出这段经文并非赞颂寡妇的奉献，而是痛惜这一作为。[②]除此之外，苏吉萨拉加（R. S. Sugirtharajah）从 21：1—4 与 21：5—6 的关联性来论证寡妇的故事并非在表明何为耶稣的真门徒或基督徒的奉献，而是在哀叹圣殿所代表宗教权力的所作所为，他们的教导令寡妇捐出仅有的财产。[③]以上诠释正确地观察到 21：1—4 的上下文对经文诠释的影响，然而，正如坦尼希尔所指出的，这一诠释并不符合经文的结构，因为整个故事的重心不是

---

① 菲茨迈尔、菲利普斯、格林也支持这一观点。格林认为该段经文与其上下文共同批判当时的圣殿及其宗教领袖，格林还提出耶稣的使命是带给穷人好消息，而不是使他们更贫穷。作为赖特观点的支持者，菲茨迈尔认为《马可福音》7：10—13 中耶稣关于奉献的教导可以帮助我们理解耶稣对奉献的看法，然而，《路加福音》中并没有记载这段经文。Thomas E. Philips, *Reading Issues of Wealth and Poverty in Luke-Acts. Edwin Lellen*, 2001, 176—178; Addison G. Wright, S. S., “The Widow's Mites: Praise or Lament? ——A Matter of Context”, *CBQ* 44 (1982): 259—261; J. A. Fitzmyer, *The Gospel according to Luke*. New York: Doubleday, 1982, 1320—1322; Joel B. Green, *The Gospel of Luke*. Grand Rapids: Wm. B. Eerdmans, 1997, 728—729。

② 相似地，西蒙（L. Simon）提出寡妇的奉献如此之小以至于对圣殿事务难有任何实质性的帮助，而寡妇却会因此而无法生活下去，这一观点被海斯批判。海斯认为耶稣所提出的价值标准与世界的不同。L. Simon, “Le sou de la veuve Marc 12/41—44”, *ETR* 44 (1969): 115—126; Andre Resner, “Window's Mite or Widow's Plight: On Exegetical Abuse, Textual Harassment and Learning Prophetic Exegesis”, *Review and Expositor* 107 (2012): 548—551。

③ R. S. Sugirtharajah, “The Widow's Mites Revalued”, *ExpTim* 103 (1991): 42—43; J. Duncan M. Derrett, “Eating up the Houses of Widows: Jesus's Comment on Lawyers?” *NovT* 14 (1972): 1—9.

评论寡妇行为所暗含的坏的结果或影响，而是将寡妇奉献与其他人奉献相对比。[①]耶稣的评论并未体现出他对寡妇做法的否定，这一诠释使得路加故事与马可故事没有任何差别，这显然忽略了路加故事在其整个叙事体系中（耶稣对富人的教导）的意义。

通过以上讨论，我们可以看到上述两种诠释向度都忽略了《路加福音》的编修及其在《路加福音》整个叙事框架中（耶稣对富人的教导）的意义，而这是解读该故事的关键。本文将对这两个方面的内容进行补足，试图展示出 21：1—4 作为《路加福音》中最后一个有关富人（πλούσιος）的段落，以财主和穷寡妇在奉献方面的三组对比提出了不同于世人的衡量标准。

二、经文细读

由于类似故事普遍出现于犹太、希腊、印度和佛教文学中，这个故事的真实性备受学者质疑。[②]但由于这段经文的真实性对本文的论点影响不大，故这里不会参与这方面的讨论。

这个故事被视为一个宣告故事，或自传性的格言。[③]由于相同的故事在《马可福音》12：41—44 中出现过，学者们普遍认同它来源于马可资料。[④]路

---

① Robert C. Tannehill, *Luke*. Nashville: Abingdon, 1996, 300—301.

② 《哥林多后书》8：12 也有类似的教导，布特曼早就指出这个故事是虚构的，原因中除了其与古代文学的平行之外，还有耶稣无法确切看到寡妇奉献了多少。布特曼继而提出，这个故事原初可能是耶稣所讲的一个比喻，后来演变为关于耶稣的故事。然而，正如泰勒所指出的，与古代文学的平行并不能否定该故事的真实性，此外，耶稣对寡妇奉献数量的知晓可能源于祭司对奉献目的和数量的宣告。因此，该故事的真实性/历史性还有讨论的空间。Addison G. Wright, S. S., "The Widow's Mites: Praise or Lament? ——A Matter of Context", *CBQ* 44 (1982): 257; Rudolf Bultmann, *The History of the Synoptic Tradition*. Hendrickson, 1994, 32f; Vincent Taylor, *The Formation of Gospel Tradition*. *St. Martin*, 1964, 496; G. M. Lee, "The Story of the Widow's Mite", *ExpTim* 82 (1971): 344。

③ Rudolf Bultmann, *The History of the Synoptic Tradition*. Hendrickson, 1994, 32—33; V. Taylor, *The Formation of Gospel Tradition*. St. Martin, 1964, 72.

④ J. A. Fitzmyer, *The Gospel according to Luke*. New York: Doubleday, 1982, 1320.

加故事与马可故事的内容基本相同,但有一些细微变化,下面将对比分析之,以分析路加的编修及其背后的用意。

《路加福音》21：1—4	《马可福音》12：41—44
耶稣抬头观看, 见财主把捐项投入圣殿银库,	耶稣面向圣殿银库坐着,看众人怎样 把钱投入银库。有好些财主投了许多钱。
又见一个穷寡妇投了两个小文钱,	有一个穷寡妇来,投了两个小文钱, 就是一个大文钱。
就说:"我实在告诉你们, 这穷寡妇所投的比众人更多。	耶稣叫门徒来,对他们说:"我实在告诉你们, 这穷寡妇投入银库里的比众人所投的更多。
因为众人都是拿有余的捐献,但这寡妇, 虽然自己不足,却把一生所有的都投进去了。"	因为,众人都是拿有余的捐献, 但这寡妇,虽然自己不足, 却把她一生所有的全都投入进去了。"

列表(经文引自和合译本修订版)

1. 寡妇的奉献(21：1—2)

路加故事中由于没有"耶稣面向圣殿坐着"的细节,反使得 21：1 与 20：45—47 的连接更自然。"圣殿银库"(γαζοφυλάκιον)常在七十士译本中出现,指圣殿外院的一些房间,可以用来摆放奉献或圣殿事奉所需之物(尼 10：37—39),或作为祭司的居所(尼 13：4—13；拉 20：38；22：44)或指代女院中供犹太女性摆放奉献物的地方(马加比传上 14：49),在这里明显是指代收取奉献物的器皿。[①]

相比《马可福音》12：41 的"众人"(ὁ ὄχλος)和"富人"(πλούσιοι),《路加福音》21：1 没有了"众人",只剩下"富人",这一省略表明以下所有的对比都是在财主与贫穷寡妇之间进行。海斯(Christopher M. Hays)认为"富

① 罗伯逊(Archibald T. Robertson):《活泉新约希腊文解经:〈路加福音〉》,詹正义译,美国活泉出版社,1990 年,第 533 页;Alfred Plummer, *The Gospel according to S. Luke*. London: T&T Clark, 1905, 474—475。

人"中包括了20：45—47中的文士，[①]这显然缺乏经文的印证。此外，《路加福音》21：1以"捐献"（τὰ δῶρα）代替《马可福音》12：41中的"许多"（πολλά），前者为一种概括性的指代，并没有后者的多寡之意，这削弱了一些学者所提出的论点——尽管财主奉献了很多，仍旧不够，同时，也与21：4中的"从有余的中"（ἐκ τοῦ περισσεύοντος）更加配合。皮尔格瑞姆（Walter E. Pilgrim）认为"捐献"（τὰ δῶρα）是犹太律法规定的给穷人的十分之一，但却没有给出足够的证据。[②]

"小文钱"（λεπτὰ）是巴勒斯坦地区最小面值的流通货币，由犹太当局铸造，[③]路加在此处省略了与罗马货币的比较。[④] 不同于《马可福音》12：42的"赤贫人"（πτωχός），路加在这里用"贫穷的"（πενιράν）来指代寡妇。希腊戏剧家阿里斯托芬（Aristophanes）在*Plutus*（《普鲁特斯》或《财神》）中界定过πενιράν与πτωχός的区别，πτωχός指那些完全没有任何收入来源，赤贫的人；πενιράν作为πένομαι的同根词，指代那些以报酬很低的苦工维生的穷人，虽然πενιράν的境况比πτωχός好一些，但也常面临挨饿，有很大的生活需要。由于七十士译本出现过πενιράν与πτωχός互用的情况（参见箴28：15；29：7；出22：25；23：11），菲茨迈尔认为这里亦属于此类（路21：2）。[⑤]然而，上文

---

① Christopher M. Hays, *Luke's Wealth Ethics*. Tübingen: Mohr Siebeck, 2010, 182.

② Walter E. Pilgrim, *Good News to the Poor: Wealth and Poverty in Luke-Act.*, Augsburg, 1981, 95.

③ 普鲁莫根据BB 10b提出寡妇所奉献的两个小钱是规定中可以奉献的最小金额——奉献一个lepto是被禁止的，然而马歇尔根据SB II, 45指出，这一论断是错误的，寡妇本可以奉献更少的数目。Alfred Plummer, *A Critical and Exegetical Commentary on the Gospel according to St. Luke*. London: T&T Clark, 1964, 475; I. H. Marshall, *The Gospel of Luke: A Commentary on the Greek Text* (NIGTC). Grand Rapids: Wm. B. Eerdmans, 1978, 752; G. L. Archer, "Possessions", in NIDNTT, vol. 2. Grand Rapids: Zondervan, 1976, 849—850。

④ "小文钱"等同于古罗马货币一便士的1/64，一得拿利的1/128。见鲍尔（Walter Bauer）主编：《〈新约〉及早期基督教文献希腊文大辞典》，麦启新、麦陈惠译，香港：汉语圣经协会，2009年，第906页；Christopher M. Hays, *Luke's Wealth Ethics*. Tübingen: Mohr Siebeck, 2010, 182。

⑤ J. A. Fitzmyer, *The Gospel according to Luke*. New York: Doubleday, 1982, 1322.

关于πενιράν和πτωχός的细微差异体现出路加的用法更加符合寡妇奉献的场景——寡妇虽有很少的收入,但仍是很贫穷且有需要的人。与 21∶1 中"看见"(εἶδεν) +"投入"(βάλλω)的现在时分词宾格 + 奉献的内容 + 名词宾格相似(εἶδεν τοὺς βάλλοντας εἰς τὸ γαζοφυλάκιον τὰ δῶρα αὐτπῶν πλουσίους, 21∶4),21∶2 为"看见"(εἶδεν) + 名词宾格 +"投入"(βάλλω)现在时分词宾格 + 奉献的内容(εἶδεν δέ τινα χήραν πενιχρὰν βάλλουσαν ἐκει δύο λεπτά),这一平行结构不仅体现出《路加福音》刻意表现两组人群的对应(与其 21∶1 省略"众人"一样),还表现出该书强调财主的奉献行动及内容。

2. 耶稣的评论(21∶3—4)

《马可福音》12∶43 的"叫门徒过来,对他们说"强调以下是对门徒的教导,《路加福音》21∶3 中没有这样的特指,体现出耶稣教导的广泛意义。耶稣的评论提出了不同的衡量标准,即,虽然在绝对数量上,穷寡妇奉献的两个小钱比财主的奉献少了很多,耶稣却从相对数量的角度提出穷寡妇的奉献更多,这一衡量标准在其他文献中有相似的说法(参见 Flavius Josephus, *Jewish Antiquities* 6.7.4.148;*Lev. Rab.* 3.5)。"更多"(πλεῖον)表明故事的重点是强调奉献多少的比较,没有与上文文士的行为作比较。虽然《马可福音》12∶43 与《路加福音》21∶3 同为表达寡妇的奉献更多,但路加的形式比马可的形式简单,且再次凸显出两组人物(寡妇和财主)的不同做法。

"因为"(γὰρ)体现出 21∶4 为 21∶3 的原因,《路加福音》21∶4 中的"他们"(οὗτοι)和"捐献"(εἰς τὰ δῶρα)指涉了 21∶1 财主们的行为,它比马可形式更明显地表明只从自己的财产中拿出一部分作为奉献,相应地,"从所有的中"(ἐκ τοῦ ὑστερήματος)呼应了 21∶2 的"贫穷的"(πενιράν),也与"从有余的中"(ἐκ τοῦ περισσεθύοντος)形成鲜明对比。总之,21∶4 突出了三组对比:第一,奉献主体的对比("穷寡妇"和"富人");第二,奉献来源的对比("从所有的中"和"从有余的中");第三,奉献内容的对比("一生所有的"

和“捐献”）。它们体现出耶稣对衡量标准的强调，即，相对数量而非绝对数量才是奉献的衡量标准。

综上所述，从以上比较分析中，可以很明显地看出，路加故事在篇幅上比马可故事短，这与《路加福音》一向的较复杂叙事风格相反，换句话说，《路加福音》21：1—4 删去了一些细枝末节的记载，以突出两组人物及其两组行动之间的对比。借着这样的对比，《路加福音》21：1—4 传达出耶稣在财富方面的教导，挑战富人更多地奉献自己的财产，与该段之前《路加福音》的教导相吻合。

三、上下文分析

《路加福音》21：1—4 的上文为 20：45—47，是耶稣对文士的批评，路加没有跟从《马太福音》的内容把法利赛人也纳入到批评之中（参见太 23：1—36），尽管如此，耶稣在 20：45—47 中对文士的批评与《路加福音》对法利赛人的批评非常相似（参见“喜爱坐在首位”，14：7—11；“喜爱会堂的高位，又喜欢人们在街市上向你们问安”，11：43）。由于 20：47 与 21：1—4 同样出现了“寡妇”这个关键词，不少学者都认同“寡妇”作为一个关键词连接了 20：20—47 与 21：1—4，一些学者更将 21：1—4 与 20：45—47 一并诠释。[①]德里特（J. D. M. Derrett）提出，当时文士有可能负责看管提供给寡妇孤儿的奉献。[②]由于 20：45—47 的影响，赖特（Addision G. Wirght）等学者视 21：1—4 为对文士的批评，这一诠释的问题在本小节第一部分已经指出，此不赘述。约翰逊、海斯等视 21：1—4 为耶稣与宗教领袖冲突的一部分（寡

① 这样做的学者包括约翰逊、海斯、格林等。Joel B. Green, *The Gospel of Luke*, 724—729; Christopher M. Hays, *Luke's Wealth Ethics*, 181; Luke Timothy Johnson, *The Gospel of Luke*, 1991, 310—319。

② J. Duncan M. Derrett, "Eating up the Houses of Widows': Jesus's Comment on Lawyers?" *NovT* 14 (1972): 1—9.

妇作为文士的反例出现），[①]相似地，格林（Joel B. Green）提出，21：1—4 中的财主与 20：45—47 中的文士互相对应，两节中的寡妇互相对应。[②]然而，这一论述的问题在于，21：1—4 中并没有表现出耶稣与宗教领袖的冲突，而且财主与文士的对应关系也缺乏文本支持。本段经文的下文为 21：5—19，耶稣在其中预言圣殿被毁。由于 21：1—4 与 21：5—19 都明显与圣殿有关，菲茨迈尔视 21：1—4 为耶稣在圣殿讲论的继续。[③]

以上讨论有助于读者看到，由于寡妇的故事处在耶稣批评文士（20：45—47）和预言圣殿被毁（21：5—6）之间，不少学者都提出，这体现出耶稣对犹太宗教系统（上文对文士、下文对祭司）的审判。[④]这一诠释的最大问题是，21：1—4 虽然发生在圣殿的场景之中，却没有任何耶稣对宗教系统的批判，有的只是一种积极的对寡妇行为的评论，除此之外，这一诠释将马可故事与路加故事等同看待，然而两者在宣讲对象上有明显的差异，《马可福音》中三段经文的宣讲对象分别是众人、门徒和门徒，《路加福音》中三段经文的宣讲对象分别是门徒、众人和众人（门徒），这一不同暗示了不应将两者同等看待，也在一定程度上使得 21：1—4 与其上下文所表达的信息有些疏离。综上所述，与其说 21：1—4 与其上下文在内容上有联系，不如说 21：1—4 以关键词（“寡妇”和“圣殿银库”）将 20：45—47 与 21：5—19 联系了起来。

四、希罗文化中的钱财捐赠

在希罗文化中，捐赠指将钱财慷慨无偿地给予人群（通常为穷人）或组织，相应的希腊文有 εὐεργέτης、βοηθός、χτίστης、ἐπιείχεια、εὔνοια、εὐμένεια、

① Joel B. Green, *The Gospel of Luke*, 728; Luke Timothy Johnson, *The Gospel of Luke*, 1991, 310—319; Christopher M. Hays, *Luke's Wealth Ethics*, 181.

② Joel B. Green, *The Gospel of Luke*, 728—729.

③ J. A. Fitzmyer, *The Gospel according to Luke*, 1319.

④ I. H. Marshall, *The Gospel of Luke: A Commentary on the Greek Text* (NIGTC), 752.

φιλία、σθμμαχία等。捐献的内容包括兴建公共设施、赞助娱乐活动、支持宗教组织或民事组织的活动和运转经费。[①]例如,亚里士多德在《尼各马可伦理学》中提到"捐献与敬神相关的祭物、建筑、牺牲和所有同神事有关的花费",以及"同公共荣誉相联系的公义捐助"。[②] 捐赠虽是无偿,却期待相应的回报,回报通常以荣耀、赞美和表彰忠诚为表现,接受钱财的人群或组织会为捐献者建造碑文以传扬其慈行,或者成为其政治势力的支持者(SEG 8232; CIG 3.4697)。[③] 亚里士多德鼓励富人捐献,他衡量捐献的标准是钱财的数量,因此,在他的观念中,"花费总要相对于他的资源,一个穷人不可能大方,他没有条件把大笔钱花在适当的事物上"。[④]只是捐赠一般都取自捐赠者多余出来的财富,并且是其中极少的部分。

由于"捐献"屡次出现,《路加福音》21:1—4中财主的奉献当属于宗教捐献的范畴(Philo, *Planter* 126; Flavius Josephus, *Jewish Antiquities* 16.5.4)。财主按照惯常的规则从自己财富中多余的部分中拿出些许来作宗教捐赠,然而,这一行为不但没有得到赞美与肯定,反而遭到了批判。耶稣将财主的捐献与寡妇的捐献作一比较,指出后者捐得更多,他以相对比例而非绝对数量作为判断的依据,无疑挑战了人们惯常的思维模式。

不过,耶稣虽然指出寡妇将自己"所有的"(πάντα)用来奉献,却没有将此作为一个绝对要求,这符合路加笔下耶稣的一贯教导(参路18:18—30;19:1—10),耶稣将强调点放在"多余"(περισσεύοντος)上,περισσεύοντος这个词我们并不陌生,它是无知财主的比喻(路12:16—21)中的关键词。在

① Stephen Joubert, *Paul as Benefactor: Reciprocity Strategy and Theological Reflection in Paul's Collection*. Tübinger: Mohr Siebeck, 2000, 51—53; Paul Veyne, *Bread and Circuses: Historical Sociology and Political Pluralism*. New York: Penguin, 1992, 20.

② Aristotle, *Nicomachean Ethics*, 1122b20—25.

③ Dio Chrysostom, *Orations* 46.3; Ramsay MacMullen, *Roman Social Relations: 50B.C. to A.D. 284*. New Haven: Yale University, 1974, 108—109; Aristotle, *Nicomachean Ethics* 1122b14—25; 1361a43—1361b3.

④ Aristotle, *Nicomachean Ethics*, 1122b20—25.

此,奉献多余财富不仅取代了囤积多余财富,耶稣更挑战了从多余财富中提取部分作为捐赠的行为,这无疑向希罗捐赠文化下的富人提出了更高要求。

五、结论

《路加福音》21：1—4 是该书中含有“富人”(πλουσίους)的最后一个段落,也是涉及财富或富人这一主题的最后一个段落。[1] 虽然 21：1—4 有可能反衬文士虚假的敬虔(与其上下文相连),体现耶稣对当时宗教权贵的批评,然而,路加故事突出寡妇与财主之间的对比,却使得该段与耶稣对当时宗教的批评相距甚远。同时,作为整个《路加福音》中最后一个有关富人的段落,该故事所蕴含的有关财富使用的含义不能被忽略,路加的独特编修使人看到 21：1—4 特意将寡妇与财主的行为作一鲜明对比,引申出一个区别于世人的通常衡量标准,以此对希罗社会富人的钱财捐赠(奉献)提出了更高要求。

作者杨砚,香港中文大学哲学博士,中山大学人文高等研究院讲师,近期发表论文《路加对罗马社会救济文化缺乏的回应》等。

(陈会亮　编)

---

① 参见杨砚:《路加对罗马社会救济文化缺乏的回应——财主与拉撒路的比喻(路 16：19—31)与路加对罗马社会精英的劝导》,《基督教文化学刊》第 29 辑。

马丁·路德对《约翰福音》2：1—11的诠释

——兼论马丁·路德1519年的婚姻观

黄保罗　编译

内容提要：本文根据马丁·路德1519年对《约翰福音》2：1—11（耶稣在迦拿婚礼上的故事）的德语原文诠释和英译本的编译，以及对美国版导言的分析，来介绍路德的婚姻观。全文分三部分：由维特·迪特里希记录的路德1519年对《约翰福音》2：1—11的讲解、路德本人对其上述讲解的修订版本，以及美国版《路德文集》对路德诠释观点的总结。

关键词：马丁·路德；迪特里希版本；路德修订版本；婚姻；美国版本

Interpretation of John 2：11 by Martin LUTHER

——Martin LUTHER's Opinion on Marriage in 1519

Trans. & ed. by Paulos HUANG

Abstract：Based on the original and English version of Martin LU-

THER's text, the present author has compiled and translated his interpretation on John 2:1-11, which records Jesus in the Cana Wedding. This article consists of three parts: LUTHER interpretation recorded by Veit DIETRICH, LUTHER's interpretation revised by himself, and a summary of LUTHER's opinion on marriage in the American edition.

Key words: Martin LUTHER; the version of Dietrich; the revised version by LUTHER himself; marriage; American edition

编译者按:在1519年主显日之后的第二个主日(元月16日),马丁·路德以当日的福音经文《约翰福音》2:1—11为基础,做了一次讲道。那篇证道被听众即时记录下来,并在路德不知情的情况下立即发表了。①现在,我们根据英语版本的《家庭证道集》(*House Postil*, 1884 Kolumbus, Pages 233—244, Second Sunday after epiphany)进行翻译。这个版本以维特·迪特里希(Veit Dietrich)记录的德语版《家庭证道集》为根据,并参照了罗以(Matthias Loy)等1871和1884年出版的英语译本。②以下是迪特里希版本的汉语翻译。

一、由维特·迪特里希记录的路德1519年对《约翰福音》2:1—11的诠释

《约翰福音》2:1—11。1. 第三日,在加利利的迦拿有娶亲的筵席,耶稣的母亲在那里。2. 耶稣和他的门徒也被请去赴席。3. 酒用尽了,

① *D. Martin Luthers Werke. Kritische Gesamtausgabe.* WA, 9, 213—219.

② *House Postil*, by Martin Luther. Sermons on the Gospels for the Sundays and Principal Festivals of the Church/Year, Translated from the German. Vol. I. and II. Second Edition. Columbus, Ohio: J. A. Schulze, Publisher. 1884. Entered according to the Act of Congress in the year 1884, By J. A. Schulze.

耶稣的母亲对他说："他们没有酒了。"4. 耶稣说："母亲，我与你有什么相干？我的时候还没有到。"5. 他母亲对用人说："他告诉你们什么，你们就作什么。"6. 照犹太人洁净的规矩，有六口石缸摆在那里，每口可以盛两三桶水。7. 耶稣对用人说："把缸倒满了水。"他们就倒满了，直到缸口。8. 耶稣又说："现在可以舀出来，送给管筵席的。"他们就送了去。9. 管筵席的尝了那水变的酒，并不知道是哪里来的，只有舀水的用人知道。管筵席的便叫新郎来。10. 对他说："人都是先摆上好酒，等客喝足了，才摆上次的；你倒把好酒留到如今！"11. 这是耶稣所行的头一件神迹，是在加利利的迦拿行的，显出他的荣耀来，他的门徒就信他了。

这是主耶稣在地上行的第一个奇迹，从而在他的门徒身上彰显他的荣耀，正如与约翰明显相关一样，他们因而开始承认他是上帝的儿子，是真正的弥赛亚；因为他在此做了其他人不能做的事情：他改变了被造之物，让水变成酒。这样的作为，只有上帝这个超越一切的主才能做；人是不能做的。

这个奇迹，是要教导我们主基督是谁，所以，要带着充分的信心，在需要或是遇见麻烦的时候，我们赶紧向他寻求帮助和祝福，我们就必能在适当的时间获得帮助。这是福音赐给我们的首要教训。但是，由于我们从基督所有的神迹均能获得这个道理和安慰，在这里，我们应当考虑的事实是，这个奇迹是在婚宴中发生的。

提出这个问题非常必要。众所周知，教皇主义者一度藐视婚姻并极度歌颂永恒的童贞。我们也知道，上帝曾超越一切争议，奖惩未婚的牧师，不仅使他们失去对婚姻的渴望和志趣，也让他们心中对女人纯洁的爱开始消亡。依照基督教教义，教皇的修道院和寺院中邪恶奸淫的人群，由于其藐视婚姻生活而产生的淫荡，不久即将被地狱之火焚烧并在地狱深渊中被吞噬。

关于婚姻，这福音引发我们新的想法，而不是被教皇所迷惑。我们看到的是，耶稣如何在婚宴中行他的第一个奇迹，在加利利的迦拿一个贫穷而微不足道的小村庄;而且,当时他三十岁,在刚刚接受约翰的施洗并开始讲道之后。很明显,基督的这种行为和教皇的“圣洁”与“智慧”观是冲突的;因为根据教皇的主张,对基督来讲,在他刚进入职业并蒙召而受圣灵的按立去传福音之后就参加婚宴,是不合适的。

这里我们还能找到一个最优秀也更有用的例子,其不仅针对教皇虚假的做法,而且还针对所有的教派。他们视独身为伟大圣洁的标志,努力避免婚姻及其他民间职责,并跑到人迹罕至的沙漠,以为在那里可以生活得比在婚姻中更轻松而安静。因为在夫妻生活中,在妻子、孩子、仆人和邪恶的邻居之间都难免会出现困难。婚姻中的问题是真实的,如果我们的视线离开了婚姻的神圣性或记念上帝的祝福,婚姻将是最不可取的烦琐事情。持反对意见的僧侣们则认为,他们的生活模式是圣洁完美的,但在现实中大家都知道,它其实是一种容易的、慵懒的、妖娆的和享乐主义的生活方式。他们几乎拥有想要的一切,背弃了世界上那些为每天的饮食而辛劳疲惫的穷人,即使那些人的生活状况为上帝所喜悦。

在这个福音故事中,虽然耶稣的例证非常有价值且恰当,却并没有引起人们足够的重视。信徒在教堂里阅读它,却没有人能够清晰地理解并求问:如果进入沙漠或修道院如此有益的话,为什么基督去参加婚宴呢?如果活在世上并结婚是错误的话,为什么基督以他的出席和辉煌的神迹来尊重婚姻呢?

如果这种在废墟和修道院里的生活持续几个星期、甚至几年,它或许有某种意义;但永远放弃婚姻是对婚姻制度的公然藐视,是只为享受安逸和宁静而遗弃神圣职责,是完全背离了上帝的命令和条例。

由此,我们就能理解上帝如何荣耀他自己的第四条诫命。哪里有婚宴,哪里就相应地有一个家庭、父亲和母亲、妻子和孩子、奴仆和婢女、田、牛、贸易,以及为了食物付出的劳动。基督希望借此教导我们,这样的生活是为上帝所祝福的、快乐的且由上帝所设立,所以,任何人都不应轻视,而当像基督一样尊重和荣耀它。

这段经文对年轻人而言是一个蕴含丰富的讲道，因为他们可从中学习如何在家里侍奉上帝，以及从事一些非凡的壮举是多么没有必要，正如那些被玷污而耗尽精力的修士一样的乌合之众所做的那样。用虔诚来管理家庭的人，在对上帝的敬畏和知识中养育孩子与仆人，并在其中享受体面和光荣，就是住在幸福和圣洁中。因而，照顾他们孩子的需求、给他们肉和饮料、为他们洗涤和梳理的女人，在上帝眼中，并不需要其他更令人喜悦的工作。房子里的仆人，无论男女，如果遵从他们的主人，就是侍奉上帝；如果他们相信基督，上帝更会因其打扫房间或清洁鞋子而喜悦，而不是因为所有的禁食祈祷或礼拜以及其他所谓的僧人工作而喜悦。

因此，谁都不应鄙视由婚姻而来的家庭生活，也不该像那些无谓的僧侣们那样将婚姻看作一个世俗的和不快乐的状态而谴责它。基督亲自出席了一场婚宴，并由此祝福婚姻和与此相关的家庭生活。上帝也由第四条诫命昭示了他的许可，这是第二类中最重要的，他要求人履行和尊重家庭关系。

如果你是个父亲或母亲，你应当为你的位置高兴并愉快地履行职责，因为你知道这是上帝的意志和命令。如果你是个仆人，无论是男性还是女性，要记住上帝悦纳你的侍奉。在他开始宣讲福音之后，上帝亲自制定和祝福婚姻，现在通过他的出席和他所行的神迹来尊重婚宴。基督完全可以借口自己不能在场而如此说：我不能来，我必须参加传道的呼召；我被邀请的活动是世俗的，但我的职责是处理属灵的事，因此，我拒绝参加。但是，这个超越一切的监督，不允许其职责和特别的呼召来干扰他参加业已开始家庭生活的婚礼，而是通过他的出席来尊重并使这个契约成为圣洁，以至于每个人现在可以说：我的上帝已经为我设立它，即我应当在婚姻和家庭责任上侍奉，无论是作为仆人、孩子、丈夫或是妻子，我将愿意这样做，在生活中以喜悦之心来侍奉上帝。因为我看到耶稣基督，我的主我的上帝，所有传道者中的至高者，来到婚姻当中，从而不仅祝福这个制度，而且给其连续性的支持以保证。

这个道理必须再次被强调,以反对教皇和异端。但在我们的日常生活中,它也必须再次被用来对抗狂热的宗派,如重洗派和其他教派,他们认为:婚姻和家庭关系是负担;与不忠诚仆人之间的麻烦永远不会结束;与邻里的争执会出现;妻儿和亲人将会遭遇灾祸;以及在不断被干扰和困惑的婚姻生活中将没有时间和机会去思考上帝或侍奉他。因此,为避免所有这些经历并逃离负担,藉撒旦之名他们进入修道院或隐蔽处,在各种神职的命令中寻求安逸。

让我们理解这件事:我们也许能够避开这些疯狂的家伙及其教导。在这里我们清楚地看到,当基督亲临婚宴时,他并没有拆开新郎和新娘,而是允许他们结合在一起,是的,他甚至协助婚宴采取适当的流程。通过这个美妙的例子,他教导我们如何用心经营家庭;而且如果穷困来临,我们不必慌张,反而应看到我们在基督里所有的信心;然后我们会从他那里得到帮助,水被变为酒,他祝福我们的生活得到饱足,虽然表面看起来,我们似乎更应经受贫乏。

日常经验告诉我们,如果丈夫和妻子虔诚地住在一起,他们的上帝必会守护他们的状况,因此,他们的收入远远超过其想象。我敢说,一个虔诚而辛勤的劳力,加上年初他所拥有的,如果那些钱在年初给他的话,他一年内挣的钱几乎很难养活自己和家人。但这其中的奥秘有上帝的赐福:我们一天天地赚取并节约每分钱,以至于在这宁静的经济里可以经历上帝的祝福。如果我们仍忠实而虔诚,基督我们的主就仍继续在我和你的家中将水变成酒。因着他的祝福,一块饼可供应十个地方,一件外套甚至比三件穿得更久。只要我们愿意打开我们的眼睛,经验将迫使我们惊呼:主啊,在你里面,我们相信家中劳动力的作为,他们是你的手段;你荣耀并持续地祝福他们。因此,我很珍惜并时常坚持我的呼求。

福音书作者特别提到耶稣的母亲也在那里。也许她作为新娘的母亲,理当关心婚姻的事务，特别是当酒没有的时候。看起来婚宴上除了饼和酒什么都不缺乏。当然，如果婚姻不被上帝所喜悦，耶稣会告诉他的母亲：母亲，你太尊贵也太荣耀了，你不必来到这里参与这些婚姻事务；在众妇女中，作为童女，同时也是上帝儿子的母亲，你不应只从事教会和属灵事务。而且，说实话，令人吃惊的是，蒙福的耶稣的母亲，居然干这样的粗活，在婚宴中作为一名婢女烹饪并满足宾客的需要。然而，这一切都发生了，正如我反复提及的，我们应当高度重视婚姻的状态，这是为基督和童母马利亚所尊重的。

然而，这个例子并未在教皇主义者中间产生效果，也不被顽逆和不忠实的仆人所关心。没有人会相信他是为侍奉上帝而用心履行好家中职责，以求仆人和孩子会热忱而欢快地在家里做好自己的工作，决心并乐意为其主人的意志打造一个天堂。他们应该说：不管我如何被训斥，我都清楚地知道，我的感召和位置就是对我的上帝的侍奉。基督我的救主他进入婚宴，高举他的存在和他母亲马利亚的服务；那么我有何理由不尊重这个状况，并准备好劳作，甚至为之受苦呢？可惜的是，这样的仆人很罕见，很多人虽然听说并知道这个故事，他们并不确定这样的事实，那就是他们在家中侍奉上帝，要远远好过修道院中的修士和修女。没有人吸取这个教训或者相信它。结果就是所有的劳动都是出于不情愿和厌恶，而被迫履行的责任必不会伴随祝福和成功。当虔诚敬畏上帝的婢女被责令做饭或是其他时，其应被基督母亲的例子所鼓舞，她可以这样说：我的职责正如圣母马利亚在婚宴中所作的，在那里她听从他，一切都做得很好，甚至身体力行。虽然我的工作低等且微不足道，但我会认真执行，以荣耀上帝之名，是他吩咐这么做的，而且我知道我的作为被他所喜悦。世界可能会嘲笑这种遵守责任的要求，但若想成为基督徒，就必须将这视为对上帝必要和合适的侍奉。因此，房子里所有的仆人，无论男女，都乐于在自己的岗位上工作；是的，他们可以大声惊呼：我们赞美你啊，上帝，为着你分配给我们的劳动；我们能更好地侍奉你，比那些没有上帝指令的修士和修女更好。然而,我们来自上帝的第四条诫命即尊敬父母亲,并以热情和忠诚在家庭事务上服务主人;我们将带着敏捷和爱去工作。

因此,那些对自己工作满意的人将带着欢乐和喜悦去工作,并在地球上建一个伊甸园,上帝及其圣天使都欢喜它。同样,这些仆人的主人会大大奖励其忠诚的服务。值得信赖和忠实的仆人到处都值得重视。

然而,还有一个事实:人们宁愿不采取行动而直接进入回廊,臆想而非忠诚地履行他们在家中的职责,以为如此能更好地侍奉上帝。由于有如此众多鄙视婚姻的事情发生,人违反了第四条诫命,上帝公正地让他们成为修士和修女,让他们在全然不服从上帝意志和律例的情况下拷问自己;他从来没有送他们去那里,也没有命定这样的生活。因此,我们在福音中应注意这样的例子,并自觉学习在生活中执行上帝特别设立和荣耀的职责,正如地球上所有其他状况的泉源。

婚姻和家庭关系支撑着国王和统治者,不仅因为他们促生了后者,且因为人口和政府稳固的必要手段依赖于婚姻的延续。天父必须制定维护人类所有等级制度的手段,从最高到最低,都予以支持。

然后,它成为我们的责任,心甘情愿地顺从、尊重并促进这个状况,因为每一个结了婚的人和仆人,都可以诚恳地说:主啊,是你命定了它;你出席了迦拿的婚宴,和你的母亲,一位备受祝福的女人,在那儿做了我们在家中必须做的。是的,如果她自己认为可以从事上述那些工作,她甚至不以自己的自由意志来行事,那么,我们这些显然远不如圣母马利亚的凡人,为什么反而骄傲地不愿干家务?

让所有虔诚敬畏上帝的已婚人士从中学习:上帝必不离弃他们,却会带着他的祝福一直陪伴他们。但是,必须记住的是,婚姻生活会带来很多困难,也会有苦难的日子。但是如果基督被邀请到婚姻中,也就是说,如果丈夫和妻子是虔诚的,如果他们忠实而虔敬地关注上帝,他们将快乐并被祝福。今天你必须学习这个教训，那就是你可能永远甘愿停留在与婚姻相连的生活状态中，而不是被那些错认为婚姻和家务是世间仅有的需要履行的职责所瞒骗，这与真正的侍奉上帝相违背，它仅在所有的家庭快乐都放弃时才会发生。

这样的观念在我们的日常生活中被重洗派教徒所娱乐。迷惑的人！他们抛弃了妻子和孩子，并自夸那带给他们自身痛苦以增加其圣洁。啊，这都是邪恶和虚伪，是自我强加的负担，虽然没有疼痛。他们躲避家庭的责任和看护，那才是真正的时常痛苦和难挨的。这些流氓害怕困难并躲避它们，从而过上懒惰和安逸的生活。好伟大的苦修！不，真正的自我否定能通过自觉服从上帝的命令而被更好地实践，将我们和我们的家庭、我们的政府、我们的邻居以及我们的仆人连结在一起。我们必须听见看见并忍受许多不愉快的事情；虽然我们不敢逃跑，但必须说：我们将耐心忍受这一切，因为我们知道，上帝的祝福已降临在婚姻生活中。是的，让我们感谢上帝为我们设立的这个快乐幸福的状态；当烦恼来临时，他将做我们的帮手，正如他在迦拿婚礼上的显现。

让我们听从福音的教导，愿上帝赐给我们的恩典能留住他们，从而在被呼召之时，我们能够以基督徒的热情和活力来履行我们的职责。阿门。[①]

二、路德本人对其1519年诠释《约翰福音》2:1—11的修订版本

编译者按：上述迪特里希版本只是众多流行版本中的一个。路德对那些版本都不满意，于是做了一个新的修订版本，于1519年5月出版。原文用路德时代的古德语写成，名为“Ein Sermon von dem ehelichen Stand”，被收在 *D. Martin Luthers Werke. Kritische Gesamtausgabe*

① 此部分的翻译初稿由高伟伟女士负责，一校由赫尔辛基大学的博士候选人高源先生负责，改译和统校由黄保罗负责。

（WA）2,（162）166—171；英文译本以这个德语版本为基础，见 *Luther's Works American Edition*（LW）Volume 44，7—14。编译者参考这两个版本，将其译为汉语。以下是路德本人文字的汉译。

前言：一个关于婚姻状况的证道已经以我的名义发表了，但是，我特别希望它没有发表。我清晰地记得，我已经就此主题讲过道，然而它从来还没有被写成文字，就像我现在将要做的那样。因为这个缘故，我决定修订这篇证道，尽可能地完善它。我要求每个良善的灵魂忽略已经出版的第一篇证道并且丢弃它。还有，如果任何人想要开始为我写我自己的证道的话，请他自我克制一下，让我也能对我要出版的话语说几句。要申明某些事情，使用口语与使用书面语之间有着巨大的差异。

关于婚姻状况的一篇证道（由马丁 · 路德博士修订并改正于维腾贝格的奥古斯丁修院）。

1. 上帝创造了亚当并把所有动物都带到他面前。亚当在他们中间没有发现任何适合于婚姻的合适伴侣，所以，上帝说："亚当独居不好。我将为他造一个配偶来帮助他，并总是与他一起。"他就让亚当睡了，并从他身上取了一根肋骨，然后把他的侧身合上。就是由这根来自亚当的肋骨，上帝创造了一个女人并把她带到他跟前。亚当说："这是我骨中的骨，肉中的肉，可以称她为女人，因为她是从男人身上取出来的。因此，人要离开父母与妻子连合，二人成为一体。"（创 2：18—24）

所有这一切都来自上帝的话语。这些话语教导我们，男人与女人是从哪里来的，他们是怎么被给与彼此的，妻子是怎么被造的，以及在婚姻里应该有什么样的爱。

2. 如果上帝没有将夏娃给亚当，什么事情都可能发生。因为这里的事实表明，亚当没有为他自己找到可以结婚的伴侣，但是，在上帝创造了夏娃并将她带到亚当面前后，他就感受到了一种对她的真正的婚姻之爱，并且承认她是他的妻子。那些想进入婚姻的人们，应该从中领悟到，他们应该恳切地向上帝祷告，祈求一个配偶。因为圣人们说，父母为孩子提供食物和房屋，但是，妻子只能由上帝根据需要提供（箴19：14），就像夏娃唯独被上帝提供给亚当一样。而且，经文的真正意思是，青年因为沉湎于肉体的放纵而很少关注这些事情，然而，在上帝眼里，婚姻是一个严肃的事情。因为全能的上帝在所有的动物中只为人设立了婚姻，而且对婚姻投注了很多考虑，这绝非偶然。对于其他动物，上帝相当简单地说："滋生繁多。"（创1：22）没有记载说，他把雌性带到雄性面前。因此，在动物中没有婚姻这回事儿。但是，在亚当这里，上帝从他的肉里为其创造出一个独特的、特殊的妻子。他把她带给亚当，给了亚当，而且亚当同意接受她。那就是婚姻。

3. 女人被造是为了在诸多事情上成为男人的帮手，特别是为了怀孕生孩子。而且，即使堕落的婚姻已经被邪恶的情欲淫乱了，那也仍然是好的。那时（即在堕落之后），人被欲望（男人对女人的，以及女人对男人的）追逐着，不仅是为了伴侣间的友谊和孩子，婚姻本是为了这目的而被设立，也更是为了满足邪恶的情欲，这两种动机几乎是同样强烈。

4. 上帝在不同种类的爱之间作了区分，男人和女人之间的爱是（或应该是）所有的爱中最伟大和最纯洁的。因为他说："人要离开父母与妻子连合，二人成为一体。"（创2：24）而且，妻子做同样的事情，就像我们每天看见的发生在我们周围的一样。现实中有三种爱：虚假的爱、自然的爱和婚姻的爱。虚假的爱是寻求属己的东西，就像一个人爱金钱、财产、尊严，以及在婚姻之外违反上帝诫命喜欢上别的女人一样。自然的爱是父亲与儿子、弟兄与姊妹、朋友和亲属之间的爱，以及类似的关系。但是在这一切之上，超越它们的是婚姻之爱，即一个新娘的爱，它像火一样发光而且除了丈夫之外什么都不想要。她说："我想要的是你，而不是你的东西。我既不想要你的银子，也不想要你的金子；这二者我都不想要。我只想要你。我要么要整个的你，要么一点都不要。"所有其他类型的爱，都是寻求所爱的之外的某些东西:只想彻底地要所爱者的自我。如果亚当没有堕落,新娘与新郎的爱将会是最宝贵的东西。现在这个爱也不再纯洁了,要承认一个结了婚的配偶想要另一方,然而每一方都要通过另一方来满足自己的欲望,而且恰是这个欲望腐蚀了这种爱。因此,结婚的状况现在不再是纯洁和脱离罪的了。肉体的试探已经变得如此强烈且富含消费性,以至于婚姻就像一个提供给绝症患者的医院一样,它是为了阻止犯人去犯下更大的罪而设。[①]在亚当堕落之前,守着童贞与贞洁是一件简单的事情,但现在它几乎不可能了,而且假若没有来自上帝的恩典的话,就更加不可能。正是由于这个原因,基督和使徒都没有把贞洁当作一件义务。应该说,基督辅导了贞洁,[②]而且他把它留给每个人自己去试验自己,所以,如果他不能持续下去的话,他就有自由去结婚,但是,如果通过上帝的恩典他能够持续下去的话,贞洁就是更好的。[③]

因此,博士们[④]已经发现了关于婚姻状况的三个好的和有用的事情,通过它,在表面底下流淌着的情欲之罪就被抵消了,其不再是被诅咒的理由。

首先,博士们认为它是一个圣礼。圣礼是某些属灵的、神圣的、天上的、永恒的事情的神圣记号,就像洗礼的水一样,当神父把它洒到孩子身上时,表示圣洁的、神圣的、永恒的恩典就同时被倾注到了那个孩子的灵魂与身体之中去了,而且把他从其原罪中清洗干净了。这也表示,上帝的国度这个不可估价的好处,不可估量地大于那包含着多重意义的水。它是那曾经存在的或将要存在的最伟大的、最神圣的、最有价值的和最高贵的东西的外在的和属灵的记号:在基督里神性和人性的联合。圣保罗说,当男人和女人在婚姻状况里被联合时,二者成为一体了,此时,上帝与人在基督的位格里就联在一起了,基督与基督的国度就是一个身体了。它确实是一个奇妙的圣礼,

---

① 直到1523年,路德才用婚姻是一个“信的状况”来补充他把婚姻看成是“对罪的补救”的观点,参考 Lazareth, *Luther on the Christian Home*, 233—234。

② 参看《马太福音》19:10—12。

③ 参看《哥林多前书》7:8—10。

④ 路德在这里所指的是教会的神学家们。

就像保罗在《以弗所书》5：32中所说的那样，婚姻状况真实地表明了这个事实。上帝把他自己给与人并将要成为他的，就像丈夫把自己给了妻子而且是她的一样，这不是一件奇妙的事情吗？但是，如果上帝是我们的，那么，每件事情就都是我们的了。[①]

以它配得的方式来考虑这件事情吧。因为男人与女人的联合包含着大奥秘，婚姻状况就必然拥有特殊的意义。这意味着，所有的身体都有的邪恶的肉体情欲，是婚姻的义务，当它在婚姻里被表达出来时，是不可避免的；但在婚姻束缚之外的其他情况里，它却是弥天大罪。以一种类似的方式，上帝的神圣人性以羞耻遮掩了[②]肉体的邪恶情欲。因此，结了婚的男人应该重视圣礼，尊它为圣，而且在婚姻义务里要表现恰当，以至于那些来源于肉体情欲的事情不会像在残酷野兽世界里所做的那样出现在我们中间。

第二，（博士们认为）婚姻是一个信实的圣约。婚姻的基础与本质是，每个人把自身给予另一个人，同时，他们许诺彼此信实且不把自己给予任何其他人。通过把他们自己互相束缚起来，彼此降服，通向其他任何身体的道路就被堵住了，而且他们自己与其配偶一起满足于婚姻之床。上帝确保，肉体以这样的方式被征服，人们不再随心所欲地到处伤害和想怎样就怎样。在这个山盟海誓的卓越之信中，甚至允许比生孩子所需的更多的情况发生。当然，一个男人必须控制他自己而不要使其婚姻成了肮脏母猪的猪圈。

在这一点上，我想谈谈当两个人被许配[③]给彼此的时候，应该使用什么样的话语。[④]这件事情已经被以这样的长度、深度和简洁的方式处理了，以至于我自己理解它都非常困难。然而，我担心，有许多已经结了婚的人们，在

---

① 参看《哥林多前书》3：21—23。

② 参看《诗篇》32：1；《罗马书》4：7。

③ 路德一般把许配（订婚）视为等同于婚姻。他反对长时间的订婚，他表达的观点是，如果订婚、婚姻和完成发生在同一夜是比较好的。*D. Martin Luthers Werke*. Tischreden (Weimar, 1912—1921) (WA, TR) 3, No. 3179。参考 Olavi Lähteenmaki, *Sexus und Ehe bei Luther* ("Schriften der Luther-Agricola Gesellschaft", No. 10 [Turku, 1955]), 第99—128页。

④ 在早期证道中，路德简要地提及许配中所使用话语的意义，参考 WA, 9, 第216—219页。

这之前被我们认为是没有结婚的。但是,由于婚姻状况本质性地包含在那已经被自由地和曾给予彼此的同意之中,而且也因为上帝在他的所有判断中都奇妙地施予恩典,我将把所有的一切都留给他来关心。一般的接受方式是"我是你的,你是我的",但是,有人想更严格地要求它,当他们说"我将娶/嫁给你""我愿意娶/嫁给你",或当他们使用一些其他形式的话语时,这仍是不够的。然而,我将仍然乐意考虑那些至今被认同的话语。

同样,当有人做出了一个秘密的许配而且接下来还要接受另一个人的时候,无论是秘密地还是公开地,我十分不确定,我们关于它所写或所判断的是否完全正确。我的建议是,父母要说服他们的孩子,不要为要求其父母替自己寻找配偶而感到羞耻。父母应该从开始就说清楚,他们想要规劝其孩子,反过来,孩子可以保持贞洁并坚持对婚姻的期望。同时,孩子们不应在父母不知道的情况下订婚。你不要感到羞愧,你会为向你的父母要一件衣服或一栋房子而感到羞愧吗?那么,为什么如此愚蠢,不进一步要求那远远更大的婚姻配偶呢?参孙这样做了,他进入一个城市后看见一位让他喜悦的女子。他立即从那里回家并且对他的父母说:"我在亭拿看见一个女子,是非利士人的女儿,愿你们给我娶来为妻。"(士14:1—2)

第三,(博士们说)婚姻生出后裔,那是婚姻的目标和主要目的。然而,只有孩子出生还不够,他们所说的婚姻能免除罪在这里并不适用。异教徒也孕育后代。但是,很不幸,甚少发生的是,我们把孩子养育长大后,他就主动侍奉上帝,赞美并尊敬上帝,而且对他的爱一心一意。人们只在其孩子身上寻求继承人,或在他们里面找寻快乐;对上帝的服侍仅可发现它所能有的位置。你也看见,在他们知道诫命是什么以及可以祷告什么之前,人们已匆忙结婚且很快成为父母。

但是,至少所有结了婚的人都应该知道,比起养育其孩子来说,他们不能为上帝、基督教、全世界、他们自己及其孩子做更好的工作和任何更有价值的事情。结了婚的人应该用心地养育其儿女,去罗马、耶路撒冷或克母波斯特拉[1]的朝圣之旅根本没有什么事情，建教堂、望弥撒里也根本没有什么，或任何善可以被说出来。因为尽职地养育其儿女是通往天堂的最短路径。实际上，天堂本身无法比通过做这项工作而被变得更近或更容易获得。它也算是属于其被指派的工作。哪位父母不关心这个，他们的每件事情就会好像做错了一样，就像不会燃烧的火与不潮湿的水一样。

通过同样的象征，没有什么比通过孩子们更容易获得地狱的了。比起污染孩子们，像让他们诅咒和骂人，让他们学习亵渎的话语与低俗的歌曲，让他们做他们所喜欢的，你不能做别的更具灾难性的工作了。还有，很多父母使用诱惑力来让自身富含魅力，以迎合时尚（满足世界潮流的主宰）。在基督的国度里，没有比污染孩子更大的灾难了。我们如果想要帮助基督教，最应该从孩子开始，就像以前时代发生的那样。

第三点在我看来最重要，也是最有用的。因为没有怀疑的阴影，它不仅是一件婚姻义务，而且能彻底遮盖所有其他的罪。恰因为这个，圣徒们才说："不忍用杖打儿子的，是恨恶他。疼爱儿子的，随时管教。"（箴13：24）还有"愚蒙迷住孩童的心，用管教的杖可以远远赶除"（箴22：15），以及"你要用杖打他，就可以救他的灵魂免下阴间"（箴23：14）。因此，最重要的是，每个结了婚的男人要更亲近地、更彻底和持续地关注其孩子的灵魂健康，而不仅是他所生的身体。除去将其孩子当作上帝命令他保护的一个永恒珍宝以外，其他的什么都不是，要阻止世界、肉体和魔鬼来把孩子偷走而带到毁灭之中。因为在他死和审判日的时候，他将会被询问关于他孩子的情况，并且要作最庄严的汇报。你认为那些哭喊之人悲戚哭嚎的原因是什么呢？"不生育的，和未曾怀胎的，未曾乳养婴孩的，有福了"（路23：29）。无疑，他们已经不能够让其孩子回到上帝那里去，他们从上帝那里接受了这

① 克母波斯特拉（Compostella）：西班牙城市，曾为著名宗教圣地。根据西班牙教会传统，西庇太的儿子雅各即在那里殉道（参见徒12：2）。Compostella之名源于Giacomo Postolo，系使徒雅各名字的变体。路德经常提到该圣地，参看LW，44，第27，68，70页。

些孩子,就有责任去照顾他们。

如果婚姻状况被合适地看顾,那将是一个多么真正高贵、重要和蒙祝福的情景啊! 如果它没有被合适地看顾,那将是一个多么真正可怜、可怕与危险的情景啊! 对于记住这些事情的人们来说,肉体的欲望可以很好地消除掉,而且他可以很好地保守贞洁,就像对待婚姻一样。年轻人对此并不看好,而只是顺从他们的欲望,但是上帝认为它是重要的,并且善待那行为正确的人。

最后,如果你真正地想赎你所有的罪,如果你想要在地上和天上获得对它们完全的赦免,[①]如果你想看见你的许多代儿孙后裔,那么,就以你所能鼓起的所有严肃看看这个第三点,即用心地养育你的孩子吧。如果你无法这样做,去寻求那些能这样做的人并要求他们这样做吧。不要省你的金钱和花费,也不要害怕麻烦和努力,因为孩子是你以你的意愿来供应的死人[②]的教会、圣坛、遗嘱、守望和弥撒。他们是那些将在你死亡时照亮你,而且直到你旅程终点的人。

三、美国版《路德文集》归纳的路德 1519 年论述婚姻的主要观点

关于这篇简短证道的主要观点,美国版的《路德文集》归纳道,路德认为,婚姻是上帝赐给男人与女人的一件恩惠礼物。上帝让男人与女人相互给予,所以,那些希望结婚的人,在寻找配偶的时候,应该寻求上帝的引导。如此,婚姻就比约会多出许多。它是一件关于选择和接受上帝赐予的事情,就像亚当选择和接受夏娃做他的妻子一样。

路德继续谈到,那个自从堕落以来就包含在人性中且直至当下仍存留

---

① 路德使用 ablasz 一词指代"赦免",该词也表示"indulgence"(放纵)。

② 在路德时代,遗嘱赋予遗产的弥撒被视为能代表某人死后的意愿,这并非不可思议。路德在《致基督徒贵族书》里对此问题有过详细论述,参见 LW, 44, 第 180—181 页。

在婚姻里的，是自我满足的情欲和欲望。它导致人把婚姻当作上帝赐予的医院，绝症患者在那里被保护着，以免其陷入更严重的罪中。在探讨这个主题时，路德把婚姻描述为一个保护身体与灵性之忠诚的圣约。这个圣约，包括男人与女人把自身相互给出，并为了对方降服，也不是为了他们自己欲望的满足，而是为了彼此的需要和福利。路德认为，这才是正确的爱。

但是，婚姻要比男女之间的身体关系和灵里的忠诚更多，要比包含与限制肉体情欲和欲望的医院更多。它的主要目标和目的，是要生养和照顾儿女。路德说，到天国去，没有比以上帝之爱来养育孩子和为他们服务更短的路途了。通过同样的象征，"没有什么比通过孩子更容易获得地狱的了"[①]。父母可能犯下的最大错误，就是放纵他们的孩子，虽然提供给他们物质需求和世俗的需要，但却忽略了为他们的灵魂提供给养。如果父母不能或不愿提供这些的话，他们应该从那些愿意的人们那里去寻求。[②]

在路德职业生涯早期的1519年，他的婚姻观就特别强调两种功能，首先，"生养众多"是上帝造人之后要求于人的使命之一，婚姻就是为了实现这个目的。其次，男女之间的相互吸引和肉体上的贪恋是如此强烈，若没有婚姻，人就会陷入淫乱之中，而婚姻则能起到补偿与纠正的作用。这种婚姻观基本上贯穿了路德的一生，他在1522年的《论婚姻状况》（WA，10II，275—304；LW45，4—25）、1523年对《哥林多前书》第7章的诠释（WA，XII，91—142；LW，28，1—56）、1530年的《关于婚姻问题》（WA，30III，198，205—248；LW，46，259—320）和1545年8月4日的《在西吉斯蒙德·冯·林德瑙于梅泽堡举行的婚礼上的证道》（WA，49，797—805；LW，51，357—367）中，都予以充分的发挥。路德于1524年撰写了《父母既不应该强迫也不应该阻止其孩子们的婚姻，孩子们不应该没有获得父母的同意就订婚》（WA，15，155，163—169；LW，45，379—393）的短论，其中谈到父亲

① 参见LW，44，第12—13页。

② 此部分内容编译自LW，44，第7页的"导论"。

的权柄、儿女的自由以及结婚双方的爱，这是未见于其早期婚姻观中的思想。[①]

编译者黄保罗，北京师范大学哲学学院兼职教授，《国学与西学国际学刊》主编，《博睿中国神学年鉴》主编，出版论著多种。

（陈会亮　编）

① 笔者已经将上述资料译成汉语，拟出版。

述译:《庞子遗铨》中圣经的“名”与“实”

高胜兵

内容提要:《庞子遗铨》是耶稣会士的初期作品,虽然是一部诠释天主教教义的著作,但在尚无汉语圣经的情况下,它频繁使用“圣经”一词,对圣经内容予以述译,这均可视为圣经汉译的前奏,既孕育着汉语中原有“圣经”一词的新义,也为后来的圣经汉译铺垫了基础。今天看来,“圣经”一词在庞迪我笔下“名实不符”,但是着眼于圣经汉译史,《庞子遗铨》却不该被忽视。

关键词:述译;《庞子遗铨》;圣经汉译

Trans-rewriting: the “Name” and “Content” of The Bible in *Pang-zi-yi-quan*

GAO Shengbing

Abstract: *Pang-zi-yi-quan* is Diego de Pantojia's posthumous collected works for interpreting Catholicism, but it is the first to frequently use “圣经” (the Chinese equivalent for “The Bible” now) and the first to trans-write the main content of the Gospels and Genesis among the Jesuits' writings of the time. His trans-writing is the prelude of the biblical Chinese translation, being pregnant with the new signified meaning of the Chinese word "圣经" and paving the path for the latter Biblical Chinese translation. Therefore, *Pang-zi-yi-quan* should not be neglected for the history of the biblical Chinese translation, though the biblical name and content no longer agree to today's Chinese vocabulary.

Key words: trans-rewriting; *Pang-zi-yi-quan*; the biblical Chinese translation

一、引言

现在,"圣经"一词广为人知,并且大多时候被理解为那部包括《旧约》和《新约》内容的基督教典籍,即所谓"Holy Bible",然而晚明时期耶稣会士东来中国开始传教之前,"圣经"一词已被用来指称儒家经典或佛教典籍,且晚清时的梁启超在《致伍秩庸星使书》中亦用"圣经"指代儒家经典[①]。目前学界一般认为,"圣经"一词用在基督教(天主教)的典籍名称中始于阳玛诺的《圣经直解》,然而此前"圣经"一词在庞迪我的《性薄录》《天神魔鬼》和《诠人类原始》中已被频繁使用。这三本著作在庞迪我死后被收入《庞子遗铨》,共辑成四卷,现收藏于耶稣会士罗马档案馆。这本书不仅第一次频繁使用"圣经"一词,而且也第一次述译了大量圣经内容,涉及旧约《创世记》和新约福音书的绝大部分内容。本文将基于文本内容探讨《庞子遗铨》中圣经的"名"与"实"。所谓圣经的"名",指的是"圣经"一词在该书中的"所指";所谓圣经的"实",指的是该书"述译"的圣经内容。

① 参见《汉语大词典》2.0 光盘版的"圣经"词条,此光碟系汉语大词典出版社授权商务印书馆(香港)有限公司编辑制作出版。

庞迪我的作品是晚明耶稣会士的初期作品,当时尚没有汉语圣经,故其对圣经内容的叙述包含着语言文字的转换,具有翻译的性质和功能,以致本文称这样的叙述为“述译”[①],是指复述、转述等形式的翻译,而非一般意义上依据原文进行字句对应的翻译。述译也可能不是依据“原文”,而是依据译者的记忆或间接材料,对“原文”进行某种意义上的翻译,有时对“原文”改编很大,有时是对“原文”的节译。这里的“原文”是根据述译出的内容经过比照而确认的,通过比照既成事实的“译文”来确认“原文”,是描述性翻译研究的基础方法,图里(Gideon Toury)在《描述性翻译研究的理论基础》一文中指出,“为了描述性研究的目的,‘翻译’将会被认为是目的语文化中任何表现为翻译或被认为是翻译的目的语表达形式”[②],从而提出了描写性翻译研究的前两个步骤:“首先选取那些从目的语文化的内在视角看来是翻译的目的语文本,但不涉及它们对应的原文文本,或者,不考虑那些原文本是否存在,只研究它们作为目的语文本或译入该语言的翻译作品在‘归宿’系统中的接受情况。第二步是通过这些文本的组成元素,描述这些文本所构成的翻译现象,并参照它们在原系统或原文中的适当对应者——在比较分析当中对其进行确认,研究其作为解决翻译问题的方法”[③]。“武加大本”圣经是中世纪天主教会通行的圣经,而且在1546年的特伦特(Trent)大公会议上确定为天主教会官方唯一认可的圣经,所以在理论上,“武加大本”圣经

---

① 学界已有“译述”一词,台湾学者李奭学有专著《译述:明末耶稣会翻译文学论》(香港中文大学出版社,2012年),并将“译述”翻译成“trans-writing”。“译述”一词早在晚明的时候已被艾儒略使用,他在《天主降生言行纪略》(共八卷)每卷的开头都标明该卷由“西极耶稣会士艾儒略译述”(参见钟鸣旦、杜鼎克编的《耶稣会罗马档案馆明清天主教文献》第四册,台北:台北利氏学社,2002年)。本文不用“译述”而使用“述译”,意在将其视为“翻译”的一种形式,与“节译”“全译”和“编译”等相提并论,以便符合汉语构词法。

② Gideon Toury, *A Rationale for Descriptive Translation*, in Theo Hermans, ed., *The Manipulation of Literature: Studies in Literary Translation*, Beckenham: Croom Helm Ltd. 1985, 20. 译文参考江帆翻译的《描述性翻译研究的理论基础》,收录在谢天振主编的《当代国外翻译理论导读》,南开大学出版社,2009重印版,第232页。

③ 同上,第21—22页,译文参考第233页。

是庞迪我"述译"的底本,因此本文原则上是参照"武加大本"圣经来确认《庞子遗铨》中的某些片段属于一定意义上的"翻译",即"述译"。不过因为思高本圣经在章节上与中世纪天主教通行的"武加大本"拉丁文圣经基本一致——特别是福音书和《创世记》部分,且二者均属天主教认定的官方文本,故本文为了论述的便利和明了,主要比照了思高本圣经。这也与本文研究《庞子遗铨》的视角相一致:从圣经汉译史的角度来看,与其说《庞子遗铨》中的某些片段是对拉丁文圣经的翻译,不如说它们与今天天主教圣经经典汉语全译本——思高本圣经——有着渊源关系。作为开创时期的传教士,庞迪我运用汉语述译拉丁文圣经的内容时,客观上也是在为后来的圣经汉译作铺垫,本文正是在此视角下将今天"圣经"(the Bible)一词作为比照,探究"圣经"一词在《庞子遗铨》中的用法,将今天圣经汉语全译本作为比照,探究早期耶稣会士对圣经的"述译"特点。这样的研究不仅对圣经汉译史有意义,而且有利于我们认识文化交流中翻译活动的实际情况。

二、庞迪我与《庞子遗铨》

耶稣会士庞迪我(Diego de Pantojia)(1571—1618)是西班牙人,于1599年奉命进入中国,往南京协助利玛窦传教,随后一直追随利玛窦,在他的努力下利玛窦死后获得明帝恩准一块墓地,而他本人却因为1616年南京教案被逐回澳门,两年后死在那里。

《庞子遗铨》于其死后编辑而成,具体编辑情况现在所知甚少,徐宗泽、费赖之以及方豪等人都著述了庞迪我的简短生平并提及《庞子遗铨》,但均未说明此书何时何人编辑,甚至有两卷和四卷之说。徐宗泽指出此书"共四卷,是一部诠解信经之论道书",[①]费赖之根据伟烈亚力的《中国文献注解》

① 徐宗泽:《明清间耶稣会士译著提要》,上海世纪出版集团/上海书店出版社,2010年,第63页。

持两卷说,并单列《天神魔鬼说》《人类始祖》和《受难始末》为庞迪我的另外三部书[①];方豪也持两卷说,指出其为庞迪我“身后所遗著者”,虽没有单列《天神魔鬼说》和《人类始祖》,但也指出庞迪我另外著有《受难始末》一卷,“译福音所记耶稣蒙难历史,三百年来教会传诵不衰”。[②] 本文所论的《庞子遗铨》来源于耶稣会罗马档案馆的影印版,[③]共四卷,前三卷是《性薄录》的内容,对耶稣的“受难始末”有详细的述译——但笔者没有找到书名为“受难始末”的庞迪我著作,第四卷内含两个论题,篇名为《天神魔鬼》和《人类原始》,《庞子遗铨》的每卷卷首均署名为“耶稣会士庞迪我著”或者“西士庞迪我著”,但没有注明时间,根据文中提及耶稣降生时间,可以判断原稿写于1600—1610年之间,因为第一卷中提及耶稣“于一千六百年前”“降诞于世”[④],第四卷中提及“天主降生至今万历庚戌一千六百一十载”[⑤]和天主“故于千六百一十年前亲降尘世”[⑥]。德礼贤的研究将其出版时间追溯到1608—1610年间,裴化行(Bernard)确认其最初出版时间大约为1610年。[⑦]

三、圣经之“名”

庞迪我在《性薄录》的开篇问答中连续三次使用了“圣经”一词,辑录如下:

---

① 费赖之:《在华耶稣会士列传及书目》(上册),冯承钧译,北京:中华书局出版,1995年,第75—76页。

② 方豪“影印天主实义续篇序”,收录于吴相湘主编:《天主教东传文献续编》,序言,台北:台湾学生书店,1985年。

③ 钟鸣旦,杜鼎克主编:《耶稣会罗马档案馆明清天主教文献》第二册,第1—251页,台北利氏学社,2002年。

④ 庞迪我:《庞子遗铨》,收录于钟鸣旦,杜鼎克编:《耶稣会罗马档案馆明清天主教文献》第二册,台北利氏学社,2002年,第8页。

⑤ 同上,第224页。

⑥ 同上,第236页。

⑦ 柯毅霖:《晚明基督论》,王志成等译,成都:四川人民出版社,1999年,第136—137页。

“问:学者行善克欲,归升天路,必识事真主,然后可;欲识事真主,必实信圣经所陈理,实行所命事,然后可。兹余愿识事真主,信行圣经,幸阐奥旨,以发愚蒙。曰:善哉问……但圣经所载,皆天主训谕导引世人修身循德,其事多,其蕴旨无穷,恐非暂时所能毕举,亦非吾人所能罄说。”①

《庞子遗铨》通篇没有对“圣经”一词做特别的注解,所以我们不能断定这里的“圣经”是不是对“Biblia”的翻译或指称,而只能根据上下文的内容来判断。就上面的引文来说,把“圣经”理解为“Biblia”的对译词也未尝不可,因为它与上下文的语意并不冲突。不过《性薄录》的第二个问答中对“圣经要略”有了明确的说明,即,

“问:圣经旨奥,弗敢辄望其详,幸举要略以示归宿。曰:圣经中无有片言不大益身心者,今子请其要,则有四端:其一,性薄录;其二,天主经;其三,十诫;其四,七撒格辣孟多(七圣事——引者注)。学者能洞烛四端,则几矣!”②

就圣经的宗教意义来说,其“要略”浓缩为这里的“四端”也较为恰当,不过,笔者认为如此“圣经要略”的提法不能视为庞迪我的首创,在此之前已有了“圣经约录”的表达,所以为了弄清《庞子遗铨》中的“圣经”之所指,我们需要先考察《圣经约录》之“圣经”。

据钟鸣旦和杜鼎克编辑的《耶稣会罗马档案馆明清天主教文献》,“圣经约录”是作为书名出现的,他们在所编文献集的目录中注明了《圣经约录》是利玛窦等人所著(译),此书内容不仅录入上文所言的“四端”,还包括了“天主圣母经”“圣号经”“神行哀矜之行十四端”“真福八端”以及“罪宗七端”等等。从内容上看,《圣经约录》囊括了信徒应该知晓的基本教义和祷告时的基本经文,它们应该是传教士向晚明中国人传教的基本内容,也是晚明中国人皈依天主教前要明确甚至要能背诵的内容,所以《圣经约录》出

① 庞迪我:《庞子遗铨》,第 3 页。
② 同上,第 4 页。

现的时间应该比较早——虽然,它整个内容的完成势必要经过较长的时间。“信经”在《圣经约录》里也是被称为“性薄录”,这是对其拉丁文“symbolum”的音译,并且被全称为“十二亚玻斯多罗性薄录”,[①]即“十二使徒信经”。《圣经约录》里的“信经”与《庞子遗铨》里的“信经”在文字表达上是完全一致的,只是前者的注解非常简单,主要是对音译的词语如“罢德肋”“费略”“契利斯督”等进行注解,而后者不仅注解了那些音译词,且较大篇幅地述译圣经内容,逐条(它把“信经”分成了十二条)地诠释了“信经”。[②]

《庞子遗铨》没有交待“圣经”一词的具体所指,但却频繁使用此词,说明此词在当时传教士中应该有广为认可的所指意义。然而,如上文所论,《庞子遗铨》的原稿写于1600—1610年之间,而据我们所知的文献,在这期间或以前传教士作品中几乎没有使用“圣经”一词——如罗明坚和利玛窦的作品。但是因为《圣经约录》收录的内容是天主教最基本的教义和宗教活动时最基本的祷告经文,所以此书应该是当时广为传教士和信徒所使用,从而“圣经”一词广为传教士或晚明中国信徒所知,并且会频繁使用。据此可以认定:《庞子遗铨》里的“圣经”在语义和语用上与《圣经约录》名称中的“圣经”有紧密的承接关系,并且应该是一致的。

从内容上来看,《圣经约录》不是对圣经新旧约内容的简约化概要,而是对天主教基本教义经文的收录,因此,书名“圣经约录”应理解为“神圣经文的简略收录”而非“圣经内容概要”,也就是说,此处的“经”不是“典籍”或“书”之意,而是“经文”的意思,它与我们今日对基督教经典所称的“圣经”(the Bible)并非一回事。钟鸣旦曾言,耶稣会士们用“经”这个词“不仅指严格意义上的圣经,而且也指祈祷文(如天主经)和信经”,[③]就《圣经约录》而

① 利玛窦等:《圣经约录》,收录于钟鸣旦,杜鼎克编《耶稣会罗马档案馆明清天主教文献》第一册,台北:台北利氏学社,2002年,第95页。

② 同上,第95—100页。

③ 钟鸣旦:《圣经在十七世纪的中国》,孙尚杨译,台北:《神学论集》第126期,2000年,第556页。

言,此处的"经"不是指严格意义上的圣经,而是对用来表述天主教基本教义的经文总称。

诚然,因为圣经是天主教的核心文本,天主教的教义经文从理论上说均源于圣经,尤其如"天主经""圣母经"以及"天主十诫"等经文实乃摘录了圣经中的词句,所以把收录教义经文的作品称为"圣经的约录"也未尝不可。不过,我们不可忽视的是:《庞子遗铨》述译了福音书中大量的耶稣事迹,但是通篇没有一处指明这些事迹来源于他所言的"圣经"之中——虽然在《庞子遗铨》中"圣经"一词出现三十多次——综观全篇,庞迪我所言的"圣经"似乎只是"陈理"或"命事",文中多次出现"圣经曰……"一类说理性表达(共十二次),另外笔者可以判断出,有两处"圣经"指的是圣经文本中的"Scripura"①。然而,庞迪我却多次明确指出,耶稣的事迹是源于宗徒的记录,如,耶稣诸多圣迹"皆耶稣弟子所亲观而记录于册……若望者,纪耶稣之圣言圣迹者也,纪毕而系之曰:书是者,即耶稣所爱徒也,所纪皆吾目击事也"②;"按宗徒所记耶稣居世所为,悉皆彰著征验此正其二性(人性与天主性——引者注)具备之实"③:"此则耶稣受难之略,其徒所亲见而纪于册者也"④。由此观之,庞迪我特别强调耶稣事迹皆为其弟子"所亲观""目击"和"亲见"而记录于"册"。

中国虽然自古就有"诸经皆史"的说法,但是"经""史"之别也是自古有

① 其一,耶稣将要被逮捕时,伯铎禄拔剑相救,耶稣禁止并说:"勿伤人,我苟不欲受此,则岂不能祈罢德肋使千百天神救我乎?圣经之前知者,皆纪我降生受难而死,今避之,无以示信矣!"(庞迪我:《庞子遗铨》,第79页),此处内容与《玛窦福音》26:51—54内容较一致,可以判断此处"圣经"为拉丁本54节中"scripturae"的对应词;其二,"圣经曰:凡人目不及视,耳不及闻,心不及思者,天主所储以报爱己之人之福也,可以言测其万一哉?又曰:天主隐留甘美以报畏己,甚宏多矣!今姑即经典所载及诸宗徒亲受于耶稣者言之"(庞迪我:《庞子遗铨》,第180页)。此处内容与《哥林多前书》2:9内容较一致,可以判断此处"圣经"为拉丁本9节中"scriptum"的对应词。值得一提的是,思高本圣经在此两处都是用单字"经"而非"圣经"来表达。

② 庞迪我:《庞子遗铨》,第18页。

③ 同上,第57页。

④ 同上,第76页。

之。如果我们套用中国的“经”“史”分类,那么庞迪我所言的“圣经”及其所言记录耶稣事迹的“册”可以分属于“经”与“史”的分类。就传教士在晚明的“适应”情况来说,笔者认为庞迪我套用了中国“经”“史”分类,且其基本论述思路为“以史证经”——通过论述耶稣事迹的真实性来诠释和佐证“圣经”中教义的可信性和真理性,因此,庞迪我所言的“圣经”不是“Biblia”的对应词,乃是参照汉语中“经”的“权威性”和“神圣性”的内涵,用来指包含了天主教教义内容的经文,而耶稣的事迹则记载在具有历史性的“册”[①]中。至于“福音书”,庞迪我音译为“厄万日略”,意译为“善喜报”,并解释其“乃耶稣圣教也”,[②]但没有说明“厄万日略”与“圣经”的关系。另外,庞迪我在“诠人类原始”篇中提到了“天主经”,为了证明天主创世的真实性,而明确指出当年“天主亲晓古圣美瑟(摩西)者,命之纪书,以诏后世,故天主经首卷,悉载造天地,生人物,及历代人名,人寿几岁;支系之祥,悉皆传自天主,万无纤误……”。[③] 根据庞迪我提及的内容,“天主经首卷”应该是指称《创世记》的全部或只是《创世记》的前编,太古史部分;但是可以判断此处“天主经”与《圣经约录》中录入的以及今日信徒们祈祷时所诵的“天主经”不是一回事[④],然而根据文中提及“美瑟纪书”之事,“天主经”应该指称《创世记》或“摩西五经”而不是整部圣经。不过值得注意的是,此处的“天主经”能理解成同属于前文所论史记性的“册”之类,只可惜庞迪我没有用文字指

---

① 严格意义上的“圣经”(the Bible),拉丁语为 Biblia,本意为莎草纸,后来的用法具有“卷”“册”或“书”的意思,神圣或非神圣的都可采用,笔者认为庞迪我所言的“记录于册”和“纪于册”中的“册”却具有 Biblia 对应的汉语意思,犹如后来的新教传教士喜欢将“the Bible”译为“……书”(马礼逊的“神天圣书”,马殊曼的“新旧约全书”以及四人组的“新遗诏书”和“旧遗诏书”等)。

② 庞迪我:《庞子遗铨》,第 127 页。

③ 同上,第 223 页。

④ 与同在《庞子遗铨》中的《诠性薄录》篇中的“天主经”指称内容也不一样,《性薄录》中的“天主经”与《圣经约录》具有相承性。这也印证了《诠性薄录》和《诠人类原始》不是前后连续完成的,正如前文所论两者成书相差十年之多,但是两篇中都使用了“圣经”一词,并且词义却没有什么明显不同。

明此篇中所言的“天主经”与其所言“圣经”的关系。

四、圣经之“实”

虽然唐朝的景教和元朝的也里可温教已不同程度地将天主教教义和圣经的内容传递到中国,但是时至明朝这一切全都中断了,甚至已被遗忘,因此晚明来华耶稣会的传教士们一切从头开始,在他们用汉语表达天主教的教义和圣经的内容时,实质上也是在进行语言的转换。在《庞子遗铨》中庞迪我将诠释教义和述译圣经的内容融为一体,圣经内容的述译主要融汇在“性薄录”篇和“诠人类原始”篇,前者述译了福音书的主要内容,后者述译了《创世记》前编的主要内容。且看前者对耶稣降生、受难和复活的讲述。在《性薄录》中,庞迪我对此予以详尽述译,此乃福音书的主要内容,就天主教教义来说,称得上圣经的核心内容。不过如上文所论,庞迪我并未明确指出耶稣事迹源于福音书或圣经的记载,而是称它们源于耶稣弟子记载的“册”中。

在《性薄录》的开篇,庞迪我指出“天主降生受难而死之说”也就是《性薄录》的全部内容所在(“具性薄录矣”)[①],继而概述了耶稣降生、受难和复活的过程,概括全面且语言非常简练,现录如下:

> 夫从无始时,未有天地万物,特有一无始无终之天主,造化天地神人万汇之后,因见世人罪愆甚多,故三位中之第二位费略于一千六百年前,托于清洁童女玛利亚取人性而降诞于世,名为耶稣,译言救世者,巡游列国,肇阐圣教,以谕民迁善除恶,奉事真主。人能无背诫命,则可以升天堂之永福,可以避地狱之永灾。所著圣迹种种:命死者生,即生;命喑者言,即言;命聋者听,即听;命瞽者视,即视;命躄者行,即行;巨浪雄

① 庞迪我:《庞子遗铨》,第8页。

风,命之息,即息;海水土木命之变,即变;邪魔畏之皆伏,蠢物顺之如灵。凡三十有三年,在世之期已满,捐生命以赎世人之罪,以其全能无玷之躯,容彼恶人肆害,钉于十字架而死。天下亿兆人罪皆以一身偿之,令得清净自修也。死后三日又自复生,四十日间,屡现显迹于其徒,以符复生之实,而后白昼升天。此降生受难之概也。[①]

据笔者掌握的文献看,此段文字可以视为晚明以来第一个简练而完整的汉语版耶稣小传[②]。在语言风格上,它与唐景教的《序听迷诗所(诃)经》差别很大,后者因为用词风格有明显的佛教和道教痕迹而被称为“变了形的福音”[③],而此段耶稣小传的用词几乎看不出佛教和道教的痕迹,而是与三百多年后思高本圣经在用词上有较大的统一性,如思高本经文中常用的“天主”“童女”“玛利亚”“耶稣”“受难”“天堂”“地狱”“赎世人之罪”等词。在内容上说,此段文字简明叙述了耶稣的降生、受难和复活的全过程,并且用非常精炼的语言列举了耶稣在世时的种种“圣迹”。

庞迪我的有些叙述片段与武加大本或思高本对应的内容相差无几,可以看成对圣经的节译。下面是庞迪我对玛利亚受孕过程的叙述与思高本《路加福音》1:26—38“预报基督诞生”经文的比照(后者划底线的句子是前者叙述的对等语义内容):

庞迪我的叙述:

天主欲降世为人,选二(为误刻,应该是“一”——引者注)盛德女,

① 庞迪我:《庞子遗铨》,第8—10页。

② 初期耶稣会士如罗明坚、利玛窦的作品都有对耶稣的介绍,但是参照福音书的内容,其介绍显得零星且不够完整。参见《耶稣会罗马档案馆明清天主教文献》,及柯毅霖《晚明基督论》的第二部分内容。

③ 陈义海:《变了形的福音——唐代景教研究之二》,《盐城师范学院学报》(人文社会科学版),2003年第5期,第73页。

名玛利亚者为母。先遣一天神，其名嘉彼额尔者，现于其前而告之曰："亚物，玛利亚，满被额辣济亚者，主与尔偕焉！女中尔为殊福，今孕生一子，宜名耶稣。"圣母从少誓存童身，闻言心惧，乃问之曰："我已誓绝人道，此事何能？"天神对曰："玛利亚，无惧也！天主全能无不能为，此因斯彼利多三多之能功以成，故尔所生子，亦称天主子也。"圣母乃俯俞曰："主役在兹，惟主之命矣。"是时，斯彼利多三多即于圣母清净体腹中造成一全美肉身……①

思高本译文：

天使加俾额尔奉天主差遣，往加里肋亚一座名叫纳匝肋的城去，到一位童贞女那里，她已与达味家族中的一个名叫若瑟的男子订了婚，童贞女的名字叫玛利亚。天使进去向她说："万福！充满恩宠者，上主与你同在！"在女人中你是蒙祝福的。她却因这话惊惶不安，便思虑这样的请安有什么意思。天使对她说："玛利亚，不要害怕，因为你在天主前获得了宠幸。看，你将怀孕生子，并要给他起名叫耶稣。他将是伟大的，并被称为至高者的儿子，上主天主要把他祖先达味的御座赐给他。他要为王统治雅各伯家，直到永远；他的王权没有终结。"玛利亚便向天使说："这事怎能成就？因为我不认识男人。"天使答复她说："圣神要临于你，至高者的能力要庇荫你，因此，那要诞生的圣者，将称为天主的儿子。且看，你的亲戚依撒伯尔，她虽在老年，却怀了男胎，本月已六个月了，她原是素称不生育的，因为在天主前没有不能的事。"玛利亚说："看！上主的婢女，愿照你的话成就于我罢！"天使便离开她去了。（路 1：26—38）

通过比照可以看出，庞迪我的叙述非常接近对圣经的翻译，他不是简单

---

① 庞迪我：《庞子遗铨》，第 48—49 页。

地转述圣经的内容,而是详细再现了圣经中的情节和对话,再现了福音书的文体特点。不仅如此,有些情节叙述也使我们相信,庞迪我的叙述是直接或间接以圣经文本作为底本翻译而成的,而非仅凭记忆而创作。从下文其叙述天使报告耶稣复活的事迹中可窥见一斑:

庞迪我的叙述:

地忽大震,遂有天神降现,容光如电,衣白如雪,轂转彼石而坐其上,守者俱惊仆如死。天神谓二女曰:"勿惧,尔觅耶稣,吾则知之今已复生,不在此矣!尔可亲视以报其徒。"①

思高本译文:

忽然发生了大地震,因为上主的天使从天降来,上前把石头滚开,坐在上面。他的容貌好像闪电,他的衣服洁白如雪。看守的人由于怕他,吓得打颤,变得好像死人一样。天使对妇女说道:"你们不要害怕!我知道你们寻找被钉死的耶稣。他不在这里,因为他已经照他所说的复活了。你们来看看那安放过他的地方;并且快去对他的门徒说:他已经由死者中复活了……"(玛 28:2—7)

此处庞迪我的叙述与"思高本"应该说是"对等"的,语言传递的信息量和表达的效果是一样的。事件的基本元素都是:地震、天神(使)降现、滚开石头并坐其上、看守人的惊吓、天神(使)告诉妇女耶稣复活并去报告耶稣门徒,另外,它们都有对天神(使)外貌衣着的相同细节描写,甚至相对于汉语来说都有"容光(貌)好像闪电"的这样奇特的表述,而且它们对看守人惊吓神态的表述在意思上也相同——分别为"如死"与"好像死人一样"。总之,它们不仅在语义上而且在文字修辞上都相一致,能被视为源于同一底本的

① 庞迪我:《庞子遗铨》,第 124 页。

不同译文。

如果进行这种只言片语的对照，会发现庞迪我诸如此类可以被视为对福音书节译的地方尚有很多，甚至可以说，庞迪我正是借助于对福音书的“节译”和重新编写，而组成对耶稣降生、传教、受难、复活、升天等内容的叙述。需要指出的是，参照福音书，庞迪我对每个过程也都进行了相当全面的叙述，其中对“耶稣受难”的叙述算是最集中和最全面的：

首先，庞迪我简单介绍了公议会的阴谋及其缘由，然后按照《玛窦福音》的顺序（四福音的叙述顺序基本上是一致的）叙述耶稣受难的过程，即茹答斯（犹达斯）通敌卖主——最后晚餐上预言茹答斯卖主——给门徒洗脚（这是《若望福音》中内容）——建立圣体圣事——预言门徒逃散和百铎録（伯多禄）背主——山园祈祷——耶稣被捕宗徒逃散——盖法斯（盖法）初审耶稣——百铎録三次背主——茹答斯的结局——耶稣在比辣多（彼拉多）前——受人戏弄——上山受钉——身悬十字架上——死时死后的异象——卸下圣尸葬于坟墓。最后庞迪我总结道：“此则耶稣受难之略，其徒所亲见而纪于册者也”。[①] 比照《玛窦福音》的“耶稣受难史”，能发现庞迪我的叙述在情节顺序上与其完全一致，只是少了“伯达尼晚宴”和“派兵把守”两个情节——“派兵把守”情节出现在耶稣复活的叙述中[②]——但是补充了《若望福音》中“给门徒洗脚”的情节，而且相对于福音书，庞迪我的叙述不能说是“略述”，全文是接近三千字的文言文，如前所述，他乃是通过“节译”福音书的内容，重新组合成了“耶稣受难史”。

五、小结

《庞子遗铨》是耶稣会士的初期作品，虽然是一部诠释天主教教义的著

① 庞迪我：《庞子遗铨》，第 62—76 页。

② 同上，第 123 页。

作,但是在尚无汉语圣经的情况下,它对“圣经”一词的频繁使用及其对圣经内容的述译都能视为圣经汉译的前奏,既孕育着汉语中固有“圣经”一词的新义,也是耶稣会士第一次用汉语再现了圣经中的福音书和《创世纪》的主要内容。

刘禾曾指出:“我们并不是在对等词之间进行翻译,恰恰相反,我们是通过翻译在主方语言和客方语言之间的中间地带,创造着对等关系的喻说。”①由此而论,可以说,《庞子遗铨》中的“圣经”一词开启了或促进了“圣经”和“Biblia”(the Bible)的对等关系的形成。对“圣经”概念形成明确的界定,应该始自阳玛诺的《圣经直解》,其解释道:“圣经,公名也,或天主亲口所谕,或天神代主所传,或先知圣人得天主默昭所示,俱称圣经。惟吾主在世,躬诲圣言,躬行圣事,而命圣史记载以昭后世者,乃称阨万日略,而为圣经之一分。”②这里界定的“圣经”与庞迪我所言的“圣经”有一脉相承的因素——即前者也强调“圣经”是天主、天神和先知的“所谕”“所传”和“所示”,而庞迪我在《性薄录》的开篇中就声称:“欲识事真主,必实信圣经所陈理,实行所命事”③,他们都突出了“圣经”的“说理”和“命事”的一面。不过前者特别强调了“福音书”为“圣经”一部分,这使得“圣经”更具有了“典籍”或“书”的内涵,相比较庞迪我的“圣经”,它更接近于与“Biblia”的对等关系。后来贺清泰将新旧约合成的书命名为《古新圣经》,使得“圣经”与“Biblia”(the Bible)的对等关系更近一步,最终在二十世纪天主教和新教都摈弃了其他命名,而将新旧约合成的书命名为圣经,这样它们的对等关系最终确定,以至于今天人们几乎忘记了“圣经”一词在汉语中的最初意义。

已故著名翻译理论家勒菲弗尔(Andre Lefevere)曾用“折射”(refraction)概念来表达“文学作品针对不同读者所进行的改编(adaptation),影响

---

① 刘禾:《跨语际实践》,宋伟杰等译,北京:三联书店,2002年,第55页。

② 阳玛诺:《圣经直解》,影印版收录于吴相湘编的《天主教东传文献三编》,台北:台湾学生书局,1984年,第1567页。

③ 庞迪我:《庞子遗铨》,第3页。

读者阅读文学方式"的普遍的文学现象,"折射"概念说明了文学作品"总是透过某一棱镜而被折射出来",从而被人们所认识。[①] 就圣经在汉语世界的接受,《庞子遗诠》的意义就是这样的棱镜,而且是第一个。如文中所论,它对耶稣降生、受难、复活和《创世纪》前篇内容的述译与今天思高本圣经的相关内容相差甚小,有些地方几乎等同;另外,与当前天主教唯一通行的思高本圣经对比,《庞子遗铨》中的不少词语仍在使用,如"天主""耶稣""玛利亚""亚当""天堂""地狱"以及"受难"等等,这些词语虽然不都是庞迪我的首创,但是无疑他对这些词汇的推广和传承发挥了作用。圣经作为天主教甚或西方文化的核心文本,它的汉译不是一蹴而就的,《庞子遗铨》在它的全译本出现之前不仅起着棱镜作用,而且给后来圣经汉译提供了借鉴,因此,虽然今天看来,"圣经"一词在庞迪我笔下"名实不符",但是就圣经汉译史来说,《庞子遗铨》不应该被忽视。

最后,需要强调的是:《庞子遗诠》不是全文翻译或大量节译圣经,甚至无意给出它的汉语名称,只是为了诠释"信经"和"人类原始"而述译了福音书和《创世纪》的主要内容,而这些内容正是天主教的信仰核心,也是整个西方社会宗教文化的核心,因此,庞迪我对圣经内容的述译与其说是忠实于圣经文本,不如说是忠实于天主教文化:首先,庞迪我选取圣经的内容是为了诠释天主教的教义,与教义无关的内容往往略写或不写。为了诠释《性薄录》他述译了福音书,认为理解了"天主降生受难而死之说"就能够明了和相信《性薄录》[②]。而在述译耶稣受难史时庞迪我几乎记叙了福音书中的所有情节,只是省略了"伯达尼晚宴"情节,这一省略应该与该情节中"打碎玉瓶"和"用珍贵的香液浇头"有关,在一般人看来,这一行为很难体现出耶稣受苦受难的惨境反而有损耶稣谦逊的形象,其宗教意义更可能令非信徒或

① Andre Lefevere, "Mother Courage's Cucumbers: Text, System and Refraction in a Theory of Literature", in Lawrence Venuti ed., *The Translation Studies Reader*. London and New York: Routledge, 2000, 234—235.

② 庞迪我:《庞子遗铨》,第8页。

准信徒难以理解;为了诠释“人类原始”他述译了《创世纪》的太古史篇,因为他认为“若开辟之事,年数远近必得实传授,然后可据”,而《创世纪》乃是“美瑟”(摩西)据天主“亲晓”而“纪书”传世的。但是庞迪我并非选取《创世纪》的全部内容,而是省去书写犹太民族史的《创世纪》后编内容,也把前编里的“加音杀其弟亚伯尔”的情节略去,这一情节其实与“人类始祖”的流变关系甚微,反而有损天主形象,因为从事件本身来看,天主喜欢肉食而偏爱了亚伯尔,从而导致加音妒忌而杀死亚伯尔。其次,庞迪我在述译圣经内容时也有自己的发挥,例如他在述译《创世纪》中的人类历史时,分析了巴贝耳塔“在中国西二万余里,洪水之后,天下人稀而又分析于多方,故经一二百年,然后及于中土。”①这可能是首次从圣经中推演出的“西源”人类历史观,也反映了身为耶稣会士的庞迪我具有“西方中心主义”的情结。

作者高胜兵系安徽理工大学外国语学院副教授,上海师范大学比较文学与世界文学研究中心在读博士,主要从事翻译与比较文化研究、圣经汉译研究。

① 庞迪我:《庞子遗铨》,第8页。

论情感为诗歌的底色：以描述体诗《雅歌》4:1—7 为例[①]

［美］张晓丹

内容提要：情感和诗歌之间的纽带早已在圣经诗歌学界得到了广泛认可。不过这个认知常常是建立在人们对情感的通俗理解上，而未整合当代学界对脑神经学科、伦理以及诗歌研究的已有成果，故此缺乏应有的理论深度。鉴此，本篇论文从交叉学科的途径入手，提取关于当代诗歌批评、大脑的情感功能和列维纳斯伦理学思想的相关理论，论述情感如何成为接受圣经诗歌的关键。举例来说，《雅歌》4：1—7 在学者间引起困惑和争议：它是审美还是审丑？赞美还是讥讽？以诗歌情感为钥匙，本文揭示这首诗将爱悦作为其底色，因情得景，以字成画，所形成的比喻的确比拟了所爱女子的体貌特征，但更为基本的是，它忠实地体现了诗人情感的浓烈，并且致力于引发听众的情感共鸣。作为最后的反思，本文对情感及与之相关的感性作出概念性描述，并提示它们在诗歌经验中的伦理意义。

① 本文曾宣读于第四届国际华裔圣经学术会议（香港中文大学，2014.8.18—20），引发热议。

关键词：诗歌物质感；感受性；描述体（waṣf）；情感；列维纳斯

The Canvas of Emotion

——A Case Study of *Waṣf* (Song 4: 1—7)

Sarah ZHANG [USA]

Abstract: The commonsensical acknowledgement of the tie between emotion and poem often assumes a layman's understanding of emotion, lacking the theoretical depth and fruitfulness that contemporary critical studies on the feeling brain, ethics and poetry now afford. This paper will take an interdisciplinary approach that combines congruent theoretical threads from neuroscience, ethical theories and modern poetry criticism to examine how emotion holds the key in interpreting and applying biblical poetry. A close reading of Song 4:1—7, which has caused confusion among interpreters, will serve to illustrate the point. This reading will reveal how the lover's delight constitutes the base shade of the poem, how the imageries are cued by his aesthetic delight, and how words are strung into pictures, in order to embody the authenticity of his exuberant delight and provoke this emotion in the audience. This paper will conclude with a brief exposition on a theoretical sketch of emotion and sensibility, as well as their ethical importance in lyrical experiences.

Key words: poetic materiality; susceptibility; *waṣf*; emotion; Emmanuel LEVINAS

说到情感，许多旧约诗歌学者都会毫不迟疑地认可其重要性，但在实践操作中，一首圣经诗歌常常被当作文字、修辞、文化、历史和神学的数据来分析推演和归纳。① 这是因为,欧美旧约诗歌学界的理论前提源于并加强了传统西方理性与情感二分论结构中理性的优越性。② 这样,情感在圣经诗歌中的作用就常常或被搁置,或止步于说明相关情感而不触及其感染力。有鉴于此,本文将通过交叉学科的途径,着重分析诗歌的媒介,尤其是诗歌语言

① 这可以从有代表性的圣经希伯来诗歌研究经典著作中略见一斑:*Robert* Lowth, "Lectures on the Sacred Poetry of the Hebrews", 1787; George Buchanan Gray, *The Forms of Hebrew Poetry: Considered with Special Reference to the Criticism and Interpretation of the Old Testament.* London, New York: Hodder and Stoughton, 1915; Terence Collins, *Line-forms in Hebrew Poetry: A Grammatical Approach to the Stylistic Study of the Hebrew Prophets.* Rome: Biblical Institute, 1978; Stephen A Geller, *Parallelism in Early Biblical Poetry.* Missoula: Scholars, 1979; Michael Patrick O'Connor, *Hebrew Verse Structure.* Winona Lake: Eisenbrauns, 1980; James L. Kugel, *The Idea of Biblical Poetry.* New Haven: Yale University Press, 1981; Wilfred G. E. Watson, *Classical Hebrew Poetry: A Guide to Its Techniques.* Sheffield: JSOT, 1984; Adele Berlin, *The Dynamics of Biblical Parallelism.* Bloomington: Indiana University Press, 1985。在 *Directions in Biblical Hebrew Poetry* (ed. Elaine R. Follis; Sheffield: JSOT, 1987) 这本书中,它所描述的方向仍然牢牢地扎根在同样与读者的自我保持距离的学术进路上。奥尔特(Robert Alt)在其著作 *The Art of Biblical Poetry* (New York: Basic Books, 1985) 中所提供的优美审读只需要一个受过良好训练的、无需个人情感参与的读者来应用和品味诗歌的修辞手法。柏林(Adele Berlin)所写的"Introduction to Hebrew Poetry" (New Interpreter's Bible, vol. 4 [Nashville: Abingdon, 1996], 301—315) 以及安德森(T. David Anderson)所做的希伯来诗歌研究概览("Problems in Analysing Hebrew Poetry", *East Asia Journal of Theology* 4:2 [1986]: 68—94)都停留在通过认知镜头来再现希伯来诗歌与其相关研究。学界对句法、语义、结构和对仗分析研究的偏爱,继续产出理论和应用方面的论文;在这里我无法一一列出。意识形态批评的方法的确引出在意义和价值产生过程中被压制的、读者参与的层面,比如柯林斯(David J. A. Clines)的代表性论文"Why Is There a Song of Songs, and What Does It Do to You If You Read It?" (*Jian Dao: A Journal of Bible and Theology* 1 [1994]: 3—27)。但是,意识形态批判在目的上的不同,并不能改变它所采用的相同思路,只不过是在语言游戏中增加了权力斗争的修辞。

② 这一理性前提是在所有社会科学领域普遍应用自然科学方法论和前提的后果。它得力于西方社会伴随自然科学兴起而产生的对普遍理性之崇拜。伊格尔顿(Robert Eaglestone)观察到,当代文学批评理论通常建立在一个深层的理性结构上:"我们在一个深的层面上依赖取自于自然科学的方法论和前提,这也包括来自于自然科学的理解真理的方式:一个命题和一个事态状况的对应"("One and the Same? Ethics, Aesthetics, and Truth", *Poetics Today* 25.4 [Winter 2004]: 606)。但同时我们也应当注意到,科学的进路已经不再等同于理性和客观的进路。例如,有些科学家在反思科学哲学时,指出科学研究是受到主观和社会政治因素影响的(Thomas S. Kuhn, *The Structure of Scientific Revolutions.* Chicago: University of Chicago Press, 1962; Michael Polanyi, *Personal Knowledge: Towards a Post-Critical Philosophy.* Chicago: University of Chicago Press, 1958)。

的物质感和人的感受性,并以《雅歌》4:1—7为例,来显明读者的情感纯全性增强而非弱化了读者对圣经诗歌的理解。

我们先从关于诗歌的一个基本认识说起。一首诗的优秀并不在于它怎样精确地反映了现实。与其说诗歌是对现实的摹仿(*mimesis*),不如说它是对辞句的锻造(*poiêsis*)[①]。人的意识所捕捉的现实通常不过是诗歌的骨架甚或影子,在其上诗人赋予形式,作为血肉来创造一个生动的形体。"倘若[在诗歌中]现实世界没有被完全弃绝,"叶芝(William. B. Yeats)这样写道,"它也不过是被偶尔触及,而在我们留出的空间中,我们呼召韵律、平衡、格式、意象来提示那浩大的激情"。[②] 就辞句的锻造而言,虽然这种能力和技巧可以通过认知活动习得,但在运用上却不是以语言文化结构的规律为基准的。与法律、商业、学术甚或叙事语言相比,诗歌语言的特点乃在于它在文字中保存了诗人源初[③]的感触。例如,诗评家文德勒(Helen Vendler)注意到,虽然主题或信息早已被确定,叶芝常呕心沥血地寻求"合适的形体"来充分传达他头脑中"情感的整体性"[④]。诗人如此锤炼辞句,是要用诗歌的具体形式来复苏诗歌对象在诗人头脑中留下的催生该诗的深刻印象。这个过程中的挑战有两个。首先,这一源初的印象、感怀或意境,在诗人试图用语言将其复苏时,已然处于过去完成时态。其次,理性描述的语言又必须抽离出具体情境,才能有客观的距离。故而,诗人的方式是回味自己彼时的情感氛围,以之为参照而雕琢辞句,使后者更妥帖地传达源初的感触。[⑤] 因此,

① 关于"诗歌"(poetry)的希腊文词根的讨论,请参看 Christopher Collins, *Paleopoetics: The Evolution of the Preliterate Imagination.* New York: Columbia University Press, 2014, 1—2。

② William. B. Yeats, *Memoirs.* Transcribed and edited by Denis Donoghue. New York: Macmillan, 1972, 211.

③ "源初"在这里并不指诗人经历的一个时间上的点;它指的是诗人写作诗歌的"灵感"来自于他者的触动,是一个横向的、关系性的概念。

④ Helen Vendler, *Our Secret Discipline: Yeats and Lyric Form.* Cambridge: Belknap Press of Harvard University Press, 2007, 3.

⑤ 请参看 Robert von Hallberg, *Lyric Powers.* Chicago and London: The University of Chicago Press, 2008, 1; Jonathan Culler, "Approaching the Lyric", in *Lyric Poetry: Beyond New Criticism.* Ed. Chaviva Hošek and Patricia Parker. Ithaca and London: Cornell University Press, 1985, 31。

诗歌——尤其是抒情诗歌——的独特性在于其中情感的纯全性(emotional integrity)溢出了主题式描述。① 对一首诗的学术性分析时而令人感觉意犹未尽,这也是一个原因。正如桂冠诗人平斯基(Robert Pinsky)所说,"虽然描述的句子成堆,很多的[诗歌意味]总是被遗漏在外"②。

在旧约诗歌研究领域,学者对于诗歌情感的忽视可以从《雅歌》4:1—7的例子中略见一斑。作为一首依次描述所爱姑娘体貌特征的诗歌,《雅歌》4:1—7常被归入"描述体"(*waṣf*)诗歌③的范畴。这种阿拉伯诗歌体裁通过描述物体、动物或人物的系列特征来做出评价④。过去,历史批判主义学

① 参考 Tod Linafelt, "Lyrical Theology: The Song of Songs and the Advantage of Poetry", in *Toward a Theology of Eros: Transfiguring Passion at the Limits of Discipline.* Ed. Virginia Burrus and Catherine Keller. New York: Fordham University Press, 2006, 297。

② 散文体的描述经常发现自己无法捕捉一首诗歌所体现的全部氛围(Robert Pinsky, *The Sounds of Poetry.* New York: Farrar, Straus and Giroux, 1998, 83)。

③ 这样的诗在《雅歌》中有四首:4:1—7; 5:9—16; 6:4—10; 7:2—6。根据维策斯坦(J. G. Wetzstein)的报告,在叙利亚婚礼中新郎会唱赞美新娘身体的歌曲("Die Syrische Dreschtafel", *Zeitschrift für Ethnologie* 5 [1873]: 270-302)。德里屈(Franz Delitzsch)首先将这个体裁与《雅歌》联系起来(*Proverbs, Ecclesiastes, Song of Solomon, vol.* 6 *of Commentary on the Old Testament in Ten Volumes.* Trans. M. G. Easton. Grand Rapids: Eerdmans, 1975, 162—175)。与这一体裁相似的古代文献见于苏美尔信件"The Message of Lugindira to His Mother"(Jerrold S. Cooper, "New Cuneiform Parallels to the Song of Songs", *Journal of Biblical Literature* 90 [1971]: 160),新亚述和晚期巴比伦描述神祇的文本(Alasdair Livingstone, *Mystical and Mythological Explanatory Works of Assyrian and Babylonian Scholars.* Oxford: Clarendon, 1986, 92—112),埃及描述去世君王的赞美诗(Othmar Keel, *The Song of Songs: A Continental Commentary.* Minneapolis: Fortress, 1994, 22—24; Alfred Hermann, "Beiträge zur Erklärung der ägyptischen Liebesdichtung", in *Ägyptologische Studien.* Ed. O. Firchow. Berlin: Academic, 1955, 124—133),埃及爱情诗歌第 31 及第 54 首(Michael V. Fox, *The Song of Songs and the Ancient Egyptian Love Songs.* Madison: University of Wisconsin Press, 1985, 269—271),以及来自昆兰古卷的 *Genesis Apocryphon* 中对撒拉的描述(1QapGen, col. 20 ll. 1—8; Joseph A. Fitzmyer and Daniel J. Harrington, *A Manuel of Palestinian Aramaic Texts.* Rome: Biblical Institute, 1978, 112—113)。博纳特(David Bernat)进一步考证了在圣经其他文本中使用到这一体裁的地方,例如《约伯记》40—41 和《箴言》31:10—31("Biblical waṣf Beyond Song of Songs", *Journal for the Study of the Old Testament* 28.3 [2004]: 327—349)。

④ Akiko Motoyoshi Sumi, *Description in Classical Arabic Poetry Waṣf, Ekphrasis, and Interarts Theory.* Leiden: Brill, 2004, 6.

者坚守“忠实再现”的解读原则（hermeneutic of mimetic verisimilitude）[①]，相信解读者的再现可以超越认知过程中“媒介间的差异”[②]。故而，对《雅歌》4：1—7 的解读常常被等同于以理性定义来驯服花哨的诗歌语言，揭示其中真理的核心，也就是那位姑娘的形象。朗文（Tremper Longman III）总结了这种主题归纳法是怎样理解本诗第 2 节的：“说白了，这节诗基本上就是让这男的对那女的说：‘你的牙是白的，而且，你居然每颗牙都还在！’”[③] 这样的说法虽然引人发笑，但它所折射的理性主义思路对诗歌媒介的忽视，仍然毫不可笑地继续存在。

近期的一个极端例子来自以布赖克（Fiona Black）为代表的一些解经家。她们以看似合理的方式整理出《雅歌》中“描述体”诗所呈现的那位姑娘的形象，然后得到一个“奇异，乃至丑恶的”形象[④]。比如，她的头硕大无

---

① Charles Sanders Peirce, “On Representation”, in *Writings of Charles S. Peirce: A Chronological Edition*, vol. 6, 1886—1890. Bloomington: Indiana University Press, 2000, 1; Sumi, *Description in Classical Arabic Poetry*, 10. 参考 Robert Eaglestone, “One and the Same? Ethics, Aesthetics, and Truth”, *Poetics Today* 25.4 [Winter 2004]: 606。

② 例如，格加鲍姆（Gustav von Grunebaum）认为，如果把“形式和语言上的完美”放在一边，爱人所呈现的美丽就“完全来源于他观察的忠实度，而非他对实际上激发了他诗歌的印象所作的反应”（“The Response to Nature in Arabic Poetry”, *Journal of Near Eastern Studies* 4 (1945): 139—140）。请看 Marcia Falk, “The *wasf*”, in *Love Lyric from the Hebrew Bible: A Translation and Literary Study of the Song of Songs*. Sheffield: Sheffield Academic Press, 1982, 80; Tremper Longman, *Song of Songs*. Grand Rapids: William B. Eerdmans, 2001, 140。但是，正如博然纳（Athalya Brenner）所指出的，“在本诗结尾实际上没有得到什么‘描述’”（“‘Come Back, Come Back, the Shulammite’ [Song of Songs 7.1-10]: A Parody of the *wasf* Genre”, in *A Feminist Companion to the Song of Songs*. Sheffield: Sheffield Academic, 1993, 235, 239, n.3）；另请参看 Fox, *Song of Songs*, 271, n.5; J. Cheryl Exum, *Song of Songs: A Commentary*. Louisville: Westminster John Knox, 2005, 159。与其说这首诗是爱人对所爱姑娘所做的一个“照片式的描述”，不如说其中的比喻把读者的注意力引到爱人对所爱姑娘的主观印象和自然风景之间的“相似性”上（比较 Sumi, *Description in Classical Arabic Poetry*, 14—15）。

③ Longman, *Song of Songs*, 144.

④ Leroy Waterman, *The Song of Songs: Translated and Interpreted as a Dramatic Poem*. Ann Arbor: University of Michigan Press, 1948, 63; M. H. Segal, “The Song of Songs”, *Vetus Testamentum* 12 (1962): 480; B. S. J. Isserlin, “Song of Songs IV: 4; An Archaeological Note”, *Palestine Exploration Quarterly* 90 (1958): 59—60; Fiona C. Black, “Beauty or the Beast? The Grotesque Body in the Song of Songs”, *Biblical Interpretation* 8.3 (2000): 311.

朋(因为像是一座山[7:6]),而且还是癞痢头(因其头发好像山坡上东一片西一片的山羊[4:1])。然而,与其说这"丑恶"的来源是作者的意图(讽刺),或者不同文化间截然不同的审美趣味,[①]不如说它来自解读的视镜。情感的激烈会导致言语的夸张和跳脱,这是人之常情,更何况诗歌还有着"诗歌的特权"(比如《约伯记》第 3 章中的反创世意象)呢?爱人[②]看到心爱的姑娘,产生丰沛的感触,诉诸于诗歌夸张跳脱的语言,自然也是可以的。可是,解读者如果戴上屏蔽情感触动的客观化眼镜,就会将诗歌语言中爱人感触的丰沛过滤为姑娘长相的怪异。这就好像现实主义者在毕加索的画中看见荒诞不经,而看不见毕加索所追求的超越视觉现实的逼真[③]。当然,在当代多元化解经氛围中,批评极端理性主义的解读方案有追打落水狗的嫌疑,不过,我们有没有因此认知而积极反思,探索被理性主义传统边缘化的诗歌媒介呢?

现在我们就来把焦点放在诗歌媒介上。首先是诗歌语言的物质感。有别于"形式/内容"这对传统概念所隐含的二分论,诗歌语言并非诗歌内容可被拆掉的包装。为了体现诗人的感受,诗歌比其他文体更充分地保留了语言的物质感[④]。物质在这里不是指"对立于思想和头脑、支持着古典唯物主义的物质",而是指拒绝被吸收到理性反思中的、未经处理的感受性印象[⑤]。

---

① 对比 Richard N. Soulen, "The *wasfs* of the Song of Songs and Hermeneutic", in *A Feminist Companion to the Song of Songs*. Ed. Athalya Brenner. Sheffield: Sheffield Academic Press, 1993, 185。

② 这里笔者是在抒情诗形象的意义上来使用"爱人",而不把他等同于诗人或"现实"中的男性恋人。

③ 毕加索写道:"我尽全力不失去对自然的关注。我想致力于相似性,一种比现实更真实的、深刻的相似性,因而成为超现实主义者"("Pablo Picasso", web pages: Olga's Gallery, http://www.abcgallery.com/P/picasso/picassobio.html *Cubism* [*accessed October* 22, 2007])。

④ 布赖辛(Mutlu Konuk Blasing)甚至宣称理性话语事实上是建立在这些物质性的媒体上的,这也正是诗歌所拥抱的(*Lyric Poetry: The Pain and the Pleasure of Words*. Princeton and Oxford: Princeton University Press, 2007, 2)。

⑤ Emmanuel Levinas, *Existence and Existents*. Trans. Alphonso Lingis. Boston: Kluwer, 1988, 57.

威廉姆斯(William Carlos Williams)留给他妻子的便条“这就是说”(“This is Just to Say”)[①],给了我们一个很好的例子。

I have eaten
the plums
that were in
the icebox

and which
you were probably
saving
for breakfast

Forgive me
they were delicious
so sweet
and so cold

这首诗没有格律也不押韵,并且通过白话似的句法和词汇营造出亲密私语的氛围;这样当它在结尾点出后置的原因时,就使得“甜”和“冷”激发出简单、丰富且难以转述的情绪。这样的诗歌,不论是被学者定义为“升华的言语”[②],或按一个贝都因妇女的经验来理解,“那些歌唱的人心里

① William Carlos Williams, “This is Just to Say”, in *The Collected Poems of William Carlos Williams*, vol. 1,1909—1939. Ed. A. Walton Litz and Christopher MacGowan. New York: New Drections, 1986, 372.

② Robert Alter, *The Art of Biblical Narrative*. New York: Basic Books, 1981, 2.

['agl]有强烈的感动"[①],它都以一个具体的语言躯体再现了诗人被"强烈"触动的源初感动。诗歌的"灵感",说到底是有感而发,是他性以其丰富的物质感触动诗人自我的那刻[②]。包含于诗歌物质感中的感动,又直接作用于读者的感受性,激发出那些触动诗人写作的情绪。因此,诗歌的物质感体现了诗歌向作者和读者两个方向的延展:一、诗歌诞生的外在源头,即他性的触动;二、它的关系性终点,即诗人的触动在读者身上的复苏(因读者个体存在的差异而有别)。

就诗歌诞生的外在源头而言,在爱情诗歌中,"有感而发"的情形尤其明显:被美丽情人所激发的感触流淌进来(impression),鲜活了诗人的心魂,然后又转化为炽烈的赞美涌流出去(expression)。[③] 当波德莱尔(Charles Baudelaire)的心因为看到其所爱且"重又开花"后,他就呼召他的灵魂来"歌颂她":

> 今晚你会说些什么呢,可怜的孤单灵魂,你会说什么,我那久旱的心,说给这最为美丽,最为美好,最为珍贵的人儿——因着她圣洁的一瞥你就忽然重又开花?
>
> ——我们要以歌颂她为荣耀:没有什么能超越她权柄的温和;她的属灵肉体有着天使的香氛,而她的眼睛给我们穿上新的光明之衣。[④]

赞美的诗词对他性的触动以描述和歌颂作为回应,这一模式也准确地归纳了"描述体"这种诗歌体裁的特征。从词根上看,虽然"描述"是名词

① Lila Abu-Lughod, *Veiled Sentiments: Honor and Poetry in a Bedouin Society*. Berkeley: University of California Press, 1986, 182.

② Levinas, "The Poet's Vision", in *Proper Names*. Trans. Michael B. Smith. London: Athlone, 1996, 137.

③ 比较 Plato, *Phaedrus*, 251D—E。

④ Charles Baudelaire, "Altogether", in *The Flower of Evil*. Trans. Keith Waldrop. Middletown: Wesleyan University Press, 2006, 57.

waṣf 的核心含义,它的第一形式动词*waṣafa* 却包含了"描述"和"赞美、称颂、夸赞"两重含义[①]。这提示了该词词根上的语义交织:描述是为了夸赞,夸赞则通过描述;描述和夸赞的源头又追溯到诗人的"有感而发"。

如果像布莱克(William Blake)所说,"丰沛就是美"[②],《雅歌》4:1—7就是歌颂一个美丽躯体的另一个美丽躯体。我们可以从三方面来管窥该诗所含情感的丰沛,并推测这一丰沛感如何影响了爱人对所爱姑娘的感知和描述。[③] 首先,丰沛感在诗歌空间刚打开的时候就扑面而来:*hinnāk yāpâ rāyātî*("啊,你真美啊,我的爱侣")!起呈现作用的虚词 *hinnê* 将爱人"此时此地"的注意力[④]引到"你"(*-k*)那里,使他自己完全臣服于心爱之人的出场。[⑤] 紧随其后,一系列的开口元音"a"保持了爱人惊叹的语气("啊!")。

---

① Sumi, *Description in Classical Arabic Poetry*, 6.

② William Blake, "The Marriage of Heaven and Hell", in *Blake's Poetry and Designs*. Ed. Mary Lynn Johnson and John E. Grant, 2nd ed., New York and London: W. W. Norton, 2008, 73. 瓦岑(Graeme Watson)在对《雅歌》描述体诗歌的分析中,观察到其中的语言似乎被"满溢的爱"浸透了,显出"极乐"的特色(*The Song of Songs: A Contemplative Guide*. London: Spck, 2014, 9—12)。

③ 这首诗中使用的军事意象也可以通过爱人的情感质地来解释。它比通过社会文化因素而作的解读更为恰当(比较 Carol Meyer, "Gender Imagery in the Song of Songs", *Hebrew Annual Review* 10 [1986], 215)。爱人毫无防备的脆弱性和其所爱如有武装的高傲之间的情感张力,可以通过爱情文学中的军事意象来巧妙地传达(Anne Carson, *Eros the Bittersweet*. Normal: Dalkey Archive, 1998, 39)。有关这一张力,还可以进一步参看 Judy Sproxton, *The Idiom of Love: Love Poetry from the Early Sonnets to the Seventeenth Century*. London: Duckworth, 2000, 41。

④ T. O. Lambdin, *Introduction to Biblical Hebrew*. New York: Scribner, 1971, 168; B. K. Waltke and M. O'Connor, *An Introduction to Biblical Hebrew Syntax*. Winona Lake, Indiana, 1990, 675. 在近期研究 LXX 文本中 *hinnê* 的语法归类问题时,安德森(F. I. Andersen)提出将这个虚词归类为"视角呈现提示词"("perspectival presentative predicator"),因为它提示视角将切换到一个人物的着眼点,给出一个提示文本将有新元素的、类似动词的功能("Lo and Behold! Taxonomy and Translation of Biblical Hebrew *hnh*", in *Hamlet on a Hill: Semitic and Greek Studies Presented to Professor T. Muraoka on the Occasion of His 65th Birthday*. Ed. M. F. J. Baasten and W. Th. van Peursen. Leuven: Peeters, 2003, 52—56)。在本诗中,*hinnê* 提示爱人的注意力被突然抓住,他所爱的姑娘以未被料及的方式插入并占领他作为主体的意识。

⑤ 若不是这里需要有戏剧性的热情来打下本诗的基础,爱人完全可以像在《雅歌》6:4 那里一样省略 *hinnê*: *yāpâ 'att rāyātî*("你真美啊,我的爱侣")。

越过本诗的主体,这起初的惊艳在末尾(4:7)以夸张的手法被再次肯定(两者有同样的环形结构和主题词)。这样的环形结构以爱人丰沛的爱慕拥抱着诗的主体,仿佛爱人的臂膀拥抱着其所珍爱的(歌 2:6;8:3)。

其次,从本诗主体(4:1c—6d)的结构上看,爱人上扬的喜悦是沿着他渐深的下行视线来勾勒的。他的辞句分三段描摹了他如何以眼神(更准确地说,是他眼所含的情意)来爱抚所爱之人的七个身体部位(4:1c—2d;3a—4d;5a—6c)。通过数字"七"的象征意义,姑娘体貌的完美就通过这首诗的组织手法体现出来,为最后总结性的完美评价(7 节)做出铺垫①。此外,少女的身体部位与其相对应的比喻形成两组竖线,他的夸赞则作为七条横线往返梭织,形成了这个诗歌篇章的经纬②。简言之,爱人对姑娘身体持续不变的关注和他对其美好的丰富多变的感受,揭示了所爱之人的身体和爱人感受之间的引力和张力③;这两者的共同作用,可以说是本诗构思的源动力。

第三,就爱人的感受而言,哪怕是粗粗一瞥也可以看出,爱人将不合比例的能量倾倒在渲染比喻意象而非所爱之人的身体上。比喻(希腊语词根 *meta-pherin*)借着思维的传递,"带着思想超越了主题思想"④。爱人借此偏

---

① 在这七个身体特征之外,人称代词"你/你的"出现了十四次。借着传统象征主义符号的跳板(数字七在《旧约》中象征完全),一系列的具体部分形成了概念上的整体。关于数字七之象征意义的例子很多,如创世的七日(创 1:1—2:4)、雅各向以扫七次下拜(创 33:3)、宗教日历中的安息日、逾越节献祭以及无酵饼节都以七为周期(利 23:3—8)、以色列人要面对七个比他们强大的城邦(申 7:1)、所有战士一日围耶利哥城绕行七圈(书 6:4),等等。可以说,这里七个身体特征和出现十四次的人称代词"你/你的"所象征的,是"你的身体是完美的;而你,甚至是双倍完美的!"

② 姑娘的第三和第六个特征都使用了两个诗句,这个强调提示了第一和第二诗段的结束。

③ 作为类似的描述性诗歌,毕晓普(Elizabeth Bishop)的诗"鱼"("The Fish")也同样显示出诗人的"注意力穿插于外在细节和内在联系之间"(Mark Doty, *The Art of Description: World into Word*. Minneapolis: Graywolf, 2010, 17)。

④ Emmanuel Levinas, "Exercise on 'The Madness of the Day'", in *Proper Names*, 156. 另请参看 Julia Kristeva, "Le Cantique des cantiques", in *La Bible et l'autre: Les dialogues bibliques du Collège des Études Juives de l'Alliance Israélite Universelle tenus de* 1998 *à* 2002 *en collaboration avec l'Université de Paris IV-Sorbonne*. Ed. Shmuel Trigano. Paris: In Press, 2002, 71。

离其所爱的外貌特征，落足于它们所带来的主体审美愉悦。所爱之人在爱人里面激发的愉悦，就仿佛生动的意象有节奏地爆炸，一次次地遮蔽了他的思想之眼。结果就是，源自他丰沛感受的意象覆盖了他对女孩身体特征的真实感知。① 一方面，这是因为强烈的感受会导致视觉不连贯。默多克（Iris Murdoch）在小说《黑王子》中描述到，因着极致的快乐，主人公只能在视觉中的星辰爆炸间隙看清他所爱之人②。另一方面，这是因为爱人只能自由地描述他已经掌握的经验。比喻理论的一个常识就是，如果要将陌生的目标变得亲近，人可以将之与熟悉的物体联系起来③。比如，神秘的利维坦（Leviathan）如此强大，连它的肚皮都像是尖锐的碎陶片（伯 41：22）。在这一思维关联活动中，相似的客观因素，比如黑色（见于女孩的头发和山羊），常被看作目标物和参照物之间的接触点。④

然而这里还有一个关键问题：是什么触发并支持着比喻的关联性思维

① 被激动的情感阻止了男子直接领会其所爱的美丽。埃克苏姆（J. Cheryl Exum）观察到这一影响，指出对女子身体的描述就是因此而被一项一项分解开来的。不过她并未将此观察应用到每个诗行内的比喻性描述（Exum, *Song of Songs*, 160）。亦请参看 Francis Landy, *Paradoxes of Paradise: Identity and Difference in the Song of Songs*. Sheffield: Almond, 1983, 176。然而，如果相关文字是局限于同一诗行的，这一令人目眩神迷的效果就打了折扣，因为同一个诗行允许读者视线的往复穿梭。具体而言，为了完成对这一诗行单元的语义认知，读者需要分辨理解意象的特征，并将其反馈到相对应的身体特征上。这个语义反馈过程与诗歌文字展开的方向是相逆的。因此，在此比较、聚焦和理解的认知过程中，诸诗行内横向的视线运动，形成了一系列的微型回环。

② 爱人激动的情绪伴随他眼中的所爱之人；而前者经常过于激烈，乃至无法保持爱人视觉的稳定性。在默多克的这本小说中，主人公布拉德利多年后回忆他和（当时不过是个普通少女的）朱利安坐在英国电信塔上的饭店中的情形："意识因着令它谦卑喜悦的特权而昏迷了一半，而敏锐的视觉，在星辰爆炸的间隙，吞没真实形象的每一处细节"（Iris Murdoch, *The Black Prince*. London: Penguin, 1975, 239）。

③ "Metaphor", in *Princeton Encyclopedia of Poetry and Poetics*. Ed. Alex Preminger, Frank J. Warnke and O. B. Hardison. Princeton: Princeton University Press, 1974, 490.

④ 在犹太解经文献中，拉比们已经用找触点的方式来解读这一系列比喻，例如，在"鸽子"和被解读为"以色列"的姑娘之间，拉比们找出了十二个比较点，包括"纯洁""赎罪祭""忠贞"等（J. Neusner, *Song of Songs Rabbah: An Analytical Translation*, 2 vols, vol. 1. Atlanta: Scholars, 1989, 88）。在这个关联性认知过程中，触点可以是多重的，尤其是在读者实际理解过程中；因此诗歌可以用凝炼的意象激发出丰富的语义。

呢？是什么使奔腾而下的山羊和所爱之人的头发在爱人的头脑中联系起来了呢？除了山羊，很多物体不也是黑色的吗？要回答这个问题，就涉及诗歌媒介的第二个因素，即人的感受性。脑神经学家德玛西奥（Antonio R. Damasio）在其关于"感受性大脑"的近作中指出，情感是大脑将记忆中的不同意象、情景和事件联系起来的线索，也是我们打开记忆的钥匙。[①] 有相同情感意义的经验在大脑中被归为一组，当一个新的刺激促发类似的情感时，同一组经验就被唤醒，并将这个新的经验整合进来。这样看来，我们可以借用圣伯纳德（Bernard of Clairvaux）的话，将本诗中比喻关联的源动力表述为爱人"愉悦的内在跳动"。[②] 借着审美愉悦这把钥匙，爱人打开了他所经历的关于美的记忆，从中提取出与爱人特征相匹配的意象。也就是说，这些比喻意象与姑娘外貌特征的匹配性——或者比较点——由两层因素决定：一个是姑娘外貌特征和比喻意象之间可对应的客观因素（如黑色），另一个是这些视觉经验所激发的、并因之而归类的情感（即审美愉悦）。[③]

此外，当比喻随着诗行层层叠加时，对比喻意象的细节描摹还组合出一幅画中的风景画：鸽子扇动它的翅膀；黑山羊从吉利阿德山奔腾下来；白绵羊从水中排队上来；朱红的一线与多汁的石榴诱人沉醉；大卫之塔上的盾牌层层叠叠反射着金色的阳光；在鹿妈妈宠爱的视线里，两只小鹿在百合花间蹦跳嬉戏；伴随着亲切和快乐的光晕，在这一波一波的诗行起伏中，大地按着爱人的记忆显示了它被选出来的侧面。因着爱人所选意象的多元和随

---

① Antonio R. Damasio, *Looking for Spinoza: Joy, Sorrow, and the Feeling Brain.* Orlando: Harcourt, 2003, 71, 100, 200 and 204. 当然，这些浪漫的诗歌意象可以被当作传统的象征符号来使用，表达常见的情绪类别。不过，它们仍然源于爱人所熟悉的具体经验，因为"有情感影响力的对象可以是现实的或来自回忆"（Damasio, *Looking for Spinoza*, 57）。亦请参看 Joseph E. LeDoux, *The Emotional Brain: The Mysterious Underpinnings of Emotional Life.* New York: Simon & Schuster, 1996, 179—224。

② Bernard of Clairvaux, *On the Song of Songs I.* Trans. Kilian Walsh. Kalamazoo: Cistercian Publications, 1971, 7. 亦请参看 Damasio, *Looking for Spinoza*, 43—46。

③ 故此，爱人在其所爱者身上发现了"富足、权柄和力量"（Richard S. Hess, *Song of Songs.* Grand Rapids: Baker Academic, 2005, 124—125）。

机，读者意识到这里所显露出的不过是冰山之一角，因此而开放了这幅画中画的边缘。大地无尽的风光与姑娘有限的画像相连，传达出有限的她带给爱人的美好感触，丰富得如同大地阔远的边际和其中无穷的变化。这样通过比喻和比喻的叠加，诗歌的“所言”（the said）提示了其言外之“意”（the saying），即爱人饱满到溢出诗歌边框的爱悦（参考4：7）[①]。

综上所述，以爱人独特的关于美的记忆为颜料，以他的爱悦为底色，所爱之人的身体不仅被看作是完美的，还被描摹成难以直视、溢出想象的完美。从看见到倾诉，他对她完美的呈现，意义不在于其可能性，而在于其不可能性。因为，不论姑娘事实上离完美有多远，这差距都被爱人丰沛的爱慕补足了。说“你全然美丽”（4：7）已然是一个爱的宣言：“我真的爱你，真的。”[②]

至此，我们简略地探讨了《雅歌》4：1—7是如何诞生于并富含了丰沛的情感。当然，和其他诗歌一样，这首诗并不止于表情达意。按照舒米（Akiko Sumi）对阿拉伯“描述体”诗歌的研究，这个体裁最重要的目的在于将听众带入一种情感状态（*ṭarab*），即“一种强烈的快乐或悲伤的情感”[③]。换句话说，“描述体”所临摹的不仅是对象的客观特征，还有它们的感染力。在这一意义上，“描述体”和雄辩术相似，都是“诱惑的艺术”[④]，其区别在于“描述体”不是说服听众接受一个观念或行为，而是接受一种情感。苏伦（Richard N. Soulen）注意到了这一点，强调“描述体”的解读原则须匹

---

① 爱人喜悦的丰盛激发了比喻世界的丰盛（F. Gerald Downing，“Aesthetic Behavior in the Jewish Scriptures”，*Journal for the Study of the Old Testament* 28.2［2003］：143）。

② 爱人对于所爱之美的感知是有一个循环性的。美邀请爱；爱增益美。哪怕其所爱在他人眼中并非最美，她也会在见到她爱人时变得光彩照人。爱有增益和“美容”的力量，因此，认为爱人眼中其所爱的完美都是爱人所赋予的，这种看法也需要有所限制。

③ Sumi，*Description in Classical Arabic Poetry*，124；George D. Sawa，*Music Performance Practice in the Early ʻAbbāsid Era 132—320 AH/750—932 AD*. Toronto：Pontifical Institute of Mediaeval Studies，1989，195.

④ Blasing，*Lyric Poetry*，34.

配该诗歌体裁富有感染力的特点,认为“描述体(*waṣf*)是庆祝生命和爱的喜悦,同时也是分享这一喜悦的邀请”①。然而,读者怎样才能“分享这一喜悦”呢?

这就要说到读者的感受性,以及它如何完善了读者对诗歌的接受度。读者对一首诗的感受可以通过两个方面来实现:对诗歌文字的第一人称体验(“精读”的审美愉悦),和对诗歌情感的第三人称体验(“感同身受”)。② 通过与诗歌在这两方面的互动,读者从诗歌文字中复活了诗人源初的情感完整性。先来看一下前者。读者对诗歌文字的审美体验,涉及文字的声音、色彩、质地、主题结构、字义游戏等相关方面及其互动。这里仅以声音游戏为例。声音作为节奏的基本元素,是诗歌感染听众的一个基本途径。比如,当诗歌节奏调紧或放松时,读者的呼吸也会跟着改变③。虽然旧约希伯来诗歌没有一以贯之的格律,但是长短有数的诗行④和局部的音声

---

① Soulen, “The *waṣfs*”, 224. 吉尔曼(Gillis Gerleman)也注意到,意象是为了激发喜悦的情感(*Ruth. Das Hohelied*. Neukirchen-Vluyn: Neukirchener Verlag des Erziehungsvereins, 1965, 64)。

② 关于语言和摹拟理论的进一步讨论,请看 Benjamin K. Bergen, *Louder Than Words: The New Science of How the Mind Makes Meaning*. New York, NY: Basic Books, 2012。

③ 我们甚至可以赞同澳洲诗人穆瑞(Les A. Murray)的以下说法:“诗歌使我们随它的节奏而舞蹈,哪怕我们看起来只是安静地坐着,读它。它悄悄地借用我们的身体来体现它”(Les A. Murray, “Embodiment and Incarnation”, in *The Paperbark Tree: Selected Prose*. Manchester: Carcanet, 1992, 263)。

④ 盖勒(Stephen A. Geller)总结出,圣经希伯来诗行通常有二到六个重音,约等于每个“音节单元”(通常就是“玛索拉书写体系中的一个‘字’”),不过长达五个音节以上的字词可能会有两个重音(“Hebrew Prosody and Poetics [I Biblical]”, in *The New Princeton Encyclopedia of Poetry and Poetics*. Ed. Alex Preminger and T. V. F. Brogan. Princeton: Princeton University Press, 1993, 509—510)。进一步的理论研究可见于 F. W. Dobbs-Allsopp, “Poetry, Hebrew”, in *The New Interpreter's Dictionary of the Bible* 4. Ed. Katharine D. Sakenfeld et al. Nashville: Abingdon, 2006, 552; Michael Patrick O'Connor, *Hebrew Verse Structure*. Winona Lake: Eisenbrauns, 1980, 87; Stephen A. Geller, *Parallelism in Early Biblical Poetry*. Missoula: Scholars, 1979。在实践中,林纳菲德(Tod Linafelt)和道布斯-阿索普(F. W. Dobbs-Allsopp)应用圣经希伯来诗歌在诗行上的限制,重建了《传道书》3:1 的诗行(“Poetic Line Structure in Qoheleth 3: 1”, *Vetus Testamentum* 60 [2010]: 253—254)。

交织[①]还是常见的。《雅歌》4：3—4 中轻快的元音格式 a-ā-ē 就是一个很好的例子：*raq-qā-tēk*，*lĕsam-mā-tēk* 和 *ṣaw-wā'-rēk*；另外，这三个词的最后一个音节-ēk 还在三个连续诗行的结尾形成了尾韵。这三个诗行除了令人愉悦的音声相和之外，并没有统一的主题。这样的声音体验，不仅令（读者）听觉的愉悦复苏了（爱人）视觉的愉悦，而且还使声音的连贯与主题推进形成了错落有致的交织。[②] 除了声音，读者也可以通过其他途径感受诗歌的物质感，如细捋精致的行文结构，或感受意象间的应和（比如第一诗节中纯净的黑白映衬了第二诗节中夺目的红金）。这些也是我们所说的对文本的"精读"（close reading）所经常着手的部分。由此而获得的直接触动，确实并不等同于爱人触碰所爱之人的肌肤，或被她的青丝缠绕，或沉醉于她的秋波而得的喜悦。不过，被本诗的美所感染是读者所能企及的、最为切近的方式，来捕捉爱人眼中显出的他所爱之人的美好。

其次，读者可以通过第三人称体验摹拟出缊含在诗歌中的情感。在直接的文本接触之外，借由想象和同感的能力，读者能够设身处地，或者将心比心，来体会诗人之所以如此言说的初衷。例如在《雅歌》4：1—7 中，读者跟随爱人的辞句而在自己脑海中"看见"他所说的比喻意象，并"感到"它们所伴随的美好情感。当然，这种体验的一个必要前提是读者要拥有相应的语言文化背景知识，来尽量忠实地还原诗句的意旨，比如 *raqqātēk*（4：3c）指

---

① 音声相合的一个好例子来自《雅歌》1：13a。在那里，第一对词共享了-wr 的韵脚（*ṣĕrôr hammōr*），第二对词则共有-*î*（*dôdî lî*），而这两组词又由一个长元音 *ô* 连接在一起（*ṣĕrôr hammōr dôdî*），最后收尾以余音袅袅的-*î*。从《雅歌》中还可以轻易找到音声被巧妙交织的其他例子，如 1：1，14*a*；2：9*a*，15；5：2*b*；8：7。

② 这些似乎没有意义的游戏不应当被一笑置之，因为声音和情绪之间的感性关联可被追溯到婴儿学习语言时期。婴幼儿通过尚非语言的声音来表达他们的情绪和意图。那些声音大多保存在母语中，成为语言情感的无意识基础（Blasing, *Lyric Poetry*, 15—16）。就《雅歌》的音声而言，有一点值得注意：本文的研究是建立在玛索拉文本传统的希伯来文注音体系上的；然而，不仅经典希伯来文并非笔者的母语，而且《雅歌》的原始音声也是无法被重建的，因为《雅歌》乐谱和字词的历史发音都没有得到保存。因此，《雅歌》的音声研究有着必然的局限性。

的到底是哪个部位?[①] 不过说到底,这方面最基本的前提还是人的同感能力(empathy)。在佛雷博格和盖勒西(David Freedberg and Vittorio Gallese)最近关于审美体验中同感现象的研究里,[②]他们将同感的能力归诸于“人类大脑的镜像机制”,即“切身摹拟”(embodied simulation),或者说“感同身受”:

> 在理性之先,我们有能力理解他人的行为、情感和感触。这种能力决定于切身摹拟这一机制。通过它,我们所看见的行为、情感和感触激发了与这些社会刺激相关的、我们自身内在的对身体状态的反映,就好像我们也在做类似的行为,或经历类似的情感或感触。出自第一人称和第三人称的行为、情感和感触经验都会激发同一脑域,这意味着,一个类似于明显的对社会刺激的认知判断,但在系统发育上更为古老的机制,是可能存在的。该机制使得对目标和他人内在世界的直接经验

---

① 在《旧约》里,名词 *raqqâ* 在《雅歌》中出现两次(4:3;6:7),在《士师记》里出现3次(4:21—22;5:26)。关于如何翻译这个词,学界有几种不同意见。(1)传统上它被读为“太阳穴”(KJV)。若泽拉尔(M. Rozelaar)挑战了这个观点。他指出这个名词的希伯来原文单数和英文复数之间的不匹配,而且“太阳穴”的翻译放在《士师记》该故事的语境里也显得怪异。他提议,在《士师记》的叙事语境里,张开的口是一个更合理的选择,而这个翻译也符合《雅歌》这首诗中下行的运动轨迹(“An Unrecognized Part of the Human Anatomy”, *Judaism* 37 [1988]: 97—101)。(2)与第一种观点类似,古希腊和拉丁译本将它翻译为“双颊”。希伯来名词“脸颊”出现在《雅歌》1:10(*lĕḥāyayik*)和5:13(*lĕḥāyāw*)。在上述两处地方,“脸颊”都以正常的双数形式出现,而如前所说,在这里 *raqqātēk* 是单数。(3)在昆兰古卷的一个文档4QCanta中,该短语被写作 *mzqntk*;其中的名词可能是 *zākān*,“下巴”(Emmanuel Tov, “Introduction to 4QCanta-c”, in *Les ‘Petites Grottes’ de Qumran* [*Plates*], *Discoveries in the Judaean Desert* XVI. Oxford: Clarendon, 2000, 200)。不过,在另一个文档4QCantb里,此处仍然保存了 *rqtk*(Tov, “Introduction to 4QCanta-c”, 214)。(4)科尔(Othmar Keel)指出,在埃及画作里通常出现的是开口的石榴而非分成两半的石榴。他据此提议将 *raqqa* 翻译为“齿颊”(*Song of Songs*, 138, 143—146)。此外,在《雅歌》8:2中姑娘邀请少年饮用她的石榴汁(*mē ʿăsîs rimmōnî*),是邀约他来深吻她的委婉表达;这进一步支持了该种解读。简言之,开口的石榴可以在视觉上类比姑娘微启的红唇及其内的甘美。最后需要补充的是,选择这个词可能是受到4:3*a*—*b* 中的声音游戏(名词元音模式“*a-ā-ē*”)的影响。

② David Freedberg and Vittorio Gallese, “Motion, Emotion and Empathy in Esthetic Experience”, *Trends in Cognitive Sciences* 11.5 (2007): 197—203.

式的理解成为可能。[①]

通过这种“在理性之先”的摹拟,观众看到画作,会激发与画中所隐含的身体运动机制相对应的脑域,及其伴随的情感。例如,在欣赏卡拉瓦乔的《圣多马的疑惑》这幅画时,感受能力正常的观众看到多马的手指戳进耶稣的伤口,就激活了大脑皮层网络中与触感相关的区域,并激发出痛感和不适感。[②]

佛雷博格和盖勒西的研究是以绘画和视觉体验为主的,不过我们也可以将其发现引申到诗歌研究中。在诗歌体验里,读者通过接触承载了声音、色彩、质地或味道等各种感官经验的文字信号,其相关脑域以及伴随的情感就被激活,达到了诗歌感染听众的目的。例如,《雅歌》2:11a—13c对“春天来了”的描述,涉及色(花儿出现)、声(斑鸠叫声响起)、香(葡萄藤开花散发香味)、味(橄榄树新结的果子)等多重感官,激发听众对春意的全方位体验和愉悦;这累积的美好感触,又举重若轻地“诱惑”姑娘要与爱人及时行乐,从而更好地说服姑娘接受爱人在本诗首尾的邀请(10bc, 13de)。

结合第一人称的直接情感反应和第三人称的间接情感摹拟,读者在阅读诗歌的过程中回应诗歌的邀请,激发出自身的情感以应和诗人包含在诗歌中的情感。作为描述体的《雅歌》4:1—7,也就实现了“诱惑”读者来分享

① Freedberg and Gallese, “Motion, Emotion and Empathy in Esthetic Experience”, 198. 关于“切身摹拟”,还可参看 Vittorio Gallese, “Embodied Simulation and its Role in Intersubjectivity”, in *The Embodied Self: Dimensions, Coherence, and Disorders.* Ed. Thomas Fuchs et al., Stuttgart: Schattauer, 2010, 77—91。当然,不同主体之间为能达到相互理解的目的,还可以通过其他桥梁来跨越主体间的距离,请参考塞敏(Gün R. Semin)和卡西奥泊(John T. Cacioppo)从社会认知角度对盖勒西的“切身摹拟”模式所作的批评(“Synchronization, Coordination, and Co-Regulation”, *in Embodied Grounding: Social, Cognitive, Affective, and Neuroscientific Approaches.* Ed. G. R. Semin and Eliot R. Smith; Cambridge: Cambridge University Press, 2008, 130—132)。不过,盖勒西的“切身摹拟”揭示了主体先验的被动性,这并非他理论的局限性(Semin and Cacioppo, “Synchronization”, 132),而是由他对人之主体性研究的不同视角(先验性 vs. 社会性)造成的。

② Freedberg and Gallese, “Motion, Emotion and Empathy in Esthetic Experience”, 201.

爱悦之情的目的。

最后,因着旧约诗歌学界以理性为主的研究方法尚占主流地位,我在本文中有针对性地强调了诗歌的物质感和读者"在理性之先"的感受性。不过,在本文结束的时候,我需要对情感的概念做一个说明,以免它被局限在由理性划分出来的情感与理性、身体与头脑的二分论框架中。首先,情感是由情绪累积而成的,而情绪是头脑的概念。用德玛西奥的话来说,"情绪本质上是概念——关于身体的概念,更具体地说,是关于身体某一方面——即在特定情形下身体内部状态——的概念"①。人感受到的情绪,就是大脑通过扫描身体对外在刺激所做反应而形成的关于自身状态的动态概念。也就是说,对于由情绪累积而成的情感来说,身体和头脑不是二分对立的。进而言之,身体和头脑在情绪情感活动中显示出的延续性和一体性,要求我们在研究与情感活动息息相关的诗歌时,将起点追溯到在理性之先的、身体和头脑的先验统一。为了避免落入传统二分论的窠臼,我们可以借用列维纳斯(Emmanuel Levinas)所说的"思维的"(the mental)和"延伸的"(the extended)这对概念,来对这个先验统一略作介绍。

在他晚期所写的论文《纪念阿方斯·德·威奥汉斯》("In Memoriam Alphonse de Waelhens")中,列维纳斯讨论了头脑由于以身体为前提而带有的模糊性。人"思维的"部分体现在意识(即"我思")的主动组织行为中(the constituting);而"延伸的"部分则指被身体(其当前状态和记忆)具体化的、被组织出来(the constituted)的思想。他写道,"组织的质地是由来自被组织领域的**线缕**缝制在一起的,该源头无须应对任何'有意识的目标'"②。思维的能力并非人作为独立个体的绝对基础(对比"我思故我在"),因为它随时

① Damasio, *Looking for Spinoza*, 88. 关于感受性大脑,请参看 Damasio, *Looking for Spinoza*, 83—136。

② Levinas, "Sensibility", in *Ontology and Alterity in Merleau-Ponty*. Trans. Michael B. Smith. Ed. Galen A. Johnson and Michael B. Smith. Evanston: Northwestern University Press, 1990, 61. 强调语词为原文所有。

受到其延伸部分，即人的身体存在的影响。在“我思”的“我”用其意图来给被组织的内容提供形式之前，组织和被组织的就已经是统一的。这个先验的统一，这个“头脑真切的肉体”[1]，在列维纳斯看来就是人的源初性官能——感性(sensibility)。感性是他性在我里面留下痕迹的地方，是我真切地感受他人触碰之处。在诗歌体验中，它也就是诗人与读者握手的地方[2]。

思维的和延伸的这两者在感性上的统一，通常表现为读者在前提上接受诗歌语言对自己情绪和思想的影响，并根据那一影响而对诗歌做出反应。比较遗憾的是，从理性和批评角度入手的学者觉得需要压抑自己的感性，“有意识地贫乏化”自己的感受，以便保持他们“不受文学影响的免疫力”。[3] 然而，从伦理学角度看，这种做法亏欠了学者作为诗歌读者的责任感。因为，感性作为诗歌体验的先觉条件意味着，诗歌体验并不始于批判性的“我思”，而是开始于读者被诗歌的他性所唤醒的主体责任感。

不过，因为感性超越了思维的再现行为，是无法用理性测量的，故此伦理命题无法通过自我意识来操作和检验。好在我们有情感：一方面，因为不像思维那样需要抽离出具体情景、将之对象化然后来反思，情感保持了可追溯到感性的纯全性；另一方面，作为一个关于身体状态的概念，情感又是一个可被思维触及的平台。这样，情感维系感性和思维，保证了读者对诗歌反应的真诚。当诗歌所蕴涵的感情在读者的感性上得到复苏，它就提供了一个氛围或底色，支持读者对诗歌的反应，并检验后者是否保持了该诗情感的

---

① Levinas, “Sensibility”, 61—62; Levinas, “Signification and Sense”, 16.

② 策兰说过：“我看不出来一次握手和一首诗之间有什么区别。”(Paul Celan, *Collected Prose*. Ed. Rosemarie Waldrop. Manchester: Carcanet, 1986, 26)；另请参看 John Keats, “This Living Hand, Now Warm and Capable”, in *Complete Poems*. Ed. Jack Stillinger. Cambridge: Harvard University Press, 384。

③ William Waters, *Poetry's Touch: On Lyric Address*. Ithaca: Cornell University Press, 2003, 145.

纯全。[①]情感的重要性在本文对《雅歌》4：1—7 的实例分析中略见一斑，我希望可以借此启发学界同仁的思路，反思重视情感作用的诗歌伦理进路，对以人的情感和责任为代价而推崇理性的研究方法作出修正和补充。

作者张晓丹，美国普林斯顿神学院旧约博士，创欣神学院助理教授，主要研究旧约诗歌，侧重诗歌伦理的理论分析及以《雅歌》为重点的实践研读。完成博士论文《我、你、上帝圣言：经由列维纳斯的抒情伦理学阅读〈雅歌〉》。

（程小娟　编）

① 需要补充的是，就像诗歌本身对他性触动的复苏，读者的情感参与并非是对诗歌的主题或触动做出奴性的再现，而是维系于诗歌对读者的触动，按照读者自身的具体处境来做出有创造性的反应（包括诗歌批评的论文）。

对圣经中“献祭”的广义修辞学解析

林佩璇

内容提要：“献祭”是世界各宗教共有的文化现象，也是圣经文本的关键词之一。本文根据广义修辞学理论，结合语义场、故事形态学等理论，从话语建构、文本建构和精神建构三方面解析“献祭”对建构圣经修辞统一体的重要性，为圣经阐释与接受提供新的视角。

关键词：圣经；献祭；广义修辞学

An Analysis of “Sacrifice” in The Bible from the Perspective of Generalized Rhetoric

LIN Peixuan

Abstract: As a common cultural phenomenon, “sacrifice” is one of the key words in The Bible. Based on the generalized rhetoric, together with semantic field theory and story morphology theory, the significance of “sacrifice” in constructing the discourse, context and spiritual world of the audience in The Bible are explained and presented and thereafter a novel perspective of biblical contextual interpretation and acceptance is provided.

Key words: The Bible; sacrifice; generalized rhetoric

"献祭"(sacrifice)是世界各宗教通用的仪式,而有关"献祭"的研究在很长一段时间里仅停留在知识介绍层面。近半个世纪来国内外相关研究出现两大走向,一是针对地方性仪式活动做田野调查与分析,二是对献祭题材文学作品的意象、主题展开研究。这些研究通过献祭的仪式表象透视其文化内含和意义,已取得一定成果,如德国学者奥尔巴赫在他的《模仿:西方文学中的现实再现》一书中专门分析亚伯拉罕杀子献祭的故事,将它称为当之无愧的史诗,可与荷马史诗比肩。陆扬在《两希文学中的亲子献祭叙述》一文中充分肯定了圣经中将亲子献祭的文学价值。梁工指出亚伯拉罕献祭以撒是希伯来文化的核心故事。然而到目前为止,圣经研究界从语言学层面入手对"献祭"展开的研究仍然较少。圣经文本中的"献祭"不仅是一种宗教仪式或行为,也是其间最具解释力的关键词之一。基于此,本文从广义修辞学角度入手,结合语义场理论、故事形态学等理论,从话语建构、文本建构和精神建构三方面剖析"献祭"对圣经修辞统一体建构的重要性,追寻"献祭"之于圣经各层面建构的意义,为圣经文本阐释与接受提供新的价值观照。

一、广义修辞视野下的文本分析思路

"广义修辞学重视修辞研究的'三个层面'(修辞技巧、修辞诗学、修辞哲学)和修辞活动的'两个主体'(表达者/接受者)",[①]这是广义修辞学不断重提的核心理论,也是以其为工具进行文本分析的基本思路。它将自己定位于语言学、文艺美学和文化哲学的结合部,视话语修辞活动为"一个双

① 谭学纯:《"符号修辞"主持人话语》,《福建师范大学学报》,2013年第1期,49页。

向互动、立体建构的多层级框架，是两个主体（表达者/接受者）的双向交流行为在三个层面上的展开”[①]。“三个层面”分别指：

第一层面——修辞作为话语建构方式：修辞技巧

第二层面——修辞作为文本建构方式：修辞诗学

第三层面——修辞参与人的精神建构：修辞哲学[②]

这三个层面以表达者与接受者的互动为基础，揭示修辞话语介入文本各层面建构的路径，体现了广义修辞学走出狭义修辞技巧研究的范畴，走向广阔阐释空间的跨学科视野。在此视野下的文学作品研究不仅关注文学作品核心话语在语言与文本层面的应用，也关注这些话语对作者精神世界的再现，及其如何感动着文本的受众，参与受众的精神建构。

任何文本的社会影响力都离不开文本核心话语的作用。圣经作为世界宗教文学的范本之一，其社会影响力也是溯源于它的核心话语对话语建构、文本建构以及读者精神建构的多层次参与。以广义修辞学为理论资源，解析圣经汉语译本中关键词之一“献祭”的功能，有助于读者了解核心话语对圣经各层面建构的方式及意义。

二、“献祭”参与建构的圣经话语

“献祭”不是圣经话语的个体现象，而是看似庞杂的圣经文本中潜隐的核心话语之一。它介入圣经文本的词语、短语及短句，承载了源远流长的希伯来文化中人类对上帝的崇敬，也勾勒出多姿多彩的圣经祭祀文化景观。

1. 圣经文本词语层面的“祭”

搜索圣经文本中的“祭”字，得到的结果是 2347 次。“祭”字不仅语频

① 谭学纯，朱玲著：《广义修辞学》，合肥：安徽教育出版社，2002 年，第 4 页。

② 同上。

高,在圣经全书中的分布也较广。圣经六十六部卷籍中只有十四部未出现“祭”,而这些卷籍的篇幅仅占全书总篇幅的百分之三左右。从表象上看,“祭”字对圣经话语的介入仅仅采用了重复技巧,使之在经文中朝着不同向度衍生,构成以“祭”为核心词的话语群落(其中数字为该词的语频):

以祭祀者为中心的词语	以祭祀类型为中心的词语	以祭祀物品为中心的词语	以祭祀场所为中心的词语	以祭祀行为为中心的词语
祭司 981 大祭司 91 祭司长 74 众祭司 24 副祭司 3 祭便(人名)9	燔祭 312;素祭 171 平安祭 124;赎罪祭 137 大祭 98;赎愆祭 41 举祭 30;摇祭 19 感谢祭 9;甘心祭 7 晚祭 6;年祭 3 馨香素祭 3; 还愿祭 2 活祭 1;灵祭 1 美祭 1;祝祭 1	祭牲 74 祭物 67 祭肉 11	祭坛 74 燔祭坛 18 祭司院 1	献祭 87 祭献 67 奠祭 57 祭祀 29 祭事 1

语义学上将词义命名为义位,根据现代汉语词典,“祭”有两个词义,即两个义位:1. 对死者表示追悼的仪式。2. 古人杀牲供奉鬼神。①

以上词语基于“祭”的第二个义位构成,与“祭”组合的义位因性质不同而构成不同组合关系,形成各自的词汇群落,如“司”“司长”是职衔名称,与“祭”组合成“以祭祀者为中心”的词汇群落;“燔”“素”“平安”属于“祭”的类型,与“祭”组合成“以祭祀类型为中心”的词汇群落。这些群落分别围绕祭祀行为的参与者(人)、祭祀行为(动作)、祭祀行为类型(形式)、祭祀行为实施的场所(地点)以及祭祀过程所用物品而展开。贾彦德指出,“任何一种语言的语义总场都包含着大量的最小子场,这些子场由于彼此的义位性质不同,义位间的关系也不同……”②以上五类词汇群落作为独立的聚合体,形成了自身的语义场。各子语义场又因同属祭祀活动范畴而互相呼应,

① 《新华词典》,北京:商务印书馆,1996 年,第 422 页。

② 贾彦德:《语义学导论》,北京大学出版社,1986 年,第 93 页。

生成多层面交织的“祭”话语系统。

显然,高频的“祭”字以及规律化的“祭”话语群落是圣经作者自觉的、有意识的修辞设计,展现了丰富的圣经祭祀文化类型,亦将圣经献祭狂欢化景象重现于读者面前。正如广义修辞学所论,修辞话语以修辞技巧的形式完成话语建构。圣经话语通过恰当的“祭”字修辞设计与变体,完成圣经话语层面的建构。

2. 圣经文本短语、短句层面的“献祭”

“祭”还以短语、短句方式参与圣经话语建构,体现在“献……(为)祭”结构的灵活延伸上。《新华词典》对“献”字作这样的解释:“献:恭敬、庄严地送给。”[①]“献”因包含“把某物送给某人”的基本含义,其上下文必定引出动作的发出者、接受者和所“献”的物品。“献”字的特殊语义特征使“献祭”的扩容和拉伸结构成为可能,也使“献祭”短语、短句结构成为圣经话语系统中活跃的语言现象。“献”字在圣经汉译本中出现了 946 次,“献”字和“祭”字同时出现过 718 次,且构成多样化的“献……祭”结构,如:

献(某种)祭

(在某地)献祭

献祭给(某人)

献(某物)为(某种)祭

献给(某人)的(某种)祭

献(某人)(为)(某种)祭

拿(某物)献在(某处)为祭

把/以(某物)献为(某种)祭

向(某人)献某物为(某种)祭

① 《新华词典》,第 975 页。

具体例句如下:

又在山上献祭,请众弟兄来吃饭。他们吃了饭,便在山上住宿。(创31:54)

摩西说:"这样行本不相宜,因为我们要把埃及人所厌恶的祭祀耶和华我们的神;若把埃及人所厌恶的,在他们眼前献为祭,他们岂不拿石头打死我们吗?"(出8:26)

神说:"你带着你的儿子,就是你独生的儿子,你所爱的以撒,往摩利亚地去,在我所要指示你的山上,把他献为燔祭。"(创22:2)

挪亚为耶和华筑了一座坛,拿各类洁净的牲畜、飞鸟献在坛上为燔祭。(创8:20)

带到亚伦子孙作祭司的那里。祭司就要从细面中取出一把来,并取些油和所有的乳香,然后要把所取的这些作为纪念,烧在坛上,是献与耶和华为馨香的火祭。(利2:2)

"你们就说:'这是献给耶和华逾越节的祭。当以色列人在埃及的时候,他击杀埃及人,越过以色列人的房屋,救了我们各家。'"于是,百姓低头下拜。(出12:27)

若向耶和华献初熟之物为素祭,要献上烘了的禾穗子,就是轧了的新穗子,当作初熟之物的素祭。(利2:14)①

"献……祭"结构在上文例子中分别向地点、物品、人物和祭祀类型的方向衍伸,上下文间或融入"把""将"等句型,形成可拉伸的语义结构。与词语层面的"祭"语义场相呼应,展现出圣经话语的强大修辞张力和修辞美感。

① 本文所引圣经文本皆见汉语圣经(简化字现代标点和合本),南京:中国基督教协会,2000年。

在这一层面上，圣经作者仍然启用重复修辞技巧，只不过涉及的范围从词语扩大到短语乃至短句，展现了“献祭”之于圣经话语建构的广度。此外，短语层面的“献祭”语象还能为读者传递一种陌生化话语景象。广义修辞学认为，“对表达者来说，需要有意制造一些不能自动感知的东西，延长接受者的审美过程，增加接受者的感觉难度和体验的时间长度，使对象变得陌生，使形式变得困难，使自动感知变为审美感知。”①“献祭”的结构扩容让读者感受到圣经献祭话语新颖别致的建构特点，延长了接受者的审美感受。变体后的献祭结构频繁出现于圣经文本中，潜移默化地参与了圣经话语建构。

三、“献祭”推动圣经文本建构

从众多圣经献祭叙事的共同特征上看，“献祭”对于圣经文本的建构方式既有单一修辞文本的微观建构，也有宏观的献祭脉络，两者相互呼应，彼此激活，最终构建成一体化极强的圣经文本，其核心是圣经献祭叙事的独特诗学特征。

1. 微观“献祭”叙事脉络：参与对圣经文本单一叙事情节的建构

叙事在圣经文本中几乎占三分之一的篇幅，而献祭是圣经叙事中的一大主题，又分为物祭与人祭两种。但无论在哪种叙事主题下，“献祭”对故事发展的走向均起着决定性作用。在人祭故事“亚伯拉罕杀子献祭”和“耶弗他献女”中，“献祭”将故事情节推向高潮；而在物祭叙事中，“献祭”行为决定了故事主人公命运的走向，是叙事情节发展的重要节点。

《历代志下》33：1—20记载的玛拿西故事较为典型，它将两类叙事巧妙地融入同一个故事，彰显了“献祭”对单一叙事情节发展的决定性作用：玛拿西十二岁登基，为异教邪神巴力筑坛、做木偶。耶和华为此将他交到仇敌手

---

① 谭学纯，朱玲著：《广义修辞学》，合肥：安徽教育出版社，2002年，第37页。

中,使之被关进巴比伦的监狱。急难之际玛拿西向耶和华祷告,祈求得到怜悯和饶恕。耶和华垂听其祷告,饶恕了他的罪,且为之恢复王位,他则除掉外邦人的神像,重修耶和华的祭坛,死后得以与其列祖葬在自己的宫院里。从这一故事中能梳理出两条"献祭"叙事脉络:其一,玛拿西(主人公)——做了耶和华视为"恶"的事(宗教行为缺失)——献祭巴力(行为悖逆耶和华)——遭到惩罚;其二,玛拿西——向耶和华祷告祈求怜悯(宗教行为正确)——重修耶和华祭坛,献祭耶和华(信服于耶和华)——得到关爱。可以看出,"献祭"既是叙事的主线,也是叙事的主要功能项。

普罗普曾说:"神奇故事变换的是角色的名称(以及他们的物品),不变的是他们的行动和功能。"①"宗教行为的正确与否",即"是否将耶和华作为唯一的神来祭拜",是故事发展的主要功能项,它直接影响叙事情节的演变。亚里士多德将文本定位为悲剧时指出:"悲剧是对于一个完整而具有一定长度的行动的摹仿……一般地说,长度的限制只要能容许事件相继出现,按照可然律或必然律能由逆境转入顺境,或由顺境转入逆境,就算适当了。"②圣经献祭叙事所体现的更多是因献祭对象选择而改变的、按既定规律发展的由逆境转入顺境的一定长度的行动。这一行动中浮现了独特的诗学模式,即,宗教行为的正确与否决定人的命运好坏。该叙事诗学模式不仅存在于圣经献祭叙事中,也显示出圣经文本的总体诗学特征。圣经文本诸多叙事情节均遵循这一诗学模式而展开,如《士师记》中存在"模式化线索,其一,就单个士师的人生而言,都经历了被选、创业、置业三个阶段;其二,从故事发展轨迹看,大都经历了故事的缘起、士师的兴起、士师的战绩、士师治理本支派内部事务的过程"。③ 这个模式化线索的序曲是以色列人行耶和华眼中视为恶的事而受到惩罚,在此背景下,耶和华兴起士师。该诗学特征成为

① 普罗普著:《故事形态学》,贾放译,北京:中华书局,2006 年,第 17 页。

② 亚里士多德:《诗学》,罗念生译,北京:人民文学出版社,1988 年,第 25—26 页。

③ 林佩璇:《圣经的庄严叙事解析》,梁工主编,《圣经文学研究》第七辑,北京:人民文学出版社,2013 年,第 193 页。

标志性的诗学模式,在西方文学世界里得到不断引用和摹仿,《哈姆雷特》《简爱》等作品便是有力的佐证。

2. 宏观献祭脉络:贯穿圣经全部文本的叙事建构

诸如玛拿西故事的献祭叙事在圣经文本中还屡屡出现。排查圣经文本的"献祭",语频有八十七处。除了六处来自说明性体裁的《利未记》、诗歌体裁的《箴言》和《诗篇》以外,其余八十一处皆介入叙事情节,它们前后呼应,构成宏观的献祭叙事脉络。这一脉络的各叙事情节大多存在于独立的语篇中,在《旧约》前15卷书中出现的频率较高,总计四十次左右,本文将其中较为典型的情节要素整理成表,按献祭的对象来划分,以"耶和华"为献祭对象的情节标记为"+献祭",以"除耶和华以外的神"为献祭对象的标记为"-献祭":

出处	献祭主体	献祭对象	献祭类型	献祭结果
创世记46:1	以色列(即雅各)	以撒的神耶和华	+献祭	成为大族
出埃及记32:8	以色列百姓	自己铸的金牛犊	-献祭	犯下大罪,耶和华烈怒
民数记25:2	摩押女子诱惑以色列人	她们自己的神	-献祭	耶和华发作怒气
士师记2:5	以色列众人	别神(列国的神)	-献祭	惹耶和华发怒,施灾祸
撒母耳记上9:12	扫罗(后被膏立为王)	耶和华	+献祭	膏他作以色列的君
撒母耳记下24:25	大卫(唯一蒙耶和华喜悦的君王)	耶和华	+献祭	垂听国民所求的,瘟疫在以色列人中止住
列王纪上22:43	约法沙(犹大王)	耶和华	+献祭	其战绩载入史书
列王纪上22:43	亚哈谢(约法沙之后的以色列王)	巴力(异教邪神)	-献祭	陷在罪里;惹得耶和华发怒
历代志下33:17	玛拿西(犹大王)	为巴力筑坛、敬拜天上万象	-献祭	使亚述王的将帅来攻击他,用铜链锁住他
历代志下33:17	玛拿西(犹大王)	耶和华	+献祭	恢复王位;子承父位

上表呈现了由"+献祭"、"-献祭"交替编织而成的以色列民众宗教信仰变迁图,构成圣经献祭叙事的宏观脉络。两种叙事情节因献祭对象的不同而产生互异的结果,并直接决定着叙事情节的发展方向。凡是以"耶和

华"为献祭对象的,主人公都得到善报,结局美满。如"成为大族""膏他作我民以色列的君""眷顾他们""垂听国民所求的,使瘟疫止住""战绩写在犹大列王记上""他儿子接续他作王"等。但以异族神祇为献祭对象的,主人公则往往因惹怒耶和华而遭到不同程度的惩罚,如"耶和华向以色列人发作怒气""以灾祸攻击他们"等。"+献祭""-献祭"大多独立存在于某个叙事文本中;有时两者发生交替与更迭,致使"献祭"成为圣经文本高度符号化的叙事类型化场景,亦使圣经叙事独有的诗学特征得以一次次重现。罗伯特·阿尔特认为:"'类型场景'是圣经叙事的一个主要创作手法。……最显著的特点是其徐缓稳重向前推进的叙述。"①圣经献祭叙事正是以类型场景重述的方式表现其叙事主题,在反复发生的场景中徐缓稳健地推进叙事的主线。

从文本建构的角度看,这一重述能使每个叙事片段以互文形式互相映射。罗兰·巴特认为:"一切本文皆为本文之间的本文,其中在各个不同层次上存在着其他本文,其形式隐约可见,就是那些属于过去和周围文化的本文。一切本文都是引用过去语言的新织物。"②圣经中的献祭叙事便属于跨越文本内外的互文现象,表现出独特的语用功能。如巴赫金所说:"小说通过这种社会话语类型的多样性,以及在这种条件下活跃的不同个体的声音,来和谐地组织、表达其所有主题,实现与世界上的全部客体,以及描述和表达过的结构之间的统一性。"③圣经"献祭"将众多叙事情节汇合成多层面、多声部的互文性情节,每一次互文都使叙事主题得到升华,使圣经文本结构的一体性得到牢固建构。在广义修辞学看来,"文本建构,就是特定的表达

① 罗伯特·阿尔特著:《圣经叙事的艺术》,张智源译,北京:商务印书馆,2010年,第245,74页。

② 罗兰·巴特著:《本文理论》,李宪生译,《外国文学》1988年第1期,第73—74页。

③ M. Bakhtin, *The Dialogical Imagination.* Trans. C. Emerson & M. Holquist, Austin: University of Texas Press, 1981, 264.

内容在篇章层面如何向特定的表达形式转换的审美设计”。[①] 从圣经作者高频率、类型化的献祭叙事中，不难看到圣经文本的诗学特征如何得以强化，既呼应了圣经叙事的主题，又使相互关联的文本之间的网状体系变得牢固，完成了圣经叙事的审美建构。

四、“献祭”参与读者精神世界的建构

文学作品不仅呈现生动的故事，其生命力还体现为对社会生活具有现实的指导意义，即读者能从中得到精神的洗礼。上帝的善恶伦理观是如何参与西方民众的精神建构，以至成为在西方社会占据主流位置的道德伦理观念的呢？这与献祭话语有相当大的关系。“献祭”在圣经文本中高频率出现，无疑是在告诉读者，该仪式行为具有普遍的积极意义。献祭话语抓住了人类向善的本性，预设上帝为一位全能的、至高无上的世界主宰。他作为一个话语言说者，以多种形式告知以色列民众，只有皈依上帝、扬善除恶，才能走向美好、安定的未来。其间道出一种价值判断和行为准则，即“只有善举才能得善果，行恶必将遭致惩罚”。这种价值判断通过献祭叙事中规律性的惩罚与奖赏、生死轮回而得以传递，成为以色列民众共通的主体经验。一如广义修辞学所论：“人作为修辞的动物，修辞汇集我们的经验，也扩张我们的经验；修辞规定我们思考的方向。……修辞话语的意义向主体经验世界投射，并在主体的经验世界中得到验证，参与主体的自我建构。人们在进行修辞表达的同时，也确认了一种价值判断。”[②]它们给以色列民众以教谕意义，告知他们只有遵循信仰，遵从人与神之间的契约关系，以色列民族才能在上帝庇护下生生不息地繁衍生息，上帝预设的社会法度才得以建立。霍布斯说过：“在上帝亲自以超自然神启建立宗教的地方，他也为自己建立了一个

---

① 谭学纯，朱玲著：《广义修辞学》，合肥：安徽教育出版社，2002 年，第 43—44 页。

② 同上，第 86 页。

特殊的王国。他不但为人与神之间的行为定立了法度,也为人与人相互之间的行为定立了法度。"[①]西方社会法制意识的最终确立,就某种意义而言,能归功于献祭话语从话语意义到哲学伦理意义的升华。这一恒定的伦理观从文本内部延伸到文本以外,既规约了以色列民众的善恶观,也影响到各族历代读者,使扬善弃恶的观念世代相传,最终凝聚成西方社会普遍认同的伦理观。圣经献祭话语确认上帝倡导一切美好、善良的事物,乃至人生行为准则,这无疑有助于人们从不同层面加深对犹太—基督教文化观、价值观、伦理观和生命观的认知及借鉴。

总之,圣经的"献祭"话语系统通过多样化的修辞布局完成了对圣经话语的建构,通过高度符号化的献祭叙事体现出圣经文本的审美诗学特征,又通过道德话语构建起"向善"的主体经验,最终影响到读者的精神建构。虽然圣经出自无数不同年代的作者,其献祭主题却是永恒的,以致成为某种串联文本的核心和精髓,给人类留下不朽的宗教文学遗产。

作者林佩璇,福建惠安人,语言学与应用语言学博士,福建师范大学外国语学院副教授,主要从事圣经研究与修辞话语研究,发表论文《圣经的庄严叙事解析》等。

---

① 霍布斯:《利维坦》,黎思复,黎廷弼译,北京:商务印书馆,1997 年,第 88 页。

水井边的女人:评圣经中的利百加*

南宫梅芳

内容提要:利百加是古希伯来人第二任族长以撒的妻子,也是圣经中第一个"求/订婚场景"的女主人公。《创世记》对利百加的婚姻叙事不仅完整,而且细致。对于利百加作为女性人物所表现出的主动的特征,传统圣经学者认为,它们表现了利百加与以撒相比在家庭中的强势和女人受尊重的地位。然而对比分析后发现,利百加所有的主动不过是为了回应上帝的安排,也更加强化了父权制社会对女人作为妻子的要求。

关键词:利百加;《创世记》;求/订婚场景;水井

Women at the Well: Rebekah in The Bible

NANGONG Meifang

Abstract: Rebekah is the wife of Isaac, the second patriarch of the

* 本文是北京林业大学科技计划项目"基督教文学研究与翻译"(编号 2014—1)及北京林业大学英语专业国家级特色专业建设点项目的阶段性成果。

ancient Hebrew. She is also the heroine of the first "betrothal type-scene" in The Bible. In Genesis 24, the writer of The Bible gives a full and detailed account of this betrothal scene. About the active features that Rebekah shows as a female character in this scene, traditional biblical scholars believe that they suggest the dominant position of Rebekah compared with Isaac in the family and women's respected status. However, a closer study shows that as an active doer, all Rebekah did is to fulfill the arrangement of the God, and reinforce the requirement that women as wives have to meet in a patriarchal society.

Key words: Rebekah; Genesis; betrothal type-scene; well

罗伯特·艾尔特对圣经文学批评的贡献之一是他的"类型场景"(type-scene)理论。在他所归纳的类型场景中,"求/订婚场景"(betrothal type-scene)出现的次数较多。艾尔特将"求/订婚场景"定义为"未来的新郎或他的代理人经过长途跋涉,到达异乡。在那里,他遭遇到一位姑娘。接着,未来的新郎,或者是这位姑娘,会从井里汲水。此后,姑娘会跑回家,告诉家里关于这位陌生男子的消息。最终,陌生的男子会与这位姑娘完成订婚"。[①] "求/订婚场景"在圣经中出现了三次,分别是《创世记》24:1—58、29:9—20和《出埃及记》2:16—21。第一次是亚伯拉罕的使者为以撒寻找新娘,第二次是拉结和雅各的相遇,最后一次是摩西遇见西坡拉。这三个场景虽然都是关于"未来的妻子与丈夫(或丈夫的代表)"在井边相遇的故事,都"包含了相同的主题,都按相同的模式发展",[②]但有所不同的是,在《创世

① Robert Alter, *The Art of Biblical Narrative*. New York: Basic Books, 1981, 52.

② Esther Fuchs, *Sexual Politics in the Biblical Narrative: Reading the Hebrew Bible as a Woman*. Sheffield: Sheffield Academic Press, 2000, 93.

记》24:1—58 中,出现在井边的不是未来的新郎以撒本人,而是他父亲派出的老仆人;未来的新娘利百加在井边的表现也与其他两个场景明显不同。

一、谁是利百加

实际上,《创世记》的全知叙述在利百加出场之前已极尽铺垫之能事。利百加真正出场是在《创世记》第 24 章,但是早在《创世记》第 22 章亚伯拉罕捆绑以撒的故事之后,就有着这样一段族谱叙事:

> 这事以后,有人告诉亚伯拉罕说,密迦给你兄弟拿鹤生了几个儿子,长子是乌斯,他的兄弟是布斯,和亚兰的父亲基母利。并基薛,哈瑣,必达,益拉,彼土利,(**彼土利生利百加,**)[①]这八个人,都是密迦给亚伯拉罕的兄弟拿鹤生的。(创 22:20—24)[②]

这段看似低调平淡的叙述中出现了不少人的名字,其中只有一个与众不同,那就是利百加。在以上提到的所有人名中,只有利百加是第三代,也是唯一提到的第三代,而跟她同为第三代的哥哥拉班虽为男性,并且在《创世记》叙事中占有重要分量,却没有在此处被提及。这不能不说是因为利百加的出生有着特殊的意义。有了利百加出生的这个伏笔,到了第 26 章,当利百加的名字再次出现时:"利百加是彼土利所生的,彼土利是亚伯拉罕兄弟拿鹤妻子密迦的儿子,"(24:15)读者便立即知晓,利百加的出现绝非一个偶然事件。

第二个铺垫是亚伯拉罕对老仆人的交代。儿子以撒是上帝亲自为他拣

---

① 黑体为本文作者所加。

② 本文来自圣经的引文除非特殊标注,都引自中文和合本《创世记》。

选的继承人,又是在刀下死里逃生的爱子[①],为以撒娶妻自然是一件极其重要的事:

> 亚伯拉罕对管理他全业最老的仆人说,请你把手放在我大腿底下。我要叫你指着耶和华天地的主起誓,不要为我儿子娶这迦南地中的女子为妻。你要往我本地本族去,为我的儿子以撒娶一个妻子。……仆人就把手放在他主人亚伯拉罕的大腿底下,为这事向他起誓。(24:2—9)

为儿子娶妻的事情发誓,已经在说明这不是一桩普通的婚配之事,尤其是亚伯拉罕让老仆人发誓时把手放在自己的"大腿底下"。这种起誓的方式实际上来源于古代近东,具体的做法是,把手放在大腿根部男性生殖器下面,其中的暗示是,这种约定不仅是在两个人之间,而且关系到子孙后代。[②]可见亚伯拉罕对于以撒娶妻的慎重程度,也暗示未来的儿媳将为亚伯拉罕的子孙后代肩负着重要使命和责任。

老仆人领命,经过长途跋涉来到哈兰。叙述者并未让老仆人立即见到利百加,而是为利百加的真正现身做了第三个,也是更加重要的铺垫:

> 天将晚,众女子出来打水的时候,他便叫骆驼跪在城外的水井那里。他说,耶和华我主人亚伯拉罕的神啊,求你施恩给我主人亚伯拉罕,使我今日遇见好机会。我现今站在井旁,城内居民的女子们正出来打水。我向哪一个女子说,请你拿下水瓶来,给我水喝。她若说,请喝,我也给你的骆驼喝,愿那女子就作你所预定给你仆人以撒的妻,这样,

---

① 参见《创世记》第 22 章"捆绑以撒"的故事。

② David Lyle Jeffrey and Gregory Maillet, *Christianity and Literature: Philosophical Foundations and Critical Practice.* Downers Grove: Inter Varsity Press, 2011, 114.

我便知道你施恩给我主人了。(24:11—14)

老仆人的祈祷直接将上帝及其旨意带入叙事的前景。以撒未来的妻子不仅肩负着亚伯拉罕的未来,也将是上帝通过老仆人亲自拣选的女族母,直接体现着上帝的意愿,甚至是上帝是否眷顾、施恩于亚伯拉罕的象征。老仆人的祈祷为读者制造了一个小小的悬念:他是否能如愿遇到好女子?上帝是否会引导他?

利百加肩头上扛着水瓶出来,利百加是彼土利所生的,彼土利是亚伯拉罕兄弟拿鹤妻子密迦的儿子。那女子容貌极其俊美,还是处女,也未曾有人亲近他。(24:15—16)

从以上引文可见,叙述者对利百加的介绍是全方位的:她有动作——打着水瓶,暗示她身体健康;有来历——亚伯拉罕兄弟拿鹤妻子密迦的儿子彼土利的女儿,暗示她符合亚伯拉罕要求的家族血统;有相貌——容貌极其俊美,显示出她外在的魅力;而且有补充说明——还是处女,也未曾有人亲近她,暗示她待字闺中。这一系列非常正面的描述直接将利百加放在叙事舞台的核心地位——任何读者到此处都会做出理所应当的推测:利百加就是那女子,她正是上帝为亚伯拉罕所预备儿媳的最佳候选人,其出现就是来回应老仆人祈祷,亦即上帝眷顾亚伯拉罕的象征。

相比于利百加,其他两个"求/订婚场景"中的女主人公就没有这样的待遇了:

西坡拉:米甸的祭司有七个女儿,她们来打水,打满了槽,要饮父亲的群羊。(出2:16)

拉结:雅各正和他们说话的时候,拉结领着他父亲的羊来了,因为

> 那些羊是她牧放的。(29:9)

在《出埃及记》中西坡拉第一次出场时连名字都没有被提到,只被提到是米甸祭司的女儿之一,直到后来被许给摩西为妻时才提到其名字(出2:21)。在《创世记》中拉结出场时,读者知道了她是负责为家里牧羊的,而关于其相貌和其他细节,直到10节之后才被提及:"拉结生得美貌俊秀。"(29:17)叙述者对利百加从出场前的铺垫到出场时的细致描述,无疑能使读者留下深刻印象,思索这样一位隆重推出的女子,上帝会不会青睐她,她究竟会不会成为以撒的妻子,她对亚伯拉罕的家族会产生什么样的影响?

二、行为的语言

接下来,就要看利百加是否能够真的应验老仆人的祈祷。老仆人祈祷的话还未说完,叙述者就迫不及待插入"还没说完,不料……"。在前文一层一层铺垫的缓慢叙事后,这句插入语明显起到了加快叙事节奏的效果,似乎要将故事的结局立即推到读者眼前,而紧接着发生的一切可以说有一气呵成之感:

> 仆人跑上前去迎着她说,求你将瓶里的水给我一点喝。女子说,我主请喝。就急忙拿下瓶来,托在手上给他喝。女子给他喝了,就说,我再为你的骆驼打水,叫骆驼也喝足。她就急忙把瓶里的水倒在槽里,又跑到井旁打水,就为所有的骆驼打上水来。(24:17—20)

圣经叙事以简约著称,常将空间、历史、个人情感等元素都隐藏到后台,用一种极简的叙事方式迫使读者完全参与到解读过程中。[1] 然而在利百加的这段描述中,《创世记》一改其简约的叙事风格,对利百加的动作细节极尽

① 刘意青:《圣经的文学阐释》,北京:北京大学出版社,2004年,第81—88页。

描述:她下到井旁、打水、上来、请老仆人喝水、饮骆驼,一个动作连着另一个动作,叙述者根本不给读者犹豫、怀疑,甚至思考的空间。甚至不惜重复老仆人的祈祷内容,为老仆人打水,为老仆人的骆驼打水、请老仆人喝水等动作不厌其烦地重复了四次。而老仆人所做的,就是在一旁定睛瞧她,直到最后由利百加亲口告诉老仆人她自己的身份。

与老仆人的祈祷相比,利百加不但完美地应验了老仆人祈祷中的每一个步骤,甚至大大超出了老仆人的预期。她不但给人和骆驼都喝了水,而且"急忙"地请他喝,"急忙"地将骆驼饮足,充分表现出利百加对客人不假思索的尊重和慷慨。《创世记》作者在此处如此不吝笔墨,不惜重复地对利百加进行浓墨重彩的介绍,给足了利百加在叙事中的核心价值。叙述者对利百加的刻画有着明显的重复,这种重复将读者一次次带入作者对关键内容的强调修辞中,使利百加的动作得到多角度多层面的充实和强化,从而给读者留下深刻印象。所以,当老仆人还在故事中对上帝所赐道路是否"通达"而"定睛"细心查看时,在全知叙述指引下的读者对于利百加的出现及其未来的地位早已心领神会了。

利百加不仅貌美、慷慨,而且其好客是真诚的,尤其是与哥哥拉班相比。经过仔细观察后,老仆人问利百加:

> 请告诉我,你是谁的女儿,你父亲家里有我们住宿的地方没有。女子说,我是密迦与拿鹤之子彼土利的女儿。又说,我们家里足有粮草,也有住宿的地方。(24:23—25)

利百加的回答显然超过了老仆人所需要的信息,违反了言语交际中的数量准则,[①]她不但回答了老仆人的问题,而且主动提出家里有足够的粮草

① Patrick Griffiths, *An Introduction to English Semantics and Pragmatics*. Edinburgh: Edinburgh University Press, 2006, 136—138.

可以招待这位陌生的来客。这种对交际准则的故意违反实现了对利百加这个人物特征的强化:好客、主动。对比一下利百加之兄拉班的表现:他后来虽然也表现出对老仆人的热情,为老仆人"收拾了房屋,也为骆驼预备了地方"(24:31),但是叙述者明明白白地告诉我们,这一切乃是发生在他"看见金环,又看见金镯在他妹子的手上,并听见他妹子利百加的话"(24:29)以后。拉班的贪财重利从另一个侧面对利百加的正面形象作出衬托。

总之,《创世记》在利百加这个人物身上表现出的是行动的力量,她的动作虽然都是对老仆人祈祷的应验,但是与老仆人的愿望型言语相比,利百加的言语是施为性的,她是一位真正的行动者。① 梅厄·斯腾伯格曾对《创世记》第18章进行分析,指出叙述者对亚伯拉罕使用的"跑""急忙"等动词表现了亚伯拉罕的积极待客及其对神的敬畏。② 可见利百加在此处的"我主请喝",并"托在手上"协助他喝,也明显表现出类似的人物特征:好客、慷慨、畏神。正如艾尔特所称,利百加是《创世记》所有族母中最精明、最能干的一位,而"求/订婚场景"对她的刻画显示出她的主动与强势。③

回顾利百加订婚的整个故事,笔者在此将《创世记》第24章的故事从利百加角度对共计67节的叙事框架进行简要概括:

介绍:亚伯拉罕给老仆人布置任务,引出利百加的出现(1—10);

出场:以老仆人的祈祷为铺垫,强化利百加对上帝指引的应验(11—27);

订婚:利百加将客人领至家中,父兄同意其远嫁并为她祝福(28—60);

① Lieve Teugels, "A Strong Woman, Who Can Find?" *Journal for the Study of Old Testament* 63.1 (1994), 89—104, 92.

② Meir Sternberg, *The Poetics of Biblical Narrative: Ideological Literature and the Drama of Reading*. Bloomington: Indiana University Press, 1985, 91—93.

③ Robert Alter, *The Art of Biblical Narrative*. New York: Basic Books, 1981, 54.

结局:利百加与以撒相见、成婚(61—67)。

从介绍到出场,到订婚,再到结局,《创世记》对利百加的婚姻进行了完整的叙述,似乎暗示《创世记》第24章就是一个以利百加为主人公的叙事。更值得注意的是,准新郎以撒在整个“求/订婚场景”中根本没有露面,娶妻之事由父亲安排,妻子由老仆人挑选,而他自己那时“住在南地,刚从庇耳拉海莱回来。天将晚,以撒出来在田间默想。举目一看,见来了些骆驼”(24:62—63),直到这时,他才见到自己未来的妻子,甚至直到这时,他有可能才知晓求订婚这件事。这段关于求订婚的故事虽然被《创世记》作者放在整个以撒叙事的框架之中,但是利百加似乎要越俎代庖,成为以撒叙事中的主角。

三、类比的强化

叙事学学者里蒙-凯南在对虚构文学研究的基础上提出,人物刻画常见的方式包括直接定义和间接呈现,对于主要人物的刻画还用类比方式进行强化。① 圣经虽然与虚构文学不同,但是《创世记》对利百加这个人物的刻画涵盖了里蒙-凯南所提到的所有方式。综上所述,对利百加的刻画既有直接定义(direct definition):密迦与拿鹤之子彼土利的女儿;又有间接呈现(indirect presentation),包括行为(action)、言语(speech)、人物特征(external appearance)和环境(environment)等。当然更重要的,还有类比。

里蒙-凯南认为类比与直接定义及间接呈现不同,它是对人物刻画的强化,取决于之前的建构,能够加强读者对人物特点的理解。② 实际上,艾尔

① Shlomith Rimmon-Kenan, *Narrative Fiction: Contemporary Poetics* (2nd edition). London & NY: Routledge, 2002, 61—72.

② Shlomith Rimmon-Kenan, *Narrative Fiction: Contemporary Poetics* (2nd edition). London & NY: Routledge, 2002, 69.

特提出的场景理论就建基于类比。像众多其他学者一样,艾尔特注意到了利百加的婚姻与其他“求/订婚场景”的相似性,但是他更加强调的是相同场景中每个具体故事的细节变化。对于艾尔特来说,在圣经的类型场景中,“真正有意思的不是模式的规律性,而是每一个模式的具体使用过程中因为目的的改变而出现的剧烈变化”。[①] 艾尔特认为在《创世记》第 24 章,为以撒求亲的老仆人与未来的新娘利百加在井边相遇之事揭示了新郎以撒的性格特征,即以撒是《创世记》中四位族长中最弱势的一位,他从求婚到定亲都是由老仆人代办。而利百加在求订婚的过程中则表现得积极主动,充满活力,她的能量及其主动促成婚事的表现与以撒的无能和被动等待形成了强烈对比,预兆了他们婚后的家庭关系及两人各自的作为。他在婚娶事务上的被动与无能是他在婚后会受到妻子摆布的前兆。[②]

然而,类比既可以是同性人物、类似主题之间的,也可以是异性人物之间的;有些看似无关的场景实际上隐含着更加深层的可比性。从婚姻角度来说,利百加的婚姻场景类似于其他女性人物的“求/订婚场景”,但是如果从另一个角度看,利百加的婚姻和离家远嫁与亚伯拉罕听从上帝呼召离开家乡的主题也值得一比,笔者暂时称之为“离家场景”:

	上帝/老仆人的呼召	对呼召的反应	祝福
亚伯拉罕	你要离开本地,本族,父家,往我所要指示你的地去。(12:1)	亚伯兰就照着耶和华的吩咐去了。(12:4)	我必叫你成为大国。我必赐福给你,叫你的名为大,你也要叫别人得福。(12:2)
利百加	仆人说,耶和华既赐给我通达的道路,你们不要耽误我,请打发我走,回我主人那里去吧。(24:56)	利百加说,我去。(24:58)	他们就给利百加祝福,说,我们的妹子阿,愿你作千万人的母,愿你的后裔,得着仇敌的城门。(24:60)

① Robert Alter, *The Art of Biblical Narrative*. New York: Basic Books, 1981, 52.

② Ibid, 51.

从上表的对比可见,上帝通过亚伯拉罕的老仆人之口对利百加的指示和祝福与《创世记》第12章上帝对亚伯拉罕的指示和祝福非常类似,核心内容主要是两点:一、离开家乡;二、未来做万国之父/母。对于第一点,亚伯拉罕与利百加离开的恰巧都是哈兰。同时,亚伯拉罕对上帝的呼召没有任何口头回答,直接用行动给予了肯定的答复;而利百加则不假思索,直接在口头上给予了正面回应。

在第二点上,利百加与亚伯拉罕的相似性表现在上帝对其后代拣选的承诺和预言上。上帝告诉亚伯拉罕,撒拉将为他生下儿子以撒,来继承他与上帝之约;而到了以撒这里,上帝直接把这一预言告诉了利百加:"耶和华对他说,两国在你腹内,两族要从你身上出来,这族必强于那族,将来大的要服事小的。"(25:23)知晓了上帝意图的利百加不仅主动完成上帝的安排,甚至主动为上帝的预言做安排。在《创世记》第27章,她协助儿子雅各假扮长子以扫,骗得以撒对长子的祝福,从而完成了上帝"大的要服事小的"的预言,使雅各最终顺利成为上帝之约的继承人,并被上帝改名为以色列,成为以色列人的直接祖先,这其中利百加作为一个积极辅助者的身份和地位是无法低估的。从上帝对亚伯拉罕的呼召和允诺角度看,以撒是亚伯拉罕多国之父称号的继承人,但是从人听从上帝呼召,继而完成上帝之约的角度看,利百加则是那位贯彻上帝承诺的有决断力的行为者。因此,从这个层面来看,如果说亚伯拉罕是获得上帝启示的希伯来人第一位男性先祖,那么似乎可以说,利百加就是上帝直接给予启示的第一位希伯来母亲。

四、言语的行为

然而,正如艾尔特所说:"在既定模式中,不同的场景所展开的不同变化如果有些细节被改变,或者甚至被省略,读者就会感受到某种信息……"①

① Robert Alter, *The Art of Biblical Narrative*. New York: Basic Books, 1981, 51.

	呼召发出者	祝福来源
亚伯拉罕	上帝	上帝
利百加	老仆人	利百加的父兄

对利百加发出呼召的毕竟不是上帝,而是与上帝之间还间隔着亚伯拉罕的老仆人;给予利百加祝福的也不是上帝,而是她自己家里的父亲和兄弟。这一切显然都无法与亚伯拉罕跟上帝的直接交流相提并论。

实际上,利百加的外貌、言语和行动所表现的虽是一个主动积极的人物形象,但是所有这一切所强调的不是利百加作为一个人物的个性和丰富性,而更多地是为了应验老仆人的祈祷,彰显上帝的安排。她的所有行为都是对代表亚伯拉罕的老仆人的祈祷的正面回应。她虽然有很多主动行为,那些行为也从某种程度上表现了她的慷慨和好客,但是其行为所指向的恰恰并非她个人人格的独立与自主,而是接受、默许、顺从等父权制社会中女性被期望的特征。

最重要的是,决定婚娶约定的是男人,而不是利百加自己。利百加与以撒的婚姻由亚伯拉罕安排,由亚伯拉罕的老仆人牵线,由利百加的父亲拿鹤和哥哥拉班决定:

> 看哪,利百加在你面前,可以将她带去,照着耶和华所说的,给你主人的儿子为妻。亚伯拉罕的仆人听见他们这话,就向耶和华俯伏在地。仆人拿出金器、银器,和衣服送给利百加,又将宝物送给她哥哥和她母亲。(24:51—53)

对于利百加而言,这暗示了对她的控制权从父亲转移到丈夫的一个过程,她已经从某人的女儿变成了某人的妻子。她被父亲"给"出,被丈夫的使者"带走"。同时,这"给"和"带走"的背后还有着金钱交易,那种交易所暗示的是,作为貌美处女的利百加不过是男人欲望的对象,也不过是老仆人付出大量钱财后的交换所得。

利百加出现的地点也非常富有深意。“井”在圣经中常常象征着女性的子宫和生育能力。[①] 在经过了水井场景之后,女人作为妻子的形象就得以固化,成为一种类型。[②] 利百加,连同众多其他井边出现的女人,都是水井、子宫的象征,一个象征着生育的他者。作为妻子,不论是沉默被动,还是主动积极,其最终价值都体现于对父权制交换原则的服从和支持,体现在最终成为母亲,为以撒传宗接代的价值上。

在此“求/订婚场景”的最后,这位一直在叙事舞台中央,积极向自己的未来前进的女主人公利百加,在看到未来的丈夫以撒的瞬间,“急忙下了骆驼。问那老仆人说,这田间走来迎接我们的是谁,仆人说,是我的主人。利百加就拿帕子蒙上脸”(24:64—65)。在丈夫面前蒙上脸显示了她的谦卑和恭顺,正如上帝在《创世记》第3章对夏娃的教训:“你必恋慕你丈夫、你丈夫必管辖你。”(3:16)男人仍然是女人的头,即使一位如利百加般强势、主动的女人要想成为好妻子,也必须向丈夫表示出顺服和收敛。

利百加的真正作用似乎在此时更加显明:“以撒便领利百加进了他母亲撒拉的帐棚,娶了她为妻,并且爱她。以撒自从他母亲不在了,这才得了安慰。”(24:67)她所做的一切都是为了成为以撒的妻子,成为他的安慰!在这个预示大结局的时刻,读者看到的是,利百加从主动一方瞬间变成被动一方;发出动作的是那位曾经缺席的准新郎——以撒,他“领”着利百加,“娶”了利百加,并且“爱”她。而利百加的圆满就在于,她最终进入了以撒的生活轨道之中,成为他生活的一部分。

---

① Meir Sternberg, *The Poetics of Biblical Narrative: Ideological Literature and the Drama of Reading*. Bloomington: Indiana University Press, 1985, 62.

② Robert Alter, *The Art of Biblical Narrative*. New York: Basic Books, 1981, 52.

结 语

保罗曾说过:"女人要沉静学道,一味地顺服。我不许女人讲道,也不许她辖管男人,只要沉静。因为先造的是亚当,后造的是夏娃,且不是亚当被引诱,乃是女人被引诱,陷在罪里。"(提前2:11—14)意即女人应当是男人的仆从,只有男人才拥有使用语言的能力,女性臣服于男性标志着理智的归趋。如果说利百加的确是一位行动者,她也仅仅是一位言语的完成者,而不是一位指令的发出者。她所有主动的行为不过是对上帝,或者通过老仆人所传达给读者的上帝指令的一一验证。她的言语和行为虽然在一定程度上表现出主动性和积极性,但是她的主动与积极都是在上帝预言的框架内完成,最终证明的是上帝对亚伯拉罕的预备和安排。利百加的订婚场景是圣经中第一个有关婚姻的故事。在这个郑重其事,有上帝、亚伯拉罕、老仆人、利百加、利百加的家人,以及以撒等各方参与的前所未有的、完整的求订婚故事背后,读者看到的是父权制的婚姻概念。在这个场景中隐藏着一种重要的婚姻形式,即新娘必须离开她自己的家庭而嫁到她丈夫的地盘,或者更确切地说,她丈夫的父亲的地盘。[①] 无论是利百加积极的行为,还是主动的语言,都不过是对神意的验证,而任何一位积极主动的妻子都要被放到上帝对男性族长的拣选这一大框架中去言说。

作者南宫梅芳,博士,北京林业大学外语学院副教授,主要研究圣经文学、英美文学。近期发表论文《对称与对抗——〈圣经·创世记〉中的潜文本》《女人的喜剧——〈圣经·创世记〉第38章述论》等。

(王鹏 编)

① Fuchs, *Sexual Politics in the Biblical Narrative*, 95—96.

试解《士师记》中的“雅亿与西西拉之谜”

侯林梅

内容提要：本文首先梳理国内外学者对《士师记》中“雅亿与西西拉之谜”的研究和解读，将《士师记》第4章与第5章视为不可分割的有机整体，继而以圣经文本为依据，采用文本细读法并借鉴精神分析法来解开上述谜团——希白是以色列人的间谍，雅亿通过性诱惑成功地杀死西西拉，他们都是以底波拉为首的以色列人所制定作战计谋的主要参与者。

关键词：《士师记》；雅亿与西西拉之谜；间谍；执行者

An Interpretation of the Mystery of Jael & Sisela

HOU Linmei

Abstract: After a brief outline of the domestic and abroad research upon and interpretation of the Mystery of Jael and Sisela in Judges, the article, on the basis of the organic unity between Chapter Four and Five, gives its interpretation of the above mystery through close reading of The Bible and some elements of psychoanalysis; Heber in fact is an Israeli spy, Jael kills Sisela successfully by beauty trap, and they are both important participants of the warplans of Israelis who are headed by Deborah.

Key words: Judges; the Mystery of Jael and Sisela; spy; executor

《士师记》所载雅亿锤杀西西拉之事是著名的圣经故事。读者被故事吸引之际,难免对雅亿锤杀西西拉的动机生出种种疑问,逐渐形成一个“雅亿与西西拉之谜”。一般说来,现代读者倾向于悬置圣经宣扬的“耶和华神力说”,而从道德维度质疑雅亿的举动,因为那种举动既破坏了其丈夫与耶宾家族的和睦,又违反了游牧民族的好客之道。那么,雅亿刺杀西西拉的动机何在?怎样才能揭开雅亿锤杀西西拉之谜?

对此问题,较具代表性的回答有四类。雷斯(Reis)认为,雅亿锤杀西西拉,是为了于迦南人兵败后能保全自己和丈夫的性命而免遭以色列人报复。[①]马修斯(Matthews)提出,身为客人的西西拉违反了近东社会约定俗成的待客之道,而招致杀身之祸。[②]还有人认为,《士师记》的作者之所以对雅亿的动机语焉不详,是因为第 4 章的主要目的在于强调底波拉预言的实现:雅亿实为底波拉预言中那只看不见的上帝之手。[③]芬沙姆(Fensham)则指出,雅亿的行为符合近东的法律准则:由于她的民族(基尼人)与以色列人之间互有盟约,她认定自己有义务杀死本家族盟友的敌人。[④]国内学者梁工也

① P. T. Reis, “Uncovering Jael and Sisera: A New Reading”. *Study of Journal of the Old Testament* 19 (2005): 24—47.

② Victor H. Matthews, *Judges and Ruth*. Cambridge: Cambridge University Press, 2004.

③ Elle Assis, “The Hand of Woman: Deborah and Yael (Judges 4)”. *The Journal of Hebrew Scriptures* 5 (2005): 1—12.

④ Charles F. Fensham, *Did a Treaty between the Israelites and the Kenites Exist?* (Bulletin of the American Schools of Oriental Research), 17 (1964): 51—54.

说,雅亿杀死西西拉,是恪守了本家族与以色列的盟约。[①]

本文借鉴现有成果,论证《士师记》第4章与第5章之间存在着不可分割的关联性,进而追溯基尼人与以色列人之间的盟约关系,给出雅亿与西西拉之谜的答案:希百实为以色列的间谍,他和雅亿乃是底波拉所制订缜密作战计划中的两个关键执行者。希百的间谍身份是底波拉预言的最佳注释,雅亿则通过实施"美人计",成功地完成了杀死西西拉的任务。

一、《士师记》第4章与第5章的关系

要解开雅亿与西西拉之谜,须首先澄清《士师记》第4章与第5章的关系:这两章是彼此独立,各成一体的;还是不可分割,能互相解释的?

《士师记》4、5章都讲述了底波拉击败西西拉之事,不同之处在于前后两章所采用的文体:第4章是散文体,第5章是诗歌体。这种文体备受关注,且引发颇多争论,即如布洛克所论:"在《士师记》一书中,第4章和第5章是最受学者关注的。"[②]

笔者认为,这前后两章是一个有机整体,互为补充。第5章诗歌体中的叙述一方面填补了第4章的叙事空白,另一方面也与第4章的一些情节相互呼应。只有将这两章联系起来进行综合解读,底波拉、西西拉、巴拉与雅亿之间的故事才能显得完整而连贯。泰勒·梅菲尔德(Tyler Mayfield)对1990年以来发表的相关文献进行综述,发现大多数评论家都主张前后两章是彼此关联的,其间前一章对后一章的依赖更多。[③]在确定了前后两章的关系后,就有可能充分利用第4章及第5章的文本,来揭开雅亿与西西拉的千古之谜。

---

① 梁工:《圣经指南》,沈阳:辽宁人民出版社,1993,237。

② D. I. Block, *Judges*, *Ruth*. Nashville: Broadman & Holman. 1999, 185.

③ Tyler Mayfield, "The Accounts of Deborah (Judges 4—5) in Recent Research", *Currents in Biblical Research* 7.3 (2009): 306—335. http://CBI.sagepub.com.

二、希百、雅亿与以色列人的作战计划

迦南的耶宾王凭借其九百辆铁甲战车,欺压以色列人二十年,足见其力量之强大。同时,巴拉在底波拉对其委以重任时表现得胆怯和退缩,也印证了迦南军队、兵力的雄厚。面对这样一支队伍,以色列人只有制订缜密的作战计划,才有取得胜利的希望。虽然原文对基尼人希百及其妻子雅亿(尤其是希百)着墨不多,但这两人却是底波拉所制订作战计划中非常关键的人物。

1. 希百:隐秘的间谍

基尼人与以色列人之间的关系非同寻常。早在《出埃及记》中,读者就知道摩西的岳父是米甸祭司,摩西与其岳父关系融洽。《民数记》第10章进一步点明了两个家族之间的密切关系:

> 摩西对他岳父(或作内兄)米甸人流珥的儿子何巴说:“我们要行路,往耶和华所应许之地去。他曾说,我要将这地赐给你们。现在求你和我们同去,我们必厚待你,因为耶和华指着以色列人已经应许给好处。”
>
> 何巴回答说:“我不去;我要回本地本族那里去。”
>
> 摩西说:“求你不要离开我们。因为你知道我们要在旷野安营,你可以当作我们的眼目。
>
> “你若和我们同去,将来耶和华有什么好处待我们,我们也必以什么好处待你。”(民10:29—32)

这段话足以证明两点:一是摩西为以何巴为首的基尼人安排的职能就是“眼目”;二是基尼人的地位不同寻常,他们被以色列人视若同族弟

兄，共同享受耶和华的应许。先看第一点。基尼人充当以色列人的"眼目"，就圣经钦定本的英语原文"eyes"来看，"眼目"即"眼睛"，引申义包括"视力""监视""眼线"等。此处最合适的理解，应该是基尼人乃以色列人的"眼线""探子"，即"为人暗中察看情况并通风报信的人"。如果采用更专业的术语，即基尼人的职业就是间谍。身为间谍的基尼人对以色列人来说，应该有着非常重要的作用和意义。圣经中后来的记载可资证明——《撒母耳记上》谓扫罗曾对基尼人说："因为以色列人出埃及的时候，你们曾恩待他们。"（撒上 15：6）由此可见基尼人曾给予以色列人以帮助。

关于第二点，圣经中有不少记述可为佐证。《士师记》第 1 章称，以色列犹大支派在攻占迦南时，"摩西的内兄（或作岳父）是基尼人，他的子孙与犹大人一同离了棕树城，往亚拉得以南的犹大旷野去，就住在民中。"（士 1：16）此处基尼人俨然就是犹大人。《撒母耳记上》进一步写到，扫罗攻占亚玛力人都城时，"扫罗到了亚玛力的京城，在谷中设下埋伏。扫罗对基尼人说，你们离开亚玛力人下去吧，恐怕我将你们和亚玛力人一同杀灭。因为以色列人出埃及的时候，你们曾恩待他们。于是基尼人离开亚玛力人去了。"（撒上 15：5—6）可见，即使到了王国时期，以色列人也一如既往地维护并恪守两族人之间的友好关系，对其秋毫无犯。尽管以色列人一再违背与耶和华的盟约，导致"悖逆—受罚—哀求—得救"的主题在圣经尤其《士师记》中重复上演，但圣经中从未出现对基尼人与以色列人友好关系破裂的记载，可见两族人应该是世代相好，其间基尼人应该一直保持着间谍身份。对于后一观点，可以引用第 4 章中的有关叙述，尤其是《士师记》4：7—12 来证明——

> 我必使耶宾的将军西西拉率领他的车辆和全军往基顺河，到你那里去。我必将他交在你手中。（士 4：7）

巴拉说,你若同我去,我就去。你若不同我去,我就不去。(士 4: 8)

底波拉说,我必与你同去,只是你在所行的路上得不着荣耀,因为耶和华要将西西拉交在一个妇人手里。于是底波拉起来,与巴拉一同往基低斯去了。(士 4: 9)

巴拉就招聚西布伦人和拿弗他利人到基低斯,跟他上去的有一万人。底波拉也同他上去。(士 4: 10)

摩西岳父(或作内兄)何巴的后裔,基尼人希百曾离开基尼族,到靠近基低斯撒拿音的橡树旁支搭帐棚。(士 4: 11)

有人告诉西西拉说,亚比挪庵的儿子巴拉已经上他泊山了。(士 4: 12)

如果基尼人希百是以色列间谍的话,则第 4 章和第 5 章中的很多问题就能引刃而解——

首先,它可以解释底波拉面对凭借九百辆铁车"大大欺压以色列人二十年"(士 4: 3)的耶宾王部队时,为什么能以非常肯定的语气和十足的信心断言西西拉必败:"我必使……西西拉……全军往基顺河……我必将他交在你(巴拉)手中。"(士 4: 7)切记《士师记》开篇就讲到,犹大人攻占迦南时成功地获取了很多地方,但只能赶出山地居民,"却不能赶出平原的居民,因为他们有铁车"(士 1:19)。而且,即便叙述到底波拉之前的士师们,如俄陀聂、以笏、珊迦等人的战绩时,作者也从未提到过他们能战胜迦南的铁车部队。由此可见铁车部队的强悍难敌。可以推测,此次底波拉的信心源于她与希百制订的作战计划、希百的间谍身份,及其与耶宾王的特殊关系——"因为耶宾与基尼人希百家和好"(士 4: 17)。有评论者根据第 17 节以及相关论述指出,希百是一个双面间谍[①],但本文认为支撑此种观点的材料不

① Baruch Halpern, "Sisera and Old Lace: The Case of Deborah and Yael", in *The First Historians The Hebrew Bible and History*. San Francisco: Harper and Row, 1988, 76—103.

足,而只承认希百是以色列人的间谍。

其次,我们也可以解释《士师记》的作者为何在此处"插一笔",来交代希百及其帐棚所在之处为基低斯,因为那时底波拉和巴拉就在基低斯。第12节马上提到"有人"将以色列军队的动向告诉西西拉,那个人有可能就是希百,也可能是对方的情报人员,或者可能是以色列人故意"泄露"的,因为西西拉得到信息后就率领军队到达了基顺河。故第11节貌似突兀,实则有着承上启下的关键作用。至此,底波拉预言的第一部分已经应验了。

再次,雅亿锤杀西西拉的动机和目的也能变得有源可溯:她是其丈夫希百的助手,也是以色列人的坚定支持者,同时还是底波拉所制订计划的一位非常关键的执行者。

这同时也能验证底波拉所预言的"耶和华要将西西拉交在一个妇人手里"(士 4:9)。

最后,这种处理还能使第5章重复提到"在流便的溪水旁有心中定大志的……在流便的溪水旁有心中设大谋的"(士 5:15—16)之说有了落脚点。这位"心中定大志""心中设大谋"的人,应该主要指底波拉,或者指底波拉与希百/雅亿。这些叙述以异常隐秘的方式交代了以色列人得胜的根本原因:缜密的作战计划和极为得力的执行者。在那次战斗中,以色列人可谓天时地利人和一应俱全。循此思路解释雅亿锤杀西西拉的动机,能显得较为合情合理。

2. 雅亿:作战计谋的最终执行者

雅亿是基尼人希百的妻子,她的立场和态度应该与其丈夫希百相同,也是坚定支持以色列的。如上文所述,在此作战计划中,她利用耶宾王与希百家和好的有利条件,赢得了西西拉的信任,使他"顺利地"落入了以色列人事先设计好的陷阱中。然后她冒着生命危险,出面引诱西西拉至自己的帐棚,完成了最后的谋杀。雅亿虽是一个异族弱女子,她的胆识和勇气以及执行任务时的果断和坚决,却一点也不逊色于身为士师和女先知的底波拉,甚至令性格软弱、怯于担当的巴拉汗颜。那么,作者为什么选择了雅亿?雅亿是如何完成任务的?

关于第一点,前文已述,一方面是鉴于其丈夫家族与以色列家族的友好关系,及其丈夫的间谍身份,另一方面则是凭借希百家族与耶宾王和好的有利条件。这使雅亿非常熟悉双方的将领:西西拉逃至其帐棚时,"雅亿出来迎接西西拉"(士4:18),"巴拉追赶西西拉的时候,雅亿出来迎接他"(士4:22),主动将其领至自己的帐棚,且不待巴拉开口,就说"来吧,我将你所寻找的人给你看"。这一切都足以证明雅亿所独具的优势。

此外,笔者还能从《士师记》文本中找到更多论据。首先来看耶和华所兴起的拯救以色列人的士师。士师一般都肩负着拯救民族和同胞于危难之中的神圣使命,是为本民族发展立下丰功伟绩的人。但纵览《士师记》,会发现许多士师远离人们对英雄的期待或定义,他们并非完人,而是有着各种各样的缺点:基甸多次试验耶和华,且怯于俄弗拉的当地人,只敢在夜间偷偷为耶和华筑坛献祭。他在被耶和华委以重任时犹豫道:"我有何能拯救以色列人呢?我家在玛拿西支派中是至贫穷的,我在我父家是至微小的。"(士6:15)然而后来我们却得知,"基甸有七十个亲生的儿子,因为他有许多的妻"(士8:30)。耶弗他是妓女的后代,早年遭到弟兄的驱逐,那时"有些匪徒到他那里聚集,与他一同出入"(士11:3),他本人俨然就是一个匪徒。耶弗他曾信口开河,将自己无辜的女儿奉献出去(士11:34—40)。参孙更是个风流武夫,有勇无谋,最后葬送在一个被非利士人收买的妓女大利拉手中。[①]此外,珊迦、以比赞等士师亦非圣洁完美,而是出身、背景均颇为复杂。士师尚且如此,身世低微的雅亿被拣选,也应该是在情理之中的。再者,既然一位跻身于大士师行列的底波拉本是女性,同为女性的雅亿为何就不能成为作战计划的执行者呢?

---

① 梁工:《圣经指南》,沈阳:辽宁人民出版社,1993,234。

其次，笔者可以借鉴圣经社会学批评家的相关观点来佐证。梅尔斯(Meyers)认为，在王国建立之前，以色列社会不存在军队和统一的中央集权，家庭是最基本的社会—经济单元，家庭成员同时也兼为战士。当时社会的公共领域和家庭领域界限模糊，在家庭中发挥极其重要作用的女性在政治生活中亦然，其权力甚至可以超过男性。①在这样的社会中，战争从根本上讲也属于“家务事”，以致每位女性对战争行为和策略从小就耳濡目染，非常熟悉，甚至有可能接受过专门训练②，如同中国古代以花木兰为代表的巾帼英雄。以致底波拉可以身兼先知和士师，女性也有机会参与战斗。如那位用磨石杀死亚比米勒的妇女，她曾将“磨石抛在亚比米勒的头上”(士 9:53)——此举一方面证明了妇女对于战争的参与，同时也证明了她很可能是受过训练的，否则一位弱女子是无法以磨石为武器在混战中杀死敌人的。

即便到了王国时期，一类被称为“聪明妇人”的女性仍旧在生活和战争中发挥着不可估量的作用，典型代表是《撒母耳记下》第 14 章和 20 章中的两位“聪明妇人”。前一位妇人采用欲擒故纵、步步紧逼的游说策略，成功地说服大卫王准许叛逃的押沙龙返回耶路撒冷；后一位更胜一筹，面对约押大军的围攻，在亚比拉城即将被锤陷时，她一面与约押谈判，一面“凭她的智慧去劝众人”履行协议，最后“约押吹角，众人就离城而散”(撒下 22)，她成功地化解了一场危机。在整个事件中，这位“聪明妇人”表现得有胆有识，“颇有几分将帅风度”。③可见在当时社会中，雅亿完全有可能参与战斗。尽管如此，这只是发生于以色列社会紧急情况下的事件，而非经常性的状态④。一旦战争结束，女性还是要回归家庭的。圣经中的女勇士毕竟是少数，可见

① Carol Meyers, *Discovering Eve Ancient Israelite Women in Context.* New York: Oxford University Press, 1988.

② Gale A. Yee, “By the Hand of Woman: the Metaphor of the Woman Warrior in Judges 4”, *Semeia* 61(1993): 99—132.

③ 梁工，郭晓霞:《诗歌书·智慧文学解读》，北京:宗教文化出版社，2003，193。

④ Gale A. Yee, “By the Hand of Woman: the Metaphor of the Woman Warrior in Judges 4”, *Semeia* 61(1993): 99—132.

此种行为只被默许，而不被鼓励。亚比米勒的脑骨被打破后，“他就急忙喊叫拿他兵器的少年人，对他说，拔出你的刀来，杀了我吧。免得人议论我说，他为一个妇人所杀。于是少年人把他刺透，他就死了。”（士 9：53）这充分证明时人将男性被女性杀死视为奇耻大辱，宁愿死在自己人（男性）的手下，也不愿落下一个为妇人杀死的“臭名”。

至于第二点，即雅亿是怎样完成任务的，可以推测如下：

面对强大的迦南部队，以色列人主要采用游击战，“其最主要的作战策略就是欺诈、出其不意（攻其无备）、设陷阱、佯攻”，①雅亿乃是按照底波拉等人的谋划，巧施“美人计”（性诱惑），成功地完成了任务。这是底波拉整个作战计划中最关键的一环。②据第 4 章第 17—18 节叙述：“只有西西拉步行逃跑，到了基尼人希百之妻雅亿的帐棚……雅亿出来迎接西西拉，对他说，请我主进来，不要惧怕。西西拉就进了她的帐棚。雅亿用被将他遮盖。”（士 4：18）在这段描述中，西西拉和雅亿的行为均与近东社会的规范相悖逆。

首先，西西拉来到雅亿的帐棚，本身就违反了古代以色列社会的禁忌。根据圣经描写，男女是分帐篷居住的，即便夫妻也如此。最早的例子可追溯到《创世记》。雅各返乡时，拉班为了追回丢失的神像，“进了雅各，利亚，并两个使女的帐棚，都没有搜出来，就从利亚的帐棚出来，进了拉结的帐棚。拉结已经把神像藏在骆驼的驮篓里，便坐在上头。拉班摸遍了那帐棚，并没有摸着”（创 31：33—34）。有论者指出，圣经中但凡男女同处一个帐棚时，必有性事发生③，如以撒领利百加“进了他母亲撒拉的帐棚，娶了她为妻，并

① Gale A. Yee, “By the Hand of Woman: the Metaphor of the Woman Warrior in Judges 4”, *Semeia* 61(1993): 99—132.

② Gale A. Yee, “By the Hand of Woman: the Metaphor of the Woman Warrior in Judges 4”, *Semeia* 61(1993): 99—132.

③ P. T. Reis, “Uncovering Jael and Sisera: A New Reading”. *Study of Journal of the Old Testament* 19 (2005): 24—47.

且爱她”（创 24：67）。暗嫩将妹妹他玛引诱至其帐棚，将众人打发走后就“玷辱她”（撒下 13：7—14）。

其次，雅亿主动邀请西西拉进其帐棚，“雅亿出来迎接西西拉，对他说，请我主进来”，这一方面违反了男女分棚而居的规定，同时还违反了社会对于女性的要求。较之《箴言》对妓女行为的描写“有一个妇人来迎接他，是妓女的打扮，有诡诈的心思……我出来迎接你，恳切求见你的面，恰巧遇见了你……因为我丈夫不在家，出门行远路”（箴 7：10—19），雅亿的举止在近东人看来也许无异于妓女。而且，《箴言》中被引诱者的遭遇在一定程度上也预示了西西拉的下场：“少年人立刻跟随她，好像牛往宰杀之地，又像愚昧人带锁链，去受刑罚。直等箭穿他的肝，如同雀鸟急入网罗，却不知是自丧己命。”（箴 7：22—23）西西拉进帐后，雅亿“用被将他遮盖”；西西拉求水喝时，雅亿“给他奶子喝”（士 4：18—19）——“奶子”（milk）很容易让人联想到女性的胸部（breast）——这一切都强化了该事件与性的密切联系。同时第 5 章的叙述可作进一步印证：“西西拉在她脚前曲身仆倒，在她脚前曲身倒卧。在哪里曲身，就在哪里死亡。”（士 5：27）《出埃及记》《利未记》和《申命记》都严禁露下体，无论是向耶和华献祭，还是平时与人交往。因为“律法书多处表明，‘露人下体’实指与某人发生性关系”[1]。西西拉在雅亿“脚前曲身仆倒”，清楚地指明了潜在的性活动因素。

但在此整个的谋杀过程中，雅亿的行为颠覆了传统强奸模式中的男女位置：主动的男性变成了主动的女性，受害者变成了施害者，强奸者变成了被强奸者。[2]西西拉吩咐雅亿为他放哨时说：“请你站在帐棚门口，若有人来问你说，有人在这里没有？你就说，没有。”（士 4：20）此语的重点是“有人

① 梁工：《当代文学理论与圣经批评》，北京：人民出版社，2014，438。

② Gale A. Yee, “By the Hand of Woman: the Metaphor of the Woman Warrior in Judges 4”, *Semeia* 61(1993): 99—132.

在这里没有？你就说，没有”。钦定本的英文原文是 Is there any man here? That thou shalt say, No (man)[①]。这句话很容易使人理解为雅亿的帐棚里没有男人(man)——然而事实上却有一个男人(man)。而且，雅亿杀害西西拉时所用的工具——固定帐棚所用的“橛子”和“锤子”——在外形上很像男性生殖器。与此相对应，第5章的诗歌体是这样描述雅亿锤杀西西拉的：“雅亿左手拿着帐棚的橛子，右手拿着匠人的锤子，击打西西拉，打伤他的头，把他的鬓角打破穿通。”(士5：26)其间的雅亿俨然一个力气强大的“匠人”，沉沉睡去的西西拉则如同毫无抗争能力的弱女子一样，被雅亿“将橛子从他鬓边钉进去，钉入地里。西西拉就死了。”(士4：21)

此外，西西拉母亲等待其子凯旋而归时所说的话，也能证明西西拉已经失去了阳刚之气：“他们莫非得财而分。每人得了一两个女子。西西拉得了彩衣为掳物，得绣花的彩衣为掠物。这彩衣两面绣花，乃是披在被掳之人颈项上的。”(士5：30)西西拉所得的“彩衣”与雅亿披在西西拉头上的被子(或译作毯子、单子)遥相呼应。此节暗示的是——西西拉如同女子一样，沦为了战利品。一员猛将就这样被“阉割”、被诱惑和杀害。至此，雅亿成功地完成了底波拉分配给自己的任务。

小　结

后世学者研究圣经时针对具体文本提出过各种各样的理论和猜测，对雅亿和西西拉之谜的解读不尽相同。本文以圣经文本为依据，采用文本细读法并借鉴精神分析法来揭开其中的谜团，以期达到抛砖引玉的效果。仁者见仁，智者见智，异彩纷呈的解说和分析应当有助于多方面诠释圣经内涵的丰富性，促进圣经文学研究的繁荣和常青。

---

① 括号中的内容为笔者所加。

作者侯林梅，河南师范大学外国语学院副教授，河南大学文学院博士研究生，研究英美文学和圣经文学，近期发表论文《希尼诗歌的底层叙述》、译文《〈新约〉与希腊罗马书写》等。

论古希腊悲剧对《马太福音》的影响

吴　珊

内容提要:《马太福音》是《新约》的第一卷书,记载了耶稣的生平与职事。本文通过分析《马太福音》中出现的古希腊悲剧元素,论证古希腊悲剧对其全书结构、体裁的影响。马太极有可能有意识地将文本编排成仿戏剧形式,以便用一种更易接受也更引人入胜的方式,鼓励犹太人和外邦人接受耶稣基督带来的救恩。

关键词:古希腊悲剧;《马太福音》;影响

On the Influences of Ancient Greek Tragedies to Matthew

WU Shan

Abstract: As the opening piece of The New Testament, Matthew records the life and Ministry of Jesus. This article will prove that the ancient Greek tragedies have influenced the structure and genre of the whole text by analyzing the elements of Greek tragedies in Matthew. This study offers evidence that Matthew may have intentionally orchestrated an imitated drama with the intent of having an understandable and attractive way to present Jesus to Jew and gentile alike.

Key words：ancient Greek tragedies；Matthew；influence

在四卷福音书中，《马太福音》是最接近犹太教传统的一卷，虽然这本以“马太”为名的福音书并未说明，早期教会历史学家却一致表示其执笔者是耶稣十二使徒之一的马太。尽管四福音书均记载了耶稣在世的事迹，马太却从《旧约》中上帝应许的弥赛亚角度去看待他的生平与教导。因此一些学者就内容和文体推测，该书的对象应是当时侨居各地的犹太裔基督徒，以此表明耶稣正是他们日夜期盼的那位弥赛亚。那么马太如何说服受众接受耶稣带来的救恩，他采取何种方式讲述了耶稣故事，其叙事是否受到了当时文化的影响？本文分析书中的古希腊悲剧元素，及其人物与情节的编排，意在论证《马太福音》受到了古希腊悲剧的影响，且是作者有意为之。研究中将会用到历史批评的一些方法。

一、希腊文化对马太的影响

邓雅各（James D. G. Dunn）提出，如果一种文化的口述传统能够以经过训练的记忆手段而加以宣传推广，那些手段又可以保存信息，则那种文化就能保存对群体而言特别重要的记忆，而那一记忆的活力注定是与众不同的。[①] 邓雅各的论点极具说服力，人们绝对无法否认文化生活背景能够促进记忆手段的需求。马太的生活背景穿插在希腊和希伯来两种文化之间，两种文化都拥有传递重要信息的种种方式。对那些方式的挖掘可以揭示出马

① James D. G. Dunn, *A New Perspective on Jesus：What the Quest for the Historical Jesus Missed.* Grand Rapids：Baker Academic, 2005, 43—44.

太为了捍卫"耶稣是基督、大卫的子孙、亚伯拉罕的后裔"这一主题，而特意选择了希腊的文学样式。

马太明明是一个犹太人，为什么却选择希腊的文学样式呢？原因在于马太的受众，不管他们身在何地，都无法避免世俗的影响，除非他们像库姆兰社团一样与世隔绝。格雷姆 · 斯坦顿(Graham N. Stanton)提出，这就为他比较《马太福音》与大马士革文献提供了可能。[①] 如果这是事实，则该社团很有可能抵挡住了希腊文化的侵袭。如果不是事实，则希腊文化的世俗影响就是不可避免的。即便在巴勒斯坦，世俗化影响也显而易见。斯坦顿提出，马太的犹太社团受到了三种影响：分别来自，其一，犹太教的一个分支；其二，犹太教的一个异端派别；其三，由外邦人统治的基督教社团。这就为希腊文化打入教会内部提供了可能性。[②]

马太运用了古希腊悲剧这一广为人知的文学体裁构架其作品，用一种流行方式讲述了一个非同寻常的故事。另外，如果作者考虑到向外邦人传道的需求(或是由于教会中已经有了外邦人，或是由于作者希望传给外邦人)，那么古希腊悲剧就为马太讲述耶稣故事提供了更为广阔的平台。马太的故事着意刻画了耶稣与法利赛人之间的冲突，这一冲突引发的戏剧性突出了马太的基督教主张，赋予耶稣在新约中代表上帝的权柄。

二、古希腊悲剧对文本体裁的支撑

杰克 · 迪恩 · 金斯伯里(Jack Dean Kingsbury)认为《马太福音》是一个统一的叙事或"艺术整体"，情节与动作、思想和人物在逻辑上高度统一。[③] 他提出，全书的要点在于开篇的"亚伯拉罕的后裔、大卫的子孙，耶稣基督的

---

① Graham N. Stanton, *A Gospel for a New People*: *Studies in Matthew*. Louisville: Westminster/John Knox Press, 1993, 91—98.

② Ibid., 113.

③ Jack Dean Kingsbury, *Matthew as Story*. Philadelphia: Fortress Press, 1988, 1—2.

家谱”(太1:1),很明显这一短句正是天国信息和作者意图的核心。[①] 马太很想将犹太文化与外邦人文化融合起来,以便有效地将此核心意图传达给希腊化中的犹太人,而戏剧正是达到这一目的的最好方式。随着反耶稣力量的壮大,耶稣受欢迎程度的减弱以及敌人阴谋的逐渐得逞,马太讲述的耶稣故事就呈现出某种悲剧性。直到耶稣复活和升天,文本才出现胜利的转折。关于《马太福音》8至9章描述的神迹奇事,所罗门·帕撒拉(Solomon Pasala)提出,这些神迹奇事的安插体现了戏剧的结构特征。[②] 借用亚里士多德对悲剧的定义,他将《马太福音》8至9章分成三个部分,创造了一出演绎福音书的戏剧。其实帕撒拉对8至9章所做的分析适用于整部福音书,并为剖析全书结构奠定了基础。帕撒拉证实了文本就是设计旨在实现作者与读者之间沟通的“线性方程组”,[③]这说明福音书充满了戏剧性。

我们都知道戏剧以悲剧和喜剧的方式表现生活,悲剧通常讲述出身贵族而又深陷困境的英雄传说。它通常被设置在一段历史时期中(特洛伊战争交战双方的两代人之内)。对希腊人而言,这是一个诸神对人间事物抱有更直接兴趣的时期。同样,马太的悲剧讲述的是耶稣、大卫的子孙、以色列皇室家族的后裔,而马太将耶稣提升到上帝之子的崇高地位,称其要为天国的信息牺牲自我。这样,英雄和神祇的故事就成为戏剧的核心,该戏剧描绘出由于受到命运、人类缺陷或性格的影响,英雄终将陨落之事。

而且希腊戏剧基于史实,强调的是人物对其心理和伦理属性之意义与证据的寻找。约瑟夫·坎贝尔(Joseph Campbell)和比尔·莫耶斯(Bill Moyers)认为,普通的英雄历险始于有价值之物的丢失,其历险是为了重获失去的东西。[④] 耶稣的使命乃是找回“以色列家迷失的羊”(太15:24;以及10:

① Ibid., 19—20.

② Solomon Pasala, *The Drama of the Messiah in Matthew 8 and 9: A Study from a Communicative Perspective*. New York: Bern, 2008, 299.

③ Ibid., 13.

④ Joseph Campbell & Bill Moyers, *The Power of Myth*. New York: Doubleday, 1988, 123.

6,在那里耶稣将他的门徒派给了以色列人而非外邦人)。不幸的是,英雄并非总能笑到最后,尤其是受到命运操控之际。坎贝尔和莫耶斯进一步指出希腊悲剧庆祝破碎之谜:"幸福的结局被鄙视为虚假的陈述,它必须让位给一种结局:死亡、崩溃、解体和心灵的受难。"[①]但是,与希腊悲剧和坎贝尔的英雄不同的是,马太庆祝了胜利的复活,英雄回到了家乡,一切得以圆满。从另一方面说,就像大家早已习惯的那样,耶稣得胜的消息并未被普遍接受,因为之前从未有人见过这样的事(祭司长和长老在 28: 11—15 中的表现,以及一些门徒在 28: 17 中的表现)。由此不难看出,悲剧样式支撑了它的文学体裁。

三、古希腊悲剧对马太文本书写的影响

1. 结构的借鉴

古希腊悲剧的结构可以分为五部分,分别是开场、合唱队登场、场次、唱歌、退场。马太介绍完主要人物耶稣后,使用了五种文学标记(7: 28; 11: 1; 13: 53; 19: 1; 26: 1)来划分场次。从下表中能清楚地看到《马太福音》在结构上对古希腊悲剧的借鉴。

古希腊悲剧与《马太福音》结构之比较

元素	古希腊悲剧	《马太福音》的结构
开场	开场呈现主题并为演出搭建神话背景。	主题即耶稣是弥赛亚、大卫的子孙、亚伯拉罕的后裔。家谱表明了背景(1: 1—17)。另外,对耶稣降生的描绘确定了神话的背景。

① Joseph Campbell, *The Hero with a Thousand Faces*. Princeton: Princeton University Press, 1968, 25—26.

合唱队登场	合唱队的进场歌，为场次转换奠定基础。	马太保留了合唱队的位置。合唱队的意图在于表达观众的反应。为了使观众跟上剧情的发展，合唱队运用叙事提供必要的背景信息，阐明英雄人物极端行为背后的原因，并最终引导观众对表演做出观察或得出结论。马太的开场合唱通过呈现耶稣降生的不同寻常，其使者施洗约翰的传道，耶稣受洗以及受魔鬼试探，进一步确立神话的背景。
合唱队的功能	转化戏剧场面，通报即将出现的人物调整戏剧焦点；预示未来之事，以提示情节走向。	马太呈现了耶稣的改变及其反转，耶稣先是投入到与撒旦争夺最高权力的斗争中，然后回到上帝赋予他的原始任务中。马太的场次在4：17中，从那时起耶稣开始传起道来。第二次见于16：21，场景直指耶路撒冷和最后一幕。
场次	在一个场次中，讲话和对话具有典型意义。	马太的五个叙事部分中包含了行为、对话，以及为讲道做的准备。
合唱歌（固定的歌）	颂歌是场次的某种反映，它将场次置于更大的语境中。	《马太福音》中的对话（7：29；9：8；21：27；28：21）揭示出马太如何在合唱的颂诗中回应耶稣的行为与话语。
抒情诗	合唱队要在场次之后或唱歌之后再唱一首。	文学标记（7：28；11：1；13：53；19：1；26：1）被用在场次与场次的转换过程中。
退场	退场歌为观众呈现与演出的动作及结局相关的话语和智慧。	马太在他对全书高潮的激情呈现中有力地唱响了退场之歌："天上地下所有的权柄都赐给我了，所以，你们要去使万民作我的门徒。"（28：18—19）

场次或歌唱被尽可能地重复，以支持戏剧的进行。场次既关涉到合唱队，也关涉到演员，而且场次的数目经常变动。马太的文学标记将场次分为五段叙事，后面紧跟着五段讲道，遵循的正是悲剧的结构。如果按照乌尔里克·鲁兹（Ulrich Luz）的说法，马太在不同时间和不同场景

位,仿佛是悲剧的灵魂,其次是性格。"[①]关于情节,芭芭拉·麦克马纳斯(Barbara F. McManus)注意到亚里士多德详细论述的四种特征:首先,情节必须有始(开启的原因和影响的激励时刻),有中(早期事件引发的高潮),有末(问题得以解决);其次,情节必须坚持由内在必然性联系起来的行为的统一;第三,情节必须是亚里士多德称之为"颇有规模的",由此她认为情节既是数量的(长度和复杂性),也是质量的(重要性和普遍性);第四,情节可以简单也可以复杂,后者更好。她也注意到:"复杂的情节同时具有与灾难相关的'意图的逆转'和'认识','意图的逆转'和'认识'都可以转变成惊喜"。[②]

关于亚里士多德的"规模"的概念,帕撒拉坚称亚里士多德的悲剧或戏剧就是以统一、充实为特征的行为,而非作品的长度。开头、中间和结尾对一部统一的作品而言是必不可少的,而且它们之间是相互依存的:"因此,戏剧的基本素质在于事件之间前后关联的特质,而这一特质赋予故事的多种要素以意义。"[③]这种前后关联是由人物推动的。古斯塔夫·夫瑞泰格(Gustav Freytag)发现了戏剧人物的三种不同特质,每一种人物都与故事的整体相关,且具有不同的性格,观众都能认出他们。夫瑞泰格用金字塔示意它是如何发挥作用的,图形表明最终在高潮,精神错乱和精神紧张会加剧。金字塔的下坡则描绘出当戏剧接近尾声时,精神的张力和错乱会有所降低。[④] 麦克马纳斯运用夫瑞泰格的金字塔图形说明《俄狄浦斯王》中行动的统一,[⑤]在那一图形中,起因和影响在高潮得以加强。虽然她未在图表中显

---

① 亚里士多德:《诗学》,缪灵珠译,北京:中国人民大学出版社,1998 年,第 1 卷第 9 页。

② Barbara F. Mcmanus, "Outline of Aristotle's theory of tragedy in the Poetics", viewed 27 September 2011, from http://www2.cnr.edu/home/bmcmanus/poetics.html.

③ Solomon Pasala, *The Drama of the Messiah in Matthew 8 and 9: A Study from a Communicative Perspective*. New York: Bern, 2008, 96.

④ Gustav *Freytag*, *Freytag's Technique of the Drama: An Exposition of Dramatic Composition and Art*. Charleston: Biblio Bazaar LLC, 2008, 22.

⑤ Barbara F. McManus, "Plot Structure in Oedipus Rex", viewed 6 April 2014, from http://www2.cnr.edu/home/bmcmanus/oedipusplot.html.

示出来,但俄狄浦斯王通过意识到他就是杀害老国王的凶手,而展示了反转的概念。这一自我认识以俄狄浦斯的自我放逐而告终。

《马太福音》的情节也遵循着同样的线路发展。正如上述范例一样,它的情节也是在冲突中进展的,耶稣与四种敌人的四种类型的冲突推动了情节的发展。用夫瑞泰格的金字塔理论来说,就是《马太福音》中行动的统一构建了以主要人物之间的冲突为基础的情节。就像上述《俄狄浦斯王》中行动的统一一样,进而导致了死亡和复活的高潮。然而,高潮并非来自对过失或弱点的认识,而是来自人们对耶稣不断升高的期望的反转,由此验证了马太关于耶稣就是弥赛亚的预言。可见《马太福音》作为一部戏剧与夫瑞泰格的金字塔理论十分吻合。

《马太福音》中的"认识"发生在证实耶稣神性的复活中。但出于对读者的考虑,耶稣的故事并未笼罩在古希腊的悲观主义之下,就像《荷马史诗》中表现的那样,死后的生活是昏暗荒凉的。在《马太福音》中,复活主导了整个故事,避免了大灾难。这就符合了以马太为代表的全体犹太人的期望。乔恩·利文森(Jon D. Levenson)提出,根据犹太教传统,希伯来圣经中遍布复活的观念,读者可以在《摩西五经》的复活中找到对此传统的原始坚守。① 利文森认为:"拉比们在其自己的神学经验领域和对圣经诠释的理解范围之内,有足够的理由找到《摩西五经》本身包含的复活概念,其行为展示了圣经思想的一些重要方面。"②

正如上述《马太福音》中行为的统一,法利赛人派守卫去坟墓推动了高潮的发展。他们如此担心耶稣的追随者偷走其尸体并宣布复活的胜利,以至于低估了耶稣对复活的承诺。故事的发展完全兑现了耶稣的承诺,他最终反败为胜,证实了他的神性,避免了大灾难,宣告了绝对的胜利(太 28:18)。

---

① Jon D. Levenson, *Resurrection and the Restoration of Israel: The Ultimate Victory of the God of Life*. New Haven: Yale University Press, 2006, 10.

② Ibid., 23.

有一点很重要，就是必须认识到按照夫瑞泰格的金字塔图形，各类敌人对情节的推动并非一个笔直的上升过程。情节线索虽然是上升的，但读者应该将其视为一座大山的高峰和峡谷，而非稳健攀爬某小山的一侧。正如马太在其戏剧中带给人们的那样，每一次人物的遭遇都将读者带到一个新的高度；但为了到达高峰，他们又必须暂时下降到宁静的山谷，在那里聆听耶稣为其追随者讲道，用上帝的神谕来指引和安慰他们。然后，离开那宁静的憩息，再去征服下一座高峰，放眼于作者提供给读者的另一个更具启示性的展望。

3. 人物设置的借鉴

当然，每一个精彩故事里的主人公都必须有对立面，《马太福音》中也少不了。这不足为奇，因为古希腊的戏剧演员可以佩戴不同的面具，扮演多个角色。最开始演出只有合唱队（五十个人）和一个演员，后来（公元前 525 年）合唱队被削减至十二人，而演员却增加了一位。索福克勒斯（公元前 496—406）增加了第三位演员，并将合唱队人数增加至十五人。

在《马太福音》中，耶稣的敌对者按照出场顺序分别是：希律王（2：3，12，13，16）、魔鬼（4：1）、法利赛人（9：10—13）、约翰的使徒（9：14—17）、撒都该人（16：1—4）、彼得（16：22—23）、祭司和长老们（21：23—27），以及彼拉多(27：2)。马太围绕耶稣与这些人物的冲突编排结构，搭建舞台，并用他们的对话将故事推向高潮。随着结构的展开，读者会注意到，人物、对话以及人物之间的一次次冲突都不仅仅是叙事而已，在马太讲述的故事中，每一程序对他最后的结论都是至关重要的。

克雷格 · 布隆贝格（Craig Blomberg）注意到叙事和话语的成对出现会发展统一的情节时[①]，是支持这一观点的。统一的情节不是以叙事为基础的，相反，是由马太呈现的冲突来推动的。为什么马太只选择记录冲突？因为冲突成就了戏剧，也是最引人入胜的地方。

---

① Craig Blomberg, *Matthew*. Nashville: Broadman & Holman publishers, 2001, 25.

在《马太福音》中，耶稣的敌对者可分为两类。第一类与耶稣是同一个阵营的，但却不能完全理解耶稣的神性及其使命的重要意义。约翰的使徒们和彼得就属于这一类。作为敌人，他们在整个故事结构中起到了次要作用。第二类完全是反耶稣的，希律王、魔鬼、法利赛人和撒都该人、文士、大祭司及长老们便属于这一类。他们每个人都融入耶稣生命的历史活剧中，并为马太的作品增加现实的和寓言的意义。之所以这么说，是因为他们每一个人都推动了故事的进展。很明显，如果删掉了对约翰使徒及彼得的叙述，故事依旧会朝着马太预期的方向发展。但是，如果删掉了对故事至关重要的第二类敌对者，情况将大为不同。离开那些人物，《马太福音》中的大量事实就会遗失，而其戏剧性也会被消解。

四、结论

对《马太福音》文学手法的研究已经揭示出其与古希腊悲剧明显相似的某些特质。着眼于剧情发展、人物设置，以及情节的惊人反转（耶稣复活及其普世性使命的宣告）时，不难发现，这些手法与古希腊悲剧具有极强的相似性。由此可见，作者也许有意将作品精心策划成一部戏剧，以便以一种引人入胜且更易于理解的方式，将耶稣呈现在犹太人和外邦人面前。毕竟，耶稣作为上帝许诺给犹太人的弥赛亚，他的天国是为万民预备的（太 28：19），而马太的作品则成为广泛传播福音的最为合适的方式。

作者吴珊，河南新乡人，河南大学比较文学与世界文学硕士，新乡市委党校科技文化教研部讲师，发表硕士学位论文《约瑟故事的叙事艺术及其意识形态》。

诗以载道:R. S. 托马斯对圣经的诗性阐释*

姜士昌

内容提要:R. S. 托马斯的诗歌通过对圣经意象和故事的再现,诗意地阐释了其“自然神秘主义”宗教思想。托马斯把人类的本质需求界定为精神的完善和灵魂的提升,而非物质的享受。他认为,人类本性沦丧、精神瘫痪的根源就在于疏离自然、背弃上帝,走向了拜物的歧途;人类要重塑精神,实现救赎,必得复归自然。他强调,对神性的体验并非一个被动的过程,而是要求体验者主动修习心性,回归内在,培养宁静中等待的心态;也就是说,体验神性的自然之旅要渐渐内化为纯粹的心灵之旅,只有识得本心,才能获得救赎。

关键词:R. S. 托马斯;圣经;自然神秘主义;神启;救赎

* 本文是作者主持的下列科研基金项目的阶段性成果:1. 国家社会科学基金项目《空间理论视阈下英国田园诗歌研究》(13BWW051);2. 教育部人文社会科学研究基金项目《英国田园诗歌发展史研究》(11YJA752005);3. 河南师范大学博士科研启动课题《R. S. 托马斯诗歌研究》(5101059171021)。

Preaching in Poetry: R. S. THOMAS' Poetic Interpretation of The Holy Bible

JIANG Shichang

Abstract: R. S. THOMAS gives a poetic interpretation of his nature mysticism through the representation of the biblical imageries and narrative. THOMAS defines the essential needs of human beings as spiritual improvement and promotion rather than physical satisfaction, and he ascribes all human's crises to their alienation from God and nature, and their indulgence in material. The poet thus believes that the only way to human's redemption is returning to nature. THOMAS emphasizes that the experience of divine revelation is no passive course but an active one, requiring an ingrowing tranquil mood; that is to say, the only way to fulfill the redemption is back to the original state of soul.

Key words: R. S. THOMAS; The Holy Bible; nature mysticism; divine revelation; redemption

R. S. 托马斯(R. S. Thomas, 1913—2000)是威尔士当代诗坛泰斗,二十世纪英语世界最杰出的抒情诗人之一。作为一位特立独行的隐士型牧师诗人,他认为"基督就是一位诗人,《新约》就是诗歌"。对于在诗歌语境下宣讲《新约》,他觉得"毫不费劲"。[①]作为牧师,他秉持"自然神秘主义"(Na-

① R. S. Thomas, "Autobiographical Essay", *Miraculous Simplicity: Essays on R. S. Thomas.* William V. Davis ed., Fayetteville: The University of Arkansas Press, 1993, 17.

ture Mysticism)[①]观念,认为上帝在本质上乃是一种至高的精神,通过大自然浸润人的心灵,使人实现精神性的存在。"自然神秘主义"体现了诗人对圣经的诗性阐释,成为他一生创作的思想基础。

一、"机器"还是上帝——人类走向何方

R. S. 托马斯"自然神秘主义"观念的立足点是对人类本质需求的界定。他认为,物质虽然是人类生存的基础,却非其本质需求;人类的本质需求乃是精神的完善和灵魂的提升。他希望自己的人生能像耶稣那样不囿于繁琐仪式和教规(太 15: 1—9),而永葆基督教精神原初的纯净。他在自传体诗集《回声慢慢》(*The Echoes Return Slow*)中述及自己的追求:"我本人,需要高高的树林,/那么像教堂,透过它扭曲的/窗户,在灵魂的呼吸/声下,我终于认可了一个世界。"(27: 5—8)[②]诗中那"高高的树林"既可以供诗人栖身,也是神性的寓所,因为它"那么像教堂"——这个被诗人最终认可的"世界"让人回想起耶稣传道时的情景,传递着加利利的气息,体现了精神与自然的完美融合。

R. S. 托马斯之所以倡导向耶稣时代回归,是因为他"看到了……现代人类的大悲剧";[③]发现人类已因为"对生活需求的全面曲解而导致了人格畸变",[④]陷入人性沦丧、精神瘫痪的境地;而这个将其引向歧途的撒旦就是现代科技。正是现代科技背景下的"机器"导致了人类精神和生态的双重危

① R. S. 托马斯的"自然神秘主义"对自然神学的发展在于:诗人认为,上帝的显现对象并不局限于少数先知,每个虔敬的灵魂都可能实现与上帝的交流。"自然神秘主义"不同于泛神论:前者认为自然并不具有神性,而只是上帝向人显现的媒介;后者则认为自然万物皆有灵性。

② R. S. Thomas, *The Echoes Return Slow*. London: Macmillan, 1988, 27.

③ Anne Stevenson, *The Listener* (Vol. 95). British Broadcasting Corporation, 1976, 484.

④ Theodore Dalrymple, "A Man Out of Time: A life of poet R. S. Thomas entertains and illumines", *City Journal* 11 (2006): 6.

机,造成灾难性的后果,并终将成为人类自我毁灭的武器。[1] 在诗歌《独白》(Soliloquy)中,"机器"裹挟了人类物质和精神的双重空间,以致人类对机器的膜拜震撼了上帝:"在你们为我建造的/教堂里,你们却跪拜/机器。"(27—29)[2]诗中的上帝试图重申其第一条诫命,但语气比较平静,完全不像当年斥责以色列人铸金牛犊为偶像崇拜时的震怒。那时,上帝"吩咐摩西说:'你的百姓……已经败坏了。他们为自己铸了一只牛犊,向它下拜献祭……我要向他们发烈怒,将他们灭绝。'"(出 32: 7—10)

在托马斯看来,现代人膜拜"机器"与以色列人崇拜偶像相比,所犯的罪孽有过之而无不及。以色列人因为摩西长时间登山不归而发生信念动摇;上帝虽然大为不满,但一经摩西讲情,便息去雷霆之怒,"不把所说的祸降与他的百姓"(出 32: 14)。而现代人膜拜"机器"完全是出于狂妄,以为自己的创造可以凌驾于上帝之上,就在上帝面前趾高气扬。对此,上帝发出追问:"难道[3]能把你们带离/那照我旨意在黑暗中/行事的病毒?"(29—31)[4]他后悔创造了众生,要毁灭人类以弥补当初的过失(1—6)。[5] 但他诅咒所针对的,只是受机器裹挟而精神瘫痪的人类。在人类命运的大悲剧即将降临之际,托马斯自命为"新挪亚"(《词汇》[Vocabulary] 8),[6]主动承担起救赎人类的重任。救赎的功能有多种,"包括使人明白赦罪的道理、摆脱虚妄的行为、从罪恶的奴役中解脱出来、成为上帝的国民和祭司、在地上执掌王权等等";[7]但从事任何救赎均需要代价,而托马斯不像挪亚那样领受了上帝的安排,亦不具备资格和能力施行如同圣子般的完美救赎,他所做的只是远离喧嚣的尘世和现代生活,以苦修静待之法去回归纯粹的信仰,为世人树

---

① Ibid.

② R. S. Thomas, *Collected Poems* 1945 - 1990. London: Phoenix, 1993, 230.

③ 指机器。

④ Ibid., 230.

⑤ Ibid., 230.

⑥ Ibid., 452.

⑦ 梁工等:《圣经解读》,北京:宗教文化出版社,2003 年,第 137 页。

立楷模,引领他们重新感悟赦罪的道理。

二、大爱无边,神启就在万有间

R. S. 托马斯所持"自然神秘主义"的第二要义是通过诗意地再现圣经意象及故事,向世人传授体验上帝之法,以重树他们对圣者的信心。诗人晓谕世人,神性的种子孕育于自然之中,无论何人,只要坚定信念,苦修静待,都可能感悟到上帝通过大自然传递的信息,得蒙神性的荣光。为实现其救赎计划,托马斯在诗歌中为人精心规划了一个于宁静中期待、感受上帝的自然之旅,它起步于再现无辜的圣子代人受难,试图通过对上帝大爱的重温,唤醒世人沉睡的灵魂。

托马斯一生与大海有着不解之缘,①观海成为诗人重要的人生乐趣,而海浪则成为其诗歌中的核心意象之一。观海表面是个自然主题,其实是诗人笔下诗意的祈祷仪式,进而成为神性荣光闪现的依据。作为一种祈祷仪式,观海并不总被诗人刻意描绘成上帝的在场,而是被当作一个洗练灵魂的过程。在其自传体诗集《回声慢慢》中,海浪上演了一出悲壮的圣餐剧(Eucharistic drama):"外面拍岸的海浪/应和着他手中/面包的碎裂声。/海鸥的号叫是那/十字架上的哀鸣:/上帝啊,为什么离弃我?"(69: 1—6)②大自然好像在讲述从最后晚餐到圣子蒙难时的情景;海浪化为圣餐面包,如圣体分裂为碎片;远处隐约传来圣子发出的最后祈祷——自然现象被诗人抒写得如宗教仪式般肃穆与神圣。按经文所记,圣子罹难时,种种迹象证明上帝的灵就在其身边(可 15: 33—41; 路 23: 44—49; 约 19: 28—30);虽在身边却不施救,足见上帝以独子救赎人类的博大决断。依据基督教传统,"在默

---

① R. S. 托马斯在威尔士西北部的霍利赫德港(Holyhead)度过了终日与荒野、海鸟和大海为伴的无拘无束的童年时代;其传教的最后一站又是在里恩半岛尖端的阿布达伦(Aberdaron),那里的撒恩山庄(Sarn y Rhiw)更成为诗人退休后的隐居之地。

② R. S. Thomas, *The Echoes Return Slow*. London: Macmillan, 1988, 69.

想耶稣死丁十字架上的情景时,信徒看到的就是上帝,上帝正担当着世界的痛苦”。[①] 可见耶稣的痛苦就是上帝的痛苦,上帝屈尊来到已然堕落的世界,最终在十字架上担负了世间的所有痛苦和折磨——托马斯以其圣餐剧告诫人类,时刻莫忘上帝那无与伦比的大爱。

托马斯还以圣子复活为其诗歌的核心主题之一,将复活叙事进行了充分的诗性阐释。在诗歌《探索》(Groping)中,诗人表现了一次“通往内心的/旅行”(4—5),[②]借助于那个旅程,将原本“缺席”的体验逐步归结为对上帝“在场”的肯定。虽然是在黑暗中探索,诗人却能不时感受到上帝的“在场”:他感受到黑暗中“有一双可以牵的手”和“比外在的回声更可靠的/可以聆听的声音”(15—16)。[③] 更重要的是:“有时有一束奇怪的光/闪耀,比月光更纯洁,/没有投下阴影,那是/荣光,笼罩在为真理而亡的/先驱的尸骨之上。”(17—21)[④]这道奇特的光不是自然之光,而是从黑暗里放射出的纯粹之光,未受阻碍也不会投下阴影的圣光,实乃圣灵的“荣光”(halo)。它照耀在已然远行的耶稣的墓穴中,告诉见证者,耶稣已经复活了(太 28: 1—10;可 16: 1—10;路 24: 1—12;约 20: 1—10)。这种神性的顿现式在场(Epiphany)在诗歌《答案》(The Answer)中亦得到体现,那时圣子“复活的爱”一次次进入诗人心扉。然而诗人提醒读者,无论是“上帝的荣光”,还是“我主的爱”,皆不可能轻易向人显现,人必须经历“长跪在冰冷的圣坛”的耐心等待。这种“肯定性”的体验(在场的体验)常常在可预想却不可确定的某个时刻蓦然出现,像“一块石头”从诗人“心头滚落”,[⑤]它就是黑暗中光芒的间歇性闪耀,如同耶稣复活带来的荣光。那不是肉眼可见的光芒,而是上帝恩赐于在黑暗中耐心等待的心灵的荣光。

---

① 麦格拉斯:《基督教概论》,马树林、孙毅译,北京大学出版社,2003 年,第 148 页。

② R. S. Thomas, *Collected Poems* 1945—1990. 328.

③ Ibid., 328.

④ Ibid., 328.

⑤ Ibid., 359.

三、识得本心，得见天国

上文的分析使人感受到，R. S. 托马斯倡导的在自然中体验神性之法，其实是一个由外在的感官期待渐渐内化而进入内心的过程。诗人认为，一旦回归内在，识得本心，便会即刻豁然开朗，如沐神光。[①] 亦即对神性的体验并非一个纯粹被动的过程，还要求体验者主动修习心性，培养在宁静中等待的心态。这是托马斯"自然神秘主义"的另一要义。

托马斯在一首题为《明亮的田地》(The Bright Field)的诗中探讨了瞬间与永恒的关系。叙述者首先讲述自己的一段经历："我看到太阳冲破云层/去照亮一小块田地/一会儿，我继续前行/忘了此事。"(1—4)[②]从字面上看似乎没有什么神秘性，叙述者给人的第一感觉不外乎外在感官的反应。但下文却揭示出其深层意义来：

> 可那是珍贵的
> 珠子，是藏有珍宝的
> 一块田地。如今我明白
> 要拥有它，我必须
> 倾尽所有。(4—8)[③]

托马斯借用了两个《新约》典故——"珍贵的珠子"和"藏有珍宝的田地"——来深化这个经历的含义。前者是耶稣关于寻珠的比喻，即"天国又好像买卖人寻找好珠子，遇见一颗重价的珠子，就去变卖他一切所有的，买

---

① 这与禅宗的"见性成佛"之说颇为相像。

② R. S. Thomas, *Collected Poems* 1945—1990. 302.

③ Ibid., 302.

了那颗珠子"（太 13：45—46）。后者则是藏宝的比喻，即"天国好像宝贝藏在地里，人遇见了就把它藏起来，欢欢喜喜地去变卖一切所有的，买那块地"（太 13：44）。其中珍珠和田地均为"天国"的象征，喻示人要舍弃身外的一切，唯求神之荣光照耀灵魂。托马斯相信，尽管这个天国只是自然世界的瞬间闪现，极易被忽视，它还是在等待人们去观看，去体验。这层含义在《明亮的田地》第二节中得以重点揭示。诗人引述《出埃及记》中摩西与神秘燃烧的荆棘之事，近乎直白地告诫读者，那本是一场精神性体验：

　　　　生命并非在赶往
遥远的未来，也不求回到
想象的过去。正如摩西
走向那神秘燃烧的
荆棘，那片光明
看似如你短暂的青春，
却正是等着你的永恒。（8—14）[①]

在经文中，摩西看到荆棘被火烧着却未被烧毁（出 3：2），这个异象无论对摩西还是对托马斯而言，都具有重大意义。首先，摩西要"过去看这大异象"（出 3：3），其举动表现的是外在感官的功能；同样，诗人也是首先"看到"太阳把田地照亮。其次，如果离开这异象的点化，诗人很可能错过一次心灵的朝圣，因为他差一点"忘了此事"（4）。最后，也最重要的是，当摩西近前细看时，上帝当即显现，告诉他，他已站在圣地上；同样，托马斯也几乎是立即意识到自己站在了圣地上：他发现其所追求的人生目标既不在未来，也不在过去，而在于眼前这瞬间的光明，即所谓"等着你的永恒"（14）。

所以说，珍珠也好，田地也罢，一旦其自然的质感被浓重的宗教气息所

---

① R. S. Thomas, *Collected Poems* 1945—1990. 302.

消解,就会变成外在感官无法感知的抽象观念——天国。因而天国并不在天边外,而是在你周围,等着你去感受、去发现;或者毋宁说,天国就像耶稣的圣殿,搭建在人的心里。当年耶稣在耶路撒冷对着犹太教长老们说,如果圣殿被摧毁,他能在三天之内将其重建。那些人都以为他是疯子,可是谁又能理解圣子所说的圣殿呢?他的圣殿不在人们面前,而在人的心中;心之所至,圣殿即在。圣殿在旷野,在河边,在茅草檐下,更在圣子用道照亮的每个灵魂中。因此,与其说诗人"看见"了那照亮田地的光,不如说其内心本来就有圣光照耀。

从这个意义上说,托马斯的"自然神秘主义"似乎转向了纯粹神秘主义。或者可以说,托马斯的自然神秘主义不仅仅依赖外在的、瞬间的感官体验,它与纯粹神秘主义一样,也同样需要依赖心中的"悟"。易言之,托马斯认为修身养性、回归本心才是步入天国、达于永恒、实现救赎的正途。

结语——无需走向他方

R. S. 托马斯的救赎之道大致可归为三重境界:第一重,清物欲,归精神,感念上帝的救恩;第二重,融入自然,复归宁静,修习体验神性之法;第三重,识得本心,得成正果。为此,他多方面借鉴圣经文本资源,为世人规划了一个体验神性的自然之旅。他鼓励世人抛却被动等待的境况,强化主动回归内心的意识和决心,将体验神性的自然之旅渐渐内化为纯粹的心灵之旅,此即诗人所谓"向内生长的思想",[①]亦即向内心寻求天国。由此可见,托马斯的救赎本质上不是他救,而是自救。所以诗人真诚地劝诫迷途上的世人,天国就在此处,"我们无需离开这儿走向他方"。[②]

① R. S. 托马斯的同名诗集《向内生长的思想》(*Ingrowing Thought*,1985)是该思想的集中反映。

② R. S. Thomas, "Where Do We Go from Here?" *Selected Prose* (3rd Edition). Sandra Anstey ed., Bridgend: Poetry Wales Press Ltd, 1995, 121.

作者姜士昌,文学博士,河南师范大学外国语学院副教授,研究英美文学尤其英语诗歌,近期出版《当代英国诗人群体研究》(合著),发表论文《英国田园诗的传统及其嬗变》等。

论索因卡剧作中的圣经原型形象*

陈　梦

内容提要:索因卡自幼接受基督教文化,熟悉圣经,以至圣经中的众多人物、情节、场景、典故等在其剧作中留下深深烙印。他把耶稣、先知、替罪羊、受难者等圣经原型形象与约鲁巴民族的神话故事、民间传说、现实生活有机融汇在一起,营造出一种浓厚而神秘的宗教氛围,衬托了主人公的悲剧命运,极大地增强了其剧作的艺术表现力,以及非洲文化和欧洲文化交相融合的意蕴,构建出一个神奇而独特的艺术世界。

关键词:索因卡;圣经;原型形象

On Biblical Archetypal Images in SOYINKA's Plays

CHEN Meng

Abstract: SOYINKA accepted Christian culture and was familiar with The Bible when he was very young. Many characters, plots, scenes, images and allusions of The Bible left a deep imprint on his drama works.

* 本文获得惠州学院文艺学重点学科建设项目资助。

SOYINKA takes stories in The Bible as important elements in his plays. Because he put Jesus, prophets, scapegoats, victims and other biblical archetype images and Yoruba ethnic myths, folklore and reality together organically, SOYINKA could create an intense and mysterious religious atmosphere in his plays, constructing a magical and unique art world for the readers. These biblical archetype images set off the tragic fate of the heroes, enhancing the artistic expression and double implication of African culture and European culture greatly in the drama.

Key words: SOYINKA; The Bible; archetypal image

1986 年度诺贝尔文学奖得主、尼日利亚剧作家沃尔·索因卡(Wole Soyinka)出生于尼日利亚首都拉各斯附近的阿凯小镇。基督教新教的圣公会及福音派教会在那里影响广泛,索因卡的父母亲及其众多知识分子朋友都是新教信徒。索因卡本人也不例外,他儿时就曾希望将来成为牧师。索因卡的父亲塞缪尔·阿由德勒·索因卡(Samuel Ayodele Soyinka)是当地一所教会学校的校长,母亲格瑞丝·爱妮拉(Grace Eniola)是一名恪守宗教道德准则、充满正义感和慈爱心的乐观女性。据索因卡的回忆录《在阿凯的童年时光》记载,基督教是流行于当地的主要文化符号,他早在儿时就与父亲讨论上帝干预世界的方式。他住在教堂附近的牧师寓所里,以宽阔的教堂大院为其与小伙伴们嬉戏玩耍之地。这使他自幼熟悉圣经,其中的众多人物、情节、场景、典故等日后成为一再重现于其剧作中的原型形象。在勒兰德·莱肯看来,最显而易见的文学原型汇聚于圣经,圣经是人们能以最系统、最完备的方式发现原型之处,而"对圣经原型的熟悉能提供一种语境,丰富我们对所读文学中原型模式的经验"。[①] 本文据此立意,集中考察索因卡

① 勒兰德·莱肯著,梁工译:《圣经与文学研究》,《圣经文学研究》第 1 辑,北京:人民文学出版社,2007 年,第 14 页。

戏剧中基于圣经原型的一系列文学形象。

一、基于耶稣基督原型的形象

索因卡从小受到基督教文化的熏陶，熟悉圣经，对耶稣的救赎精神十分推崇。在其剧本《强种》和《死亡与国王的侍从》中，他明显移植了耶稣基督的原型，为埃芒、欧良弟等人物形象赋予与耶稣基督相同的超凡拯救力量。他们的使命就是像基督一样，来到世间拯救众生，为世人谋求新生，引领那些"迷途的羔羊"回到主的怀抱。

在《强种》中，索因卡借用耶稣基督故事和约鲁巴民族神话传说，塑造出一位崭新的、具有现代意识而又无法摆脱悲剧命运的耶稣基督形象——埃芒。埃芒的苦难人生和最后结局与耶稣基督有着惊人的相似。他为了破除村民陋习，救治无辜的白痴儿童，遭受了种种折磨和痛苦，被围困、被追捕，遭受村民的百般凌辱，最终被折磨致死，宛如耶稣在十字架上流血牺牲。上帝天父不惜以其独生子拯救堕落的人类，索因卡则为了拯救尼日利亚民族，把埃芒这个"强种"的儿子当作了"祭品"。

《死亡与国王的侍从》中的欧良弟也是一位耶稣基督式的"救世主"。他接受了西方现代教育，也极具民族责任心，曾经告诫自己说："我不能做错任何事，做错任何可能危及我族人幸福的事情。"[①]他清楚地意识到，国王逝世后的侍从自杀仪式对于约鲁巴民众意义重大，因为自杀殉葬是国王侍从神圣而光荣的使命。但由于英国殖民主义对约鲁巴文化传统的蹂躏和践踏，其父亲未能完成这一使命。欧良弟为了推动约鲁巴人的身份确认及其对英国殖民主义文化的抵抗，毅然替代父亲去完成自杀仪式，平息了族人因传统秩序被破坏而引起的恐惧和骚乱，制止了约鲁巴人与英国殖民者之间的流血冲突，实现了耶稣基督式的拯救。

---

① 索因卡著，蔡宜刚译：《死亡与国王的侍从》，长沙：湖南文艺出版社，2004年，第85页。

作为一个多民族国家，尼日利亚的民族、宗教、地区等矛盾冲突错综复杂。索因卡自青年时代就投身于民族独立运动，以实现国家稳定和人民民主为最高使命。在他看来，非洲文化要想走向世界，就必须有一批像埃芒和欧良弟那样不惜牺牲自己生命的有志之士充当救主。他们应当像耶稣基督那样不怕被人唾骂和遗弃，而是积极主动地消除非洲文化中的渣滓和污秽，引领人民摆脱愚昧落后，谋求幸福富裕。

二、基于撒旦原型的形象

圣经中的撒旦原型几经演变，逐渐成为妖魔鬼怪的首领和邪恶世界的统治者——一个"抵挡神、企图破坏神的计划，并引导其子民叛逆神的灵体"[①]。在《新约》中撒旦以魔鬼、彼列、别西卜、仇敌、龙、敌人、古蛇、试探者、恶者等多种丑恶形象现身。在索因卡剧作中，《沼泽地居民》中的"蛇神"、《路》中的"路神"奥贡以及《森林之舞》中的埃舒奥罗等，均为与撒旦相映生辉的艺术形象。

《沼泽地居民》中的"蛇神"是一个当地土著居民信奉的古老神灵，自古就被众人顶礼膜拜，虔诚地祈祷和献祭。"为了祈求蛇神莫在不适当的季节呕吐、把土地淹没，为了祈求蛇神莫在不适当的时候把不留神的旅客一口吞下"[②]，村民们纷纷把珍贵的山羊、小鸡、时鲜的扁豆、新榨的油和五谷粮食献给他，只求自身饥能果腹、寒能保暖。然而"蛇神"却始终无动于衷，仍然让黑暗笼罩沼泽地，让洪水、干旱、虫灾接踵而至，庄稼颗粒无收，以致挣扎在生死线上的居民再也无法生存下去，争相逃往城市谋求生存。面对其残忍，绝望的伊格韦祖终于明白了"天空的守护神并不那么容易讨好"。他发出惊天动地的控诉："我知道尽管我们喂养沼泽地的神蛇、亲吻卡迪尼的双

---

① 陈惠荣：《证主圣经百科全书》，香港：福音证主协会，2001年，第1215页。

② 索因卡著，邵殿生译：《狮子与宝石》，桂林：漓江出版社，1990年，第31页。

足,可是沼泽地的雾气照样还会升起来,毒死我们的谷穗。"[①]即使村民把养肥的小牛犊宰了,把一切贵重的东西都奉献出去,那可恶的"蛇神"仍旧不可能改变他们的命运,因为他一如魔鬼撒旦,天生只会破坏而不会成全。

索因卡的《路》把远古神话与现实场景有机融合在一起,以现代派的荒诞和黑色幽默手法展示出一条死亡之路。"路"本是汽车司机们赖以生存的地方,然而,盘踞于其中的"路神"奥贡兼具约鲁巴传统中的邪恶"破坏神"和恶魔撒旦的双重特征,阴险狠毒,不停地吞噬着生灵。汽车司机们望路而生畏,却又无法离开路,于是虔诚地拜倒在奥贡脚下,每每告诫自己"路饿得要吃人的时候,我们千万别上路"[②]。而"饥饿的道路"却如同一张神秘莫测的魔网,总是在"守候着行人",如同撒旦一样张开血盆大口,随时准备吞噬生命。他让路况变得十分恶劣,坑坑洼洼,颠簸不已,树干横置而阻塞通行,桥梁糟朽而不堪重负,以至于车祸不断,司机和乘客们接连丧生,为亡人送葬安魂的挽歌和哀乐此起彼伏、连绵不绝,教堂随时准备接受葬礼,路旁甚至开张了一家专营修车配件的商店!

在《森林之舞》中,埃舒奥罗是一个披着约鲁巴神话外衣的恶魔。他鄙弃道德信仰,推崇世俗享乐,充分体现了魔鬼撒旦的价值观念。他的图腾阿巴拉像撒旦一样,企图争夺人类灵魂的主管权,不断诱发人类的原罪欲望。当武士妻子的幽灵生下承担着往日罪孽的婴儿时,埃舒奥罗化身为红色人影前来纠缠,甚至伙同三个放荡、贪婪、暴虐的恶仆,把婴儿置于刀尖上来回抛玩。可见邪恶与破坏已成为埃舒奥罗的本质特征。

纵贯其创作生涯,索因卡始终关注约鲁巴民族的前途和尼日利亚的命运。他清楚地看到,独立后的尼日利亚人民并未享受到真正的自由,而是面临着一系列新的社会灾难。罪恶资本的发展、独裁者的专制、频繁的内战等都致使尼日利亚的发展之路更加神秘莫测而崎岖难行。群魔当道、虐政泛

---

① 索因卡著,邵殿生译:《狮子与宝石》,第32—33页。

② 同上,第305页。

滥，已经使尼日利亚民众陷入水深火热的苦难泥潭。

三、基于替罪羊原型的形象

羊是古犹太教徒最常用的祭神物品，在奉献给上帝之际还担负着为人“替罪”的任务。在《创世记》中，亚伯拉罕就曾以林中的羔羊代替儿子以撒充当祭物（创 22：13）[①]。按福音书所载，耶稣为拯救犯罪的人类而被钉死在十字架上，属于最典范的“替罪羊”，被基督徒称为“赎罪的羔羊”。在索因卡笔下，《强种》中的埃芒父子和《死亡与国王的侍从》中的欧良弟亦属典型的“替罪羊”，他们品行高尚，行善积德，虽有安定甚至优越的生活，却为了解救他人，或被折磨致死，或者自杀牺牲，成为现世的“替罪羊”。

《死亡与国王的侍从》取材于非洲约鲁巴民族的侍从殡葬仪式。依照传统，侍从的首领艾勒辛须在国王死后三十天时举行仪式，以自杀殉葬为国王打通连接彼岸世界的神秘道路，从而维护阴阳两界的正常秩序。为了埋葬即将自杀的父亲，艾勒辛的长子欧良弟（Olunde）从英国赶回故乡。但是英国殖民地的行政官皮尔金斯将基督教生命观强加给艾勒辛，使之动摇了为已故国王牺牲的信念，拒绝自杀。这时，欧良弟为了平息一触即发的暴乱，避免更多无辜民众陷于伤亡，毅然子代父职，在自杀仪式中从容赴死，去陪伴已故的国王打通神圣的轮回之道。其行为超越了生命主体的本能欲求，达于崇高的精神境界，呈现出耶稣式“替罪羊”的自我牺牲精神。

在《强种》中，主人公埃芒父子显示出更加鲜明的“替罪羊”性质。埃芒的父亲为家乡父老乡亲做了一辈子“替罪羊”，在每年除旧迎新的祭祀中自愿做替身，为全村人消除“污秽”，将装满垃圾的小船顶在头上，运往河中。村里人都尊敬他，老人自己也为之骄傲。他对埃芒说：“我们是强种。只有

① 本文所引圣经引文均出自中文和合译本，南京：中国基督教协会，1998 年。

强种,才能一年又一年地把这船送到河里去,越来越强壮”[①]。埃芒留学回国后在一个小村庄当了教师,工作认真,待人友善,受人尊敬。然而,那个村子有一种非常残忍的习俗,每逢新年之夜,村民们就把一个外乡人当作灾祸的替身,将其麻醉后拖着走遍全村,往他身上泼脏水、扔秽物、倒垃圾,直到那个外乡人离开,或者被折磨致死。一年新年之夜,村里的顽固长老捉住一个白痴——外乡儿童伊法达做替身,伊法达慌忙逃到埃芒的住所。为了拯救这个孩子,埃芒自告奋勇地充当替身,接受村民们的凌辱,直至被折磨致死。村民们目睹了埃芒的舍身救人后深感愧疚,埃芒以其勇敢果断的殉道行为,以自己的惨死拯救了愚昧落后的村民。

索因卡说过:“作家的使命,或者说教授的使命,就是面向人类宣誓,申言自己的立场,为自由而战。”“牢笼必须被打破,世界必须被解放,关键在于我们采用什么样的方式、手段和途径。”[②]在他看来,处于社会转型期的尼日利亚需要救世主,也需要约鲁巴民族的“强种”精神和耶稣式的“替罪羊”人格。事实上,索因卡毕生都在履行“强种”及“替罪羊”的责任,不断抨击种族歧视,拒绝效忠于专制政府,谴责选举舞弊,坚持“为自由而战”。这种传奇人生汇成索因卡戏剧中的一首首英雄主义乐章,号召人们告别野蛮,从愚昧和麻木解脱出来。

四、基于受难者原型的形象

圣经中最具代表性的受难者原型是《约伯记》中的约伯和福音书中的耶稣。由于惨遭撒旦的两次严酷考验,义人约伯突然丧失全部家产和所有儿女,本人也从头到脚长满毒疮。但他却持守信仰的纯正,而不“以口犯罪”

① 索因卡著,邵殿生译:《狮子与宝石》,第234页。

② 沃尔·索因卡著,洪庆福译:《为自由而写作——在常熟理工学院“东吴讲堂”上的讲演》,《东吴学术》,2013年第1期,第15—16页。

（伯2：10）。纯全无辜的耶稣在刑场上遭到兵丁的百般戏弄和无情殴打，甚至被身旁被钉的强盗讥笑："他救了别人，不能救自己"（太27：42），最后却默然承受了所有的苦难，直到死亡。这种受难者原型成为索因卡笔下埃芒父子、伊格韦祖、盲人乞丐等戏剧形象的范本。

《强种》中的埃芒父子以救赎者、替罪羊、受难者的多重形象出现在小说中。埃芒的父亲每年将象征着村民罪孽的秽物载入河中，以自我牺牲对他人的罪孽进行义务性的背负，不计任何回报，直接对应了耶稣在各各他受难的情节。埃芒为保护自己心爱的女孩免遭侮辱而违反律法习俗，被迫离开家乡外出流浪。他十二年后回到家乡，与痴情等待他的奥麦结了婚，可不久奥麦却难产而死。埃芒再度流浪他乡，颠沛流离，四海为家，就像耶稣四处传道时既肩负着救赎世人的重担，也遭遇世人的折磨和迫害。为了保住外乡来的白痴孩子，埃芒甘愿承受一切，直到最后献出生命。埃芒父子面对世人的嘲笑甚至诅咒，始终不发任何怨言，都是在经磨历劫之后，带着约伯式的坚定信念和耶稣式的救赎情怀而死去。

《沼泽地居民》中的伊格韦祖和盲人乞丐也是类似于约伯的受难者典型。伊格韦祖饱受贫穷饥饿的煎熬和六亲不认、骨肉相残的痛苦，在城市与沼泽地之间不停地徘徊，"从一个泥淖跳进另外一个泥淖"。他出生于尼日利亚滨临大海的沼泽地区，哥哥阿乌契克只身到城里闯荡十年，靠做木材生意发了迹。他也想步其后尘，到大城市去碰碰运气，但却血本无归、债台高筑，甚至连自己的新娘也投进了有钱兄长的怀抱。伊格韦祖"破产"后，把希望寄托于离家前播撒在地里的种子，指望地里的收成能偿还哥哥的债务。他满怀希望地回到家，却万万没有料到田地已被洪水淹没，彻底背弃了他。在他"要失去感觉的时候，又被添上一刀"①。庄稼淹没在洪水中，颗粒无收，伊格韦祖不得不又一次离乡背井，再度投身于罪恶的城市。他一次次地遭遇沉重打击，颇如约伯承受着百般苦难。他在极端痛苦中对"蛇神"产生

① 索因卡著，邵殿生译：《狮子与宝石》，第26页。

质疑,与约伯一度有过的信仰动摇遥相呼应。

盲人乞丐来自旱情严重的北方,年幼时因患牛蝇病而双目失明,之后四处流浪,靠乞讨度日。他一度想靠种田谋生,就勤劳耕耘。眼看着收获在望,却遭遇严重干旱和蝗虫灾害,颗粒无收,只得再去流浪。然而他始终持守自己的信念,沿着河岸走,最终来到沼泽地,心甘情愿地给伊格韦祖当仆人。伊格韦祖伤心绝望地离开了那里,盲人乞丐则答应他的"主人",要留下来继续种地。盲人乞丐贫病交加,苦难深重,似乎也遇到上帝的特别考验。

总之,埃芒父子、伊格韦祖、盲人乞丐等形象都像苦难中的约伯和耶稣,虽然陷于灾难,也产生过某种程度的脆弱和质疑,却始终保持着初始的纯洁和良善。他们固然历经种种磨难,却一以贯之地恪守初衷,充分展示出高贵品格,体现了圣经文学中受难者的悲剧精神。

五、基于先知原型的形象

先知是圣经中一类与众不同的人物,他们被神选召,为神传达信息,对国家、民族的大事发表激昂慷慨的评论。以赛亚、耶利米、以西结、阿摩司、弥迦、以利亚等就是圣经记载的著名先知。此外,圣经也述及"亚舍拉先知""巴力先知"(王上 18: 19; 王下 4: 38—41)等异教的伪先知。索因卡的《沼泽地居民》《裘罗教士的磨难》《痴心与浊水》等剧作均再现了先知原型,只是往往进行大幅度的引申、置换、甚至变形,用反讽手法塑造出裘罗、教授、拉撒路等伪先知的形象。

《裘罗教士的磨难》是一出妙趣横生、富于辛辣讽刺意味的笑剧,主人公裘罗·波姆惯以先知自居,常常念叨着圣经,手提帆布口袋,秉持一根圣杖,以傲慢的姿态对观众说:"我是一个先知。无论就天赋或是爱好来说,我都是一个先知……这就是确凿无疑的标记,说明我生来就是一个先知。"[①]一

① 索因卡著,邵殿生译:《狮子与宝石》,第 105 页。

次，他在与丘姆的对话中一连提到以利亚等五个古希伯来先知，那些先知无不目光敏锐，言辞犀利地针砭时弊，深受民众爱戴。然而，道貌岸然的裘罗教士干的却是到处招摇撞骗的勾当。他利用黑人的无知和崇敬鬼神到处行骗，把非洲本土宗教和基督教都变成不伦不类的生意经。他在海边做晨祷，看到浴女飘然而过，便顿生邪念，神志迷乱而癫狂；即便在充满神圣气氛的布道中，他也常常魂不守舍。他有时自鸣得意，因为自己能蛊惑众多信徒，有时又心痒难熬，因为无意间看到了一位妇女露出的大腿。裘罗布道时说出的那些神秘的先知预言，似乎能给信徒以希望。但同时他又不断告诫人，上帝会以苦难来考验其虔诚，将他们置于困惑之中。显然，在正统教会中，裘罗教士这种自称“先知”的冒牌货是大逆不道的，绝不可能被承认。索因卡的真正用意乃是借用希伯来先知原型，批判危害非洲民众的巫术行为，因为裘罗教士实际上是一个披着先知外衣的江湖术士。

《路》中的“教授”毕生致力于寻找死亡启示录。他曾经当过教堂执事，因才华横溢而遭人排挤，现在专门经营肇祸车辆配件的商店。在做买卖的同时，他竟私下里伪造驾驶执照，给无证司机上路提供方便，从中牟取暴利。只要路上有车祸发生，他就必到现场去勘查事故，企图在那些惨死者的尸体和车辆遗骸上寻找“圣经”中的启示。他“总是走在空旷的大地上，踏着早晨的露水，在路上仔细搜寻散落的‘启示’”。在他看来，穆拉诺那样的将死者是圣经启示的“保管人”，“他们睡在秘密之门的外边，穿透永恒之墙去挖掘‘启示’，‘启示’就像沉甸甸的金块压在其舌头上。于是，他们的舌头就沉重得永陷沉默了”①。

对于“教授”而言，圣经并非与有生命之物待在一起，而是常与死神为伴。探索死亡之谜是他的生活目的，死亡乃是他探索的终点和归宿。为了找到“死亡的奥秘”，他甚至不惜挪移路标，人为地制造灾祸。他还时常到大街上捡拾破报纸，把那些破纸碎片摞成一部厚厚的所谓“圣经”，从中寻找

① 索因卡著，邵殿生译：《狮子与宝石》，第 289 页。

"上帝的启示"。他时常情绪激动地念念叨叨:"主啊,说出我们时代的'启示'吧,说出隐秘的'启示'吧。"①不难发现,"教授"貌似高深莫测,事实上纯属胡言乱语,本是一个打着先知旗号的巫师。

《沼泽地居民》中的盲人乞丐是索因卡笔下少见的正面先知形象。他出生于尼日利亚北方蝗灾泛滥之地,仪态威严,举止安详,笃信伊斯兰教,话语中流露出先知的风度,而非寻常乞丐的言行举止。其人生经历十分奇特,年幼时因患牛蝇病而双目失明,后来就外出流浪乞讨。他"背井离乡,直奔有河流的地方",梦想在一块土地上播种。但他却来到被涝灾折磨的沼泽地。即便如此,他也始终持守其信仰,无惧艰难困苦,自愿做沼泽地居民伊格韦祖的奴仆,决定留在那里开荒种地。盲人乞丐信仰的尽管是伊斯兰教,其行为却与《创世记》的某些记载相吻合。例如,他来到沼泽地之初,伊格韦祖的父亲马古里老翁曾热情招待他,让自己的老妻为其预备热水洗脚。马古里三番两次地催促妻子端出热水,可妻子总是拖延。这一细节有一个与其明显对应的圣经典故,见于《创世记》:一天亚伯拉罕正在橡树下歇息,看到上帝与两位天使从远方而来,便命令妻子撒拉预备热水为其洗脚,以解其疲乏。稍后义人罗得发现了他们,也急忙迎接,脸伏于地下拜道:"我主啊,请你们到仆人家里洗洗脚,住一夜,清早起来再走。"(创19:1)当天晚上,两位天使便在罗得家里过夜。

可见索因卡有意识地改写了圣经原型。然而,无论是"教授"、裘罗教士,还是"预言家拉撒路",均非对圣经先知原型的再创作,而是融入了非洲巫觋的诸多特性,以致他们实为披着先知外衣的巫师。索因卡采取近乎反讽的解构手法,借用圣经先知原型来讽刺批判西非盛行的巫术,用冷峻的揶揄和嘲讽笔调揭露假先知对民众思想的操纵,指出他们必将把尼日利亚社会引向灾难的深渊;同时也揭示出,愚昧的民众虽然遭受捉弄却依然麻木昏睡。这使人看到一种可怕的现实,预测到不容乐观的前景。

---

① 索因卡著,邵殿生译:《狮子与宝石》,第307页。

小　结

综上所述，索因卡的人格品质和价值取向均与圣经文学紧密相关，他在创作中自觉而有意识地表达出一种圣经文学精神。他对圣经进行有意识的选择、借鉴和认同，首肯圣经对人类内心世界的关照及其对生命意义的追问，借鉴圣经中丰富多彩的人物典故和寓意深刻的原型意象，发扬了圣经强烈的社会批判精神和悲悯救世情怀。作为一名具有现代意识的非洲先进知识分子，他巧妙地将耶稣、撒旦、先知、替罪羊、受难者等圣经原型与约鲁巴民族的神话故事、民间传说和现实生活有机融合为一，真实展示出当代非洲人民的生存境遇和精神状况，以别具一格的戏剧创作成为首位荣膺诺贝尔文学奖的非洲作家。

作者陈梦，惠州学院中文系副教授，天津师范大学文学院博士研究生，主要从事比较文学与世界文学研究，近期发表论文《陈希我与夏目漱石创作比较》等。

《心灵牧歌——新约百科赏析》序言

卓新平

A Preface to

A Pastoral of Heart——An Encyclopedical Appreciation of The New Testament

ZHUO Xinping

圣经是基督教信仰生命之源,其信众视之为“神意”“圣言”,对之有着独特的理解和格外的敬重。在人类文化史传统中,圣经又是世界上流传最广、印数最多、影响最大的一部经典名著。因此,对圣经的传抄、翻译、解读和研究,两千多年来一直得以延续,而且不断高潮迭起,令人叹为观止。由于专业研习的需要,我自己也曾在二十世纪八十年代末系统阅读和专门探究过圣经,写过《圣经鉴赏》一书。在当时的经典接触中,自己已经体悟到圣经史料的包罗万象和圣经蕴含的博大精深,深感自己的探讨只是初步和开端,曾有过回过头来抽时间再专门潜心研究这部巨著的想法。但没留意一晃二十多年过去了,原有计划没能实现,也没有时间和精力再来对圣经展开专心、认真的阅读与思考。对此,自己这些年来心情一直颇为纠结,故而对学术界圣经译介、研究的状况及进展也就有了更多一些关注和期盼。最近通过朋友的介绍,得以拜读王汉川博士的新作《心灵牧歌——新约百科赏析》,一下子为其隽永细腻的解读、生动流畅的文笔所吸引,并从心底涌出特别的惊喜和敬佩。

王汉川博士的这部新著将重点放在圣经的《新约》,对之有着缜密、认真且深入的研习,进而以其深厚的学术功底和信仰的精神积淀来展开百科全书般的详细解读,并且特别突出了"生命之约"的主题及其意蕴。"生命"关涉宇宙万物,对人类尤其有着独特的灵性意义。人生各种之约都基于"生命之约",人的命运也与其"约"息息相关。人的一生始终处于两维之间的追求或挣扎,由此而有着神圣与世俗之间的处境,会在升华与沉沦之间徘徊,面对超脱与投身之间的选择。无论是拯救或逍遥、属灵或媚俗、觉醒或沉迷,都与人生之约有缘。这是宗教信仰的话语,也是让世人都能引起共鸣的心声。王汉川博士以其专业研究及生活体验来言述、解读《圣经新约》对"生命之约"的表达和见证,从基督教精神传统中发掘其生命意义、生命价值的真谛。这种探索既表达了基督教信者对其"圣言"的倾听和对其"神意"的体悟,呈现其在"生命之光"中的沐浴和新生,让人感受到一种信仰的"畅达与灵动";却又有着"人意""史实"的定位,展示出其脚踏实地、基于社会的宁静与稳重,使人能理解并认可其真实、准确的阐述,客观、中肯的叙说。

对于宗教经典的研读和评价,我们理应正确对待这种内涵式和外延式的不同维度,体会其各自的合理定位和独到思索。我们至少应该对之持一种开放性、包容性的态度,并希望也能有一些积极的鉴赏和相应的肯定。宗教经典作为人类精神文明中的瑰宝和珍品,人们对之赞赏亦理属自然,并不为过。我们在与之接触中,完全可以采取一种对话、谈心的方式来沟通,争取找寻到某种共识。实际上,王汉川博士在其对《新约》的译解和叙述中,已经非常艺术地把握好了这两维的有机结合。从其内涵式解读来看,王汉川博士有着丰富的基督教神学知识,对圣经文献更是有着精准的了解;因其长期从事释经学的探究,熟悉其业内的话语体系和专门表述,故而不会与基督教的信仰原则相抵触。而从其外延式探究来说,王汉川博士也有着哲学尤其是美学的功底,在文学、语言学、比较艺术学上亦造诣颇深,其开放性视域又使之能超越基督教信仰之界而有着更多的思绪、更宽阔的眼界和更为适中的把握,其阐述因而也自然会体现出历史之真和哲学之智。这种综合性的探究之维所带给我们的启发,就是应以平静的心境、平等的态度来面对人世中各种对真、善、美的渴求及探寻,同样也应客观、宽厚地对待宗教信仰者及其经典著述,其交往及交流需要一种真挚和真诚,由此才能使我们自己的理解及评价更为真实、更加科学。

在王汉川博士多年来释经、译经的努力中,我们进一步看到了以现代中文重译圣经的希望及可能。"新文化运动"时的圣经白话文汉译曾给当时中国的文化、文学发展带来独特的景观,让人们看到了中文现代化、通俗化发展的一道亮丽风景线。但此后百年之久,中文在当今时代大潮中日新月异,而后人汉译圣经的努力却尚未获得质的突破。十九、二十世纪之交的国人普遍接受了"信、达、雅"的翻译标准,并在适当把握好这三者之度上反复推敲、颇费心机。由于目前很难组织起如百年之前的那种集体译经活动,一批当代学者已经在跃跃欲试,开始走向独自译经之途,并先后推出了他们的译作或诠释。其尝试正是旨在打破这种僵局,让圣经新语同时代的需求相吻合。对此,当然仍有着见仁见智、猜测怀疑的评议,但这种勇气及摸索本身却值得肯定和鼓励。

抱着筚路蓝缕、敢为人先的意愿,王汉川博士也以其"翻译"加"注释"参与到这种译经新潮之中,并且为自己制定了"信、通、达"的原则,努力争取达到准确、真实、通达、流畅的严格标准。经过多年的实践,其行文优美、节奏明快、朴实典雅的风格已得到越来越多的业内人士的肯定和赞赏,亦逐渐被读者大众所接受和喜爱。在有着"早春二月"、探幽标新意蕴的圣经中文新译中,王汉川博士的作品无愧为傲寒斗妍的奇葩。

其实,我们在玩味、享受工汉川博士译解圣经那通晓畅达的文句时,更应该深入、认真地思考对宗教中的生命意义、对命运中的神圣之约、对信仰指引之爱行天下等意蕴和境界的体悟和评说。在"地球村"的今天,人类一家、世界大同、各族和谐、地上平安,这些美好的理想和愿景不可能坐等,而要靠我们大家共同努力去实现。为此,我们需要更多的倾听、阅读、对话和交流,我们要有更真实的敞开、坦诚、包容和理解。这是一个开放、共在的时代所要求的对信仰的理解。在王汉川博士精心汉译圣经及其百科知识共构的诠释中,我们会得到更多的启迪,也会有更久的遐思。

是为序。

2014 年 8 月 25 日于北京城中

作者卓新平,中国社会科学院世界宗教研究所所长、研究员。

编后记

AFTERWORD

本辑在“马克思主义与圣经研究”栏目中首先探讨了恩格斯的圣经观及其思想来源，表明恩格斯在创建和发展马克思主义理论的过程中，始终将圣经及其蕴含的神学思想作为论证的素材，相继发表了多篇针对圣经的论文。本文分析了恩格斯圣经观的若干重要内容：科学理性地认识圣经、历史批判地解读圣经、关切现实地运用圣经等；认为恩格斯的上述思想来源于施莱尔马赫的情感主义、施特劳斯的神话主义、布鲁诺·鲍威尔的历史分析、费尔巴哈的人本哲学等；同时指出，恩格斯的圣经观固然受到上述思想的影响，最终仍汇入其辩证唯物主义和历史唯物主义的理论体系之中。众所周知，马克思主义理论的基本特色之一是具备鲜明的实践性，据此，该栏目随后几篇文章均运用马克思主义的政治经济学理论，尤其生产模式、阶级关系、性别意识形态等概念，针对实际体现于希伯来圣经学术中的古代以色列社会学、古代西南亚历史范型、古代以色列生产方式与女性主义研究的方法论，以及古代以色列政治经济视域中的寡妇和孤儿等课题，做出颇具深度的剖析和考察。如何运用马克思主义的科学原理释读圣经这部内涵复杂、意蕴深邃的古代经典？——对于这个长期困扰着学术界的难题，可以认为，本组论文提供了可资借鉴亦将行之有效的范例。

本辑第二个栏目所用的归纳语“保罗新观”出自本刊学术顾问委员邓雅

各教授,它概括了半个世纪以来国际新约研究界的一个前沿领域。大致说来,这项研究涉及对第二圣殿时期犹太教的评价,以及对使徒保罗思想的解读。“新观”相对于“旧观”而言,所谓“旧观”是指宗教改革以降马丁·路德等人对保罗以及当时犹太教的认知。路德主张保罗神学的主要思想是人不能靠行律法称义,而只能仰赖上帝的恩典;他据此反对天主教的“靠功德赚得救恩”,而高举“因信称义”的旗帜。在路德看来,他对当年天主教的看法与公元一世纪保罗对犹太教的看法殊途同归,本是一脉相承的。路德的解读深刻影响到当代新教神学,以致是否坚持“因信称义”,成为新教和天主教的重要分歧点之所在。对此,瑞典学者克里斯特·斯腾达尔(Krister Stendahl)于1963年发表名文《使徒保罗与西方的内省良心》,就路德的理解提出质疑,引发对于“保罗新观”的思考。至1982年邓雅各加入讨论,很快成为该领域的中坚力量且推陈出新。这场讨论的现状如何?请阅览本栏目所载邓雅各教授发表于2013年的新作《保罗新观的新视角》;至于该场讨论的缘起,则请研读斯腾达尔的《使徒保罗与西方的内省良心》。

在随后的“新约研究”栏目中,曾担任国际“圣经文学学会”及“新约研究学会”主席的韦恩·A.米克斯教授针对一个基本理论话题《为何研究〈新约〉?》,谈出某些高屋建瓴之见。其余三篇论文分别环绕着《马太福音》《路加福音》及《约翰福音》进行文本细读,它们的论证过程及其最终结论应能给读者以有益的启迪。接下来的“圣经与翻译”栏目特载了《述译:〈庞子遗铨〉中圣经的“名”与“实”》,论及天主教圣经汉译史上的一桩“前翻译”现象:《庞子遗铨》在尚无汉语圣经之际,便频繁使用“圣经”一词,对圣经内容予以述译,既孕育着汉语中原有“圣经”一词的新义,也为后来的圣经汉译铺垫了基础。

深受中国学者尤其年轻学者关注的“圣经与文学”话题其实涉及两个论域:其一,对圣经本身的文学性研究;其二,对圣经与世界文学关系的比较文学追踪。据此,本辑特设两个栏目:“作为文学的圣经”和“圣经与世界文学”。就前者而言,《论情感为诗歌的底色:以描述体诗〈雅歌〉4:1—7 为例》一文以《雅歌》4: 1—7 所示的真情实感为钥匙,揭示出那首诗如何以爱悦为底色,因情得景,以字成画,忠实体现出诗人的浓烈情感,且引发读者的情感共鸣。另一篇论文《对圣经中“献祭”的广义修辞学解析》则依据广义修辞学原理,结合语义场、故事形态学等理论,从话语建构、文本建构和精神建构三个层面解析出“献祭”对于构筑圣经修辞统一体的重要性,为圣经阐释和接受提供了新颖的视角。如何深入鲜活地理解《创世记》中的女性族长利百加,以及《士师记》中众说纷纭的“雅亿与西西拉之谜”? 本栏目末后两篇文章分别谈出作者的一己之见,相信能给读者带来意外的惊喜。至于“圣经与世界文学”的关系,该栏目既有对圣经所受异族文学(古希腊悲剧)影响的索隐,也有对圣经影响现当代诗人作家(R. S. 托马斯、索因卡)的事实考据,二者共同摹绘出圣经与多民族文学互渗共生的文化景观。